现代管理学案例教程

（第 2 版修订本）

主　编　张岩松　张建锋　徐文飞

北京交通大学出版社

·北京·

内 容 简 介

本书绪论中对案例教学的方法、技巧等进行了较系统的阐述,正文包括管理概述、计划、决策、战略管理、组织设计、人力资源管理、领导、激励、沟通、群体行为、控制、组织文化、管理创新等 13 章内容,每章开篇介绍理论知识,力求凝练易懂。然后设若干个企业管理案例,每个案例包括"案例介绍"和"思考·讨论·训练"题若干。为增强课程的实效性和趣味性,每章后配有"拓展训练"。

本书可作为应用型本科院校各专业、高职高专、职业教育本科学生管理学课程的教材,还可供各级各类组织在职管理人员培训和自学使用。

本书以 M⁺ Book 方式出版,读者可用手机扫描教材中的二维码下载与本教材配套的课程教学大纲、教案、PPT 课件、案例分析参考答案、管理学参考阅读及参考文献等丰富的在线学习资源,大大增强学习效果。

图书在版编目(CIP)数据

现代管理学案例教程 / 张岩松,张建锋,徐文飞主编. —2 版. —北京:北京交通大学出版社,2016.9 (2021.10 重印)

ISBN 978-7-5121-2893-4

Ⅰ. ① 现… Ⅱ. ① 张… ② 张… ③ 徐… Ⅲ. ① 管理学—案例—高等学校—教材 Ⅳ. ① C93

中国版本图书馆 CIP 数据核字 (2016) 第 236875 号

现代管理学案例教程
XIANDAI GUANLIXUE ANLI JIAOCHENG

策划编辑:郭东青　　　责任编辑:郭东青
出版发行:北京交通大学出版社　　　电话:010-51686414
地　　址:北京市海淀区高梁桥斜街 44 号　　　邮编:100044
印 刷 者:北京鑫海金澳胶印有限公司
经　　销:全国新华书店
开　　本:185 mm×230 mm　　　印张:19.25　　　字数:432 千字
版　　次:2016 年 9 月第 2 版　　　2021 年 10 月第 1 次修订　　　2021 年 10 月第 3 次印刷
书　　号:ISBN 978-7-5121-2893-4/C·185
印　　数:2 001～3 000 册　　　定价:49.00 元

本书如有质量问题,请向北京交通大学出版社质监组反映。对您的意见和批评,我们表示欢迎和感谢。
投诉电话:010-51686043,51686008;传真:010-62225406;E-mail:press@bjtu.edu.cn。

　　管理学作为经济管理类专业的基础课程，介绍企事业单位经营管理活动中普遍存在的基本原理与理论，是该类专业的必修课。多年以来，国内高校的管理学教学大都为传统的课堂理论传授模式，缺乏对学生管理实践层面的训练及指导，而今以案例教学法为代表的研究性教学方法逐渐成为一种趋势，尤其在高职和职业教育本科、应用型本科院校中较为盛行，因为国家对这类院校的教学要求是注重应用性和实践性。联合国教科文组织对相关专家进行的多种管理学教学方法改革功能评价的调查结果表明，案例教学方法在知识传授、学生分析能力培养等多项指标上得分领先于其他教学方法。管理学学科属性及大量的管理学教学实践证明，案例教学法已成为提高学生分析、决策能力的一种有效的教学方法，并且逐步被越来越多的高校老师所选择。

　　案例教学的重要功能在于以学生为主，以案例学习为主，高度调动学生的积极性、创造性，引导学生通过对案例的学习，自主地进行读、写、说的训练，从而提高学生分析和解决管理问题的能力。《现代管理学案例教程》就是为适应管理学课程案例教学的需要而组织编写的。

　　在编撰过程中，我们在教材内容、结构、体系等方面进行了大胆的尝试和创新。在借鉴经典管理学基本框架，较为系统地梳理和介绍管理学基础理论的同时，本书有针对性地选择了典型示范、应用实战、具有较高理论价值的国内外著名企业经典案例，这些案例一一对应管理学原理各章节知识点，便于教师传授与学生学习。总结起来，本书具有如下特点。

　　第一，采用 M⁺ Book 出版模式，方便随时随地学习。M⁺ Book 即 Mobile-Multi-Media＋Book，是一种新型的出版业态。它通过图像表示与增强显示技术将纸质出版物与移动终端中的多种媒体素材有机融合，读者通过手机可随时随地阅读附带的学习资料（U-learning）。同时还可以下载打印手机中相关内容。本书随机附送了与本教材配套的课程教学大纲、教案、PPT 课件、案例分析参考答案、管理学参考阅读及参考文献等丰富的在线学习资源。

本教材无疑是教师教学的好帮手，学生学习的好助手。

第二，体系完整，内容全面。在绪论中首先对案例教学的方法、技巧等进行了较系统的阐述，从而为管理学案例教学目标的实现提供了方法论指导。内容包括管理概述、计划、决策、战略管理、组织设计、人力资源管理、领导、激励、沟通、群体行为、控制、组织文化、管理创新等13章，构成了管理学完整的内容体系。

第三，"理论＋案例"，体例新颖。本教材以案例为主，每章开篇是理论知识的介绍，力求凝练易懂。然后设若干个企业管理案例，每个案例包括"案例介绍"和"思考·讨论·训练"题若干，全书对案例进行了更新，在本书第1版60余个案例基础上，引入最新的有代表性、鲜活的案例于 M⁺ Book 版中，使案例总数达到74个之多，涵盖了"管理学"课程教学的主要内容，非常适合案例教学使用，今后还将适时对 M⁺ Book 版中的案例进行持续更新。为了贯彻学做结合的最新教育教学理念，增强课程的趣味性和感染力，提高学生的管理学理论应用能力，每章后配有"拓展训练"。

第四，经典案例，多视角选取。本教材富有时代气息，内容新、观点新、案例新。教材所选的管理学经典案例侧重理论知识的直接应用，涉及制造业、服务业、IT业等多个行业。教材所选真实的案例，与时俱进，贴近读者，体现了深刻的道理，为管理实践提供了一个个微缩的、近似逼真的练习场景，为当今各行各业的管理者提供了宝贵的经验和智慧。通过这些经典案例的学习，读者可以获得最真实有效的经验、方法和技巧，以及来自实践的管理艺术。亦或获得管理思路和启发。

全书体例新颖，案例鲜活，管理理论内容翔实，拓展训练项目设计科学，加之最新的出版技术支持及丰富的课程在线学习资源，一定会受到高校师生和广大读者的欢迎。

本书由张岩松、张建锋、徐文飞主编。具体分工如下：绪论由大连职业技术学院张岩松、徐文飞编写；第一章、第二章、第四章、第七章、第十一章和第十三章由甘肃政法学院张建锋编写；第三章、第五章、第六章、第八章、第十章和第十二章及与本教材配套的课程教学大纲、教案、PPT课件、案例分析参考答案等教学资源由徐文飞编写；第九章由陈百君、周洪波、穆秀英、包红君、张敏义、赵静、王允、张铭共同编写。全书由张建锋统稿。

在编写本书过程中，参阅了不少有关著作、报刊及网上资料，在此对案例和资料的原作者深表感谢。本书在成书过程中，也得到北京交通大学出版社的大力支持，亦致以深深的谢意。

由于时间、条件、水平等的限制，书中错漏之处，恳请读者批评指正。

编者

2016 年 7 月

目　　录

绪　论

如果把传统的知识教学比作给学生一条鱼，那么只能供一餐之需；而案例教学则是教给学生捕鱼的本领，将使其终身受益无穷。

——作者

管理案例是在实际企业管理过程中发生的真实事实材料，这些事实材料由环境、条件、人员、数据、时间等要素所构成，把这些事实材料加工成供课堂教学和学生分析讨论所用的书面文字材料，就称为管理教学案例。它是为了某种既定教学目的、围绕一定的管理问题而对某一真实的管理情景所做的客观描述或介绍。管理案例教学既是对管理问题进行研究的一种手段，也是现代管理教育的一种方法，目前在国内外已经有广泛的研究和运用。为了更好地实施案例教学、充分运用本书，我们在此对如何组织管理案例教学进行较全面的论述，希望对大家有所助益。

一、管理案例的含义

案例概念的产生已经很难找出准确的来源了。因此，关于什么叫案例，众说纷纭，国内外似乎迄今尚无一个权威、被普遍接受、完整而严格的定义。英语 case 可译为"个案""个例""事例""案例"等，用在军事上称"战例"，在法学上称"判例"，在管理学上business case 译为"管理案例"。从管理教育的角度出发，我们对管理案例做出如下简明的定义：

管理案例就是为了明确教学目的，围绕着一定的管理问题而对某一真实的管理情景所做的客观描述。即采用文字声像等媒介采编撰写形成的一段或者一个真实的管理情景（或案例）。在这个简明的定义中，包含了管理案例以下三个核心特点。

（一）管理教学案例必须以事实为依据，体现出真实性

与创作小说不同，案例在主题内容和情节上不得虚构，名称与数据出于保密需要可加以掩饰，必要时可以对素材删减合并，但基本事实应来自管理实际。管理案例基本上应是对事实的白描式记录，不得带有撰写者的分析与评论。因为目的是要使学生身临其境，被带到一种真实的管理情景中去。

（二）管理案例中应包含一个或数个管理问题

这些问题可能是待解决的，也可能是已经解决的。因为案例教学的目的是使学生分析讨论并学会如何解决管理问题，在这个基于管理事实的演练过程中，需要有典型的、适于讨论的管理问题作为案例教学的线索和支持。而且这些管理问题没有唯一最佳解，需要学生们在案例讨论过程中提出各自的问题解决思路和方案。

（三）管理案例需要明确的教学目的

案例准备用于哪些课程的哪些章节，以使学生借此验证、操习和运用什么概念、理论或工具，想让他们通过分析与讨论，掌握和提高哪些知识与技能，教学组织者事先都要心中有数。

因此，可以这样说，管理案例是一个真实的、值得阅读和思考的管理故事。从故事这个角度来进行判断，好的管理案例应该达到如下要求。

第一，进入"角色"。好的案例可以帮助学习者进入该案例事件决策者的角色，设身处地地思考所面临的管理问题。

第二，进入"现场"。好的案例会通过写实的描述提供特定的管理情景，给人身临其境的感受，便于学习者感受真实的管理环境，并深入其中进行思考和分析。

第三，面临"问题"。好的案例总是让需要解决的管理问题呼之欲出，使学习者面临现实的管理问题而进行分析、决策。这样的好案例可以使学习者从中掌握足够的知识，锻炼学习者的思维能力，提高学习者解决实际管理问题的能力。

二、案例与相关概念的关系

（一）案例与实例

案例之所以称之为案例，首先是由于它是被用于案例教学的"实例"。实例与案例两者既有联系又有区别，一方面案例必须是实例，不是实例就不是案例；另一方面，实例并不等同于案例。两者间的重要区别就在于：案例有其特定的文本和书写规范，是为特殊的教学目的服务的。因此，不是所有写实的实例都可以一概称之为案例的。比如，从报纸上摘选的有关管理的文章或一段报道，虽然揭示了某些管理问题，但它并非专门为案例教学所写。尽管以这些资料为媒介也可以进行教学，但所达到的效果同案例教学是有差异的。

（二）案例与范例

案例也不完全等同于范例，范例是指在教学中介绍的已经发生的某种事件及前人处理某问题时的经验教训，它多半是已解决的问题。放宽一些标准，也可以将其归作案例范畴，但却不能代表案例教学的主流。

因为这种把别人现成的经验教训和盘托出的做法，从教学方法论本源上说是代理式的学习，与课堂讲授并无二致。而问题待解决型的案例，则要求学生找出问题、诊出"病因"、开出"处方"，并在比较各项备选优劣的基础上做出决策。仿真型案例解决管理问题的全过程，偏重学习者能力的培养。因此，从管理教育的目标和案例教学的主要功能看，问题待解决型的案例应该是管理案例的主体。其实在实际中，这种界线很难划清，常可见到某种混合型的案例形式，预先描述一个问题解决的全过程，然后将以后新出现的扫尾、后遗问题的解决任务交给学生。

由此可见，把管理教学用案例与医学教育中病例、法学教育中的判例和军事教育中的战例划为一类，恐怕是欠妥的。因为病例、判例与战例都包括了治疗疾病、判断罪行或战胜敌人的全过程，也是一种"解决问题"的过程。因此它们是经验或教训的介绍，是事实的传授，是范例（在有的国家，判例甚至可作为法典来援引），不像管理案例那样要求学生自己去处理，以锻炼他们的实际管理能力。

（三）案例与举例

虽然我们承认经验（教训）介绍类型的实例、范例也应属于案例的一支，但课堂讲授时所举的零星短小例子，不宜算作案例。如某厂质量管理上采用过哪种新措施，某公司在广告宣传中创造了哪种小诀窍之类。因为这些小例子虽然也来自现实发生的管理实践或者来自第二手、第三手的管理资料，但是它们在内涵和特征上并不能达到管理案例所要求的标准。不承认这些例子是案例，绝不等于贬低其作用，因为它们在传统上就是课堂教学采用的一种行之有效而不可或缺的手段。

（四）案例与习题

在管理教育中，有一些定量分析用得较多、比较"硬"的管理学科，需要教会学生掌握一些运算性工具，让学生操练一些演算性习题。这些习题往往并非抽象的、纯数字的演算，而是要介绍一种具体的管理情景并提供有关数据，与数学课中的"文字作业题"或又称"应用题"近似。从严格意义上来讲，这些"习题"并不能算是管理案例。因为这些"习题"的形式虽然与案例相近，但是在解题的过程中，需将数据代入适当的公式或模型中去，而且正确的答案是唯一的。这与"管理案例无唯一最佳解"的特征不符。

总之，管理案例在内涵与特征上都有其独特要求。实例、范例、举例、习题等与案例有着相同之处，也有着明显的区别。从广义上来讲，可以把实例、范例、举例、习题等都归于案例之类，但是要明确它们不是管理案例的主干，而是一些特殊的旁支。实例、范例、举例、习题等有其教学功能上的重要作用，但是在本质上与管理案例所依托的案例教学法还存在重大的区别。我们更愿意看到各类教学载体和工具都发挥出其应有的作用，各司其职，相辅相成，相得益彰。

三、管理案例的类型

管理案例可从不同的角度去划分类型。如按篇幅长短，可分为短、中、长、超长四类。短篇案例，通常指 2 500 字以下的；中篇案例指在 2 500~5 000 字之间的；长篇案例指超过 5 000 字的。除此以外，将超过万字的案例称为超长型案例。按载体形式，可以分为书写案例、影像案例、情景仿真案例及网络上使用的用于远程教育或其他形式的案例。按编写方式，则可分为自编、翻译、压缩删减、改编等类。按案例的专业综合程度，则可分为单一职能性的（如生产、财务、营销等）与跨职能综合性的两类。按案例间关系，又可分单篇独立型与连续系列型两类等。应当指出，这些分类方法都不可能划分得很明确，其中必有些中间性混合过渡的情况。比较有用的分类法，是按案例编写方式和学习功能的不同，将管理案例分为描述性管理案例和分析判断性管理案例。

（一）描述性管理案例

它是指通过调研工商企业经营管理的整体问题或某一部分问题（包括成功的经历和经验与失败的过程和教训），具体地、生动地加以归纳描述，这类案例的最大特点是运用管理实践的事实来印证管理基本理论与方法，人们通过这类案例的分析能够获得某种经验性的思维方式。最为典型的是中国管理科学院采取"企、政、研"三位一体结合方式进行调研撰写的《中国企业管理案例库》。现实中，人们常常把描述性管理案例与实例混为一谈，实际上它们之间既有联系又有区别。案例必须是实例，不是实例就不是案例，但实例又不等于案例，两者之间主要区别在于两方面：一是，描述性管理案例是管理实践的一个全过程，而实例可以是管理实践过程中的某一个侧面或一个环节；二是，描述性管理案例通常有解决某一问题（决策、计划、组织等）的所有基本事实（人、财、物、时间、环境、背景等等）和分析过程，而实例往往仅是表达某一问题的解决方法和运用某种方式的效果。描述性管理案例更多的是写拟订好的方案，很少叙述执行结果，一般也不进行总结和评价，以给读者留下更多的思考空间。很显然，描述性管理案例应属于管理教学案例法的范畴，而实例只能属于课堂讲授教学法的范畴。

（二）分析判断性管理案例

这类案例是通过描述企业面临的情况（人、财、物、时间、环境等）和提供必要的数据，把企业决策所面临的各种环境、因素问题及意义写成书面材料，使学生身临其境。现在翻译出版的西方管理案例书中，许多都是这类判定性管理案例。这种案例的编写像录像机一样将企业面临的全部景况从不同侧面实录下来，然后整理成文字数据资料，搬到课堂，供学生分析研究，帮助企业决策。这类案例最接近企业实际，它往往是主次方面交叉，表面现象与实质问题混淆，数据不完整，环境不确定，人们观察与思考具有多维性。由于判定性案例存在着描述企业实际状况方面的非完整性、解决问题途径的多元性和环境因素模糊及未来发展的不确定性等问题，所以这都给在传统学习模式熏陶下的学生分析研究和在传统教学思维惯性中的教师用管理理论方法来组织引导学生对案例进行分析讲解带来了较大困难。但是如果我们跳出传统思维方式的窠臼，把案例教学作为培养学生感觉能力、反应能力和思维能力的手段，以及对案例中企业面临的问题或机遇的敏感程度，对企业内外环境因素所发生变化的对策思路，的确是很有好处的，因为这能增强学生独立判断企业问题或机遇的能力。通过这类案例分析和讨论，还能增强教师和学生的思维、逻辑、组织和归纳能力，并摆脱对权威教科书理论或标准答案的心理上的依赖。而这一切对学生今后迈向真正的企业经营管理实践是大有裨益的。因此这种案例无疑是最典型的，它是国外案例教学的主流。

四、管理案例教学法的作用

案例教学法是指以案例为教学媒介，在教师的指导下，运用多种方式启发学生独立思考，对案例提供的客观事实和问题分析研究，提出见解，做出判断和决策，从而提高学生分析问题和解决问题能力的一种理论联系实际的启发式教学方法。

在管理教学中采用案例教学法是21世纪初的事情。现代工商管理实务的出现呼唤着正规的学校管理教育。19世纪80年代，首批商学院在北美出现，哈佛商学院是其中之一。1908年哈佛大学创立企业管理研究院，由一位经济学学者盖伊担任首任院长。他认为企业管理教学应尽可能仿效哈佛法学院的教学法。他称这种方法为"问题方法"（problem method）。在盖伊的策划下，邀请了15位商人参加哈佛"企业政策"一课，每位商人在上第一次课时，都会报告他们自己所遭遇的问题，并解答学生们所提出的询问。第二次上课时，每一学生须携带分析这些问题及解决这些问题的书面报告。在第三次上课时，由商人和学生一同讨论这些报告。这些报告，便是哈佛企业管理研究院最早的真实案例。案例教学在美国普及经历了近半个世纪的艰苦历程。首先在少数院校"开花"，再向四周逐步扩散；在有战略远见的团体的大力支持下，通过出书、编写案例集、建立交流所、举办研讨班等措施，尤其是首先提高院系领导的认识，终于瓜熟蒂落，水到渠成。从20世纪50年代开始，美国、加拿大、英国、法国、德国、意大利、日本及东南亚国家都引进了案例教学法。60年来，哈佛案例教学法被各大学接受，闻名全球，它设立"校际案例交换所"，从事国内及世界各大学所制作的案例交换工作，每年投入巨额资金开发案例，同时案例的交流也使它每年获得两千多万美元的收入。

管理案例教学的过程具有极为丰富的内容，它是一个学知识、研究问题和进行读、写、说综合训练的过程，这一过程有着重要的作用。

（一）帮助学生建立起知识体系，深化课堂理论教学

管理案例分析在帮助学生建立知识的总体结构方面，具有特殊的功能。因为要对一个现

实的、活生生的管理案例进行分析，势必要运用各学科的知识，使其相互渗透，融会贯通，否则，就难以分析说明任何一个问题；而且，正是在这种案例的分析说明中，使得分析者头脑中原来处于分割状态、零散状态的知识，逐渐实现了有机结合，形成了知识的总体，表现出分析和解决问题的一种能力。很显然，管理案例分析不是理论学习的中断，而是学习的深入，只是这种学习具有很强的针对性，它致力于实际问题的分析和解决。因此，对深化课堂理论教学起着十分重要的作用。

（二）增强学生对专业知识的感性认识，加速知识向技能的转化

管理是一种特殊的复杂劳动，一个管理者仅仅会背诵几条管理理论，而没有判断实际事物的能力是不能解决问题的。正是出于这一原因，作为一个管理者就要特别注意对实际问题的研究，把握事物的个性特征。所以在管理专业知识的教学中，增强学生对专业知识的感性认识，努力促使学生所学知识向技能转化十分重要。由于管理案例中一些典型素材源于管理实践，提供了大量的具体、明确、生动的感性知识，因此，管理案例的分析过程在丰富学生对专业知识的感性认识，培养学生洞察问题、发现问题和根据实际情况分析问题的实际技能等方面有着重要作用。

（三）推进"启发式"教学，提高教学质量

多年来，在教学上，我们都主张废除注入式、提倡启发式的教学方法，而且，为此我们也做出了巨大的努力，获得了不少成功的经验。但是，过去的不少探索多是在课堂理论教学的范围内进行的，多是强调教师的努力，较少注意到发挥学生在这方面的积极作用。而管理案例分析的独到之处在于，它的教学阵地大大突破了课堂的狭小范围，并一改单纯由教师进行课堂讲授知识的传统形式，要求学生对一个个活生生的管理案例进行分析研究，并以高度的积极性和主动性在理论知识和实例的相互碰撞过程中受到启发，在把握事物内在的必然联系中萌生创见。很明显，案例分析的这种教学方式，对提高教学质量是大有好处的，它在教学领域里，对推动理论与实际的紧密结合和正确运用启发式教学等方面，将产生深远影响，发挥重要作用。

（四）培养学生分析和解决问题的能力，提高决策水平

从一定的意义上说，管理就是决策，而决策就是分析和解决问题的过程，所有案例都隐含着现实管理中的问题，案例将纷繁复杂的管理情景加以描述，以使管理者调动形象思维和逻辑思维，对其中的有关信息进行分类组合、排列分析，完成去粗取精、由表及里的加工过程，理出头绪，揭示问题的症结所在，寻求解决问题的有效方法。通过对案例情景中所包含的矛盾和问题的分析与处理，可以有效地锻炼和提高学生运用理论解决实际问题的能力。由于在解决案例有关管理问题的过程中，学生唱的是"主角"，而教师只起辅助和支持的作用，因此，学生没有依靠，必须开动自己的脑筋，独立地完成解决问题的全过程。这样，经过一

定数量的案例分析，能使学生摸索到解决问题过程中的规律，帮助他们逐步形成自己独特的分析和解决问题的方式方法，提高他们决策的质量和效率。

（五）提高学生处理人际关系的能力，与人和谐相处

管理是一种社会性活动，因此，管理的效果不仅取决于管理者自身的办事效率，更重要的还取决于管理者与人相处和集体工作的能力。案例教学在注重提高学生解决问题能力的同时，把提高处理人际关系和集体工作的能力也放在重要的位置上。要解决问题就必须与别人合作。在案例教学的过程中，有许多群体活动，通过群体的互动，取长补短，集思广益，形成较为完善的方案。同时，同样重要的是在讨论的过程中，学生可以通过学习与沟通，体会如何去听取别人的见解，如何坚持自己的观点，如何去说服别人，如何自我指导与自我控制，如何与人相处。人们的思想方法不尽相同，思维方式各异，价值观念也不尽一致，在认识和处理问题上自然会存在分歧，正是在遭遇和处理分歧及人际冲突的过程中，学生才能体会到如何理解和包容想法不同、观点各异的同伴，才能心平气和地与人合作，向他人学习并携手朝着共同的目标努力。

（六）开发学生的智能和创造性，增强学习能力

案例独具特色的地方，是有利于开发人的智能和创造性，增强人的学习能力。人的学习能力是分层次的，接受知识和经验是一个层次，消化和整合知识经验是另一个层次，应变与创新是更高层次。学习能力的强弱不仅体现在对理论知识的死记硬背和被动接受上，更为重要的是体现在整合知识和经验的能力上，以及适应不断变化的创新能力上。只有真正善于学习的管理者，才会知道自己需要什么样的知识和窍门，懂得更新哪些方面的知识，知道如何利用知识解决问题，达到既定的目标。

五、案例教学法与其他方法的结合

案例教学法作为管理教育中的主流教学方法，不仅自身具有很广泛的作用，还可以比较灵活地同其他的教学方法配合运用，具有较强的组合效能。以下就从案例教学法与角色扮演、邀请相关人员进课堂、选用视听材料、信息技术等方法的结合来进行介绍。

（一）与角色扮演相结合进行案例教学

与角色扮演相结合即以多种形式安排班里的学生扮演案例中的角色，既可以是预先正式策划好的，也可以是即兴的。如果案例适合于角色扮演，并且选派的学生角色也合理，那么这一活动会有助于案例人格化，激发学生浓厚的兴趣。有效的角色扮演，必须赢得学生的参与，教师更要严肃认真地对待他们所扮演的角色。在涉及人际关系的课程中，角色扮演的活动更为有效。

（二）邀请相关人员进课堂配合案例教学

邀请相关人员进课堂也是增加案例趣味性的一种方法，由于来自不同领域，被邀请人员在课堂中所扮演的角色也有所不同。在案例教学中，常被邀请的人员大概有如下三种类型。

第一种类型的受邀人员是案例所描述机构的一位管理者。这类人物，特别是当他们是案例中的关键人物时，会引起学生们极大的兴趣。通常情况下，邀请这样的客人先坐到教室的后面，听取学生们对案例的讨论，然后再对讨论做出评论，并请他们在余下的课堂时间里回答学生们提出的问题。在课前，教师应先和这类受邀人员沟通（特别是当他们对案例讨论不熟悉时），提醒他们注意，学生们在讨论中可能对案例所描述的企业中的一些做法提出尖锐的批评。处理得当的话，受邀人员进课堂可以使学生们从常规案例教学中解脱出来，并可大大强化案例的真实性。

第二种类型的受邀人员可来自案例中所描述的机构的同行，或与案例中所涉及的人物具有相似的管理地位。这类人员在课堂中的作用是向学生们解释机构特点、具体的制度或者任务所属管理者阶层所特有的一些想法。由于学生们非常热衷于与这类人员交谈，教师们应注意这可能会导致课堂讨论不充分，因此要求有充足的、额外增加的课堂时间。

第三种类型的受邀人员可以是其他的教师，多数是案例的编写者。由于他们对案例中涉及的机构问题有更具体的了解，更清楚如何教好案例、如何引导案例讨论，因此对教学将会大有帮助。

无论邀请什么样的人员，一般来说教师都要事先向学生讲明，课堂开始时要作详细的介绍，并向学生说清楚受邀人员将担当的角色。虽然请相关人员进课堂有许多有利因素，但同时也有其不足之处。比如，在课堂时间很紧时，请进来的相关人员会挤占本来就不够用的教学时间，自然会影响教学效果；当案例涉及的机构现状不乐观时，请有关人员进课堂对其也不是什么愉快的经历。因此，是否邀请相关人员参与课堂教学，没有固定的规则。只是应遵循一条原则，即在教学课时充裕又不为难受邀者的前提下，采用这种办法会产生很好的效果。

（三）与视听材料相结合进行案例教学

以视听材料辅助案例教学是一种较普遍的形式。样品、图片、报纸或杂志剪辑及幻灯片等视觉辅助材料可大大增加案例的真实性和课堂讨论的效果。可以将一家公司的样品或类似产品拿到课堂上来传看，这是一种极为简单有效的证实案例真实性的方法。同样，如果找不到样品，图片也可以。教师也可鼓励学生将报纸及杂志剪辑带到课堂上来。当然，这些东西不能左右课堂，但至少可使课堂气氛活跃、贴切。传统书本上的信息，也可用电影和录像的形式展示给学生。实验表明，与书面案例相比，拍成电影的案例不仅给人以视觉上的享受，还有助于学生们对管理者所处的环境有更为真切的了解，对管理原则与概念有更加深入的领会。

（四）与信息技术相结合进行案例教学

信息技术正在给案例教学带来巨大变化。这预示着未来的案例教学将使学生间无须真正会面，就可借助电子手段交换意见或和教师进行问答。学生无须走上讲台到黑板上或用投影仪去讲解自己的分析，只要在自己的座位上通过计算机网络把图表适时上传到教室前部的大型屏幕上显现出来就行了。在教师问起该采取什么行动来解决某一问题时，学生不用举手让教师点名站起来回答问题，也同样能把各自的答案通过计算机网络上传，瞬间在屏幕上显示出来。

教师对学习过程的控制也是电子化的，可用一种"决策支持系统"类的特殊软件来与一台终端机联通，决定屏幕上要显示什么，甚至可能在屏幕上同时显示多位学生所做的不同分析以供比较。这样一来，课堂上组织教学的"过门"时间被节省下来，全部课堂时间可充分地用于案例的讨论和学习。

当然，现代信息技术在案例教学中的运用，会增加教学的成本，也要求具备极高的技术条件，不是一件容易做到的事情，还不能很快被普及运用。但是采用现代技术手段配合案例教学是未来案例教学的发展趋势，它可能会给案例教学和案例编写都带来方法上的变革。

总之，各种教学的方式、方法各有其优点，也有其不足。有的可以与案例融为一体，同步运用；有的可以安排在案例教学之前；有的可以在研讨案例之后进行。

六、管理案例的"教"

管理案例的"教"是指教师在案例教学中的组织引导，管理案例的"学"是指学生在案例教学中的学习过程。教与学要双向互动，协调配合，扮演好各自的角色，才能取得案例教学的良好效果，更好地达到教学目标。

管理案例教学的组织引导，是教师在案例教学的课堂上自始至终地与学生进行交流互动、敦促学生学习的过程，是主持案例教学的重点和难点，它好似一只看不见的手，对案例教学产生一种无形的推动力量，是教学成败的关键，作为实施管理案例教学的教师必须高度重视管理案例教学的组织引导。

（一）明确教师角色

在案例分析中教师与学生的角色关系有所转换，这具体是指在传统的课堂上，从讲授的角度来看，教师的活动似乎减少了。其实，就和演戏一样，这是前台上的表面现象，这并不能否定教师在教学中的重要作用。恰恰相反，在案例分析中教师的作用非常重要，为了使案例分析课获得好的效果，教师总要煞费苦心、精心设计，这里不妨摘录一段一个学生有趣的谈话，来看看教师所耗费的苦心。

"我头一回碰上大型综合性管理案例，是在上一门叫作'政策制定'课的时候。在这以前，我连什么叫政策也不清楚，跟大多数同学一样，头一回去上这门课，可真有点紧张，生怕老师点到我的名。

一开始老师就正巧把坐在我身边的一位同学叫起来提问，我如释重负，松了一口气，暗暗说：老天爷，真是福星高照，差点没叫到我！其实，那案例早就布置下来了。我也曾细细读过两遍，而且想尽量把分析材料准备好。可是说实话，我不知从何下手，心中根本没底。

我身边那位同学胸有成竹，很快地解释起他所建议的方案来。讲了五分钟，他还滔滔不绝，看来信心十足。我们绝大多数同学都听得目瞪口呆，他真有一套！

又过了五分钟，他居然像魔术师似的拿出几张幻灯片，上台去用投影仪放给大家看，上面全是支持他论点的数据演算和分析，他足足花了十分钟才介绍完。

老师既无惊讶之感，也没夸他，只是礼貌地向他略表谢意，然后马上叫起另一位同学：'李××同学，请你谈谈你对王×同学的分析有什么看法？'我心想：'真见鬼，难道老师真想让我们也干得跟王×一样好？'

不用说，以后每次上课前，同学们全把案例分析准备得十分充分。原来这种案例就该这样来分析，我也能学会！大约一周以后，我可真有点想王×同学了，可是自打头一次课露过面以后，他再没露面。这是怎么一回事？

原来是老师耍的'花招'，他让一位高年级班上的尖子生来放头一炮，向我们提供了一个案例分析发言的样板。我们知道后都叫了起来，'咳，我说呢，他咋那棒！老师真鬼'。可是老师的目的达到了，他给我们提供案例分析的样板。虽然最后我们班没有谁能赶上王×的水平，但我们心里已有了一个奋斗方向，用不着老师老来督促我们去向某种看不见、摸不着的目标努力了。"

从学生的话中可以看到，这位老师为了设计案例分析发言的"第一炮"，做了多么精巧的安排，费了何等的苦心，而正是这番苦心，使学生获得了具体的、真实的楷模，有了可仿效的范例。不难看出教师在这里扮演的是一个导演的角色，所起的是一个导演的作用，教师没有直接告诉学生应该怎样进行案例分析的发言，可是他通过精心安排，使"第一炮"成功，让同学们明白了应该如何去做，这比直接讲授，效果要好得多，正如这个学生所说的，这是他们看得见、摸得着的目标。

在管理案例分析中还有许多重要工作，是需要教师去做的，比如教学进度的制定，规范性案例的选择等，学生在案例分析过程中理论指导和能力的诱发，以及学生分析的评估和最后的讲评等，都离不开教师的辛勤劳动。具体地讲，教师在案例教学中应承担如下角色。

1. 主持人

在案例教学过程中，教师首要的任务是使学生明确教学的内容及把握教学行进的程序，并在整个课堂教学的过程中维持课堂秩序。具体地说，在教学的开始阶段，教师要像主持人那样引导学生进入学习状态，帮助学生明确教学目的，了解学习的程序、规范和操作方法。同时，还要提出明确的教学要求，编制教学计划和进度表，使学生心中有数，尽早进入学习状态。没有课堂秩序，就不可能进行真正的案例讨论，因此，教师还必须发挥主持人的角色作用，在教学过程中，控制发言顺序和学习进度，使讨论总是围绕一个问题或一定范围的问题进行，使课堂的发言在每一时刻只能由一人主讲，形成热烈而有秩序的讨论气氛。在讨论终结时，同样，教师要发挥主持人的作用，无论对讨论的内容作不作评价，都有必要对讨论的全过程进行总结，使案例教学有头有尾，为学生的学习画上一个圆满的句号。

2. 发言人

如果说教师对教学有控制作用，那就是对教学程序和学习大方向的控制，这是通过"主持人"角色实现的。此外，在教学的具体内容上，教师发挥一定的"控制"作用。但这种"控制"完全不同于课堂讲座中教师的作用。在讲座中，教师可以自己决定讲什么内容，如何安排这些内容，不需要考虑学生的所思所想。而案例教学中，教师的控制作用是通过发言人的角色发挥出来的。"发言人"是一个代表性人物，他的发言，不能只代表自己，而是要代表一个群体。教师的发言，需要全面反映学生群体的意见，也就是既不能是教师自己的，也不能是学生中某个人的意见，而是包括全体学生的思想和意见。当然，发言人不能原样照搬发言稿，也不能任意取舍，随意剪裁，而是要对学生的思想"原料"进行加工简化，并且需要对学生的发言作简要的总结和整理归类，有时还要要表达的意思和语言上稍加修正，以求更准确、更科学地反映学生的思想。当学生不能形成统一的意见和共识时，教师还要综合各种不同的看法和决策，向学生作一个既有共性又包含特性的结论性交代。能否发挥好这个角色，取决于教师的综合分析能力，以及思想整合能力。

3. 导演者

案例的课堂讨论虽然以学生为主体，但这并不等于完全放任自流，它实际上一直处于教师紧密的、然而却是无形巧妙的监控与指导之下。教师就像未曾出现在舞台上或屏幕之上，但却无所不在的导演一样，发挥着潜在的影响力。教师通过导演的角色，使学生知道什么时候陈述自己的见解，什么时候评论他人的观点；教师通过导演的角色，指挥哪些学生发言，哪些学生不发言，哪些学生多说，哪些学生少说；教师通过导演的角色，影响全班的联动，同时也影响个人，对其进行个别辅导。导演角色的灵活度很大，同时难度也很大，扮演好这个角色，对教师的群体互动能力和临场应变能力要求很高。

4. 催化剂

催化剂是化学反应中帮助和加速物质变化过程的中间媒体，它本身不发生变化，但在物质的变化过程中却又离不开它。案例课堂上的教师像催化剂一样，促进着学生的讨论学习过程，否则就难以深入并取得预期效果。教师"催化剂"角色的发挥，就是帮助、启发学生，通过一个又一个的提问向学生提出挑战，推动他们的思考，将问题由表面引向纵深，一步步朝着解决问题的方向发展。为达到这个目的，教师会不断地提出类似的问题：这些方案的优点和缺点是什么？如果选择了这个方案将产生什么样的影响？会有什么反作用？有多大风险？必要时，教师还会主持一场表决，迫使学生做出自己的决策。同时，教师"催化剂"角色的发挥，还体现在促进学生相互交流沟通的过程中。在学生交流过程中，充当桥梁和穿针引线的作用，使各种思想相互撞击和融合，丰富教学的内容。要发挥好催化剂的作用，是很不容易的，需要悉心体会，不断摸索，长期积累，方可功到自然成。

5. 信息库

这不是教师的主要角色，但在某些情况下，特别是在进行"活案例"的教学过程中，这个角色的作用是必不可少的，甚至是非常重要的。在许多情况下，教师需要向学生适当地补充一些必要的信息，充当"提问者"和"参考数据库"。在学生主动提出补充有关信息的要求时，教师就应该满足他们的要求。要发挥好这个角色，教师必须在备课时做好充分的材料和信息准备。

教师要自觉抵制诱惑，不能角色错位，充当自己不该扮演的角色。一是不当讲演者。高明的案例教学过程中教师在课堂上往往少露面、少讲话，他们只开路搭桥，穿针引线，最忌讳经常插话，长篇大论，形成喧宾夺主之势。二是不当评论家。教师不要频繁地、急急忙忙地对学生的见解和活动横加指责和干涉，不要吹毛求疵，品头论足，只能适当地诱导和提醒。教师应当更精心备课，对将要做研讨的案例有深刻的认识，就案例中隐含问题的分析和处理对策有自己的见解。在课堂上，教师也应当在必要时为学生释疑解惑，以及在展开讨论的基础上适当予以归纳、评论。然而，不应忘却和违背"导引而非替代"的宗旨，切忌讲解过度。要致力于引导学生多想、多说，以收到激发思考，集思广益之效。古人有言"引而不发，如也"（《孟子·心上》），这对于成功的案例研讨是极为重要的。三是不当仲裁者。当学生之间产生争论时，不要马上出来评判是非，充当裁判员，教师的见解不见得总是正确、全面的，不能总以"权威"自居，教师若下断语，也就终止了讨论。

（二）做好教学准备

案例的教学准备是指在选择确定了具体案例之后，根据教学目标，就这些案例进行内容、重点及教学实施方法等问题的酝酿筹划。

这些准备工作并不一定按照固定的顺序进行，通常应首先考虑教学目标，其次是案例内容，最后是实施方法，然后再回到内容和实施方法，如此不断地反复。对多数教师来说，课前的准备是不断地试验和不断纠正错误的过程，直到找出一种最适合自己的方法。

1. 案例内容的准备

以案例内容为主的准备工作包括了解案例的事实和对有关信息的透彻分析。教师对案例事实和数据越熟悉，在教学中就越主动。要避免出现在课堂上胡乱翻找关键的信息和统计数据的现象，所有重要信息都要做到信手拈来。不能因为以前教过了某些案例就认为掌握了这些案例，即使是教了十多遍的案例，也应该不断地翻翻这些案例，重视一下有关人物的姓名和职务，重温一下各种数据并记住在哪儿可找得到。

除了对案例的情境有把握，教师还应对超出案例情节的相关情形进行了解，掌握更多的行为背景状况，争取对案例的内容有所扩展。这就要求教师不仅要研读案例，同时，还要阅读报纸杂志的相关资料，并通过与相关人员谈话，积累丰富的相关信息。

在案例内容的准备上，教学说明书或教学指导书有时会起更大的作用。通常，公开发表的案例教科书都伴有教学指导书或说明书。指导书的目的是为了帮助教师为课堂教学做准备，其主要内容一般包括识别案例问题、确定教学目标、学生的作业、在课堂讨论中可以提出的问题等。不同作者写的教学指导书都是为了某一特定的课程编写的。所以每个教师在考虑使用一份教学指导书时，要看他的课程是否具备类似的条件。把某一环境中某一门课的一个案例搬到另一环境的另一门课中往往很难取得理想的效果，需要教师认真把握。

2. 教学重点、难点的准备

由于教学的时间是有限的，因此，应该对案例中的重要议题作优先安排，根据教学的目标不同，教学重点也有不同的侧重。有时，可以将重点放在传授知识、理解概念上，在这方面，其他教学形式也许更容易做到。案例教学特有的重点是对问题进行识别与分析，对资料与数据进行分类与说明及制订备选方案和决策。既可以是内容性的，又可以是过程性的，这完全根据具体的需要进行选择和确定。在教学重点的准备过程中，必须考虑教学目标与学生特点等因素，避免凭教师的主观想象确定教学重点，造成学生需要的没有作为重点，学生掌握不了的或已经掌握的，却被作为重点强调和发挥这样的局面。

3. 教学实施方法的准备

根据教学目标和教学重点，教师通常需要制订教学实施计划，明确一系列方法步骤。比如，教师希望课堂上发生什么？如何使其发生？讨论按什么顺序进行？是先作决策然后再分析，还是先分析再作决策？案例的每一部分需要讨论多长时间？是对讨论进行控制，还是任其自由发展？以上所有问题应在教学实施计划中做出回答。教学实施计划通常涉及以下几个方面的问题，即：预习思考题、课堂时间分配、板书计划及拟定提问学生名单等。不同教师的课堂计划所包含的组成部分和具体内容不尽相同，其详细的程度也不一样，有的将其写在纸上，有的则存在教师脑子里。下面就以上几个方面的具体准备内容作一般性介绍。

（1）给学生布置预习作业。由于案例教学的特殊形式和作用，在案例教学前让学生进行课前预习非常必要。因此，给学生布置预习作业成为案例教学的重要一环，也是教学实施准备的基础工作。在案例教学中，学生的预习作业主要包括：阅读案例及其参考资料和针对具体案例的思考题。为了促进学生的课前准备，教师可以要求学生就自己准备的案例写一份书面分析材料。预习作业中的思考题，通常隐含教师的教学意图，对学生的分析起导向的作用，是非常重要的一个环节，它可以作为"引子"，是值得认真琢磨和探讨的问题。案例教学中没有一定要遵循的布置预习作业的准则，由于教学风格的不同和教学目标的特殊需要，教师可以对其灵活安排，随时调整。

（2）课堂时间分配计划。为使教学时间得到有效利用，制订课堂时间的分配计划是必要的，特别是对那些教学经验少的教师更是如此。课堂时间的分配计划不仅规定课堂上各种活动各占多长时间，而且还包括将要讨论的问题的顺序。从教学经验来看，时间计划既不能规定得太死，也不能毫无限制，时间计划性太弱，可能使教学发生任意性，容易使教学偏离目标。

（3）板书计划。课堂上的板书往往不为一般教师所重视，特别在案例的教学过程中，板书更容易被认为可有、可无、可多、可少，当作是一件较为随意的事情。然而，一些对教学有着很深经验的教师，则尤为重视板书的作用。他们通常在教学之前，刻意作板书计划，重点强调那些重要问题和重要内容，以加强对学生的引导。有的教师甚至会对哪些问题写在黑板的什么部位都做预先的规定，比如，将分析的内容写在左边，将建议的内容写在右边。许多包含重要内容和重要问题的板书，往往会从头到尾地保留在黑板上。这些板书，无疑会对学生有着非常重要的提示和指导作用，教师根据教学的需要，可随时将这些"要点"展示在学生面前，学生从这些"要点"中得到启示，使其思考得以连贯，得到的概念得以进一步的强化。

（4）拟定提问名单。为了提高课堂讨论质量，创造良好的教学气氛，在事先对学生有所了解的前提下，拟定一个提问名单，不失为一种好方法。提问名单没有固定的模式，一般可以包括以下一些思路：一是确保班上每一个人在课堂里至少有发言的机会；二是找到那些与该案例特定情境有相关的技能和经验的学生，并予以重点考虑；三是当分析案例遇有较大困难时，要确保选几个，至少是一个合适的学生来打破僵局；四是当课堂上没人举手发言时，教师能有一个预备的发言名单。拟订提问名单同鼓励学生积极发言并不矛盾，即使名单上列出了某个学生，教师仍希望他们自己举手发言，关于教师应否使用提问名单，可以根据教学需要，自行处理。

（5）课堂的课题引入与结束。如何使学生在案例教学中快速进入正题，如何使学生在讨论结束后对案例内容有效整合，这与课堂的课题引入和结束有很大的关系。好的开始是成功的一半，因此，教师需要就如何推动课堂的讨论进行认真的准备。好的教学需要找到合适的切入点，比如，如何引入案例，如何谈到所布置的阅读材料，如何让学生就已布置的思考题展开发挥……可供切入的点有许多，关键是要做到自然巧妙，能抓住学生的兴趣和注意力。同开始一样，一堂案例课的结束虽不是教学的主体，但却有独特的作用，是不可缺少的教学组成部分。形象地理解，可将课堂教学的结束看作"点睛"之笔，通过结束过程突出重点，使之显得有生气。有的教师对学生的活动进行总结，同时指出课堂讨论的优缺点，有的教师既不总结也不评论，而把总结的任务留给学生独立完成。很难说出哪种方法好，应根据实际情况而定。

4. 物质准备

在案例教学的准备过程中，往往容易被忽视而又非常重要的是教学场地等物质设施的安排。物质性设施的准备是案例教学条件中的重要一环，教学之前，教师必须检查教室的布局是否利于学生参与学习，必须提供必要的条件，使教师能够迅速认识学生并使学生相互认识，并保证和促进其交流与沟通。因此，教师很有必要在教室的物质性设施安排上动一番脑筋，下一番功夫。

　　理想的教室布局需要根据场地的形状、面积和学生人数进行灵活调整。因此，案例教学是不可能有固定教室布局的，但没有固定的布局并不意味着可以随意安排，而要遵循一定的原则。案例教学教室布局的原则主要有四条：一是要满足听与看的条件，即学生在任何位置上都可以听到教师和其他学生的发言，无须移动位置就可以看到教师、写字板及教室内设置的其他视听设备；二是要保证教师不受限制，可以走到每一位学生的位置前与其进行对话和指导；三是每个学生可以很便利地离开座位走到讲台前或其他学生的面前，进行面向全班的交流和学生之间的面对面交流；四是根据学生人数的多少，扩大或缩小课堂的沟通半径。

　　实际上，大多数大学和教育培训机构的传统教室（或许还应算上一些公共设施如酒店等的会议室）都是一间长方形的房间，室内一端放置有一个讲台或讲桌，条桌和座椅一排排地摆放。对于讲课这类单向沟通来说，学生的主要任务是聆听教师的讲解，这种布置方式是实用的。不过这可能并不算是最佳的布局，因为后排的人往往很难看得见讲演者。但无论如何，这是一种常规的布局方式。从案例教学的角度看，这种布局带来不少困难。案例讨论要求的是双向沟通，这种布局方式使坐在后排的人发言时，只能面对前面各排同学的后脑勺，这很难实现流畅的双向沟通。对于坐在前面的学生来说，要他们扭过头去看着后排正在发表高见的同学，同样也非易事。总之，这种布局对教师强调过多而对学生重视不够。

　　对于小组，案例教学的理想布局是使用一张圆桌，座椅围绕圆桌呈环状布置。环状意味着全体参加者地位均等，平起平坐，大家的视线可以顾及每一个人，使组员得以面对面地沟通。环形布局有一些其他的变化形式。例如，可以利用方形或矩形布局，也可以采用六边形或八边形布局，在参加讨论的人数不多的情况下，六边形和八边形或矩形更可取，因为这两者都能改善学生的视野，但随着学生人数的增加，以上这些布局开始显现出不利之处。桌子的尺寸总是有限的，人数增加，参加者之间的距离就会随之迅速增加，桌子中央的无用空间不但被浪费，而且还成了沟通的障碍。对于较大的组，就不能像小组那样安排，而需要采用其他的布局方案。用成排的座椅布置出半环形、台阶状座，是较为理想的方案。座椅最好是可移动的，或至少是可转动的，以便前排的学生可以轻易地转过身来，看见他们身后的同学。放在每位学生前面的课桌或条桌的大小，应不但能使人舒适，而且还能放置案例和参考材料，其尺寸不必太大，比正常的 A4 打印纸宽一点即可，大约 30 厘米是较适当的尺寸。

（三）积极组织引导

　　课堂组织和引导的效果是否理想，课堂引导的原则是否得到较好的体现，教师的角色和作用能否得到较好的发挥，不仅取决于教师主观刻意的追求，更重要的是考验教师是否具备较深厚的功夫，掌握并善于运用课堂组织引导的技能技巧。掌握了多种引导技能技巧，教师就能在课堂上进退自如，四两拨千斤；缺乏引导的技能技巧，教师面对复杂的教学环境，就会束手无策，难以驾驭课堂。课堂组织引导的技能技巧难以穷尽，何时何处在何种情况下采用何种技巧更难以在纸面上准确叙述，而是需要教师经过一定量的教学实践，不断地探索和积累才能有所把握。

1. 设计课堂讨论路线

课堂案例讨论虽然是以学生为主体展开的，但是教师有目的、有效的引导要贯穿始终，只有这样，才能确保学生的讨论有条不紊地开展，才能对设计的讨论题进行充分的探讨，才能逐步实现教学目的。课堂讨论路线的设计是教师针对拟讨论案例制定出的一条案例讨论指导路线，以达到组织、控制好案例讨论的目的。一般的课堂案例讨论路线的设计如图0-1所示。

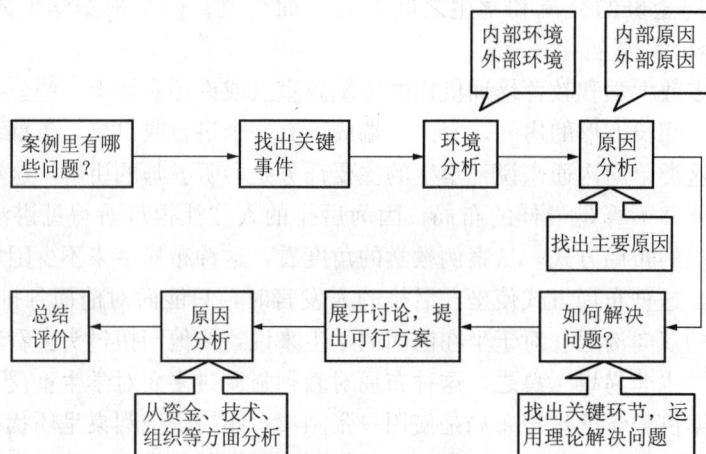

图 0-1　课堂讨论路线示意图

在进行课堂讨论路线设计时，要结合学生的特点、学生掌握理论知识的程度和特定教学目标的要求来绘制。对课堂讨论中的几个步骤要精心设计，充分体现理论联系实际的原则，引导学生在讨论中以理论为指导，强化对知识点的运用，确保讨论充分。

2. 善于把握教学节奏

课堂引导就如同带一支队伍，教师要尽力做到出发时有多少人，到达目的地时还有多少人，也就是说当学习的过程完成后，所有的学生都能达到预期的学习目的。由于案例教学前后延伸的时间长，经历的环节多，特别是始终处在较开放的教学条件下，因此，不可能像讲座那样由教师直接操纵和控制，教学行进速度和节奏可以不受其他因素的影响，完全由教师一人决定。在案例教学过程中，难免会遇到节外生枝、偏离主题的情况，教师如不能及时予以处理，就会影响和分散一些学生的注意力，渐渐地会使有的学生"落伍"和"掉队"。因此，在总览全局、整体把握的前提下，教师必须根据教学的具体进展情况不断地进行"微调"。其中，合理地把握教学的节奏就是进行微调的一个关键的技能，值得教师去细心体会和认真掌握。过度的跳跃，会破坏连贯思维，使学生产生困惑，进度缓慢，会淡化他们学习的兴趣，使学生产生懈怠情绪。所谓合理的节奏，就是快慢适度，松紧自如。调整进度，把握节奏，可以采取以下方法和技能。

（1）具备善于澄清学生意见和见解的能力。具备善于澄清学生意见和见解的能力才能及时避免观点混淆和学生间的误解。课堂交流的效果是好还是不好，首先体现在发言人是否准确地表述了自己的意见，听取发言的人是否完整地理解了发言人的意思，两者中有一方出了问题，误解就在所难免。因此，要使教学能有效地进行，教师就要从最初较容易出现差错的地方着手，帮助学生表达和理解。为达到此目的可以运用一些操作性、实用性较强的问句去引导和澄清学生发言中需展开和完善的概念，或请发言的学生进一步解释说明自己的意见，或通过教师表述其意思，然后征求发言学生意见。澄清概念和观点不仅可及时增进师生及学生之间在语言含义上的理解，提高教学的效率，同时，还常常可以避免许多无谓的争论。当然，案例教学适度争论是必要的、有益的。但一旦争论超出了一定的限度，就会造成无意义的纠缠，甚至攻击。一旦达到了这种程度，争论双方都会置初始的概念和见解于不顾，掺杂了许多个人情绪，不是为了辨明是非，而是为了一争胜负。这时，通过澄清概念，可以把学生拉回到最初探讨问题的状态里面去，从紧张和对立的情绪中摆脱出来，同时，在概念澄清过程中，往往还可以发现许多共同点，进一步增进对问题的理解。

（2）要检查认同程度、把握学习进度。由于学生在思维方式、表达习惯、理解能力、经验积累等方面存在着差异，对教学中遇到的问题和探讨的道理，有的学生理解和接受得快一些，有的学生理解和接受得慢一些，要保持全体学生相对同步，教师有必要适时检查学生学习进度及对问题的认同程度，进而适度控制进展节奏，以免学生学习进度的差距拉得太大，妨碍广泛的思想交流，影响课堂的讨论交流效果及学生的参与程度。因此，教师在课堂上要注意首尾相接，不断提出问题，了解学生是否将注意力放在了问题的主线上，并了解学生是否对有关问题有了相应的理解。一旦发现有学生走得太快，及时引导，使其适当地放慢进度；对跟不上的学生，则集中力量加以引导，使其加快步伐，同全班保持同步。在检查学生对问题的认同程度、把握学习进度的过程中，还有另一个问题值得注意，由于学生研究问题的兴趣不同，一些学生往往被枝节问题所吸引，而分散了注意力。因此，教师要善于体察学生的思想动态和心理过程，及时发现偏离主题的情况并加以引导，把其注意力集中到关键的问题上来。

（3）要善于做好阶段性小结和总结。在课堂引导中，教学节奏的明确标志体现在阶段性的小结和最后的总结上。当教学的一项内容或一个过程完成时，往往需要进行小结，归纳阶段性的成果和收获，使学生对全班的学习成果有一个概要性的认识，并进行条理化、结构化，明确要点和重点，为进行下一步的学习和研究打下基础。因此，案例教学是一个分析问题和解决问题的过程，只有一环扣一环地探索和铺垫，循序渐进地向前推进，才能形成有说服力的方案和解决问题的方法。值得教师注意的是，阶段性小结和最后总结的内容不是教师自己对问题的认识、分析和看法，而是就学生对问题的分析和看法的重点进行归纳。总结也不一定需要很长时间，5 分钟可以，15 分钟也行，只要把握住重点，提纲挈领地理出几条，即能达到目的，切忌在总结中大发议论，喧宾夺主，影响学生学习的主动性和积极性。

3. 进行课堂有效沟通

管理案例的课堂教学是师生之间、学生之间进行沟通，实现思想交流、达成共识、取长补短、相互学习的过程。课堂上教师的发言总量的多少、沟通时机的把握、沟通方式的运用等种种因素，都直接影响课堂引导的质量和教学效果。因此，课堂上的沟通能否有效，很大程度上取决于教师的沟通技能与技巧。

（1）要给出明确的指导语。教师的"主持人"角色和"发言人"角色，具体体现在他对课堂活动所做的总体性的和阶段性的安排及组织上。要发挥好这个作用，教师就要善于明确地、简要地将教学的目的、程序、方式、方法等向学生交代清楚，使学生能够尽早地在教师的引导下形成自组织状态。所谓自组织状态就是学生不需要教师的介入，自行组织进行教学活动的状态。指导语在案例教学中，是教师向学生进行授权，帮助学生达到自组织状态的关键。如果处理不好，就可能出现暂时失控的情况。因此，给出明确的指导语，是把握课堂教学的重要技能。指导语要恰当明了，突出重点，添枝加叶反复解释会使重要的信息被冲淡，使学生难得要领。对关键的信息、重要的内容和程序，适当加以强调，有时还有必要适当举例和示范加以说明解释，以引起学生的注意。

（2）对学生在课堂上的表现和发言予以及时反馈。反馈是激励学生的重要手段，因为反馈是教师对学生发言内容的理解验证。要理解学生就必须真诚、精心地去听，除此之外，反馈是教师引导把握教学方向的有力工具。课堂讨论中，教师可以通过反馈，讨论学习中的重点内容、观点，把有独到见解的发言提纲反映出来，使有价值的闪光点得到突出和放大，使学生能够沿着正确的学习线路进行思考和研究问题。反馈可以采取不同方式，可长可短，可采取言语表述方式，也可采取写板书的方式，必要时，还可与个别学生进行课外的交流并予以适当指导。有时，写板书的方式比只是言语表述方式的反馈效果会更好些。一是因为这样的反馈更直观明了，二是学生可能会受到更强的激励。值得探讨的还有一点，就是在对待学生所提出的尖锐问题和棘手难题时，教师不能回避，必须做出合情合理的解释和响应。来不及在课堂上说明的，可以采取课下单独交流方式完成。因为，学生提出的许多尖锐问题往往是其最关注的问题，非常希望得到教师的重视和认可，如果这时教师予以回避，势必会影响学生学习的积极性。

（3）善于打破冷场。所谓冷场指的是当需要学生发表意见和看法时，课堂保持较长时间的沉默。冷场是教师和学生都不愿发生的事，但在整个教学过程中偶尔出现冷场的情况也在情理之中。重要的是，当出现冷场的时候，教师是否能采取灵活的方式方法，运用恰当的技能技巧及时有效地启发引导，打破沉默，使课堂气氛热烈起来。冷场的现象可能由不同的原因造成，因此要解决冷场问题，必须针对不同的原因，采取不同的方法。分析起来冷场多是发生在以下几种情况之下。

一种可能带来冷场的情况是在教学开始阶段，由于对环境不熟悉，学生带有一些防备心理，慎于开口。这时教师可以采取一些"破冰"或称"热身"的方法，激励学生。所谓"破冰""热身"就是创造某种环境，使学生心情放松，在不自觉中参与培训的教学技能，就像体育运动所称的"热身运动"一样，教学开始阶段的"热身"和"破冰"，对帮助学生进入状态很有意义。在学生相互不熟悉的情况下，还可以通过点名的办法或者"顺序发言"的办法，打破冷场，这对学生保持在以后的时间里继续发言也是非常重要的。研究发现，在集体讨论中，已经发过言的人往往再发言的可能性更大，而没有开过口的人，则往往倾向于保持沉默，发言和不发言都带有惯性。因此，教学阶段教师就应尽力想办法让每一个学生都发言。

另一种可能带来冷场的情况是当课堂由几位擅长发言的学生主导时，一旦他们不发言，就会出现冷场。这时，一方面可以引导擅长发言的学生继续发言，同时，引导不开口的学生对前面的发言发表看法，逐步让缺乏自信和羞怯心理较重的学生适应讨论和交流的环境。为了避免冷场，教师还需讲究一下提问的方法和角度，尽量避免过空过大。过于抽象的问题，往往会使学生难以准确把握问题的含义，无从开口。教师提出问题后，没有得到响应，就要想想是否提的问题不够具体，指向是否明确，一旦发现是这种情况，就应及时地将问题细化，做进一步解释和说明。

（4）出现背离正题，及时引回。许多人在一起讨论，很难避免出现海阔天空、离题万里的场面，这时教师不必焦躁，也不妨静观一下，学生中很可能有人主动出来纠偏。如果走得过远，教师可以主动干预，但切忌粗暴，口气要委婉些。如果能培养学生自治，集体控制讨论，那当然是上策了。

（5）做好讨论的收尾。收尾并没有什么固定的模式。有的老师喜欢做一个简要的结论性小结，或做一番讲评收尾。学生这时喜欢围绕着教师问这类问题："老师，您说谁的说法对？""要是换了您，会怎么办？""什么才是正确答案？"等，教师最好不要正面直接回答这类问题。一是有违学生自学与自治原则，二是管理问题本无所谓"唯一正确"或"最佳"答案。可以让学生集体做总结，如问："大家觉得今天有哪些主要收获和心得？"也可以让一位学生带头小结，再让大家补充。因为既然无所谓"标准答案"，所以重要的是使每个人去总结自己的体会。如针对具体案例，问题及其原因已经找出来了，那么你到底打算怎么办？当然还应该知道，别人有什么不同意见？为什么？这些才是要紧的。

（6）课堂发言的掌握。在案例讨论的各阶段，教师都将面临掌握课堂发言过程的问题。课堂发言是全班信息共享、形成共识的过程，利用好有限的时间，集中学生的高质量的见解和解决问题的思路、办法，创造良好的交流氛围，也使教师掌握课堂发言的关注点和主导方向，这是教师引导教学的难点和重点，对教师的角色发挥和教学技能的发挥提出了很高的要求，其基本任务便是妥善处理四类常见的问题。

一是发言过少。每次在讨论时总有那么一些人发言很少或完全不发言。2小时左右的讨论时间，很难让30多名学生都有效地参与到讨论中。因此，班级规模超过这个人数，很多学生显然不可能有机会发言，问题是要防止同一批学生每次讨论都不发言。因此，教师要尽力避免这种情况的发生，采取多种办法帮助那些发言过少或根本不发言的学生。要做好这一点，前提就是了解学生。人与人会有很大的差别，人们对事物的敏感度也是不一样的，教师应在教学过程中，注意发现学生个性的特点，对"症"下药。如此，对那些要面子的学生则可以客气的方式，劝导其发言，对于过于腼腆的学生还可以私下与之交流，个别提供指导，给予他们鼓励，帮助他们战胜怯场的弱点。同时，教师要注意搜寻那些新举手的人，及时给他们创造发言的机会，注意观察惯常不发言者的兴趣，从他们的兴趣入手，引导他们发言，还可提出一些简单的是非判断题请不善发言的人作答，由少到多地引导他们发言，有时还可以要求学生每人至少要说一句话，但不能重复别人已经说过的或仅仅复述案例内容而没有个人见解或解决措施。总之这些办法的真正作用，在于强调参与发言本身的重要性，对创造良好的交流氛围大有好处，至于采取哪些具体办法，可以根据教师的喜好和学生的特点灵活处置。

二是发言过差。虽然学生都发了言，但其发言的态度与质量却不能令人满意，这种情况也是有可能发生的。偶尔放过一些水平不高的发言是可以的，也是正常的，但是经常容忍学生低水平发言，最后会使整个班学习趋于平庸，所以有时必须要采取一些措施，改善发言过差的情况。首先要分析其原因，看是出自教师方面的原因，还是出自学生方面的原因，针对不同的原因，应采取不同的对策和方法。是教师的问题，就要注意总结经验，分析是教师提出的要求和标准太高，学生无法达到，还是学生阅读时间太少，难以深入解析案例，等等。发现问题，及时纠正。如果是学生的责任，属于能力等客观问题，可以原谅。属主观努力程度不够，没有很好地预习案例，课堂讨论效果不好，可以要求学生重新再来，促使其认真对待。总之，解决发言过差的问题是为了提高讨论质量，带动全班学习整体水平的提高，教师要认真对待，慎重处理。

三是发言过多。正像有些学生发言过少一样，也可能有些学生在课堂讨论中发言过多，这往往会影响其他学生的参与程度，破坏讨论的气氛。因此，适当对发言过多的学生加以限制是必要的。在院校学生的案例课上，那些口若悬河的人成不了太大的问题，因为，在一个大家彼此相处了较长时间的班级里，群体压力会迫使那些讲话滔滔不绝而又空洞无物的发言者有所节制，"自我矫正"。但在具有丰富经验的管理者的培训班上，教师所面对的是一批彼此相处不久的学生，如果讨论的题目撞在了他们的兴奋点上，很有可能引起发言者滔滔不绝的讲述。教师要特别注意观察，必要时，可以有意识地限制他们发言，或者以诙谐的办法打断他们的长篇大论，限制他们发言的次数。有时，一堂课上，多数学生争相发言，都颇有见地，只是时间不够，不可能每个人都尽兴，那就只好限制每个人的发言时间。制定一个大家都必须共同遵守的规则，比如规定每个人就每个问题的发言最多不可超过5分钟。在这个规定前提下，教师再进行"协调"和"平衡"，则显得容易些了。

四是发言过当。发言过当主要是指讨论中出现空洞无物，与主题关系不太大或不得要领的发言。发言过当是影响讨论效果的原因之一，需要教师及时引导，及时纠偏。解决发言过当的问题，首先要由教师明确具体的讨论题目，要求学生将注意力集中到某一问题上或某一范围内。如果遇到与确定的问题有关但暂时还未引入讨论的正题时，教师可以说：让我们把这个问题放一放。必要时，还可以把学生引出的这些问题记录在写字板上，这样既可以调动发言学生的积极性，又可以将这些将要涉及的问题存下来，留作话题。当遇到那些空洞无物的发言时，适当地打断发言者，请他结合一些数据加以说明。通过这些问题，可以引申发言者的思考，帮助学生学会分析问题的方法。当然，处理发言过当的情况还应该注意因人而异，不要采取一种方法对待所有学生。比如，一个从来不发言的学生第一次发了言，即使没有讲出什么内容，也可以鼓励他，而对一个经常喋喋不休的学生，教师可以果断地中断他的发言。

到底采取什么样的发言引导办法，掌握讨论发言的过程，需要一个系统的考虑，必须要从教学目标、课堂讨论的整体进程和学生的具体情况出发，不能"灵机一动"，随意处置，否则会迷失方向，丧失重点。为实现总体意图，采用的方法可以千差万别，但需要遵循的一个基本原则是：在任何情况下，都不能伤害学生的感情，至少不能从主观上打击学生的积极性。有时，不能改变极个别学生的冷漠和不参与态度，那就让他去保持自我，其实教师不可能解决所有学生的所有问题。

（四）做好分析讲评

管理案例分析具有很强的实践性，要求教学要有很强的针对性，因此，在案例分析的讲评中，一个很重要的问题，就是要贯彻有的放矢的原则，即教师的讲评要符合学生的实际情况，学生的实际情况就是"的"，教师讲授的内容是"矢"，只有有的放矢地讲授，学生才会从中受到启发，受到教益。如果讲评和学生的实际毫不相干，显然是毫无用处的。

1. 案例分析讲评对教师的要求

这包括以下几个方面内容。

（1）要了解学生的实际情况。了解学生的实际情况，这是有的放矢进行讲评的首要条件。学生的情况是多方面的，包括学生各自的选例，案例涉及的有关原理和其他专业知识，学生案例分析的实际水平，以及学生个人分析问题的能力等。只有将这一系列问题掌握好，才可能避免讲评的千篇一律，体现出有的放矢的原则。从这里也不难看到强调对学生实际情况的了解，这实际上对教师的工作提出了更高的要求，教师了解学生实际情况的过程中，实际上是教师付出了辛勤的劳动。

（2）要具备必要的知识、理论素养。管理案例分析课是专业课的后续课程，又是毕业论文的先导课程。案例分析不是盲目的分析，而是在规范的程序和步骤中对有关专业理论的深入学习和运用，一篇好的案例分析必定是理论和实际相结合的产物，是专业理论和其他多方面知识和技能的有效结合。因此，要使讲评能对学生产生指导意义，就要求教师有较好的知识和理论素养。这里所说的知识理论素养不仅仅是指管理的专业知识，还应包括思维逻辑、科学研究及写作技能等方面的知识和能力。只有这样，才能适应案例分析教学。在国外，一般是教授、副教授指导学生作案例分析，原因就在这里。因此，我们的教师应努力丰富和充实自己，使自己的知识和理论素养不断提高，在案例分析的教学过程中，在讲评整个环节上尽力给学生更多的知识，给予有效的指导。

（3）要有同学生共同研究实际问题的决心。在管理案例分析教学中，规范性的案例分析是多人共同学习和分析一个案例，而在自编案例分析时，每个学生的选例就有了独立性和自主性，学生从自己的实际情况出发，选择适当的案例。这样一个教学班有几十个学生，就可能有几十个案例，对于这些案例，教师不可能都是熟悉的，因为一个人的知识、精力都是有限的，不可能是全才，不可能无所不知、无所不会。尽管如此，仍然要充分发挥教师的指导作用。虽然学生各自选择的案例不同，但在研究问题、分析案例的方法、途径和技巧上却有共同的东西。给学生正确的方法论的指导是不可或缺的，但是不能只停留在一般方法论的指导上，而应有深入全面的指导。为此，要认真深入了解学生研究的案例，要研究学生获得的实际资料和理论资料，甚至要同学生一道进行考察。总之，要有与学生共同研究实际问题的决心。如果我们这样做了，就不仅在一般方法上能给学生有益的指导，而且在具体分析研究上也可以给学生做出好的指导。这样，在讲评时就能说到点子上，做到有的放矢地讲授，使学生感到中肯、实在、受益匪浅。

（4）要有强烈的责任心和使命感。讲评向教师提出了较高要求，既有量的方面，又有质的方面。从量的方面说，要求教师完成的工作是大量的，从案例分析前的动员、选例、研究案例、写作，到评估、评点和讲评，都需要教师对每一个学生倾注心血，付出劳动。从质的方面说，管理所具有的创造性，要求教师对学生的指导也应有创造性，讲评中有的放矢原则的贯彻，就是这种创造性的表现。总之，案例分析的教学，不论是案例分析的讲评，还是整个案例分析的指导，对教师来说，都是一个严峻的考验，它要求教师必须有强烈的责任心和神圣的使命感，具体来说就是要求教师能吃大苦、耐大劳，并能创造性地工作，否则就难以完成管理案例分析指导的教学任务了，也谈不上在授课中贯彻有的放矢的原则。

因此，案例分析讲评中的有的放矢原则的贯彻，实际上是对教师提出了更高、更严格的要求。

2. 案例分析讲评应注意的问题

为了确保管理案例分析讲评的效果，有必要讲究讲评的技巧和方法。大量的教学实践表明，以下几个问题是讲评时应该注意的。

（1）重视引导学生自己启发自己、自己教育自己。引导学生正确认识分析中的成功和不足是讲评的重要内容之一，但这一目标的实现，光凭空洞的说教是难以奏效的。最有效的方法是指导学生自己启发自己、自己教育自己。比如说在讲授正确编写案例问题时，如果我们空洞地要求学生做到清楚完整，那么学生就不能得到具体的认识，对案例清楚完整的概念仍停留在抽象的印象上。这时教师就应研究那些在案例的表述上做到了或者基本上做到了清楚完整的典型，并予以讲评，这就使得尚不能清楚完整表述案例的同学，从中受到启发，得到具体的指导。运用学生自己的典型来进行讲评，学生易理解，易接受。在教师讲评的启示下，引起同学之间的有益讨论，相互取长补短，把问题弄得更加清楚、明白，这就是重视学生自己启发自己、自己教育自己的意义所在。

（2）要爱护同学们开展案例分析的积极性。管理案例分析的特点，要求学生有高度的积极性、主动性和创造性，要求学生积极配合，因此，在分析讲评中爱护和保护学生的积极性，是一个十分重要的问题。尤其在成人教育过程中，更是如此。

成人学生与一般青少年学生大不相同，虽然在用功程度上成人学生之间也存在差别，但从总体上看，他们学习的自觉性一般都比较高。成人学生有很强的自尊心，他们在学习上舍得下苦功夫。在平常的学习考试中，往往一场考试下来，不少人就拼瘦了，有个别同学还闹出一场病来。在案例分析中，他们的热情也较高，因此，我们在讲评中不必回避他们的不足之处，但在指出存在的问题时，应注意方法。一般在充分肯定其成绩的基础上，指出其不足。就是对于那些基础较差的学生，也应结合学生以前的工作实际，或者学生自身的素质条件，帮助其分析潜在的优势，让其坚定学好管理案例分析这门功课的信心。在案例分析的教学实践中，凡是坚持这样做的，都能收到好的效果，使学生进行案例分析的热情不断提高。

（3）克服急躁心理，注意循序渐进。管理案例分析的教学目的是通过多次分析、完成多个分析循环的过程来逐步实现的。因此，在指导学生开展案例分析的教学过程中，应克服急躁情绪，把握好循序渐进的原则。在每次讲评时，教师对案例分析的阶段教学目的、教学重点，要心中有数，特别是相互衔接的两次案例分析的教学目的要明确，并据此作为重点讲评的能力的训练，多次分析多次讲评，使学生的知识不断丰富起来，能力不断提高，达到该课教学目的所规定的总体要求。

七、管理案例的"学"

学生是案例教学中的主体，案例教学的过程基本上是学生通过自己努力来逐步领悟的过程。换句话说，案例教学的过程，对学生来讲既是一种收集分辨信息、分析查找问题、拟订备选方案和做出最后决策的纵深演进的过程；同时，也是从个人阅读分析到小组学习讨论，再到全班交流，形成共识的过程。学生在案例教学过程中要做好以下工作。

（一）重视课前阅读

阅读案例是进行案例分析的基础，没有一定数量和一定质量的阅读，要做好案例分析是不可能的，实质上案例分析的过程是将纸上的情况转变为脑中的情况的转换加工过程，能否既全面客观又突出重点地接受案例的信息，首先取决于对案例的阅读质量，为了达到有效的阅读，可以从以下几方面入手。

1. 案例阅读的目的与时间安排

阅读的目的，不仅是为了了解案例的内容和所提供的情况，而且要以尽可能高的效率做到这一点，并且因为学习负担总是那么重，谁能以最短时间读完并理解它，谁就能占据优势。不过所说的最短时间，不是指到了次日进行课堂讨论了，当晚才急匆匆翻阅、囫囵吞枣。不花工夫是无法理解、分析和消化案例的，大多数案例至少需要阅读两遍，若要分析深透，两遍也不够，要知道教师们可能已经把案例反复读得很熟，甚至能背诵了，学生当然不必下这么大功夫去阅读，但要准备至少读两遍。

记住这一要求，便可以作时间安排了。一般情况下，一个大型综合案例，约 2 小时 30 分至 3 小时精读一遍，外文案例时间要更长些。如果同时有几门课，全有案例分析，合并专门时间（比如一整天或两个下午等）集中阅读效果较好。有经验的学生，总是安排在每周五、周六和周日，先把下周要学习的案例阅读一遍，以便能有充足时间深思，有备无患，万一下周出了紧急情况，无法再读，但由于已知道案例内容，不至于进课堂时脑内空空、仓皇应战。

2. 案例阅读的步骤与方法

不要开始就一味地精读，而应分两步走：先粗读，待知其概貌，再精读，究其细节。粗读是浏览式的，而且要掌握诀窍，这就是先精读前两页，其中往往交代了背景情况，以及主要人物所面临的关键问题。有时候如果开篇没有介绍背景，那么应该读案例末页，因为在文章最后介绍背景的情况也是常见的。如果还没有读到，就只好老老实实，从头读下去直到找到背景情况为止。背景介绍找到后，要反复看，不可浮光掠影，要透彻了解，直到能用自己的语言描述出来为止。了解了背景后，应快速浏览正文中余下的部分，注意小标题，先看看每一节的头一段的头几句，不必齐头并进下同样功夫。因为粗读的目的，是做到心中有数。很快地读完正文，接着就要迅速翻阅正文后面所附的图表，先注意是些什么类型的图表，如可能是资产负债表和损益表，组织结构图，主要人物的简历表，搞清楚这些，可以节省不少分析时间，否则盲目地读，做了许多分析，最后再看所附图表时才发现其中已经提供了这些分析，岂不白白浪费了宝贵时间与力气。图表分为两大类：一类是多数案例都常有的，如一般财务报表、组织结构图等；另一类是某案例独有的。对于前者，要注意有什么不同于一般的独特之处，如财务报表里有一笔你没见过的特殊账目，就得标出来留待以后细加探究，若能在这些常被人忽略的地方有所发现，则在全班讨论时你就有可能提出独树一帜的观点。

对正文与附图有了大体了解，就可以从容地从头到尾再仔细阅读，如记眉批和备注，但不要重复文中所述，应点出要害。引进观察结果、发现、体会与心得，记住与下一步分析有关的概念。如果是外文案例，做摘要是有好处的。一边读正文，一边要对照有关附图，找出两者的关联。对于技术、组织方面的复杂描述不要不求甚解，一定要搞得清清楚楚明明的。要把事实和观点分开，还要分清人物说的和他们实际做的，看两者是否一致。不但要注意他们说和做过什么，还要注意他们有什么没说和没做的，以及为什么这样。千万不要对文中人物所说的看法和结论都照单全收，信以为真，而要想一想，真是这样吗？正文看完后，要仔细看附图，搞清其中每个主要组成部分。全班讨论之前，最好挤出时间把案例重读一遍，温习一下。不过步骤可不全同于上次。虽然可先看背景情况，但接着先不要读正文，而是先看图表，顺序最好倒着看，即先从最后一幅图表看起，弄清细节，特别留心反常的图表或项目。这样做的原因是，因为粗读时，往往越读越累、越厌烦，也就越马虎，结果虎头蛇尾，对后面的理解不如前面的深入，尤其时间紧迫时，倒读更为保险。

（二）做好分析准备

个人分析与准备是管理案例学习的关键环节，其目的是完成信息的取舍，以及找到有效信息的因果关系，是学生创造性学习的过程。这个环节的基础打好了，不但可以为个人的决策方面提供可靠的根基，而且可以将全班的讨论交流朝着高质量、高水平推进。同样，做好个人分析和准备有其内在的规律，需要学生认真琢磨、体会。

1. 案例分析的基本角度

案例分析应注意从两种基本角度出发。一是当事者的角度，案例分析需进入角色，站到案例中主要角色的立场上去观察与思考，设身处地地去体验，才能忧其所忧，与主角共命运，这样才能有真实感、压力感与紧迫感，才能真正达到预期的学习目的。二是总经理或总负责人的角度，这当然是对综合型案例而言。高级课程就是为了培养学生掌握由专业（职能）工作者转变为高级管理干部所必需的能力。因此，这种课程所选用的案例，要求学生从全面的综合的角度去分析与决策，这是不言而喻的。

2. 案例分析的基本技巧

这种技巧包括两个互相关联和依赖的方面。一方面，就是要对所指定的将供集体讨论的案例，做出深刻而有意义的分析。包括找出案例所描述的情景中存在的问题与机会，找出问题产生的原因及各问题间的主次轻重关系，拟订各种针对性备选行动方案，提供它们各自的支持性论据，进行权衡对比后，从中做出抉择，制定最后决策，并作为建议供集体讨论。另一方面的技巧易为人们所忽视，那便是以严密的逻辑、清晰而有条理的口述方式，把自己的观点表达出来，没有这方面的技巧，前面分析的质量即使很高，也很难反映在你参与讨论所获得的成绩里。

3. 案例分析的一般过程

究竟采用哪种分析方法，分析至何种深度，在很大程度上取决于分析者对整个课程所采取的战略和在本课中所打算扮演的角色。但不论具体战略如何，这里提供一个适用性很广、既简单又有效的一般分析过程，它包括五个主要步骤：①确定本案例在整个课程中的地位，找出此案例中的关键问题；②确定是否还有与已找出的关键问题有关但却未予布置的重要问题；③选定适合分析此案例所需采取的一般分析方法；④明确分析的系统与主次关系，并找出构成自己分析逻辑的依据；⑤确定所要采取的分析类型和拟扮演的角色。

4. 关键问题的确定

有些教师喜欢在布置案例作业时，随着附上若干启发性思考题。多数学生总是一开始就按所布置的思考题去分析，实际上变成逐题作答，题答完了，分析就算做好了。作为学习案例分析的入门途径，此法未尝不可一试，但不宜成为长久和唯一的办法。教师出思考题，确实往往能够成为一个相当不错的分析提纲，一条思路，但多数只是一道道孤立的问题回答。学生最好是在初次浏览过案例，开始再次精读前，先自我提几个基本问题，并反复仔细地思索它们：案例的关键问题，即主要矛盾是什么？为什么教师在此时此刻布置这一案例？它是什么类型的？在整个课程中处于什么地位？它跟已学过的哪些课程有关？它的教学目的是什么？除了已布置的思考题外，此案例还有没有别的重要问题？若有是哪些？这些问题的答案往往不那么明显，不那么有把握，不妨在小组里跟同学们讨论一下。这些问题要互相联系起来考虑，不要孤立地去想。最好一直抓住这些基本问题不放，记在心里，不断地试图回答它们，哪怕已经开始课堂讨论了。一旦想通了此案例的基本目的与关键问题，得出的分析结论自然会纲举目张，命中要害。如果在全班讨论后还没搞明白关键问题所在，可以再去请教教师和同学。

5. 找出未布置的重要问题

真正很好地把握住案例的实质与要点，找出教师未布置的重要问题是必须要做的一步。一般凭自己的常识去找就行，但要围绕本案例的主题并联系本课程的性质去发掘。找出这些问题的一个办法，就是试着去设想，假如你是教师会向同学们提出些什么问题？有些教师根本不布置思考题，或讨论时脱离那些思考题，不按思考题的思路和方向去引导，却随着大家讨论的自然发展而揭示出问题，画龙点睛地提示一下，启发大家提出有价值的见解。你还得想想，在全班讨论此案例时可能会提出什么问题。总之，要能想出一两个题目，做好准备，一旦教师或同学提出类似问题，你已胸有成竹，便可沉着应战。

6. 案例分析的一般方法

案例的分析方法，当然取决于分析者个人的偏好与案例的具体情况。这里想介绍三种可供选用的分析方法。所谓一般分析法，也就是分析的主要着眼点，要着重考察和探索的方面，或者是分析时的思路。

（1）系统分析法。把所分析的组织看成是处于不断地把各种投入因素转化成产出因素的过程中的一个系统，了解该系统各组成部分和它们在转化过程中的相互联系，就能更深刻地理解有关的行动和更清楚地看出问题。有时，用图来表明整个系统很有用，因为图能帮助你了解系统的有关过程及案例中的各种人物在系统中的地位与相互作用。管理中常用的流程图就是系统法常用的形式之一。投入—产出转化过程一般可分为若干基本类型：流程型、大规模生产型（或叫装配型）、批量生产型与项目生产型等。生产流程的类型与特点和组织中的各种职能都有关联。

（2）行为分析法。行为分析法着眼于组织中各种人员的行为与人际关系。注重人的行为，是因为组织本身的存在，它的思考与行动都离不开具体的人，都要由其成员的行为来体现，把投入变为产出，也是通过人来实现的。人的感知、认识、信念、态度、个性等各种心理因素，人在群体中的表现，人与人之间的交往、沟通、冲突与协调，组织中的人与外界环境的关系，他们的价值观、行为规范与社交结构，有关的组织因素与技术因素，都是行为分析法所关注的。

（3）决策分析法。这不仅限于"决策树"或"决策论"，而且指的是使用任何一种规范化、程序化的模型或工具，来评价并确定各种备选方案。要记住，单单知道有多种备选方案是不够的，还要看这些方案间的相互关系，要看某一方案实现前，可能会发生什么事件及此事件出现的可能性。

7. 明确分析的系统与主次

所谓"明系统，分主次"就是通常说的"梳辫子"，即把案例提供的大量杂乱的信息，归纳出条理与顺序，搞清它们之间的关系是主从还是并列，叠加还是平行，等等。在此基础上分清轻重缓急。你的观点或建议，都要有充分的论据来支持，它们可以是案例中提供的信息，也可以是从其他可靠来源得来的事实，还可以是你自己的经历。但是案例中的信息往往过多、过详，若一一予以详细考虑，会消耗大量精力与时间，所以要筛选出重要的事实和有关的数据。最好先想一下，采用了选中的分析方法分析某种特定问题，究竟需要哪些事实与数据？然后再回过头去寻找，这可以节省不少时间。此外，并不见得能找到所需的每一件事实，有经验的分析者总是想："若此案例未提供这些材料，我该做什么样的假设？"换句话说，他们已对某一方面情况做出恰当的、创造性的假设准备。分析的新手总以为用假设就不现实、不可靠，殊不知在现实生活中，信息总难以完全精确，时间与经费的限制往往决定了难以取得所需要的全部信息，这就需要用假设、估计与判断去补充。既然是决策，就不可能有完全的把握，总是有一定风险。最后还应提醒一点，能用一定的定量分析来支持你的立场，便可以大大加强你的分析与建议的说服力。有些人总是自觉或不自觉地讨厌和抵制"摆弄数字"。然而，能创造性地运用一些简单的定量分析技术来支持自己的论点，正是学生在案例学习中所能学到的最宝贵的技巧之一。这种技巧一旦成为习惯或反射性行为，就能使你成为一个出类拔萃的管理人才。

8. 案例分析的类型与水平

案例分析的类型，可以说是五花八门，不胜枚举，每一种都对应有一个事实上的分析深度与广度（或称分析水平），不能认为在任何情况下都力求分析得越全面、越深入才好。有时你还有别的要紧事要做，时间与精力方面都制约着你。所以，究竟采取何种类型的分析为宜，这要取决于你具体的战略与战术方面的考虑。这里举出五种最常见的分析类型。

（1）综合型分析。这是指对案例中所有关键问题都进行深入分析，列举有力的定性与定量论据，提出重要解决方案和建议

（2）专题型分析。不是全线出击，而只着重分析某一个或数个专门的问题。所选的当然是你最内行、最富有经验，掌握情况最多、最有把握的、可以充分扬长避短的问题。这样你就可以相对其他同学分析得深刻、细致、透彻，提出独到的创见。讨论中你只要把一个方面的问题分析透了，就是对全班的重要贡献。

（3）先锋型分析。即分析你认为教师可能首先提出的问题。这似乎也可以算是一种专题的分析，但毕竟有所不同。开始时往往容易冷场，要有人带头破冰"放响第一炮"。所以这种一马当先式的分析，可能不一定要求太详尽，要视具体问题的要求和教师的个人特点而定。这种分析，因为是第一个，所以还常有引方向、搭架子的作用，即先把主要的问题和备选方案大体摊出来，供大家进一步剖析、补充、讨论。然而，这点做好了，是功不可没的。

（4）蜻蜓点水式或曰"打了就跑"式的分析。多数是一般性的、表面的、肤浅的。这种游击式分析，只是个人因故毫无准备，仓促上场时采用的一种方式，是一种以攻为守性战术，目的是摆脱困境，指望收瞬间曝光之效。这当然只能是万不得已时，偶尔为之，仅表示你积极参与的态度。

（5）信息型分析。这种分析的形式很多，但都是提供从案例本身之外其他来源获得的有关信息，如从期刊、技术文献、企业公布的年度报表乃至个人或亲友的经历中得来的信息。这种信息对某一特定问题作深入分析是很可贵的。

9. 案例分析的陈述与表达

完成了上述分析，不等于准备工作完全就绪，还差很重要的一步，就是把你的分析变成有利于课堂陈述的形式。事先分析做得颇为出色，可惜不能流畅表达出来，无法让别人明白你的观点，以至于感觉尴尬。表达与说服他人是一种专门的技巧，它是管理者终身都要提高的技巧。关于这方面需要掌握的要点，在此只想提出以下三点供参考。一是要设法把你所说的东西形象化、直观化。例如，能不能把你的发言要点用提纲方式简明而系统地列出来？能不能用一幅"决策图"或"方案权衡四分图"表明备选方案的利弊，使比较与取舍一目了然？能否列表表明其方案的强弱长短？学生为课堂讨论预制挂图、幻灯片或课件应当受到鼓励，并为其展示提供方便，因为这可大大提高讨论的质量和效率。二是可以把你的分析同班上过去分析某一案例时大家都共有的某种经历联系起来，以利用联想与对比，方便大家接受与理解。三是不必事先把想讲的一切细节全写下来，那不但浪费精力，而且到时反而不易找到要点，还是列一个提纲为好。要保持灵活，不要把思想约束在一条窄巷里，否则当教师或同学针对一个简单的问题请你澄清时，便会使你茫然不知所措。

（三）参与小组学习

以学习小组的形式，组织同学进行讨论和其他集体学习活动，是案例教学中重要的、不可缺少的一环。这是因为许多复杂案例，没有小组的集体努力，没有组成员的相互启发、补充、分工合作、鼓励支持，个人很难分析得好，或者根本就干不了。而且，有些人在全班发言时顾虑甚多，小组发言时则很活跃，充分做出了贡献并获得锻炼。此外，案例学习小组总是高度自治的，尤其在院校的高年级与干部培训班，小组本身的管理能使学生学到很有用的人际关系技巧与组织能力。

1. 案例学习小组的建立

小组建立的方式对它今后的成败是个重要因素。这种小组当然还应由学生自行酝酿，自愿组合为好，使其成为高度自治的群体。但小组能否成功地发挥应有的作用，却取决于下述五个条件。

（1）建组的及时性。这指的是建组的时机问题。据某些院校对上百位管理系学生所做的调查表明，搞得好的小组大多是建立得较早的，有些在开学之前就建立了。组建早的好处是，对组员的选择面宽些，组员间多半早就相识，对彼此的能力与态度已有所了解，学习活动起步也早些。

（2）规模的适中性。调查表明：最能满足学习要求的小组规模都不大，一般有 4 至 6 人，过大和过小都会出现一些额外的问题。小组超过 6 人（调查中发现有的组多达 10 人），首先集体活动时间难安排，不易协调。当然，人数 7 至 8 人的组办得好的也有，但都符合下列条件：一是建组早，彼此又了解在各自工作与学习方面的表现；二是时间、地点安排上矛盾不大且容易解决。三是第 7 位、第 8 位组员有某些方面的特长、专门知识或有利条件，还有的是组员们知道有 1 至 2 位同学确实勤奋，但因某种原因需要特别额外辅导、帮助，再就是有个别组员因某种正当理由（半脱产学习等），事先就说明不可能每会必到，但小组又希望每次学习人数不少于 5 至 6 人时，就不妨多接纳 1 至 2 人。

（3）自觉性与责任感。这是指组员们对小组的负责态度与纪律修养，尤其指对预定的集体学习活动不迟到、不缺勤。否则，常有人不打招呼任意缺席，小组的积极作用就不能充分发挥。你可能会问：干脆每组只要 2 至 3 人，短小精干，机动灵活，有什么不好？这也许确实是没什么不好，避免了大组的那些麻烦，但有可能因知识与经验的多样性不足，虽然可以收到取长补短之效，但不能满足优质案例分析的需要，同时，也难创造小组讨论的气氛。而且与大组相比，分工的好处不能充分显现，每人分配的工作量偏多。很显然，小组规模的大小因对应课程的不同而异，课程较易，对分析的综合性要求较低，且并不强调与重视小组学习形式的利用，则规模宜小，2 至 3 人即可；反之，则至少应有 4 人，但增加到 6 人以上就得慎重考虑了。

（4）互容性。如果组员间脾气不相投，个性有对立，话不投机，互容性低，就不会有良好的沟通，易生隔阂。调查中就有学生反映，尖子生不见得是好组员，要是大家被他趾高气扬、咄咄逼人的优越感镇住了，就不能畅所欲言。当然，强调互容性并不是认为一团和气好，不同观点之间的交锋也是有必要的，关键是要保持平和、平等的态度。

（5）互补性。指相互间感到有所短长，需要互助互补。可惜的是，希望组内气氛轻松随和，就自然去选私交较好的朋友入组，以为亲密无间，利于沟通，却忽略了互补性。调查中有人说，我悔不该参加了由清一色密友们组成的学习小组，我们之间在社交场合已结交了很久，相处得一直不错，但却从未一起学习、工作过，结果证明不行。遗憾的是，学习没搞好，友谊也受影响了。这不是说非要拒绝好友参加不可，最好是根据课程性质和对个人特长的了解来建组，以收集思广益之效。

2. 案例学习小组的管理

根据经验，要建设并维持一个有效能的管理案例学习小组，应该在管理方面注意下列事项。

（1）明确对组员的期望与要求。如果你有幸成为组长，你首先要让大家知道，一个组员究竟该做什么？所以必须在小组会上从开始就向大家交代清楚这些要求：一是小组开会前，每人必须将案例从头到尾读一遍，并备妥适当的分析；二是要求人人每会必到，如与其他活动冲突，小组活动应享受优先；三是要给予每人在小组会上发言的机会，人人都必须有所贡献，不允许有人垄断发言的机会；四是个人做出了有益贡献，应受到组员的尊敬与鼓励，首先让他（或他们）代表小组在全班发言；五是组内若有人屡屡缺席，到会也不作准备，无所作为，毫无贡献，就不能让他分享集体成果，严重的要采取纪律措施直到请他退组。有时小组成员为了程序方面的琐事（如定开会时间、地点、讨论顺序等）而争吵，或因小组成员性格冲突，话不投机，有人拂袖而去，甚至为争夺影响力与控制权而对立，这些都不是主要矛盾，关键是要看小组能否出成果，对大家学习是否确有帮助。若时间花了，却没有收获，小组对大家没有凝聚力，各种矛盾就会出现。

（2）建立合理程序与规则。所谓合理即指有利于出成果。

一是要选好会址，这是第一个程序问题，会址除了要尽量照顾大家，使人人方便外，最要紧的是清静无干扰。最好有可以坐和写字的桌椅，能有块小黑板更好。

二是要定好开会时间，一经商定，就要使之制度化、正规化。这可以节省每次协调开会或因变化而通知的时间，也不致因通知未到而使有的人错过了出席的机会。不但要定好开会时间，也要定好结束时间，这更为要紧。每次一个案例讨论 2 小时，最多 3 小时就足够了，时间定了，大家就会注意工作效率，玩笑、海阔天空地闲谈就会少了。

三是要开门见山，有什么说什么，节省时间。

四是要早确定和发挥小组领导功能，可以用协商或表决的方式公推出组长，以主持会议和分派作业，也可以轮流执政，使每个人都有机会表现与锻炼组织领导能力。

五是要尽早确定每个案例的分工。这种分工是允许的，甚至是受到鼓励的。多数老师允许同小组的同学，在各自的书面报告中使用集体绘制的相同图表（报告分析正文必须自己写，不得雷同），有的组为了发挥每个人的特长，把分工固定下来（如某某总是管财务分析等）。但由于案例各不相同，每次做案例分析时小组能根据案例具体特点，酌情分工，可能会更有利于出成果。由谁来分工好？较多情况下是授权组长负责，他得先行一步，早把案例看过，拟出分工方案。

六是要在整个学期中，使每个人都有机会承担不同类型的分工，以便弥补弱点与不足。人们的长处常与主要兴趣一致，或是本来主修的专业，或是与自己的工作经历相关等。通常开始总是靠每人发挥所长，才能取得最佳集体成效。但长此以往，人们的弱点依然，难有长进。因此，组长得考虑安排适当机会，使每个人在弱项上能得到锻炼。事实上，个人弱项进步了，全组总成绩也会水涨船高。好的组长会巧妙地安排不善演算的组员有时也去弄一下数字，而让长于财会的同学适当分析一下敏感的行为与人际关系问题。至少学会在自己的弱项上能提出较好的问题，并观察在这方面擅长的同学是怎么分析的，对已在管理岗位上当领导者的同学更需如此。

（3）学习小组的改组。有时会发现，由于各种无法控制的原因，小组不能做出富有成果的集体分析，这时可以考虑与另一个较小的组完全或部分合并。后者是指仅在分析特难案例时才合到一起讨论，可先试验几次，再正式合并。较大的组可能体验到相反的情况，指挥不灵，配合不良。这时，可以试行把它进一步分解为两个小组以增加灵活性，不是指彻底分解，而是有分有合，有时分开活动，有时则集中合并开全体会议。

（4）争取实现"精神合作"。从行为学的角度看，小组也像个人那样，要经历若干发展阶段，才会趋于成熟，变成效能很高、团结紧密、合作良好的工作单元。但有的小组成长迅速，有的小组经历缓慢痛苦的过程，有的小组永远不能成熟。成长迅速的小组，表面看来没下什么功夫，其实他们为了发展群体，是做出了个人牺牲的。他们注意倾听伙伴的意见和批评，仲裁和调解他们中的冲突，互相鼓励与支持，尊重并信任本组的领导。组员只有做出了这种努力，才能使小组完成既定的集体学习任务，满足各位组员个人心理需要，成为团结高效的集体，这里心理需要指的是集体的接受、温暖、友谊、合作与帮助。案例学习小组的成熟过程，一般包括五个阶段，一是组员互相认识，二是确定目标与任务，三是冲突与内部竞争，四是有效的工作合作，五是精神上的合作。小组若是能具备适当的构成条件，又制定出合理的工作程序与规范，就易于较快越过发展的头三个阶段而达到第四个阶段，并有可能发展到最高境界及精神上的合作默契成熟阶段。那时，小组的成果就更多，水平更高，学习兴趣更强，组员们也就更满意了。

（四）置身课堂讨论

课堂讨论对于教师来说是整个案例教学过程的中心环节，对于学生来说则是整个案例学习过程中的高潮与"重头戏"。因为学生在个人及小组中所做的准备工作要靠课堂讨论表现出来，这也是教师对学生整个课程中成绩评定的重要依据。事实上，课堂讨论的表现也决定了随后书面报告质量的高低，并已为大量实践所证明，但有不少教师不太重视书面报告评分。

1. 注意聆听他人发言

这是指注意倾听别人（教师与同学们）的发言。许多人认为，参加讨论就是自己要很好地发言，这的确很重要，但听好别人发言也同等重要。课堂讨论是学习的极好机会，而"听"正是讨论中学习的最重要的方式。有人还以为，只有自己"讲"，才是做贡献，殊不知听也同样是做贡献，听之所以重要，是因为课堂讨论的好坏不仅取决于每一个人的努力，而且也取决于全班的整体表现。集体的分析能力是因全班而定的，它的提高不仅依靠个人经验积累，也要靠全班整体水平的提高。重要的是要使全班同学学会自己管理好自己，自己掌握好讨论，不离题万里，陷入歧途。初学案例的班常会发生离题现象，原因就在于许多人从未经过强制自己听别人发言的训练，只顾想自己打算讲什么和如何讲，而不注意听别人正在讲什么，并对之做出反应。监控好全班讨论的进程，掌握好讨论的方向，从而履行好你对提高全班讨论能力的职责，这也是重要的贡献。只会讲的学生不见得就是案例讨论中的优等生，抢先发言，频频出击，滔滔不绝，口若悬河，还不如关键时刻三言两语，击中要害，力挽狂澜。许多人在讨论刚一开始时，总是走神，不是紧张地翻看案例或笔记，就是默诵发言提纲，或沉浸在检查自己发言准备的沉思里。其实教师的开场白和头一问，以及所选定的第一个回答者的发言最重要，是定方向、搭架子，你得注意听教师说什么，你是否同意教师的观点，有什么补充和评论，并准备做出反应。

2. 具备主动进取精神

前面提到有人总想多讲，但对多数人来说，却不是什么克制自己想讲的冲动问题，而是怎样打破藩篱，消除顾虑，投身讨论中去的问题。针对这一点，教师必须尽力做好说服教育工作。就像生活本身那样，案例的课堂讨论可能是很有趣的，也可能是很乏味的；可能使人茅塞顿开，心明眼亮，也可能使人心如乱麻，越来越糊涂；可能收获寥寥，令人泄气，也可能硕果累累，激动人心。不过归根结底，从一堂案例讨论课里究竟能得到多少教益，还是取决于你自己。为什么？因为案例讨论是铁面无私的，既不会偏袒谁，也不会歧视谁。正如谚语所云:"种瓜得瓜,种豆得豆。"你参加讨论并成为其中佼佼者的能力如何?你从讨论中取得什么收获?关键的决定性因素是你有没有一股积极参与、主动进取的精神。足球界有句名言:"一次良好的进攻就是最佳的防守。"这话对案例讨论完全适用。反之,最糟糕的情况就是畏缩不前,端坐不语,紧张地等着教师点名叫你发言。这种精神状态,完全是被动的,怎么会有所收获?积极参与的精神能使你勇于承担风险,而做好管理工作是不能不承担风险的,这种精神正是优秀管理者最重要的品质之一。指望每次发言都绝无差错,这是不现实的,无论分析推理或提出建议,总难免有错,但这正是学习的一种有效方式。人的知识至少有一部分来自于教训,教师或同学指出你的某项错误,切不要为争面子而强辩,为了满足自己"一贯正确"的感情需要而拒不承认明摆着的事实,正是蹩脚管理者的特征。

(五)记录学习心得

参加案例课堂讨论的过程,是一个学习和锻炼的过程,也是一个积极进行思考从事复杂智力劳动的过程,在这一过程中萌发一些心得体会和发现一些自己原来未曾想到的问题是常有的事,这正是在案例学习中的收获,为了不使这些收获遗忘或丢失,有必要做好记录。

做心得体会和发现问题的记录要讲究方法。有的同学过于认真,从讨论一开始就从头记录,结果记录一大篇,不知精华之所在,这就是方法不妥。正确的方法是在认真听的基础上记重点,记新的信息。有的学生采取"事实,概念,通则"一览表的格式,颇有参考价值。这里不妨引一实例以作借鉴。

春季学期:××××年××月××日课堂讨论"兴办新事业"。

事实:

(1) 在美国的所有零售业企业中,50%以上营业两年就垮台了;

(2) 美国企业的平均寿命是 6 年;

(3) 在经营企业时想花钱去买时间,是根本办不到的;

(4) 美国在 2000 年有 235 万个食品杂货店。

概念:

"空档",各大公司经营领域之间,总有两不管的空档存在。大公司不屑一顾,小企业却游刃有余,可有所作为。例如,给大型电缆制造商生产木质卷轴,就是个空档。

通则:

(1) 开创一家企业所需的资源是人、财、物,还有主意;

(2) 新企业开创者的基本目标是维持生存。

记录要精确、简明,对素材要有所取舍、选择。在课堂上,主要注意力要放在听和看上,确有重要新发现、新体会,只提纲挈领地记要点。此外,最佳的心得整理时机是在案例讨论结束的当天。

（六）撰写分析报告

管理案例书面分析报告，是整个案例学习过程中的最后一个环节，是教师在结束课堂讨论后，让学生把自己的分析以简明的书面形式呈上来供批阅的一份文字材料，一般由 2 500 字以上、最多不到 3 000 字的正文和若干附图组成。但并不是每门课程所布置的案例都必须撰写书面分析报告，有些案例教师可能只要求做口头分析。有些可能完全布置给个人去单独完成报告。书面分析报告是在全班及小组讨论后才完成，本身已包括了集体智慧的成分，通常教师允许同一小组的成员使用小组共同准备的同样份图表，但报告正文照例要由个人撰写，禁止互相抄袭。还有的教师要求学生在全班讨论前呈交个人书面分析报告或案例分析提纲。这主要是为了掌握学生的分析水平，也便于在下次全班讨论前进行小结讲评。一般来说，要求写书面分析报告的案例比要求口头讨论的案例要长些、复杂些、困难些，也就是教师希望在这些案例的阅读与分析上花的时间要更多些。其实在书面分析报告上下点功夫是值得的，书面分析报告的撰写是一种极有益的学习经历，这是在学习管理专业的整个时期内，在本专业领域检验并锻炼书面表达技巧的极少而又十分宝贵的机会之一。多数学生在如何精确而简洁地把自己的分析转化为书面形式方面，往往都不怎么高明和内行。这种转化确实并非易事，尤其是受到篇幅与字数的限制，所以花点时间去锻炼提高这种技巧是必要的。

1. 做好撰写准备工作与时间安排

写书面分析报告，先要认真地考虑一下计划，尤其要把时间安排好，这不单指报告本身，要把阅读与个人分析及小组会议（一般是开两次）统一起来考虑。一般的计划是，在两三天内共抽出 12～15 小时来完成一篇案例分析报告（包括上述其他环节，但课堂讨论不包括在内）是较恰当的。如果案例特难，也许总共得花 20～25 小时以上。但是如果长达 25 小时以上，就会使人疲乏而烦躁，洞察力与思维力会下降。如果不能安排整段时间，就需要仔细划分每项活动的时间，这种安排是否恰当将影响整个工作的效率。下面是一种典型的工作事项和时间安排计划，共分六项或六个步骤，作业是一篇较长的、具有相当难度的典型综合性案例，书面分析报告要求 2 500 字以下，图表最多八幅：

（1）初读案例并作个人分析　　　　　　　　　　　　　4～5 小时
（2）第一次小组会（分析事实与情况，找出问题并进行组内任务分工安排）
　　　　　　　　　　　　　　　　　　　　　　　　　2～3 小时
（3）重读案例并完成分析　　　　　　　　　　　　　　4～5 小时
（4）第二次小组会（交流见解及讨论难点）　　　　　　2～3 小时
（5）着手组织报告撰写（确定关键信息，列出提纲，完成初稿）
　　　　　　　　　　　　　　　　　　　　　　　　　5～7 小时
（6）修改、重写、定稿、打字、校核　　　　　　　　　2～3 小时

这六项活动可分别归入"分析"与"撰写"这两大类活动。根据对 3 000 多份案例分析

报告的调查，无论是得分高低，大多数学生花在写稿方面的时间普遍不足，而花在分析上，尤其是小组会上的时间过多。要知道既然总时数已经限定，则多分析一小时，写稿就少了一小时，而且又多出来一批需要筛选和处理的信息，会加重写稿的工作量，这种连锁反应式的影响，将使一些同学无法细致地利用、消化、吸收他们的分析成果，并准确表达、陈述、综合归纳成一份有说服力的文件，很难使阅读他们的分析报告的人信服和接受他们的主张。

下面是一段典型的对话。

学生：我花了那么多时间，没想到只得到这么点分数！不过我把自己的报告又读了一遍，还是看出不少问题。怎么我在写稿的时候竟一点儿没意识到它会这么糟呢？

教师：怎么会没意识到呢？仔细谈谈你是怎么写的？

学生：报告是星期二早上上课时交的，我们小组是上星期五下午开的第一次会，开了好长时间，第二次会是星期一下午开的，会开完，已经很晚了。当晚我就动手组织材料，拟提纲，动笔写初稿，搞到深夜两点多才写完，但来不及推敲修改誊正，就交稿了。

很明显，这位同学根本没时间修改、重写初稿，一气呵成，也没留足够时间消化、吸收和组织好他个人和小组分析的结果。遗憾的是，这种现象十分典型，是经常出现的。有人说："根本不会有高质量的初稿，只可能有高质量的定稿。"这就是说，要写好分析报告，在报告的构思上得肯花时间，并安排足够时间用在修改和重写上。

2. 书面分析报告的正确形式与文风

要写好书面分析报告，当然要以正确的分析作为基础，问题还在于怎样才能把最好的分析转化为书面分析报告，由于受篇幅、字数的限制，这就自然会要求简明扼要。写案例分析报告可不是搞文学创作，不需要任何花哨的堆砌修饰，但要做到一针见血，开门见山，却非易事。不许你多于 2 500 字，你就只能把代表你分析的精髓的那一两点关键信息说出来，并给予有力的辩解和支持。

一般来说，2 500 字加图表的一份分析报告，教师评改得花 15～20 分钟，一位老师通常每班带 50 位学生，每一班他就要批阅 50 份分析报告，每份 20 分钟，就要花将近 17 小时才能批阅完。若同时带两个班，每班平均每周两次案例作业……算算就知道。一份报告教师评阅最多 20 分钟，所以，一定要干净利落，把你的主要见解及分析论据写得一目了然。手头有了分析与讨论所得的大量素材，可别忙于动笔，要先花点时间好好想想，怎样才能有效而清晰地把你的想法表达出来。到这一步为止，你就已经花了不少时间在案例阅读、分析和讨论上。一般是按照自己分析时的思路，一步步地把报告写出来，可是，教师和读者要知道的是你分析的结果，所以你的报告若不以你的分析为起点，而是以分析的终点入手，会显得明智得多。试考虑一下，能不能用一句话概括出你所做的分析的主要成果和精华所在？这应该成为报告的主题，并应在报告前几段中就明确陈述出来，报告的其余部分，则可用来说明三部分内容：一是为什么选中这一点来作为主要信息；二是没选中的其他方案是什么，及其未能入选的理由；三是支持你所建议方案的证据。慎重的方法是，把报告剩下这部分中的每一段落，都先以提纲的形式各列出一条主要信息来，最好每一段落只涉及一条主要信息，一个段落若超过 700 个字，就一定包含有几条不同见解，这会使读者抓不到要领。报告定稿后，正式打字前，自己最好要读一遍，以便发现问题，及时修改，打字后还应校阅一遍，看有无错别字和漏句、漏字等。你若素来文笔不强，建议你找一本入门性的写作小册子来翻翻，并安排更多时间在改稿和写稿上。要注意向善于写作的同学学习写作技巧和经验，并将老师批阅的报告重读一遍，记下写作方面的问题，以免下次再犯。

3. 图表的准备

把数据以图表方式恰当安排与表达出来，能经济而有效地提出你的许多支持性论证，但一定要使图表与正文融为一体，配合无间，让读者能看出图表的作用，还要使每张图能独立存在，有明确标题，即使不看正文，也看得懂，正文中要交代每幅图表的主要内容，图表应按报告正文中相应的顺序来编号。

（七）激发创造性思维

案例分析本身就是一种思维活动。因此，管理案例分析的过程也就是思维的运行过程。如前所述，思维有一般性思维和创造性思维之分，在案例分析中能否进行创造性的思维，是决定分析成败的一个关键问题。

所谓分析的成功，是针对案例分析的目的来说的。案例分析的直接目的是追求管理的有效性，它包括经验教训的科学总结，事物之间的内在联系及其本质的揭示，以及新的更有效的管理方法、技巧或方案的提出。毫无疑问，这些都是人们对事物在更高层次上的认识，它具有思维的高智力的性质，很明显，只有创造性思维才能更有效地实现管理案例分析的直接目的，案例分析的间接目的是指案例分析的教学目的，概括地说，就是前面所说的分析和解决实际问题的能力的培养。分析中创造性思维的展示，也正是这种能力的重要表现。从上述不难看出，在案例分析中，直接的分析目的和间接的教学目的，是一对不可分离的"孪生姐妹"，二者互为条件、互为目地存在着、运行着。推动这一双重目的实现的不是别的，而是分析者自己的主观努力，正是这种主观努力，才可能有创造性思维的产生。因此，我们在案例分析中，就要高度重视分析者自己的主观努力，强化分析中创造性思维的主观条件。

1. 激发创造性思维的主观条件

这包括如下几个方面。

（1）浓厚的研究兴趣。所谓兴趣，是人们力求接触、认识某种事物，研究某种对象的心理特征，是一种积极活动的倾向。兴趣是成功的胚胎，无论做什么事，如果你对它毫无兴趣，甚至厌烦它，那肯定是做不出成绩来的。只有当你对某事物产生了浓厚的兴趣的时候，你才会不遗余力地追求它、探索它，并开发出创造才能。

在案例分析中要想激发出自己的创造性思维，浓厚的兴趣是一个十分重要的主观条件。在这里浓厚的兴趣是指分析某一案例的强烈愿望，探索某种管理技巧、方法和方案的满腔热情。有人认为兴趣是天生的，是无法培养和无法改变的，这种看法显然不符合辩证唯物主义观点。其实，兴趣作为人的一种心理特征，是后天的，是人们经过长期的社会影响、教育和训练的结果。以管理案例分析为例，一个对管理的意义、作用一无所知的人，或者说与管理不论是过去还是未来都不发生直接联系的人，他当然不会对管理案例分析产生兴趣，更不可能有浓厚的兴趣。然而，如果经过管理知识的传授，或是日后要他从事某一管理工作，那么，这时他对学习管理，包括进行管理案例分析的态度就不同了，他会积极起来，热情起来，这显然就是有了一定的兴趣。正是有了这种兴趣，才会产生解决问题的强烈愿望，创造活动才得以开始，创造性地进行思维才有了可能。

培养对案例分析的浓厚兴趣，应从两方面努力。一是要对自己未来将要从事的管理工作充满责任感，并且对管理案例分析的性质、特点和过程有一定的认识。明了案例分析是一种学习管理知识、训练自己的管理能力的有效而又充满乐趣的方法，从而使自己在案例分析的学习过程中，始终保持一种良好的心理状态。二是在研究对象的选择上要注意选那些与自己过去和未来的生活、工作紧密相关的案例，因为这类案例会出于一种解决实际问题的紧迫感而引起自己分析研究的浓厚兴趣。当然，这只是针对自编案例分析过程中可以由自己选择案例来说的，在规范性案例的学习讨论中，这种情况当然就不存在了。

（2）强烈的求知欲望。求知欲是一种探索未知世界的心理活动，正是有了这种心理，才使得人们采取行动，汲取知识，从而由不知之到知之，由知之不多到知之甚多。在实际管理活动中，这种求知欲十分重要，因为管理本身就是一种创造性的劳动，它具有一定的难度，管理者如果没有求知欲，就难以搞好管理，甚至说没有强烈的求知欲，就不可能有管理学。众所周知，发生在1924年的美国霍桑实验，就是典型的例子。在霍桑实验的早期，进行实验的专家们只重视物质条件的变化对工人劳动热情的影响，却忽视了人所具有的能动性和主动性这一重要因素。实验结果使得从事实验的专家们迷惑不解，致使原来制订的13个阶段的实验计划实施到第9个的时候，专家们不得不终止实验。进行霍桑实验是受追寻管理真知的求知欲望所支配的。使霍桑实验再起并获得新的成功的动力仍然是求知欲望。坚持要将霍桑实验进行下去的是西方电气公司检验部主任乔治·潘诺克，是他邀请了梅奥，使得实验再获生机。终于在梅奥新的思想的启示下，使霍桑实验获得了新的成功，完成了人们在认识上从"经济人"时期到"社会人"时期的过渡。最初的霍桑实验，是以泰罗的管理原理和方法作为理论基础，但其结果却片面性地否定泰罗管理原理，由此一种具有新的管理思想的管理学派建立了起来。由此不难看出，如果人们没有强烈的求知欲望，在实验中就不可能伴随有力破陈规的创造性思维的产生。

我们所进行的案例分析，实际上也是对未知世界的一种探索。针对一个案例，学习有关理论，调查实际情况，不断研究问题，力争有所发现，有所发明，有所创造。很明显，如果我们缺乏一种探索未知世界的强烈求知欲望，就不会满怀热情，更不会有创造性思维活动。

（3）大量的知识储备。思维的特点之一就是概括性。这种概括性的重要表现就是思维操作过程的简缩。人们在思维的过程中，总是需要从推理的一个环节逐步过渡到另一个环节，正是这种原因，有时思维的注意力就不能成功地把握整个状况，不能把握从第一步到最后一步的所有推理，但是人们思维过程中的抽象及概念的不断推出，具有缩短推理过程的功能，表现出一种概括能力。例如，哲学上"扬弃"的概念、经济学中"价值"的概念、化学中"氧化"的概念、数学上"群"的概念及生物学中"新陈代谢"的概念等，都是内涵极为丰富、概括力、抽象力极强的概念，可以说是一些大容量的信息符号。因此，抽象和概括是简缩思维操作过程的重要手段，是进行创造性思维的重要条件。

提高自己概括和抽象的能力、简缩思维操作过程就需要大容量的知识信息及其储备。毫无疑问，努力学习是储备知识的唯一手段。在管理案例分析的教学中，之所以将理论学习放到十分重要的位置上，原因也正在这里。正是由于学习了必要的管理理论知识，有了一定量的知识信息储备，才可能正确进行概括和抽象，把握住分析的总体和进程，使案例分析达到一定的深度，使管理水平提高到一个新的层次上来。忽视理论知识的学习，不重视知识的积累，认为管理案例分析课应安排在高年级开设，其目的正在于此。因此，在管理案例分析中，除加强理论知识学习外，尽量从其他方面汲取知识来丰富自己，扩大自己的知识面，也是十分必要的。因为只有在储备了一定的知识，使主观条件得到强化的条件下，才可能有高度的概括能力和抽象能力，才可能在案例分析中激发出有益的创造性思维活动，获得分析的可贵成果。

（4）毅力和勇气。毅力和勇气是不少科学家的宝贵素质，因为不论是对自然科学还是对社会科学的研究，没有坚忍的毅力和大无畏的勇气是难以取得成功的。爱迪生发明电灯，为寻找一种合适的灯丝，他前后对 6 000 多种材料进行了试验。灯丝只是灯泡中许许多多零件中的一个，电灯又只是他一生中 1 328 项发明中的一项，由此可以想到，他一生中经历的失败又有谁能数得清呢？我们学习管理知识，进行管理案例的分析，在探索真理、了解未知世界这一点上，同科学家做研究工作是完全相同的，同样需要我们有坚忍不拔的毅力和勇气。由于管理是管理者包括领导者从事的领域，这里也随时伴有权势因素的影响。因此，有的人在进行案例分析时往往产生种种顾虑，甚至不敢发表自己的见解，怕不中领导之意，给自己带来不利影响。在这种心理作用下，可以肯定地说绝不会有出色的分析结果，也不会产生什么创造性思维。显然，在案例分析中必须克服这种极不健康的心理状态。有意识地培养自己的毅力和勇气，努力探索管理的未知世界，这即是在管理案例分析过程中积极进行创造性思维必要的主观条件之一，同时也是作为一个管理者应有的宝贵素质。

2. 善于发问和联想

发问和联想是创造性思维的开始，是做学问的重要通道。古今中外，凡是只学不问的人，不论读多少书，充其量不过是一个书呆子，而绝不会有什么成就。在案例分析中，要想使分析有独到见解，要有所发现、有所创新，就必须善于提出问题，继而进一步去研究问题的现状，找到解决问题的办法。在案例讨论的过程中常常发现，管理的方案并不是唯一的，各人把握不同的实际情况，往往是针对一例提出多种解决问题的方案。这多种的方案正是同班同学从不同的角度提出问题分析问题的结果，通过讨论及多种方案的比较，才可能产生较为全面正确的方案，新的精神产品也就被创造出来了。

提出问题对创造性思维活动的意义无疑十分重大，但是，如果提不出问题又怎么办呢？

办法是有的，那就是勤思和善思。

问题来源于生疑，而疑问正是思考的结果，只要勤思就会发现疑点。南宋哲学家朱熹曾这样说过："读书务须仔细，逐句逐字，要见着落。若用工粗鲁，不务精细，只道无可疑处，非无可疑，理会未到，不知有疑耳。"又说："读书始读，未知有疑，其次则渐有疑。中则节节是疑。过一番后，疑渐渐解，以至融会贯通，都无疑，方始是学。"朱熹的话是颇有道理的。一个人在学习研究中能不能提出问题，与其思考的深度大有关系。同样的一件事，有的人熟视无睹，或是听到后，漠然处之，全然不知其味。而有的人就能发现疑点，提出问题，其区别就在于是否有所思。

在学习和研究中仅勤思是不够的，还应善思，这就是独立思考。不论是书本上的理论知识，还是实践中的实际经验，总有它一定的道理，因此，学习是必要的，但是又绝不能成为它们的奴隶，放弃自己的独立思考。马克思曾经说过，他最不能容忍的就是"轻信"，他的一生正是这样做的。列宁称赞马克思"凡是人类思想所建树的一切，他都用批判的态度加以审查，任何一点也没有忽略过去。凡是人类思想所建树的一切，他都要重新探讨过，批判过，在工人运动中检讨过"。马克思为撰写《资本论》曾阅读了 1 600 多种书籍杂志，耗费了 40 年的心血，可见他思维的严谨。他所得的那些科学结论，正是他深思熟虑、独立思考的产物。在善思问题上，不少科学家也为我们做出了榜样。当有人问爱因斯坦他的那些重要的科学概念是怎样产生的时候，他回答说："它们是由于自己'不理解最明显的东西'而产生的。"能从别人不认为是问题的事情上进行独立思考，发现问题，在平常中看出异常，这正是天才人物富有创造性的特征之一，它是发明创造不可缺少的一种能力。这一点对我们在分析中观点出新是颇有启示的。

提出问题仅仅只是创造性思维的开始，善于联想才会使创造性思维开花结果。这是因为，正是联想才能够克服两个概念或多个概念之间的差距，把它们连接起来，因而往往能够发现某些事物的相同因素或某种联系，揭示出事物的本质来。同时，联想是在人们已有知识和经验的基础上产生的，它是对输到头脑中的各种信息进行编码、加工和换取、输出的活动，其中又可能包含着创造性想象的成分。另外，联想可以激发人们的思维积极性，采取多种研究角度，寻求多方面的答案。

联想在创造性思维过程中的魔力是巨大的，不少发明创造都与联想有关。比较典型的一例是德国气象学家魏格纳创立"大陆漂移"学说的经过。卧病在床的魏格纳面对墙上的一幅世界地图在发呆，因为他发现了一个奇妙的问题：为什么大西洋两岸的弯曲形状那样相似？看！巴西的亚马孙河口突出的大陆刚好能填进非洲的几内亚湾；而沿北美的东海岸到特立尼达和多巴哥的凹形地带，却能镶嵌欧洲西海岸的凸形大陆。于是魏格纳联想到：它们原来是不是就是完整的一块呢？正是在这种联想的启示下，魏格纳考察了这两块陆地上所发现的古生物化石，发现了二者的相似性。于是魏格纳想到：如果不是同一大陆上的生物的话，那么，这些相似的生物难道是展翅飞渡大洋的吗？这显然是不可能的。后经过数年的研究，他终于整理出一部具有划时代意义的地质文献《海陆的起源》。他的结论是，在距今 2 亿年的中生代之前，地球上只有一块庞大的原始陆地，叫作"泛大陆"，周围是一片汪洋。后来由于天体引潮力和地球自转离心力的作用，泛大陆开始分崩离析，就像浮在水面上的冰块一样，不断漂浮、越漂越远。从此，美洲脱离了非洲和欧洲，中间留下的空隙就是大西洋；非洲的一部分和亚洲告别，在漂离的过程中，它的南端略有偏转，渐渐与印巴次大陆脱开，诞生了印度洋；还有两大块较大的陆地向南漂去，形成了澳洲和南极洲。就这样，一个看地图—发现问题—古生物化石—地球表面结构的联想，从而使得一个崭新的地壳结构——"大陆漂移"假说产生了。

从魏格纳创立假说的过程中可以看到，联想不是想入非非。联想的一个重要条件，就是丰富的感情和广博的知识，特别是知识。如果魏格纳没有广博的自然科学知识，那么这种联想仅仅是一种联想，而不会导致创造性思维向成功方面发展。

提问和联想在案例分析中对创造性思维活动的激发，其作用同样是很大的。对于一个案例，如果找不出其中需要重点分析的中心问题，那么分析就不可能有一个明确的方向；在分析中看不出有需要改进的地方，那么分析就会缺乏新意；在调查研究和在对管理的各个方案进行比较中不善于发现问题，不善于建立联想，或者自己不具备必要的知识，那么，就不会有所创新，有所发展，就不可能将创造性思维引向成功。

（八）提高表述水平

口头表述是管理案例教学中的一个重要教学环节。它的基本要求是：分析者将自己的分析研究成果当众表述，以让他人了解。在管理案例分析中学生对自己的分析成果进行口头表述，不仅可以引起学生热烈的讨论，让其相互启发，相互学习，还可使学生尽快提高演讲水平。

1. 案例分析表述的要求

为了使管理案例分析中的表述达到预期的训练效果，因此对每个表述者都应提出具体要求，而且这些要求应在学生未进行表述之前就应予以明确，以让表述者在其表述过程中切实注意到这些问题。

（1）时间要求。案例分析教学阶段不同，表述时间的长短也不一致。一般来说，在规范性案例学习的课堂讨论阶段，分析成果表述的时间应长一些，但每个学生的表述时间不应超过20分钟。这一时间要求是出于以下三方面的考虑。其一，听众注意力的局限性。大量研究表明，人们对演讲的注意力，是受一定时间限制的，一般在演讲的20分钟以内是听众注意力最集中的时间，20分钟后注意力开始下降，1个小时后注意力急剧下降。因此，规定演讲时间，就是要表述者注意培养演讲的时间观念，培养自己利用演讲最佳时间的好习惯。其二，培养表述者的概括力。要在有限的时间内将自己的演讲成果清楚地表述出来，自然就啰唆不得，必然要注意思路的条理，语言的精练，恰到好处的概括，否则就不可能在规定的时间内讲完自己的分析成果内容。其三，教学总体时间的限制。一个教学班每个人都得表述，每个人20分钟，10个人就是200分钟，20个人就是400分钟。显然，如果1个人占用时间太长，势必使其他的人失去表述的机会，同时时间占得太长，不仅会使听众感到疲劳，而且整个教学时间也不允许。

（2）表述前应有充分的准备。演讲大致可分为娱乐性演讲、传授性演讲、说服性演讲和鼓动性演讲四大类。管理案例分析成果表述演讲可以是介于传授性和说服性之间的演讲，或者说是二者兼而有之的演讲。传授性的演讲要向人们传授某种知识，说服性演讲要使听众放弃自己的看法，同意演讲者的观点。对于案例分析的成果表述者来说，就是要将一个案例分析透，让听众从你的分析中得到新的知识，受到启发，并按你提的方案去从事管理，这绝不是信口开河所能办到的，需要的是深思熟虑。与其提出缺乏思考，意见不成熟甚至荒谬案例分析，还不如闭口不讲。因此，要想使表述达到好的效果，表述者对自己表述的内容应有充分的准备。一般在表述前教师应检查表述者的讲稿。讲稿和书面分析成果有区别，二者的表述形式不同，在表述的思路、结构和详略上也有所区别。讲稿可以是逐字逐句式的，也可以是纲目式的。为了体现案例分析成果体现教学的严肃性，没有讲稿的学生，原则上不允许上讲台。

（3）克服习惯性口头语病。习惯性口头语病是演讲的大忌，它分割了演讲的内容，淡化了演讲的气氛，严重地影响着演讲的效果。

习惯性口头语病有多种表现，例如，有的人开口是"这个"闭口也是"这个"，有的人每说完一句话后就"啊"一下，往往讲完一段话"啊"高达十几次和几十次，这样会使听众不去注意你讲的内容，而是在数你说了几次"这个""那个"或"啊"了多少回。试想，这会有演讲的效果吗？

习惯性口头语病是由于长期说话习惯所形成的不良思维形式的外在表现，要克服它，绝非一日之功，但也不是不可克服的。克服这种习惯口头语病的重要方法，就是引起演讲者本人高度重视，使他从习惯性状态转变到自我意识的感觉中来。为此，需要外界的刺激，让其下决心根除坏习惯。在分析成果表述中，我们将此作为一条要求明确提出，并在听取表述的过程中做好记录，统计这种习惯性口头语病出现的次数，进而从成绩上反映出它对演讲效果所造成的损害。当然，要使具有习惯性口头语病的人克服这一毛病，需要一个过程，过于性急也是不对的。但是，只要我们做出了明确要求，并采取一定的措施，习惯性口头语病一定可以得到克服。

对管理案例分析成果口头表述提出要求，其目的在于创造一个真实的演讲环境，并让表述者在这种环境和气氛中严格地按正确的方式造就自己，逐步掌握演讲这一艺术，获得影响他人、打动人心的能力。

2. 口头表述的训练

案例分析成果的口头表述是一种演讲。一篇好的演讲实际上是语言、情感和姿态的综合。它是一个人知识、智慧和品德修养的反映，而且还是长期进行语言、思维、姿态等方面训练的结果。管理案例分析的成果口头表述，既是一种真正的演讲，又是一种针对大型演讲的训练。为了取得表述的良好效果，应特别注意从以下几个方面进行训练。

（1）正确选择演讲方式。演讲的方式大致有四种，分别是照本宣读式演讲、背诵式演讲、即兴演讲和准备式即兴演讲。四种演讲方式各有利弊，分别适应不同的人物和场合。我们的案例分析成果口头表述，宜采用什么样的演讲方式呢？在教学实践中，我们发现不少同学采用的是照本宣读式，一字不漏地念讲稿，结果使表述变得死板、僵硬，也体现不出表述者的演讲神采，这种方式显然效果不佳。针对案例分析的内容，在口头表述之前就已有研究。因此，完全可以在有准备的基础上即兴演讲，根据听众的情绪、时间的长短来调整自己讲话的内容，使其生动、活泼，达到理想的效果。

有的同学在表述时，采取背诵式演讲。但我们发现，这种方式过于死板，同时一旦忘记某一段文字，演讲就很难继续下去，甚至会出现"卡壳"现象。

到底采用何种方式表述自己的分析成果，这要根据自己的实际情况来定。应根据自己的心理状况和演讲的适应能力，确定适合自己情况的表述方式。如果是初次演讲，对即兴演讲又没有把握，就不要勉强采取这种方式，不如暂时采取照本宣读式，慢慢向即兴演讲过渡。

（2）嗓音的正确运用。演讲是通过声音发出信息的。好的声音，不仅能准确、恰当地表情达意，而且能声声入耳，娓娓动听，使听众心潮激荡，如痴如醉，完全沉浸在演讲中。相反，如果声音不佳，不但不能准确无误地表述自己的思想感情，反而会使听众厌恶和感到枯燥无味，影响演讲效果。

演讲声音要达到理想的效果，应从以下三个方面下功夫。第一，发音要正确、清楚。发音正确、清楚是演讲者有效传达自己思想感情的前提。如果发音不准，吐字不清，听众就不知所云，自然难以达到演讲的目的。为使自己演讲时的发音清楚，需从三个方面努力：一是正确运用发音器官，形成正确清楚的语音；二是注意按会场空间的大小来控制音量，一般案例分析成果的口头表述是在教室里进行的，声音比较好控制；三是注意声音的传播方向，即要面对全体听众，而不能只将声音传播给一部分听众，而忽略了另一部分听众。第二，注意声音清亮圆润。清亮圆润是演讲运用的一种艺术。所谓清亮圆润，是指演讲者的声音清脆悦耳，对人有一种吸引力，使人愉快。声音是否清亮圆润既受制于发音器官的先天条件，也取决于后天的训练。例如，有的人有口吃的毛病，但经过苦练之后也是可以克服的。如果先天条件较好，经过训练效果就会更理想。第三，声音要富于变化。声音的高低、大小强弱的变化，不仅是听众的要求，而且是表达思想情感的需要。如果声音平淡而没有变化，缺乏抑扬顿挫，会令人烦躁或昏昏欲睡。总之，甜美的声音，有利于演讲达到理想效果，经过刻苦的训练，可以掌握正确掌握发音的规律。

（3）要给听众留下美好的印象。演讲者的形象对演讲的效果也十分重要，如果演讲者形象不佳，使听众看不顺眼，产生一种厌恶的心理，自然就难以打动他们的心了。

演讲者演讲时，在塑造自己的形象上应注意的就是：精神要饱满，要充满信心，潇洒大方，站立姿势要端正，面部表情要自然，服饰要适合演讲的场合。

精神饱满，信心十足，这是许多著名的政治家、演说家在演讲时所表现出的风格。从电影《列宁在一九一八》里，可以看到列宁在工人中间演讲时就是那样，他精神饱满，信心百倍，加上那富有号召力的演说，使人振奋不已。周恩来总理每次演讲时也是如此，即使是在他身患重病的情况下，只要公开露面讲话，他都是精神饱满，信心十足，给人以极大的鼓舞。

演讲者在演讲时要注意站在听众前方的正中间，面向听众，以让光线照到自己的脸上，使不同位置的听众不仅能看到演讲者，还能感知演讲者的面部表情。

演讲者的面部表情应以微笑为基础，要正视听众，切忌头抬得过高，或低头盯着地面和讲稿。演讲者的面部表情，可以起到感染听众的作用，从听众的表情上可以了解到听众对演讲内容是否感兴趣。

演讲者服饰以整洁大方、庄重朴素为宜，过于随便有损形象，同时也是对听众缺乏礼貌的表现。

除此之外，还应讲究站立姿势，原则上讲，站立姿势应以有利于走动和发音为宜。

（4）语言简洁、明快。在当今的信息时代，人的生活、工作节奏大大加快，因此，说话、演讲都应该注意语言的简洁和明快。在案例分析成果表述会上，每个人发言10至20分钟，如果语言不简洁明快的话，就不可能全面表述你的分析成果，而且我们还要认识到，要打动别人的心，要使自己的演讲给人留下深刻的印象，语言并不在多，而在于精。在这方面，中外不少的名家为我们做出了榜样。

1863年11月19日，在美国葛提斯保国家阵亡将士墓园落成仪式中，有两个人发表了演说，一个是当时享有盛名的演说家爱德华·埃费雷，另一个是前美国总统林肯。埃费雷是那天的主要发言人，讲了两个小时，而林肯仅讲了两分钟，十句话。可是至今人们能记下的不是埃费雷的演说，而是林肯的两分钟的讲话，原因就是林肯的演说十分简洁明快，正如古人所说："言不在多，达意则灵。"连演说家爱德华·埃费雷在给林肯的信中，自己也承认说"我花了两个小时才刚刚接触到主题，您几句话就表达了……"。

由此可见，语言的简洁、明快是多么重要啊！我们在案例分析成果的表述中要有意识地尽量做到这一点。

（5）正确开头和结尾。演讲的开头和结尾对演讲效果都会产生重要影响。在案例分析成果表述会上，常常听到有的同学这样开头："同学们，我不会讲话，讲得不好的地方，请大家见谅。"这些谦辞其实是废话，这里根本不存在原谅和不原谅的问题，你讲得好能说服人，能打动人的心是事实。你讲得不好，别人的印象就是不好，也是事实，这与原谅无关，而且这样一说，反而使听众信心顿减，因此这种开头不可取。演讲的结尾也十分关键，它是走向成功的最后一步，如果平平淡淡收尾，尽管前面讲得可以，也给人一种"虎头蛇尾"的感觉。

演讲如何开头？没有一定之规。有的学者提出以下四点可供参考：一是形式要力求新颖、别致、风趣，目的是引起听众的注意，集中听众的精力；二是内容要出新意，出奇制胜，能给听众耳目一新之感；三是提纲挈领地点明演讲的宗旨，这可以很自然地引出下文；四是要有声势和气魄，几句话就能使听众对你折服。有不少名人在演讲的开头做出了好的示范。革命烈士恽代英，有一次晚上演讲，由于前面已有几个人讲完话，听众正有些疲倦，他走上讲台大笑三声作为自己演讲的开头。郭沫若先生在1949年应邀到北京大学讲北伐战争问题。当时听众"爆满"，连广场旁的树上都趴着人，他的第一句话是："同志们！今天我面对青春的海洋，摆革命的龙门阵！"话音一落立即获得全场雷鸣般的掌声。

演讲的结尾一般有三个方面的问题值得注意：一是进一步揭示主题，加强听众对演讲的认识；二是采用一些启发性的语言，有意地启发听众去思考一些问题；三是在必要的时候还应鼓起听众的激情，促进听众的行动。

演讲的开头和结尾的上述技巧和方法，在案例分析成果口头表述中是完全可以借鉴的。只要坚持训练，表述能力就一定会提高。

3. 口头表述的评估

学生在案例分析成果表述会上表述完自己的分析成果之后，即意味着一轮案例分析的结束。因此，及时进行分析成果的评估，是案例分析教学不可缺少的一项重要工作。定向分析和定量计算相结合是案例分析评估的基本方法。具体的做法是将学生的案例分析从五个方面予以计分考核，在进行定量计算的基础上，按优、良、中、及格和不及格五个档次对分析成果进行分析评估。计分考核的五个方面及其要求如下。

（1）案例是否清楚完整。案例是分析研究的直接对象，学生的案例分析不论采取何种表述（包括书面和口头表述）方法，都应该让读者或者听众明了案例的内容，了解案例大致的轮廓。如果不能从其表述中明了案例的情况，那就根本无法判断分析内容的正确性。

要求学生案例表述得清楚完整，这可以检验和进一步训练学生观察问题的能力和表述问题的能力。如果观察问题不细致，不深入，就不可能取得更多的信息，甚至不能得到包括那些案例实体运行的关键材料，进而会直接影响下一步的分析；如果对客观存在的管理活动不能清楚完整地予以表述，就说明缺乏起码的分析问题的能力，所谓进一步的分析也是不可能的。因此，考核案例分析表述是否清楚完整，其意义十分重要。

（2）分析研究角度是否正确。如前所述，案例分析的角度有既定的要求，那就是立足于管理技术的探索和管理水平的提高，这一既定要求还不仅仅是为了降低学生分析案例的难度，更重要的还在于这一规定体现了管理案例分析的专业性质。案例分析的书面表述是一种写作，但是它不是单纯的写作，它是在管理专业知识的学习和运用中所进行的一种写作。显然，如果分析研究的角度脱离了既定的要求，使案例分析带有随意性，那结果就难以把握了。没有一定规范的训练是不会有什么成果的，必须考核分析的角度是否正确。

（3）分析是否新颖。管理劳动的创造性决定了案例分析的价值所在。如果分析总是重复已有的结论，都是些老套套，毫无新颖之处，这种分析就不可取，而且，这也不会有实际价值，因为现实中的管理是充满生机和活力的，不可能千篇一律，万古不变。因此，对学生的案例分析特别要从是否新颖的角度进行必要的考核。

新颖是一个较抽象、伸缩性较大的概念。最大的新颖莫过于从无到有，莫过于重新制造。如果用这样的标准去评价学生的分析成果，显然不符合实际，勉强这样做不仅无益，反而会违背开设案例分析课程的初衷，不利于该课程教学目的的实现。在案例分析中，所说的新颖性，主要是指学生有自己的见解，而且在分析表述其见解时，能够自圆其说，具体表现为以下三种情况。

其一，通过案例分析，能概括出一些基本观点。尽管这些观点并不是学生的创新成果，但从总体上看，这些观点在案例分析的基础上能够形成一个独立的见解。应该说，学生的独立见解，就是分析的新颖性之所在。

其二,对自己所分析的管理案例,能够解释其中一些管理行为,并能总结出经验,甚至还能提出建设性意见,对实际的管理工作有现实参考价值,也是分析的新颖性所在。

其三,在案例分析中,对有些管理现象虽不能圆满解释,但是能够发现问题并指出有进一步研究的必要,以期引起更多人的重视,这又是新颖性的表现。

当然,上述分析新颖性的说明,是针对学生的现实基础,面对学生的实际所做的解释。这里并不排斥某些学生在分析中发表创造性、独到见解所表现出来的新颖性。

(4)建议是否合理可行。管理案例分析课具有很强的实践性,寻求管理的最佳方法、方案是分析研究的内容之一。因此,作为一篇案例分析报告,原则上应有这方面的内容。在文中可以建设性意见、启示、认识或希望等形式出现。这方面的内容,从某种意义上说是分析的落脚点,在一定程度上,反映了整个案例分析的实际价值。因此,当对一案例分析进行评估时,很有必要考虑这些建议的可行性,看其是否合理。

(5)口头表述能力鉴定。前面说到管理案例分析,是在学习和运用管理知识的基础上所进行的一种读、写、说综合训练,作为一个管理者,必须具备一定的表述能力,特别是口头表述能力。正确运用语言对一个管理者来说十分重要,正是出于这一原因,在案例分析的教学中,才安排一个案例分析成果口头表述的教学环节,这是一个十分重要的环节。口头表述能力鉴定,就是通过参加案例分析成果表述会,在认真听取学生口头表述后,对其表述能力做出的评价。

上述五个方面在具体的评估过程中可以采取列表的形式制成"案例分析成果评估表",按100分分摊到五项内容上,每一项再划分为三至五个(不等)档次,每一档次按一定比例再细分。其评估如表0-1所示(参照梅子惠《现代企业管理案例分析教程》,武汉理工大学出版社2006年版)。

表0-1 口头表述评估表

考核项目	档次		
	好(20分)	中(15分)	差(10分)
案例是否清楚完整	清楚	较清楚	不清楚
分析研究角度是否正确	正确	较正确	不正确
分析是否新颖	新颖	较有新颖性	无新颖性
建议是否合理可行	可行	基本可行	不可行
口头表述能力鉴定	好	中	差
定量分析合计/分			

案例分析成果口头表述评估,可采取在教师支持下由学校领导、学生和有关方面人员组

成的评估小组进行，先由评估小组的成员对学生的分析逐项进行考核，然后由教师集中，确定学生的分析成绩。分析的评估资料在教师进行该轮次案例分析评讲和总结之后，暂由教师妥善保管，待期末考试之后，一起计算总成绩。

八、管理案例教学范例

（一）管理案例讨论提纲实例

案例：中日合资洁丽日用化工公司（简称洁丽公司）

十几年前，洁丽公司与日本丽斯公司进行技术合作，向国内引进该公司丽斯品牌的化妆品，双方各投资40％股份，另有20％股份由建厂当地乡镇的几个个体户出资。丽斯品牌化妆品在日本不知名，由于中国当时改革开放不久，日用化工品和化妆品匮乏，大家也不在乎名牌，十几年来，合资生产的丽斯牌化妆品，在江南一带颇具知名度，在遍布城乡各地的小百货商店设有数百个专柜，并聘有几百位化妆师负责销售与推广，并在几百家美容店专用该产品。近两三年由于人们消费水平提高，以及不少欧美化妆品品牌进入中国市场，丽斯牌化妆品在人们心目中地位下降，市场萎缩，此时那几个占20％份额的小股东希望出让股份撤资。假使你是洁丽公司的负责人，你有哪些应对策略和方案？

中日合资洁丽日用化工公司案例课堂讨论提纲。

1. 有三种可能方案
（1）品牌重新定位。
（2）收购散户小股东的股份，使洁丽公司控股超过50％，然后找一流的厂商技术合作或代理一流产品。
（3）寻找机会脱售持股。
2. 方案的分析
方案1：
利：可利用原来已建立的销售渠道、服务人员及与经销商的良好关系、化妆品本身的价值、较难衡量的较高附加值，重新定位锁住目标市场。
弊：因为市场变化快，进口关税逐渐降低，会使整个企业转型有较高的风险。
方案2：
利：可利用原有的销售渠道与服务人员，除可重新定位外，还可与其他知名品牌厂商合作，进入其他市场；控股权扩大，经营方式较有弹性。
弊：投资金额较大；日方态度不易掌握。
方案3：
利：避免激烈竞争，可将资金转做他用。

弊：原有的渠道和人员、队伍全部放弃相当可惜。

3. 建议

采用方案 2，接受小股东的退股建议。

本案例的关键点是：第一，放弃原有的市场或产品，而进入全新的陌生领域；第二，只想创造新产品，放弃原有产品改善的可能性，可能使事业受到更大的挫折。

产品的创新或多角度化使用，也有可能为公司创造更好的将来，成败的关键在于信息的搜集是否齐全、利弊评估是否确实。

（二）学生案例分析实录

以下学生案例分析实录选自梅子惠主编的《现代企业管理案例分析教程》（武汉理工大学出版社，2006 年版，整理），现转录于此供参考。

蔡×同学的案例分析

1. 实例选择统计表

学生姓名：蔡×　　　　指导教师：方××

实例命名	选能干的，还是选会说的
实例表述	C 集团是欧洲著名连锁超市集团，在某市筹建一家超市时，需要招聘超市工程部经理，在众多应聘者之中，有两位表现比较突出，如下所述。 　　马卫达，27 岁，已于机械制造专业大专毕业 4 年。大专毕业后进入某中法合资汽车厂设备动力部，任助理工程师，一直从事汽车制造设备配件的采购工作，在业余时间自学取得科技英语专业本科毕业证。英语口语流利。余海宏，33 岁，设备管理专业本科毕业，22 岁毕业后到武汉一家大型百货商场任中央空调操作班长、配电设备主管，现已任工程部经理 3 年，熟悉大型百货商场的配电、照明、动力、通风空调等设备的运行维护管理，本人机械维修的能力也很强，但英语口语不行。 　　在由店长法国人罗伯特主持的面试中，马卫达直接用英语回答了罗伯特的提问，并用流利的英语陈述了超市工程部的工作设想。余海宏在面试时，由于超市的翻译不熟悉设备管理的专业词汇，没能准确地翻译给罗伯特他对面试问题的回答，罗伯特给他的分数远远低于给马卫达的。在店长的坚持下决定录用马卫达为工程部经理。三个月后，德国 M 集团也在该市开了一家超市，余海宏成功受聘工程部经理的职务。 　　一年后的 8 月份，由于中央空调操作工辞职，临时招聘不到操作工，马卫达自己亲自操作机器。由于他不熟悉操作规程，使中央空调超负荷运行，导致空调电机烧毁，给超市造成设备直接损失 10 万余元，这次事故使超市室内温度超过 36℃达一周之久，给超市营业收入和声誉带来重大的损失

实例命名	选能干的，还是选会说的
	根据市商业管理委员会的统计，余海宏所在的 M 集团超市的各项设备经济技术指标如单位面积用电量、设备维护费等大大优于马卫达所在的超市
选学和重温有关的资料和管理原理	1.《人力资源管理》 2.《跨国公司的人力资源管理》

2. 案例分析

正确把握岗位能力要求，避免招聘失误

从案例中的情况来看有以下几点是 C 集团某市超市工程部经理招聘甄选失败的主要原因。

（1）母公司的岗位能力要求不能照搬到子公司，虽然一个跨国公司旗下的连锁超市的经营方式、组织结构、职位设置几乎完全相同，但由于所在国政府法规、供应商特点、客户需求等经营环境不同，其设置的职务名称虽然一样，但其工作内容可能差异很大。同样是超市工程部经理，在法国店里手下只管两个人，主要工作是选择设备维修服务商、配件供应商，监督服务的质量、进度和工作安全等，不必自己动手操作设备。在中国，由于设备运行维修服务市场还不成熟，缺少优秀的设备管理服务公司为超市提供全方位的运行和维修服务，再加上中国劳动力便宜，设备服务外包的成本远远高于自己组建一支队伍进行自我服务。因此同样面积的超市，中国店的工程部人员比法国要多得多，工程部经理的工作内容也因此相差很大。拿法国店工程部经理的甄选标准来招聘中国店的经理，显然是错误的。店长罗伯特以前在法国店当过工程部经理，以法国店的要求来衡量中国的应聘者，按这个要求马卫达是合格的。但中国的情况不一样，中国店的工程部经理不仅要善于跟供应商打交道，还要熟悉超市的各种设备的性能，基本掌握操作和维修技术，既要当好指挥员，必要的时候还要能亲自动手操作维修机器，当好战斗员。

外籍主试人员应该克服语言障碍，客观地对应聘者进行评价。

在面试时语言的交流是否通畅影响到主试人员的判断，壳牌石油公司的经验是："对沟通能力的评价已经降低。从理论上讲，沟通技巧是评价候选人的一项很好的指标，但实际上，如果应聘者的英语不流利，而面试人又不会说当地话，应聘者的得分肯定低于其应得分数。"因此当马卫达能不通过翻译用英语与罗伯特进行良好的沟通时，由于晕轮效应的影响，他参加工作时间不长，没有商场设备运行维修管理经验，机械专业的学历是大专，技术职称只是助理工程师等缺点就显得不那么重要了。但工程部经理这一职务对这些技能的要求是客观存在的，如果不具备这些技能，工作绩效肯定不高，从这一点来说，后来出现设备事故也是迟早的事。相反，余海宏由于英语口语水平不高，需要通过翻译回答罗伯特的问题，翻译词不达意，使具有决定权的罗伯特认为他不行，其实是他口语水平不高的缺点掩盖了他具有多年商场设备管理经验、本科毕业、专业对口、有工程师职称等与马卫达相比的优势。

（2）不同的职位对外语水平的要求应该不一样，超市中各职位对外语水平的要求应该是不一样的。外企一般对不同级别的人员外语水平要求不同，如对收银员外语水平的要求肯定是比对财务经理的要求低，但对同级别的中高层的管理人员外语水平的要求也应该不同。需要经常与外籍经理和总部进行沟通的人员外语要求高一些，如店长秘书、财务部经理等。不同职位对外语听、说、读、写水平要求的侧重点也应该不同。对店长秘书的英语口语水平的要求肯定比工程部经理要高。当然在案例中，如果余海宏是一个全才，英语水平与马卫达一样，罗伯特也会选他而不会选马卫达。但全才的工作选择余地大，对薪酬的要求高，雇用他们企业所付出的工资会比专业技能强、外语水平不高的人多得多，而且还不见得找得到这种人。因此必须对每一个职务的工作内容进行科学的分析，依据不同职位对外语能力、技术技能、组织指挥能力、学习创新能力的不同侧重要求，得出对各种能力要求层次不同的招聘甄选标准，依照这样的标准才不会选错人。

跨国公司管理人员本地化是一个大趋势，在这个进程中，我们必须按照人力资源管理的客观规律认真做好工作分析，制定科学的招聘甄选标准，努力克服语言交流造成的评价偏差，让本地人在招聘过程中拥有更多的决定权，只有这样才能顺利完成本地化的战略目标。

3. 案例分析见解口头表述评估

案例分析见解口头表述评估表如表 0-2 所示。

表 0-2　案例分析见解口头表述评估表

考核项目 \ 档次	好（20分）	中（15分）	差（10分）
案例是否清楚完整	清楚	较清楚	不清楚
	√		
分析研究角度是否正确	正确	较正确	不正确
		√	
分析是否新颖	新颖	较有新颖性	无新颖性
		√	
建议是否合理可行	可行	基本可行	不可行
		√	
口头表述能力鉴定	√		
定量分析合计/分	85		

4. 评语

本地化是许多跨国公司的重要实施战略。随着生产、研发、销售、采购本地化的推进，人力资源本地化变得越来越迫切。在执行层和管理层，本地人才完全能够达到职位要求，其本地化程度比决策层的高级管理职位高得多。招聘甄选这些员工的标准是与母公司所在国一样呢，还是应该根据子公司的实际情况，重新进行工作分析编写出新的职务说明书，按其要求招聘甄选？对员工外语能力的要求应该根据不同职务工作内容的不同而有所不同，不能用一个标准来衡量。外籍主试人员应该尽量克服语言障碍，客观地对应聘者的综合能力进行评价。派往子公司的高级管理人员，如果能使用驻在国语言和熟悉其文化特征，可以更好地执行人力资源本地化的战略。

实例叙述得清楚、简洁、完整，这是正确展开案例分析的前提和基础，本实例分析的成功之处在于，能从外资超市管理的实际事例中，发现跨国公司人力资源管理这一伴随着我国改革开放程度的提高出现的新问题，并对人力资源本土化中最关键的环节——招聘中出现的问题进行比较深入的分析。在分析中应用的理论依据正确，提出的建议具有可行性。

从上述可以看出，该生能够运用所学管理理论知识分析和解决实际问题。

指导教师：方××

×××年×月×日

（三）管理学案例教学课实录

郑州大学升达经贸管理学院陈怡老师完成了一堂精彩的管理学案例教学课（见《一堂精彩的管理学案例教学课——联系实际生活，认清管理本质》，《管理观察》2008 年第 10 期），现录于此供大家参考。

1. 案例背景

（1）时间。按照正常教学计划，在讲完第一章"管理概述"之后，安排一次案例讨论课，针对本章的重点、难点知识进行复习回顾，加深理解。

（2）地点。应使用多媒体教学手段，安排在多媒体教室内，学生的桌椅最好可以自由移动，方便进行下一步分组讨论。

（3）学生情况。课堂案例讨论课程，学生是重要的教学参与者，也是教学的主体。对于学生情况的分析和把握，决定此次课程的成败。所以，教师要提前做课堂以外的准备工作，为课堂教学的成功打下基础。

① 学生情况分析。此次案例讨论课针对一年级的新生，他们第一次接触管理学知识，第一次参加课堂案例讨论，主讲教师针对这两个"第一次"采取以下对策。见表 0-3。

② 组建学习团队。大学阶段的学习，有时由"个体学习"上升为"团队学习"，在完成一个较为复杂的学习目标时，单靠个人的力量和智慧，十分有限。要通过"团队学习"充分发挥集体的智慧，顺利完成学习目标。同时也锻炼自身的组织、协调能力。分组原则：第一，每组最多不超过 10 人，否则难以控制；第二，注意男女生比例搭配，以利于不同思维模式的交流。

表 0-3　学生情况分析表

年级	专业	班级人数	学生情况	优势	劣势	对策
07级	财务管理	58人	第一次接触管理学知识，相关背景知识较少，无基础	无思维定式，求知欲强烈	理论功底薄弱，分析和解决问题的能力欠缺	提前补充相关理论知识，加强启发引导
			第一次参加课堂案例讨论	好奇心强，参与意识浓厚	没有团队合作意识	提前划分学习小组，培养组织意识

③ 确定讨论程序。要事先将讨论的程序告知学生，避免出现混乱的课堂秩序，影响课堂效果。具体程序见图 0-2。

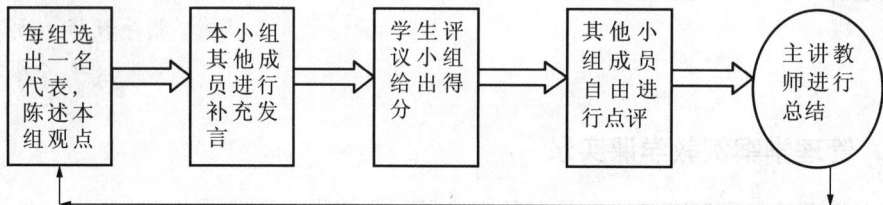

图 0-2　课堂案例讨论流程图

2. 案例主题

(1) 主题确定。主题是案例讨论课的灵魂，它贯穿于整节课的全过程。案例主题的确定是重中之重。所有的教学形式和手段都要为案例主题服务。本节案例讨论课主题的确定，首先以学情分析、课前准备、教学程序设计等为铺垫，针对学生对于管理学的本质认识不明确，以及什么是管理的目的、什么是管理的手段两者混淆不清的教学难题而确立。而对于初学管理的新生，基本概念、基本原理又是至关重要的，是必须掌握的内容。

(2) 案例导入（用时 15 分钟）。运用多媒体 PPT 课件，将案例情景打在大屏幕上，并实现滚动放映效果，教师用画外音形式，进一步介绍案例情景。

谁来承担损失

田野是某大学的一位大学生，为了准备全国英语六级考试，在 A 书城购买了一本历年全国英语六级考试全真试题，没想到等到准备做试题时，却发现该书缺页达 40 页之多。无奈，他只好找出购书时电脑打印的列有所购书名的付款小票，准备去调换一本。

到了图书城，田野直接到总服务台说明了情况，营业员甲接过书和付款小票看了看，说："没问题，可以调换。请您直接去 5 层找营业员调换。"随即，田野来到 5 层，找到相应专柜的营业员乙，营业员乙马上在书架上找，结果却发现该书一本都不剩了，于是对田野说，"这本书已卖完了，不知仓库里有没有？你去找总服务台问问。"此时，田野显得有些不耐烦了，问营业员乙为什么不能帮助顾客联系解决，而要顾客楼上楼下来回跑。营业员乙一边抱怨一边打电话给总服务台说："书架上已没有这种书，请你们处理吧。"田野一脸的无奈，只好再次跑下楼去找总服务台。

总台营业员甲查完电脑记录后，告知田野该书已脱销了，现在出版社也没有此书了。田野十分生气，本来只想调换一本书，结果自己楼上楼下跑，跑的结果却是一本不剩。他只好要求退书。可是，营业员甲说："退书必须在购书 7 日之内，您所购书是 8 天前买的，我们不能给您退。"田野此时已气愤至极，买了一本缺 40 余页的书本来已经够恼火的了，专门来书城调换却没有书可换。于是，他找到书城负责人理论说："我从你们书城买的书缺了 40 多页，我是来换书的，并不想来退书，可现在因为你们该书脱销不能给我换书我要求退书。"书城负责人不无遗憾地说："这是单位规定，超过 7 天不予退，只能换。"田野据理力争道："如果因为我个人的原因在 7 天之后要求退书，你们可以不退。但现在不是因为我的原因，而是你们该书脱销，而卖给我的书又少了 40 多页，你们没有理由不给退。"书城负责人说："不是我们不给你换，是没有书可换，我也没有办法，超过 7 天我们不予退书。要退，你找出版社去。"此时，围观的人越来越多，人们纷纷谴责书城负责人的做法。

（3）提出问题（用时 2 分钟）。

①从案例中这一事件，对该书城"超过 7 天不予退，只能换"的规定，书城负责人、营业员始终坚持遵照执行，他们的做法有错吗？为什么？

②如果你是该书城的负责人，对田野的退书要求，你该怎样处理？

（4）自由讨论（用时 15 分钟）。

给学生充分的讨论时间，让不同的思想交流碰撞，只有通过深入的讨论，才能归纳总结出不同的论点，为下一步小组发言做铺垫。此时教师可以在各小组之间巡视，激发调动学生讨论的积极性，但要注意，此时教师扮演的是倾听者和推动者角色。暂时不要回答学生提出的关于案例的问题，以免先入为主，影响学生的不同思路，难以产生创新思维。

（5）小组发言（用时 48 分钟，每组发言平均 5 分钟，评分每组 3 分钟）。

请各小组代表，走上讲台陈述本组论点，此时帮助学生克服紧张心理，在规定时间内顺利完成任务，就显得尤为重要。要充分发挥教师的指导性和控制性的作用。此步骤需遵循的原则如下。第一，尊重每位发言者的论点，鼓励不同观点的出现，无论此观点正确与否。第二，尽可能不打断学生发言，让本人独立完成目标。第三，给予鼓励，调动积极性。为帮助发言学生克服紧张、胆怯的心理，教师要示意其他同学，在恰当的时机用掌声给予鼓励。调动课堂气氛，激励更多的学生积极参与。第四，适度控制。因为课堂时间有限，对于时间控制是重要的一环，既要充分讨论，又不可发挥过度，延误时间。教师要提示发言者时间限制。第五，教师要随时观察并记录每位发言者的表现，及时给予简短的评价和引导。见表 0-4。

表 0-4　学生讨论发言记录表

组别	发言人姓名	重要论点	优点	不足	改进建议
第一组					
第二组					
第三组					
第四组					
第五组					
第六组					

（6）案例分析（用时 40 分钟）。

① 教学功能。本案例主要涉及管理本质。管理从本质上而言是人们为了实现一定的目标而采用的一种手段。如何对待规章制度，是本案例的焦点。是照章办事还是酌情处理？通过本案例，学生们会真正体会到：良好管理效果的获得，取决于人们对管理的正确认识和管理手段的妥善运用。

案例分析关键词：规章制度、管理的定义、管理者角色

·规章制度：企业规章制度是指由企业权力部门制定的以书面形式表达的并以一定方式公示的非针对个别事务的处理的规范总称。首先，规章制度必须出自企业权力部门，或经其审查批准；其次，规章制度必须按照企业内部规定的程序制定，如果法律对企业规章制度的制定又规定了特定的程序，必须遵循该程序；再次，规章制度必须向劳动者公示；最后，规章制度是规范，是有关权利义务的设定，非针对个别人、个别事件。

·管理的定义：管理（management）是管理者在特定的环境条件下，对组织所拥有的资源进行有效的计划、组织、领导和控制，以便实现组织既定目标的过程。

·管理者角色：见图 0-3。

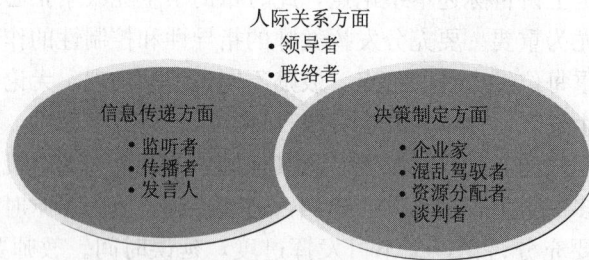

图 0-3　管理角色

② 知识点链接。如何对待规章制度？正确的态度应该是：在一般情况下，照章办事；在特殊情况下，酌情处理。正确对待规章制度的关键是正确界定特殊情况的范围和酌情处理的原

52

则。特殊情况的范围主要包括违反规章的目的与确立规章的目的一致，或已有的规章制度已不能发挥其应有的作用。酌情处理的原则是对违反规章的有益行为，按目标有利原则处理并采取相应行为。

③ 参考答案。第一题：规章制度就其本质而言，是一种管理手段，任何组织为了实现共同的目标，都会制定一系列的规章制度以规范群体的行为。可以说，规章制度是一种有效的管理手段，任何组织都不可缺少。但与此同时，要明确规章制度只不过是一种手段，绝不能为了维护规章制度而置组织的目标于不顾。对于该书城"超过 7 天不予退，只能换"的规定，书城营业员、负责人在任何情况下都照章办事，是典型的教条主义，他们错把手段当成目的，因此其做法是错误的。

第二题：对于规章制度，正确的态度应该是：在一般情况下，照章办事；在特殊情况下，酌情处理。正确对待规章制度的关键是明确界定特殊情况的范围和酌情处理的原则。在本案例中，主人公田野所购书缺 40 页之多，因为该书脱销，在无法调换的情况下他要求退书，他退书的目的和书城制定该规章的目的是一致的，即都是为了维护消费者的合法、合理利益。该情况属于违反规章的目的与确立规章的目的一致，在这种特殊情况下，书城负责人应按照目标有利原则进行处理，对田野的退书要求给予妥善解决。在此特殊情况下，规章制度可以破，但目标原则不能违背。同时，进一步完善书城退换书的相关规定，如可以考虑在规章制度中将所有可能出现的特殊情况列出来，以便指导员工妥善运用。

3. 案例反思

(1) 选材目的。首先因为本案例文字较为浅显，内容单一，同时案例情景贴近学生现实生活，比较适合一年级初次学习管理的非专业学生。学生容易找出讨论的切入点，有话可说，有感可发，这是展开讨论的第一步。其次，本案例出现一定的矛盾冲突点，即严格遵守规章制度究竟是对还是错？各小组之间可能出现论点不一致的地方，有矛盾、有冲突才会进一步挖掘深层次的原因，利于讨论的深入展开。最后，此案例运用的背景知识是第一章的重点内容——管理的定义、管理的本质、管理者角色等相关知识。起到复习巩固基础知识的目的，这也是本节案例讨论课最重要的教学目标。

(2) 学生反应。本节案例讨论课对学生的要求，就是恰当运用理论知识，解释日常管理现象。提高学生分析问题、解决问题的能力。本次课同学们表现出极高的热情和积极参与的意识。团队合作精神也相当不错。但欠缺之处就是，原理应用不够准确、分析问题不够深入、全面，陈述论点缺乏层次性。鉴于以上不足，教师又针对此次案例分析，布置了书面作业，让同学们整理自己的思路，形成书面文字，进一步巩固课堂效果。

(3) 教学反思。教师最后的总结性分析，是本次课程的核心部分。教师既要全面总结评价各组学生的发言，又要充分说理，将案例层层剖析。因为低年级学生的发言条理性较差，作为主讲教师没有充分考虑到这一点，对于各组学生的点评，只能点到为止，无法详细深入指导。只能指出普遍出现的问题，无法做到个别辅导。

第 一 章　管理概述

管理从思想上来说是哲学的，从理论上来说是科学的，从操作上来说是艺术的。

——余世雄

一、管理的含义

管理是个含义极为广泛的概念，从字面上讲，管理就是管辖、治理的意思。通俗的说法有："管理就是管事理人"；"管理就是让别人按自己的意思去把事情办好。"关于管理的定义，至今仍未得到公认和统一。长期以来，许多中外学者从不同的研究角度出发，对管理做出了不同的解释。

管理就一般意义而言，可以作如下定义：管理是指一定组织中的管理者，通过实施计划、组织、人员配备、指导与领导、控制等职能来协调他人的活动，使别人同自己一起实现既定目标的活动过程。管理的定义如下。

第一，管理是为实现组织目标服务的，是一个有意识、有目的的活动过程。一个组织要有一个远大的目标，管理是为实现组织目标服务的，组织的目标就是管理的目标，管理的目的在于实现组织的目标。管理必须使活动实现预定的目标，追求最优的活动效果。当管理者实现了组织目标时，他们的活动就是有效的。

第二，管理作为一个过程，是由一系列相互关联、连续进行的活动所构成的。管理活动是通过计划、组织、指挥、协调和控制等职能来实现的。马克思曾经指出，一切规模较大的直接社会劳动或共同劳动，都或多或少地需要指挥，以协调个人的活动。一个单独的提琴手是自己指挥自己，一个乐队就需要一个乐队指挥。

第三，管理工作要通过综合运用组织中的各种资源来实现组织目标。管理的效果是管理工作极其重要的组成部分，它主要指输入与输出的关系。对于管理者来说，输入的生产经营资源是稀缺的，他们必须关心这些资源的有效利用，管理就是要使资源成本最小化。对于给定的输入，如果能获得更多的输出，就需要提高管理的效率；对于较少的输入，能够获得同样的输出，也同样提高了效率。

管理的有效性如何，集中体现在它是否使组织投入最少的资源，取得最大的、符合需要的产出成果。管理效率涉及的是活动方式，管理效果涉及的是活动结果，二者是互相联系的。如果管理者不顾管理的效率，就很难达到理想的效果，当然，低水平的管理绝大多数是既无效率又无效果的。

第四，管理工作是在一定的环境条件下开展的。管理必须将所服务的组织看作一个开放的系统，它不断地与外部环境产生相互影响和作用。管理者必须正视管理环境的存在。

二、管理的特征

（一）复杂性

管理的复杂性，是指管理所面对的环境及影响因素很复杂。企业组织是一个开放的系统，它与外部大系统发生各种联系，这个大系统即政治、经济、技术、社会文化等环境及其变化都对管理活动产生影响。从企业本身来说，企业目标和管理行为要考虑企业的所有者、员工和顾客的利益。虽然这三方存在根本利益上的一致性，但也存在矛盾与冲突。综合考虑这些复杂的影响因素，做出合理的、有效的管理决策，是管理者所面临的挑战。

（二）综合性

管理的综合性，是指管理者需要运用各种知识和技能，这是由管理的复杂性所决定的。例如，管理者要具备经济学知识来预测市场环境以确定企业经营目标；要具备科技知识了解产品及其发展前景；要具备心理学知识来理解人的行为，以便更好地激励员工；要具备哲学知识以确定管理理念等。

（三）科学性

管理的科学性，是指管理的理论是科学的。管理理论是对大量企业管理实践的科学总结，是对管理规律的概括。管理理论的完整理论体系，管理理论应用于管理实践所产生的巨大效果，管理教育的蓬勃发展都充分证明了管理理论的科学性。只有承认管理的科学性，才能摒弃那种单凭管理者的个人经验和直觉去管理的模式，认真、积极地学习先进的管理理论。

（四）艺术性

管理的艺术性，是指要结合具体的管理环境，灵活运用管理理论。任何管理理论都离不开具体的应用条件，而管理者所面临的管理环境又十分复杂，如何选择和应用管理理论，需要管理者的理性判断和经验技巧。同样的管理理论和方法，在不同国家、不同企业，由不同的管理者应用，其效果大不相同，这就体现了管理的艺术性。只有承认管理的艺术性，才能有的放矢地利用管理理论，不盲目地引进和照搬管理模式，才能发挥管理者在管理实践中的创造性。

（五）经济性

资源配置是需要成本的，管理具有经济性。首先，管理的经济性反映在资源配置的机会成本上。管理者选择一种资源配置方式是以放弃另一种资源配置方式的代价而取得的，这里有个机会成本的问题。其次，管理的经济性反映在管理方式、方法选择的成本比较上，在众多可帮助进行资源配置的方式、方法中，其成本不同，故如何选择就有个经济性问题。再次，管理是对资源有效整合的过程，选择不同的资源供给和配比，都有成本大小的问题，这是经济性的另一种表现。

三、管理者

（一）管理者的定义

一个企业有大量的成员从事生产第一线的工作，也有的从事生产辅助性的工作、勤务性的工作，也有的从事管理工作，各有分工。其他的组织也与企业相类似。把从事管理工作、负有领导和指挥下级去完成任务职责的组织成员称为管理者。

（二）管理者的类型

按管理者在组织结构中的层次来区分管理者类型，这可以研究不同的管理者在组织中、管理过程中的地位和作用，而不会涉及具体的业务内容。管理者一般可分为以下类型。

1. 高层管理者

高层管理者通俗地说就是一个组织的领导。组织有大小、成员有多少，但只要是代表该组织的管理者，就是高层管理者，无论称谓是什么。大学、中学、小学的校长，都是他所代表的那个学校的高层管理者。大公司的领导称总裁或总经理，部门的领导称经理，但这个经理和一般小公司的领导经理就大不一样了。俗话说："宁为鸡头，不为牛后"，就反映了这种差别。高层管理者除了代表一个组织外，主要任务是要把握本组织的发展方向、确定长远的发展目标、与其他组织建立联系。

2. 中层管理者

中层管理者通常称为中层干部。他们是一个组织中各个部门的负责人，如公司中的部门经理、企业中的车间主任等。他们要贯彻、执行高层管理者的意图，把任务落实到基层单位，并检查、督促、协调基层管理者的工作，保证任务的完成。他们要完成高层管理者交办的工作，并向他们提供进行决策所需的信息和各种方案。他们的作用主要是上情下达，下情上传，承上启下。

3. 基层管理者

他们是组织中最下层的管理者，直接面向在第一线工作的组织成员，组织他们按要求去完成各项任务。企业车间里的班组长，职能部门中的科长或股长或组长们，他们所接到的指令是具体的、明确的，所能调动的资源是有限的，是完成任务所必需的。任务也是明确的，即带领和指挥下级有效地完成任务。他们要向上级报告任务的执行情况，反映工作中遇到的困难并请求支持，也起到承上启下的作用。

（三）管理者的作用

这主要表现在人际关系、信息、决策等方面。

1. 人际关系方面

（1）代表性。任何层次的管理者都有一种代表性，高层管理者代表整个组织，中层管理者代表一个部门，基层管理者代表一个基层单位。但是中层和基层管理者的代表性只在本组织内部有意义。这种代表性体现于管理者可以在相应的正式场合或社交场合中代表自己所在的组织（或部门或基层单位）与对等的组织进行沟通、在相应的文件上签字等。

（2）沟通。管理者在管理过程中主要是和人打交道，要向自己的上级汇报任务执行情况，要与同级的管理者交换情况，要向下级布置工作。除此之外，人与人之间也需要交流思想感情。因此，任何一个管理者都要在组织内部，与上下左右进行沟通。通过沟通，可以使信息在组织内部畅通，及时发挥作用；一旦组织做出一项决策，可以在充分交换意见的基础上，统一思想，从而统一行动；在组织成员之间，特别是在上下级之间建立和保持良好的人际关系。为了使沟通能发挥其应有的作用，提倡沟通的双方要进行双向沟通，即一方把沟通的内容告诉了另一方，另一方要把自己的想法、感受反馈给前者，往复进行。双向沟通较为费时，但起到的作用较大。

（3）指挥和激励下级有效地完成任务。作为一个管理者，在与下级进行双向沟通中要发挥作用，但沟通并不是目的，而是要通过沟通更好地带领大家去完成组织交给的任务。在这一过程中管理者对下级负有管理的责任，要指挥和激励他们，安排好每个人的工作，协调好彼此间的关系，对每个人的工作要给予指导或进行培训，考核每个人的工作，根据考核标准再给予奖励或惩罚，用各种方法来调动每个人的积极性。这样才能真正起到管理下级的作用。

2. 信息方面

管理者在信息方面除了要向上下左右传递信息，进行沟通外，还要起以下作用。

（1）收集信息。管理者在组织中要接受他人传递来的信息，更重要的是去发现、收集有关自己工作范围内的各种信息、与本组织相关的信息。其来源可以是调查研究的结果，社会公众的反映，报纸、杂志、广播、电视上的消息，出台的政策、法规，公布的统计数据、资料，相关组织或竞争对手的动向。这些有用的信息将对本组织制定发展目标、计划和政策起到极大的参考作用。

（2）加工信息。由于了解到的情况可能有水分，或是竞争对手放的烟幕，或是传递环节过多引起了信息的失真，作为一个管理者还有对收集的信息进行加工的责任，进行适当的分析，做到去伪存真、由表及里、由此及彼。

（3）保持信息渠道的畅通。这有两重含义。一是信息的传递也要是双向的，发送者除了要将信息传递给接收者外，还应能及时接收反馈信息，以保证接收者明确无误地收到了所传信息。二是要保证信息正确地传递到需要的一方。现在办公自动化设备越来越普及，性能好、操作方便，为信息传递带来了便利的条件，同时也带来了负面影响，即每个人收到的信息越来越多，造成了灾难性的局面——管理者被淹没在信息的海洋中。管理者要花费大量的时间和精力才能从收到的大量信息中找到对自己有用的信息。信息正确传递，可避免这种堵塞现象。在一个规模较大的组织内部，会存在类似信息中心这样的部门，它的职责除了保证计算机系统的正常运行外，当然还有收集、加工、分析和传递信息，但这并不能代替每个管理者在信息处理方面的作用。

3. 决策方面

一个管理者在自己的工作岗位上，总是会遇到各种各样的问题，需要他拿主意、做决定，也就是说在决策方面发挥作用，大致有以下内容。

（1）提出供决策用的方案。遇到了问题，如果在自己的职权范围内可以解决的话，他要在几个可以用来解决问题的方案中反复进行权衡，选出最合理、最好的方案来做出决策。如果需要请求上级帮助和支援，他也要提出几种可供选择的方案供上级考虑。

（2）调配资源，实施计划。根据实施计划的要求，管理者调配自己所掌握的各种资源。随着项目实施的进展，及时根据进度和外界环境的变化，调整资源的使用。合理地使用资源，包括资源使用量与时间的配合，才能保证资源使用的效率和保质保量地完成任务，以最小的投入获得尽可能大的产出。

（3）协调好各方面的关系，解决好内部的矛盾和分歧。一个管理者往往要协调好三方面的关系。首先是要协调好和上级的关系，及时向上级请示汇报，争取支持，也要交流各自的思想感情，建立良好的个人关系。然后是要和自己的左邻右舍各个部门的管理者建立良好的关系，以便在工作中发生困难和产生矛盾时，彼此间能相互理解和支持。最后是要协调好与下级之间的关系，每个人的职责明确，保证在工作中彼此间不推诿、不扯皮，在工作中有矛盾时，认真听取各方的意见，不偏袒任何一方，真正做到一碗水端平，化解矛盾，解决分歧。

（四）管理者的技能

尽管不同的管理者具有不同的任务和职责，但他们所能发挥的作用大小、能否开展行之有效的管理工作，在很大程度上取决于他们是否真正具备了管理者所需要的相应的管理技能。根据罗伯特·卡茨（1974 年）的研究，作为一名管理人员应该具备技术技能、人际交往技能和概念技能三类技能，如图 1-1 所示。在基层管理中，技术技能是最重要的，并且其重要程度随管理层次的上升而下降；概念技能的重要程度随管理层次的上升而提升；在全部管理层次上，人际交往技能都是很重要的。

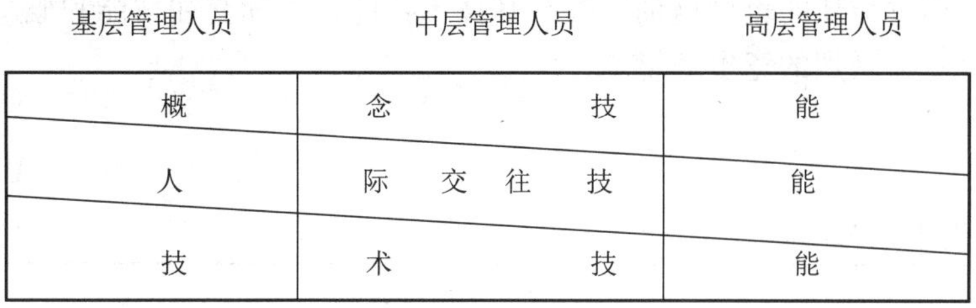

| 基层管理人员 | 中层管理人员 | 高层管理人员 |

概	念　　　　技	能
人	际　交　往　技	能
技	术　　　　技	能

图 1-1　管理层次与管理技能要求

1. 技术技能

技术技能是使用某一专业领域内有关的工作程序、技术和知识完成组织任务的能力。如财会人员、医生、工程师等，他们都掌握有相应领域的技术技能，在他们各自的领域或专业中，都需要技术技能，管理人员必须具备技术技能。对于管理者来说，他们可以依靠有关专业技术人员来解决专门的技术问题，没有必要使自己成为精通某一领域技能的专家，但他们必须了解并初步掌握与其管理的专业领域相关的基本技能，否则就很难与他所主管的组织内的专业技术人员进行有效的沟通，从而也就无法对他所管辖的业务范围内的各项管理工作进行具体的指导。当然，不同层次的管理者，对于技术技能的要求程度是不相同的。相对来说，基层管理者需要技术技能的程度较高，高层管理者只需要简单的掌握相关技术。

2. 人际交往技能

人际交往技能是与处理人际关系有关的技能，具体表现为与他人融洽相处，时常激励别人，并能有效地与他人沟通。包括对下属的领导能力和处理不同小组之间关系的能力。管理者作为小组中的一员，必须非常重视改进与同事、下级和上级的人际关系，其工作能力取决于人际技能。

管理者除了领导下属人员外，还与上级领导和同级同事打交道，还得学会说服上级领导，学会同其他部门同事紧密合作。因此，人际交往技能对于高、中、低层管理者进行有效的管理是非常重要的，每一个管理者都必须与组织内各层次的人员进行有效的沟通，相互合作，共同实现组织目标。

3. 概念技能

概念技能是纵观全局、洞察组织与环境相互影响的复杂性的能力，它包括理解事物的相互关联性从而找出关键影响因素的能力，确定和协调各方面关系的能力，权衡不同方案优劣和内在风险的能力。一个管理者必须具备将组织视为一个整体的能力，而不能单独从本部门的角度进行决策。任何管理者都会面临一些混乱而复杂的环境，需要认清各种因素之间的相互联系，以便抓住问题的实质，根据形势和问题果断地做出正确的决策。管理者所处的层次越高，面临的问题越复杂，越无先例可循，越需要概念技能。

要想成为有效的管理者，必须具备技术技能、人际交往技能和概念技能，缺乏其中任何一种都可能导致管理工作的失败。管理技能、角色、职能是紧密联系的，明智的有进取心的管理者会不断地通过最新的教育培训以提高其技术技能、人际交往技能和概念技能，以适应当今不断变化且日益激烈的竞争环境。

案例1　霍桑工厂实验

一、案例介绍

位于美国芝加哥城外西方电器公司的霍桑工厂，是一家专业制造电话机的工厂。它设备完善，福利优越，具有良好的娱乐设施、医疗制度和养老金制度。但工人仍愤愤不平，生产效率也不理想。为此，1924 年美国科学院组织了一个包括各方面专家在内的研究小组，对该厂的工作条件和生产效率的关系进行了全面的考察和多种试验。这就是著名的霍桑试验。从 1924—1932 年，在将近 8 年的时间里，霍桑试验前后共经过两个回合。第一个回合从 1924 年 11 月至 1927 年 5 月，它主要是在美国国家科学委员会的赞助下进行的。第二个回合是 1927—1932 年，主要由美国哈佛大学教授梅约主持进行研究。整个试验前后共分为四个部分。

（一）照明实验

这项实验在霍桑工厂共进行了两年半时间，试验是在被挑选出来的两组绕线工人中间进行的。一组是"试验组"，另一组是"参照组"。在试验过程中，"试验组"不断地增加照明的强度，从 24、46、76 烛光逐渐递增，而"参照组"的照明度始终保持不变。研究者起初打算考察照明和产量之间的关系，找出一种理想的照明度，在这种照明度下工作，能使工人的生产效率达到最高标准。但出乎研究者的意料之外，试验的结果是，两组的产量都在不断提高。后来他们又采取了相反的措施，逐渐降低"试验组"的照明度，还把两名试验组的女工安排在单独的房间里劳动，使照明度一再降低，从 10 烛光、3 烛光一直降到 0.06 烛光，几乎和月亮光差不多的程度，这时候，也只有在这时候，产量才开始下降。研究者的结论是：工作场所的灯光照明只是影响生产的一种因素，而且是一种不太重要的因素。除照明之外一定还有其他什么因素影响产量。由于研究者找不到原因，感到迷惑不解，许多人都不干了。只有该公司的检查部主任朋诺克当时推测，产量的增加，可能是由于工人被试验鼓起的工作热情所影响。后来于 1927 年冬天，朋诺克在一次哈佛大学教授梅约主持的人事经理报告会上，把自己的想法告诉了他，并当场邀请梅约参加霍桑试验。梅约接受了邀请，并组织了一批哈佛的教授会同电器公司的人员成立了一个新的研究小组。于是开始了第二阶段的研究。

（二）继电器装配试验

为了能够更好地控制影响工作绩效的因素，梅约选出了 6 名女工，在单独的房间里从事装配继电器的工作。他们告诉女工可以保持平常的工作节奏，因为试验的目的不是为了提高产量，而是要研究各种工作条件，以找出最适宜的工作环境。在这期间，研究者在试验场所指定了一名观察者，他的任务主要是创造与工人的友好气氛，以确保与她们合作。他还做一些管理工作，每天与女工们非正式地交谈，以消除她们对试验可能抱有的疑虑。这样与女工之间的谈话更加自由，彼此关系比过去更为亲近了。在试验过程中，不断地增加福利措施，例如，缩短工作日、延长休息时间、免费供应茶点等。随着生产效率的提高，研究者起初以为是这些福利措施刺激了工人生产的积极性。随后他们又撤销了这些措施，生产不但没有下降，反而继续上升。这就证明物质条件的改变并不是提高产量的唯一原因。经过对这些结果的可能原因的分析，研究者认定，管理方法的改变可能是改变工人态度和提高产量的主要原因。

（三）大规模的访谈实验

在两年多的时间里，梅约等人组织了大规模的态度调查，在职工中谈话人数达两万次以上。在访问过程中，访问者起初提出的问题，大都是一些"直接问题"，例如，工厂的督导工作及工作环境等，虽然访问者事先声明，将严格保守秘密，请工人放心，可是受访者在回答问题时仍遮遮掩掩，存有戒心，怕厂方知道，自己受到报复。谈话总是陈腔客套，无关痛痒。后来改用了"非直接问题"，让受访者自行选择适当的话题，这时职工在谈话中反而无所顾忌了。结果在这次大规模的访问中，搜集了有关工人态度的大量资料，经过研究分析，了解到工人的工作绩效、职位和地位既取决于个人，也取决于群体成员。人际关系是影响绩效的一个主要因素。同时，这次大规模的试验，还收到一个意想不到的效果，就是在这次谈话试验以后，工厂的产量出现了大幅度的提高。经研究者分析认为，这是由于工人长期以来对工厂的各项管理制度和管理方法有许多不满，但无处发泄，这次试验，工人无话不谈，发泄了心中的怨气，由此而感到高兴，因而使产量大幅度上升。

（四）继电器绕线机组的工作室试验

这项试验又称群体试验。试验者为了系统观察在群体中人们之间的相互影响，在车间里挑选了14名男工，其中9名绕线工，3名焊接工，2名检验员，在一个专门的单独房间里工作。

试验开始，研究者向工人说明：他们可以尽量卖力工作，报酬实行个人计件工资制。研究者原以为，这套奖励办法会使工人努力工作，提高产量。但结果是产量只保持在中等水平，而且每个工人的日产量都差不多。根据"时间-动作"分析的理论，工厂经过计算向他们提出的标准定额是每天完成7 312个焊接点，但工人每天只完成6 000~6 600个焊接点就不干了，即使离下班还有一段时间，他们也自行停工。研究者经过深入观察，了解到工人自动限制产量的理由是：如果他们过分地努力，就可能造成其他同伴的失业，或者公司会接着制定出更高的生产定额。

　　与此同时，研究者为了了解他们之间的能力差别，还对实验组的每个人作了灵敏测验和智力测验。发现 3 名生产速度最慢的绕线工在灵敏测验上得分都高于 3 名生产速度最快的绕线工，其中 1 名生产速度最慢的工人在智力测验上得分排行第一，灵敏测验排行第三。测验的结果和实际产量之间的这种关系使研究者联想到群体对这些工人的重要性。1 名工人可以因为提高他的产量而得到小组"工资基金"总额的较大份额，而且也减少了失业的可能性。然而这些物质上的报酬却会招来群体的非难和惩罚。因此每天只要完成群体认可的工作量大家就可以相安无事。

　　研究者通过观察发现，工人们之间有时会相互交换自己的工作，彼此间相互帮忙，虽然这是有违公司规定的事，但是这种行为却大大增进了他们的友谊，有时却也促进了他们彼此间的怨恨，谁喜欢谁，不喜欢谁，都可以因此表现出来。诸如此类的事情，使研究人员发现他们中间有着两个派系，即小群体，一个称为 A 派，一个称为 B 派。研究者在对他们的观察中获得了以下几点结论。

　　(1) 他们之间的派系，并非是因工作不同而形成的，例如，A 派包括 3 名绕线工，同时还有 1 名焊接工和 1 名检验员。

　　(2) 派系的形成多少受到工作位置的影响，例如，A 派的几位工人均在工作室的前端，而 B 派的几位工人均在工作室的后端。

　　(3) 试验组的成员中也有人不属于任何派系。例如，其中 1 名检验员一向受到其他成员的排斥。原因是他曾向检验科抱怨，说工作室的工人们都在偷懒，这件事后来被大家知道了，大家都与他保持一定距离。还有 1 名绕线工，老喜欢在 B 派中出风头，他虽然想加入 B 派，B 派却因此没有完全接纳他。

　　(4) 每个派系都认为自己比别的派好，并有一套他们自己的行为规范。

　　研究者在观察他们各自履行自己所订立的行为规范时发现，有的规范与限制产量有关，有的则涉及个人的品德，而就其规范对个人的影响来说，主要有以下几点：谁也不能干得太多或太少，以免影响大家；谁也不准向管理当局告密，做有害于同伴的事；任何人都不得远离大家，孤芳自赏；也不得打官腔，找麻烦；任何人不得在大家中间唠唠叨叨或自吹自擂，自以为是。

　　这些规范主要是通过挖苦、嘲笑及排斥于社会活动之外等一些社会制裁方法实施的。如果有谁违反这些规范，就会受到群体的制裁。小组中最受欢迎的人就是那些严格遵守群体规范的人；而受厌恶的人，则是违背群体规范，私下向工长告密的人。

　　研究者认为，这种自然形成的非正式群体，其职能，对内在于控制其成员的行为，对外则为保护其成员，使之不受来自管理阶层的干预，这种非正式群体，一般都存在着自然形成的领袖人物。

　　霍桑试验的结果，后经梅约整理于 1933 年正式发表，其书名为《工业文明中人的问题》。在此书中，梅约首次提出"人际关系学说"，对管理学的发展产生了重大影响。

　　(资料来源：吴翔华，钟萍萍，蒋黎晅，等.管理学概论.北京：化学工业出版社，2007.)

二、思考·讨论·训练

1. 梅约对访谈实验的分析说明了什么，具有什么启示意义？
2. 在对人的看法上，通过霍桑试验，你可以得出哪些不同于传统看法的结论？
3. 霍桑试验对做好管理工作有哪些启示？

案例2　忙碌的生产部长

一、案例介绍

金星公司是南部一家专门生产住宅建筑上使用的特殊制品的合资企业。王雷是该厂的生产部长，他的直接上级是公司总经理。张立是装配车间的主任，归王雷领导。张立手下有7名工人负责装配住房中的各种门锁。

夏季的一天上午，公司总经理打来电话对王雷说："我们接到好几次客户投诉，说我们的锁装配得不好。"王雷对此事很快作了调查，然后来到总经理办公室，向上司汇报说："我可以放心地跟你说，对那些蹩脚的锁的装配，没有我的责任。那是装配车间主任张立的失职，他没有去检查手下的工人是否按正确的装配程序工作。"

王雷同时向总经理汇报了他在这个星期所做的几件重要的工作：A. 对工厂的下半年生产进度与人员做了初步安排；B. 在装卸码头指导搬运工人们使用一台新买的起重机；C. 对一位求职者进行面试，填补厂里质量管理职位的空缺；D. 包装生产线上一位操作工去看病，他顶班在生产线上干了大半天；E. 将生产系统中有关人员间的关系做了一些调整，让工程师们以后直接向工厂的总监汇报工作，不必再通过总工程师；F. 与总会计师一起查阅报表，检查厂里上半年的经费开支和生产情况。

王雷向总经理出示了他摘录的以下几项数字记录。

(1) 经费开支：	上半年实际	下半年计划
设备维修与折旧	1 000 万元	
水电等公用事业费	100 万元	
电脑使用与信息费	300 万元	
原材料	10 000 万元	
其他生产用品	500 万元	
工资	6 000 万元	6 100 万元
现金开支	100 万元	
总支出	18 000 万元	

（2）生产结果：

总产量	2 000 万件	1 900 万件
其中：报废品	200 万件	50 万件
合格品售价	10 元/件	10 元/件
（3）利润额：	？	？

　　王雷还向总经理说明了他个人对企业盈利状况的分析。他认为目前的形势已不容乐观，所以他计划下半年要在监督和激励工人方面再下点功夫，宁可多花点钱，也要确保将废品控制在 50 万件以内，不过总产量也许会跌到 1 900 万件。他估算了一下，劳动力成本会从6 000 万元上升到 6 100 万元，但原材料耗费自然会随着报废品的减少而降低，其他开支保持不变。王雷认为，采取这一措施是明智的，因为它在预期的开支与看来可能达到的成果之间是均衡的，因此，此举将使企业盈利状况得到改善。王雷将自己的计划意见交给了总经理，由他定夺是否采取新的方案。

　　那天从总经理处汇报回来，王雷抓紧时间办妥了几件事：一是与工会处理了一桩劳资纠纷；二是向厂里的基层管理人员解释了在工伤赔偿政策上打算做哪些改动；三是同销售部经理讨论了产品的更新换代问题；四是打电话给一家供应厂商，告诉他们有一台关键的加工机器坏了，无法修理，请他们速运来一台；最后还考虑了如何改进厂里的制造工艺。待办完这些事，他一看表才知早已过了下班的时间。

　　（资料来源：http://www.100guanli.com/detail.aspx? id＝139184&ExamId＝1614）

二、思考·讨论·训练

1. 王雷和张立分别是这家企业哪一层次的管理人员？
2. 关于锁装配不好问题，公司总经理应该首先责成谁负最终责任？ 这依据的是什么原则？
3. 王雷向总经理汇报说他这星期做了几件重要的工作，请说明这些工作所体现的活动或职能性质。
4. 依据王雷所提供的资料分析，金星公司上半年的盈利情况怎样？ 如果按照王雷的方案对生产活动进行调整，下半年的盈利将会怎样？

案例3　斯特德工作中的两天

一、案例介绍

　　斯特德是斯奈尔第公司的董事长兼首席执行官，公司设在伊利诺伊州，制造电力产品，年销售额 16 亿美元。斯特德担任此职务已有两年，下面是他工作中两天的大事记。

第1天

上午6:56 斯特德离开家驱车去当地的小型机场，在那里将登上公司的专机开始一天的前往开关事业部设在田纳西州士麦拿工厂的旅行。与斯特德同车前往的还有副总裁格洛，他分管年收入5亿美元的开关事业部。路上，他们讨论着采取什么方式鼓励公司员工相互之间，以及与上司之间开展不同观点的争论，斯特德意识到以前所做的管理工作只是鼓励人们服从命令，从而使员工习惯于对权威逆来顺受。

上午7:43 两人坐在座椅上系好了安全带，飞机起飞开始了80分钟的飞行。斯特德回忆起他在霍尼韦尔公司（Honeywell）25年的经历及最终决定离开霍尼韦尔公司加入斯奈尔第公司的往事。他谈到他接手的斯奈尔第公司处于一种无政府状态，公司有一大批管理者，但他们都不愿承担风险或责任。斯特德眼下最关心的问题就是该拿他们怎么办。斯特德的办法是至少每隔一年半就视察一遍公司设在世界各地的5个经营机构。

上午9:38 飞机降落在士麦拿机场，迎接他们的是开关事业部经理克拉克，在克拉克的车中，话题立刻转到电力工人国际工会试图在工厂中建立组织的问题上来。如果工会有可能获胜，那一定是因为士麦拿工厂的糟糕的退休金福利计划。"这计划必须修改"斯特德说，他今天整天都会重复这句话。

上午9:56 克拉克把车停在一栋红砖楼房前，新产品开发就在这栋楼里进行，斯特德向项目经理表示问候并和软件设计师、工程师们交谈。匆匆地视察完这座小楼后，项目经理向斯特德简要汇报了新产品计算机化的电子监控分析仪的情况。斯特德问了几个关于产品的获利性和市场潜力方面的问题，并指示格洛落实一下安全分析人员是否审查过新产品的试验报告。

上午10:27 斯特德希望乘小型客车去士麦拿开关事业部工厂。在工厂的会议室里，他坐在会议桌的首席位子上，听取了四个人的汇报。斯特德提了许多问题，他在汇报中还不时插入评论、少量的建议。他的谈话风格是苏格拉底式的——问题尖锐但语气温和，深思熟虑但却像漫谈。

中午12:31 在克拉克的办公室里，斯特德提到他曾收到过工厂会计师的一封信，信中控告工厂主会计师的一位下级让他们篡改账目。主会计师告诉斯特德这封信是"捏造事实和造谣中伤"，他说控告者的动机是出于报复，因为控告者知道自己将被解雇。斯特德同意："我们不能要这种人"，他又加上一句，"此事就此了结。"

中午12:43 斯特德给一位烦恼的顾客打电话就交货问题向他道歉。斯特德称自己要花20%的工作时间与顾客接触或处理顾客的投诉。

中午12:57 克拉克和他的助手继续向斯特德汇报工作。

下午2:27 斯特德去员工食堂答复工厂工人们的问题。问题提得很不踊跃，犹犹豫豫，但所有的问题集中在公司对组织工会的态度和退休金计划的缺陷上。

下午3:44 与士麦拿工厂的工人代表简短会面。当话题转向组织工会时，斯特德催促格洛，将上次董事会议以来的备忘录通过快递的方式送到各位董事手中，使他们有充足的时间审阅材料，为下周在多伦多市召开的董事会作准备。

第 2 天

上午 8：10　斯特德因为预约牙科医生而上班迟到。在与秘书核对了应处理的事务后，他打了几个电话后，快步走进会议室，在宽大的红木会议桌旁坐着斯特德执行参谋班子的 6 位成员。他们这次聚会是为讨论年度人力资源总结，这是斯特德倡导的，以解决经理后继人选问题，此外还要讨论员工培训和开发及人事问题。

上午 11：29　斯特德叫一位部门经理到他的办公室来开"越级"会议，斯特德对为什么召开这种"越级"会议的解释是，给部门经理一个越过他的上司——执行副总裁的机会，直接与斯特德讨论问题。

下午 1：53　斯特德打电话给公司的投资银行家，一家国外竞争者打算向斯奈尔第公司投入一笔数目可观（但不怀好意）的资金，斯特德要与这位银行家讨论应付这家竞争对手的策略。

下午 2：09　总法律顾问库茨沃斯基走进斯特德的办公室，与他讨论召开一次斯奈尔第基金会议的问题，库茨沃斯基是基金会的主席，斯特德打算在保健方面投入更多的资金。

下午 2：36　斯特德跑下楼钻进车里急着开往当地的一家旅馆，在一间小会议室里，20 名听力受损的雇员在等候他的到来，他们聚集在一起举行公司想象力学院的毕业典礼。这是一个公司内部机构，教授两天的课程，内容是关于顾客服务、质量管理及个人责任。在手语翻译的辅助下，斯特德祝贺大家顺利毕业，感谢大家对培训计划提出的批评和建议。

下午 4：39　返回他的办公室后，斯特德与负责行政部门的副总裁鲍勃·卡彭特举行了双周例会。他们仔细检查了卡彭特的计划，该计划将提交下周在多伦多举行的董事会会议讨论。

下午 5：06　维克马尼斯，斯奈尔第公司工业控制集团副总裁，站在斯特德的办公室外与斯特德闲聊，他们的谈话与他们在上午会议上互不相让的争吵形成鲜明对照。

（资料来源：http://www.9369.net/manage/Article/ShowInfo.asp？InfoID＝542）

二、思考·讨论·训练

1. 斯特德是否有效地利用了时间？
2. 斯特德应该怎么安排时间？
3. 斯特德鼓励发表不同意见会不会削弱管理者的权威？

案例4　升任公司总裁后的思考

一、案例介绍

郭宁最近被一家生产机电产品的公司聘为总裁。在他准备去接任此职位的前一天晚上，他浮想联翩，回忆起他在该公司工作二十多年的情景。

他大学的专业是工业企业管理，大学毕业获得学位后就到该公司工作，最初担任液压装配单位的助理监督。他那时不知道如何工作，感觉很糟糕，因为他对液压装配所知甚少，在管理工作上也没有实际经验，他几乎每天都感到手忙脚乱。可是他非常认真好学，他一方面仔细参阅该单位所制定的工作手册，并努力学习有关的技术；另一方面监督长也主动指点他，使他渐渐摆脱了困境，胜任了工作。经过半年多时间的努力，他已有能力独担液压装配单位监督长的工作。可是，当时公司没有提升他为监督长，而是直接提升他为装配部经理，负责包括液压装配在内的四个装配单位的领导工作。

在担任助理监督期间，他主要关心的是每日的作业管理，关心哪项工作技术性强。而当他担任装配部经理时，他发现自己不能只关心当天的装配工作状况。他要做出数周乃至数月的工作规划，还要完成许多报告和参加许多会议，他没有多少时间去从事过去喜欢的技术工作。当上装配部经理不久，他就发现原有的装配工作手册内容已基本过时，因为公司已安装了许多新的设备，吸收了一些新的技术，他花了整整一年时间去修订工作手册，使之切合实际。在修订手册过程中，他发现要让装配工作与整个公司的生产作业协调起来是有很多讲究的。他还主动到几个工厂去访问，学到了许多新的工作方法，他也把这些记录到修订的工作手册中去。由于该公司的生产工艺频繁发生变化，工作手册也不得不经常修订，郭宁对此都完成得很出色。他工作了几年后，不但自己学会了这些工作，而且还学会如何把这些工作交给助手去做，教他们如何做好，这样，他可以腾出更多时间用于规划工作和帮助他的下属工作得更好，以及花更多的时间去参加会议、批阅报告和完成自己向上级的工作汇报。

当他担任装配部经理 6 年之后，正好该公司负责规划工作的副总裁辞职应聘到其他公司，郭宁便主动申请担任此职务。在同另外 5 名竞争者较量之后，郭宁被正式提升为规划工作副总裁。他自信拥有担任此新职位的能力，但由于此高级职务工作的复杂性，仍使他在刚接任时碰到了不少麻烦。例如，他感到很难预测 1 年之后的产品需求情况，可是一个新工厂的开工，乃至一个新产品的投入生产，一般都需要在数年前做准备。而且，在新的岗位上他还要不断处理市场营销、财务、人事、生产等部门之间的协调工作，这些他过去都不熟悉。他在新岗位上意识到：越是职位上升，越难以仅仅按标准的工作程序去开展工作。但是，他还是渐渐适应了，做出了成绩。以后又被任命为负责生产工作的副总裁，而这一职位通常是由该公司资历最深的、辈分最高的副总裁担任的。到了现在，郭宁又被提升为总裁。他知道，一个人当上公司最高主管职位之时，他应该自信自己有处理可能出现的任何情况的才能，但他也明白自己尚未达到这样的水平。因此，他不禁想到自己明天就要上任了，今后数月的情况会是怎样的？他不免为此而担忧！

（资料来源：http://glx.hncj.edu.cn/jingpin/guanli/2j/anli/07.html）

二、思考·讨论·训练

1. 你认为郭宁当上公司总裁后，他的管理责任与过去相比有了哪些变化？应当如何去适应这些变化？

2. 你认为郭宁要成功地胜任公司总裁的工作，哪些管理技能对他是最重要的？你觉得他具有这些技能吗？试加以分析。

3. 如果你是郭宁，你认为当上公司总裁后自己应该补上哪些欠缺才能使公司取得更好的绩效？

案例5　肯德基炸鸡进入中国市场的秘诀

一、案例介绍

《孙子兵法》中指出"知彼知己，百战不殆；不知彼而知己，一胜一负；不知彼，不知己，每战必殆"。这说明了对敌我双方情况了解与战争胜负之间的关系，揭示了战争的一般规律，这个规律在企业管理中也同样适用。

美国肯德基炸鸡店在决定打入中国市场之前，曾先后派出两位执行董事到北京考察。第一位考察者下了飞机，来到北京街头，看到川流不息的人流，人们穿着都不怎么讲究，就回去报告说：炸鸡在中国有大量消费者，但无利可图，因为中国消费水平低，想吃的人多，但真正掏钱买的人就少了。由于他没有进行具体详细的信息收集和整理工作，仅仅是凭着直观的感觉和经验做出的判断，被总公司以不称职之由给以降职处分。

接着，公司又派出了第二位考察者，这位先生用几天的时间，在北京几个不同的街道上用秒表测出行人的流量，然后又向 500 位不同年龄和不同职业的人询问他们对炸鸡的味道、价格和店堂设计等方面的意见，同时请他们品尝炸鸡的样品。不仅如此，他还对北京的鸡源、油、面、盐、菜及鸡饲料行业进行了详细而周密的调查，并将样品和数据带回了美国，对样品逐一进行了化学分析，经电脑汇总，打出报告表，从而得出结论：肯德基打入北京市场，每只鸡虽然微利，但消费者群体巨大，仍能获大利，所以肯德基在北京市场具有巨大发展空间。

果然，北京肯德基炸鸡店开张不到 300 天，盈利高达 250 万元，原计划 5 年收回成本，不到两年就收回了。这说明"凡事预则立，不预则废"。只有在广泛收集信息的基础上，做出符合实际情况的判断，并进行科学的预测，才能使自己的管理技巧和方式高人一筹。

（资料来源：杨青芝，孙卫东 . 管理学 . 呼和浩特：内蒙古文化出版社，2002.）

二、思考·讨论·训练

1. 美国肯德基炸鸡店进入中国市场前都做了哪些环境分析？
2. 通过本案例谈谈调查和预测在环境研究中的地位和作用？

案例6　创办个人自己企业的两个道德困境

一、案例介绍

在你的工作环境中，你可能已被计算机包围了。五年前，罗布·菲尔曼请你加入了他新成立的数据处理公司。今天，你在菲尔曼 20 人的企业中成为一名销售经理，但你却想拥有一家属于自己的数据处理公司，而且心中还勾画出了公司的轮廓。菲尔曼对你的计划一无所知，你打算在公布前告诉他。与此同时，你还在公司里勤奋工作，不过现在困难的情况出现了，你面临两个道德困境的选择。

（一）道德困境之一：关键雇员

你正在办公室里办公，这时有人敲你办公室的门。你请来访者进来的时候，又快速地最后一次演练了一下你的推销程序。来访者是程序设计员洛利，他进来后坐下，面带微笑。

"你听说了吗？"他问，"好像老板要我打上领带开始以一名经理的身份工作了。"

你祝贺他，但是疑虑再次映入了你的脑海。你公司的创立需要洛利，他是你所认识的人中最麻利的技术能手。他有一种令人难以置信的妙法来使顾客感到轻松愉快。而且他不止一次地告诉过你，他想在某一天能加入一家新的公司。如果不是正在菲尔曼公司上班，你现在就会给他提供一份合适的工作了。

面对这一问题，你想到，菲尔曼使你拥有了今天的地位。他不仅雇用了你，还培训了你，他给予你比你需要的还多的职责。你确信你已经在这其中得到了成长。不过很快你回过味来，你常常被他的骄傲自大所激怒。如果你离开，菲尔曼会觉得你背叛了他。

但洛利怎么办呢？也就是在上个星期，菲尔曼告诉你他对年轻人的期望。他谈起了将对洛利委以重任，谈到最终要将他提拔到管理岗位上去。他说这正是他需要的人，洛利正是可以帮助他的公司突破 200 万美元大关的人。

你又看了一眼洛利，他在你办公室坐着，微笑着。你知道他对菲尔曼的重要性。但你也知道他的长远打算是什么，并且如果你提供给他一个合适的位置，他便会加入到你的新公司中来。你甚至想，如果菲尔曼不是站在他自己立场上的话，他会鼓励你的。他喜欢说："一个人得照料好他自己。"

（二）道德困境之二：客户

利萨·玛格特呷着咖啡，话说了一半。你咬了一口面包，一边慢慢嚼着，一边在飞快地想着。

玛格特是一家咨询公司的合伙人。这家咨询公司是菲尔曼的顾客之一，并且一直由你和她打交道。今天你邀请了玛格特共进午餐，公开和她讨论长远的数据处理需要。实际上，你想借机跟她谈你的新公司。你已经谋划好了，你可以向她提供她从菲尔曼公司那儿得到的同样的服务，而费用比其少30％。你可以用你的小型计算机打进去与她合作。

"我恐怕给你带来了坏消息，"她说，"我希望你不要只从个人角度看整个问题。因为我总是乐于和你一起工作。但是计算机现在那么便宜，我们正计划将我们的数据处理工作改由自己来完成。这样我们应该能从支付给你们的费用中节省20％，除非你能把费用降到这个水平，否则我不得不终止我们的合作。"

你想，你不仅能说服她，还能准确地指出她哪里算错了。她没有算雇佣、培训和监督那些招聘来从事数据处理的新雇员的成本，她也没有算管理费用。这项计划没有经过仔细推敲，而玛格特的公司也许是你计划中的新公司的一位大客户，但这并不是真正困扰你的大问题。

今天你正想去吃午饭时，菲尔曼进来了，他很着急，他对你说："听着，别跟这些人磨嘴皮子了，我与他们的一位合伙人在那边打高尔夫球，他已经打算买我们的新计算机了。我请你听听他们打算自己干的大计划，看他们能省多少钱！"

"我的态度是让他们去试试，到那时候他们就知道并不像他们想得那么容易，他们还会回来找我们的。我们不是在玩掷筹码的游戏，如果那是他们的计划，就跟他们说再见，祝他们好运。"你说。

现在，你的思路又回到饭店，玛格特正抬头望着你，期待你的反应。你可以采取菲尔曼的方法，即使这是在欺骗顾客。或者你可以按照自己的计划，为玛格特提供她可能得到的最好的交易，并且说不定她是你的第一位客户呢。

（资料来源：罗宾斯．管理学．北京：中国人民大学出版社，1997.）

二、思考·讨论·训练

1. 你如何应付困境之一，你会给洛利提供一份工作吗？你会放弃创办自己公司的念头吗？或者闭口不提你的计划直到离开？

2. 你如何应付困境之二，你会像菲尔曼说的那样干吗？向玛格特表明你的意图？或者等你离开菲尔曼后，你才说出你的计划？

拓展训练 点钞

目的：领悟科学管理的重要性。

道具：不同面值的数沓点钞纸（每组5人，100元、10元、1元点钞纸各50张）。

时间：45分钟。

规则

1. 手持式点钞：计算单指单张、单指两张、三指三张、四指四张、五指五张的点钞时间。

2. 单指单张：计算手持式点钞和桌按式点钞的时间。

3. 计算不同手型（粗细手）的点钞时间。

4. 除记录者外，小组的每位同学都必须参与点钞。

5. 比赛分为小组内竞赛和小组间竞赛。

6. 在其他条件相同时，点钞时间最短者获胜。

程序

1. 在前一次课上宣布活动的任务、道具及分组。

2. 指定准备活动道具的负责人。

3. 开始活动时，宣布活动程序、规则及时间。

4. 确定每组的记录人员。

5. 控制整个活动场面，回答学生的提问，监督是否有违反规则的现象。

6. 组织学生讨论以下问题，并得出结论：①点钞方法的重要性；②选拔一流员工的重要性；③工具（手与钞票）的重要性。

第 二 章 计 划

在长期和短期之间平衡是管理的本质。
——〔美〕杰克·韦尔奇

计划是任何一个组织成功的核心，它存在于组织各个层次的管理活动中。管理者的首要职责就是做计划。有些管理人员认为计划工作是管理的首要职能，组织和控制是第二位的。无论计划职能与其他管理职能相对重要程度如何，一个组织要有效地实现目标，必须做出计划。一个组织适应未来技术或竞争方面变化能力的大小也与它的计划工作息息相关。

一、计划工作的特征

计划工作可以定义为管理者确定目标、预测未来、制定实现这些目标的行动方针的过程。它是组织各个层次管理人员工作效率的根本保证。我们知道，只有组织中每个人都清楚了解了工作的目的和目标，以及实现它们的方法，工作才能取得有效的成果。计划职能就是使人们知道他们被希望去实现的是什么，这样组织整体的努力才有效。计划是管理最基本的职能，也是管理的基本活动。计划工作就像一座桥梁，尽管我们所处的现实与预期的目标有天壤之别，计划工作能帮助我们实现预期的目标。计划工作有以下特征。

（一）目的性

各种计划及其所有的派生计划，都应该有助于完成组织的目的和目标。一个组织能够生存，首要的一点就是通过有意识的合作来完成群体的目标，这是管理的基本特征，计划工作是最能明确反映管理基本特征的主要职能活动。

（二）首位性

由于计划、组织、人事、领导和控制等方面的管理活动，都是为了支持实现企业的目标，而计划工作直接涉及制定整个集体努力完成的必要的目标，因此，计划工作放在所有其他管理职能实施之前是合乎逻辑的。虽然在实践中，所有的管理职能相互交织形成一个行动的网络，计划工作直接影响且始终贯穿于组织、人事、领导和控制等管理活动中。图 2-1 概略地描述了这种相互关系。

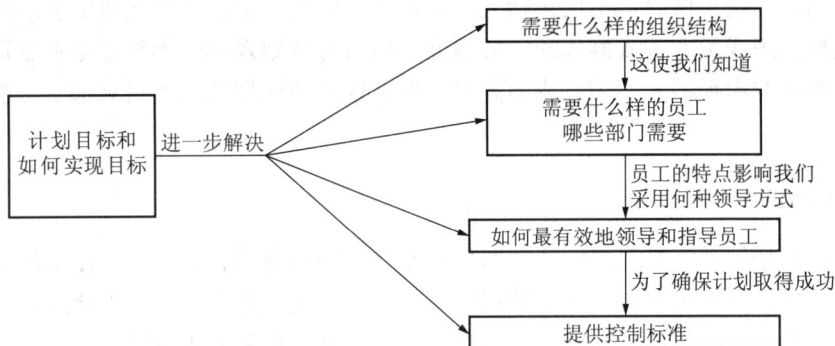

图 2-1 计划工作位于各种管理职能首位

计划工作对组织、人事、领导工作的影响表现在，企业要实现某一特定的目标，可能要在局部或整体上改变组织的结构，比如设立新的职能部门或改变原有的职权关系，这就需要在人员配备方面考虑委任新的部门主管，调整和充实关键部门的人员及培训员工，等等。而组织结构和员工构成的变化，必然会影响到领导方式和激励方式。

计划工作和控制工作更是不可分割的。计划是控制的基础，为控制工作提供标准。因为控制就是纠正偏离计划的偏差，以保证活动按既定方向进行，显然未经计划的活动是无法控制的，没有计划指导的控制是无意义的。另外，要有效地行使控制职能，就要根据情况的变化拟订新的计划或不断修改原有计划，而这又将成为下一步控制工作的基础。计划工作与控制工作这种相辅相成、连续不断的关系，通常被称为计划—控制—计划循环。

（三）普遍性

虽然计划工作的特点和范围随各级管理者的层次、职权不同而不同，计划工作是每位管理者无法回避的职能工作。每一个管理者，无论是总经理还是班组长都要从事计划工作。高层管理者不可能也没必要对自己组织内的一切活动做出确切的说明，他的任务应该是负责制定战略性计划，以及哪些具体的计划由下级完成。这种情况的出现主要是由于人的能力是有限的，而现代组织中工作却是纷繁复杂的，即使是最聪明、最能干的领导人也不可能包揽全部的计划工作。另外，授予下级某些制订计划的权力，还有助于调动下级的积极性，挖掘下级的潜力，使下级感受到自身存在的价值。这无疑对贯彻执行计划、高效地完成组织目标大有好处。

（四）效率性

计划的效率是用来衡量计划的经济效益的。它是通过实现企业的总目标和一定时期的目标所得到的利益，扣除为制订和实施计划所需要的费用和其他预计不到的损失之后的总额来测定的。要使计划工作有效，不仅要确保实现目标，还要从众多方案中选择最优的资源配置方案，以求得合理利用资源和提高效率。就效率这个概念而言，一般是指投入和产出之间的比率，但计划效率这个概念，不仅包括人们通常理解的按资金、工时或成本表示的投入产出比率，还包括组织成员个人或群体的满意程度，后者对计划效率的影响也是不难理解的，如果计划使一个组织内很多人不满意或不高兴，那么这样的计划甚至连目标都不可能实现，更谈不上效率了。

（五）创造性

计划工作总是针对需要解决的新问题和可能发生的新变化、新机会来做出决定的。因而它是一个创造性的管理过程。它是对管理活动的设计，这一点类似于一项产品或一项工程的设计。正如一种新产品的成功在于创新一样，成功的计划也依赖于创新。

二、计划工作的程序

（一）估量机会

虽然估量机会要在实际编制计划之前进行，但是分析组织所处的外部环境及组织的内部条件却是计划工作的真正起点。这样，组织充分认识到自身的优势、劣势，分析将面临的机会和威胁，才能真正摆正自己的位置，明确组织希望去解决什么问题，为什么要解决这些问题，期望得到的是什么，等等。要确立切合实际的符合组织宗旨的目标，需要对上述种种问题有个清楚的认识。

（二）确定目标

在估量机会的基础上，计划工作的第二步是要确定整个组织的目标，以及每个下属部门的目标。确定目标的过程中，要说明基本的方针和要达到的目标是什么，说明制定战略、政策、规则、程序、规划和预算的任务，指出工作的重点。

（三）拟定前提条件

计划工作的前提条件就是计划工作的假设条件，也就是计划实施时的预期环境。负责计划工作的人员只有充分细致地了解计划的前提，对此达成共识，并能够始终如一地运用它，计划工作才能做得更协调。

确定计划的前提条件主要靠预测。但这个预测环境是复杂的，影响因素很多，有的完全可以控制，如开发新产品、新市场、资源分配等；有的不能控制，如税率、政治环境、政府政策等；也有的在相当范围内可以控制，如企业内的价格政策、劳动生产率、市场占有率等。这里所说的预测环境、确定计划的前提，并不是对将来环境的每一个细节都给予预测，而仅仅针对对计划工作有重大影响的主要项目进行预测，如经济形势的预测、政府政策的预测、销售预测、资源的预测等。

（四）拟定可供选择的方案

计划工作的第四步是调查和设想可供选择的行动方案。完成某一项任务总会有许多方法，即每一项行动均有异途存在，这叫作异途原理。但并不是所有可行方案都是显而易见的，通常，最显眼的方案不一定就是最好的方案，只有发掘了各种可行的方案才有可能从中选出最佳方案。但另一方面，方案也不是越多越好，因为即使可以采用数学方法和借助计算机，彻底检查每一个候选方案的效果也是不可能的。

（五）评价可供选择的方案

确定了各种可供选择的方案之后，计划工作的第五步是要根据计划目标和前提来权衡各种因素，比较各个方案的优点和缺点，对各个方案进行评价。比较和评价可供选择方案时，首先，要特别注意发现各个方案的制约因素，即那些妨碍实现目标的因素，只有清楚地认识到这些制约因素，才能提高选择方案的效率；其次，将每个方案的预测结果和原有目标进行比较时，既要考虑到那些有形的可以用数量表示的因素，也要考虑到许多无形的不能用数量表示的因素，比如企业的声誉、人际关系等；最后，要用总体的效益观点来衡量方案，因为对某一部门有利的方案不一定对全局有利，对某项目标有利的方案不一定对总体目标有利。在评价方法方面，由于在多数情况下，都有很多可供选择的方案，而且有很多可待考虑的可变因素和限制条件，会给评估带来困难。通常可以采用一些数学方法进行评估，如运筹学中较为成熟的矩阵评价法、层次分析法及多目标评价法等。

（六）选择方案

选择方案是计划工作的关键一步，也是决策的实质性阶段——抉择阶段。计划工作的前几步都是在为方案的选择打基础，都是为这一步服务的。方案选择通常是在经验、实验和研究分析的基础上进行的，有时经过评估会发现一个最佳方案，但更多的时候可能有两个或更多的方案是合适的，这时主管人员必须确定应优先选择的方案，然后将其他方案进行细化、完善，以作为备选方案。

（七）拟定派生计划

选择了方案，并不意味着计划工作的完成，因为一个基本计划总是需要若干个派生计划来支持，只有在完成派生计划的基础上才可能完成基本计划。

（八）编制预算

预算是数字化了的计划，是企业各种计划的综合反映，它实质上是资源的分配计划。通过编制预算，对组织各类计划进行汇总和综合平衡，控制计划的完成进度，才能保证计划目标的实现。

三、计划工作原理

计划工作作为一种基本的管理职能活动，有自己应遵循的规律和原理。

（一）限定因素原理

所谓限定因素，是指妨碍组织目标实现的因素，如果它们发生变化，即使其他因素不变，也会影响组织目标的实现程度。其含义正如木桶原理所表述的那样：木桶所盛的水量，是由木桶壁上最短的那块木板条决定的。这就是说，管理者在制订计划时，应该尽量了解那些对实现目标起主要限定作用的因素或战略因素，才能有针对性地、有效地拟订各种方案，计划方案才可能趋于最优。

（二）灵活性原理

确定计划实施的预期环境靠的是预测，但未来情况有时是难以预测的。因此，计划需要有灵活性，才有能力在出现意外时改变方向，不至于使组织遭受太大的损失。这就是计划的灵活性原理。灵活性原理在计划工作中非常重要，特别是在承担任务重、计划期限长的情况下，比如战略计划，它的作用更明显。虽然，计划中体现的灵活性越大，出现意外事件时适应能力越强，对组织的危害性越小，但灵活性是有一定限度的。比如，不能为保证计划的灵活性而一味地推迟决策的时间，未来总有些不确定的因素，当断不断，则会坐失良机。

（三）承诺原理

计划应是长期的还是短期的？计划期限的合理选择应该遵循承诺原理。这就是说，任何一项计划都是对完成各项工作所做的承诺，承诺越多，计划期限越长，实现承诺的可能性越小，这就是承诺原理。该原理要求合理地确定计划期限，不能随意缩短计划期限，计划承诺也不能过多，致使计划期限过长，如果主管人员实现承诺所需的时间比他可能正确预见的未来期限还要长，他的计划就不会有足够的灵活性适应未来的变化，他应减少承诺，缩短计划期限。

（四）改变航道原理

计划是面向未来的，而未来情况随时都可能发生变化，所制订的计划显然也不能一成不变，在保证计划总目标不变的情况下，随时改变实现目标的进程（即航道），这就是改变航道原理。应该注意的是，该原理与灵活性原理不同，灵活性原理是使计划本身具有适应未来情况变化的能力。而改变航道原理是使计划执行过程具有应变能力，就像航海家一样，随时核对航线，一旦遇到障碍就绕道而行。

四、计划工作的方法

随着现代科学技术的迅速发展，越来越多的数学方法和电子计算机被应用于管理实践，提高了管理活动的科学性和准确性，计划工作的方法对计划的效率和质量有很大影响。现代计划工作中使用的技术与方法有很多，这里简要介绍滚动计划法、网络计划技术和投入产出分析法。

（一）滚动计划法

对于中长期计划而言，时间跨度较长，计划在执行过程中，常常有许多难以预测的变化发生，如果计划继续实施下去，可能导致重大的错误和巨大的损失，因而都要求对计划进行相应的调整。因此，编制计划需要采用近细远粗的方法，根据计划的执行情况及环境变化情况定期修改计划，并逐期向前推移，每次计划修改都使计划向前滚动一次，这就是滚动计划法。滚动计划能够提高组织在面对外部环境变化时的应变能力，提高计划的准确性和质量，有效地保证计划对实际工作的指导作用。滚动计划的优点是提高了计划的适用性、计划的应变能力，而且使短中期计划与长期计划相互衔接，提高了计划的连续性和一致性。但是，这种方法要求不断地修订计划，工作比较烦琐，大大提高了计划编制的费用，这可以说是滚动计划的缺点。

（二）网络计划技术

网络计划技术又称计划评审技术，在我国又称为统筹法，是 20 世纪 50 年代由美国科学家首先开发的一种系统分析技术。这种技术是以网络图的形式反映管理对象中各工作项目的相互关系，然后通过分析计算，找出完成任务的最优方案，最后以最优方案进行工作安排和控制工作进度，从而获得最好的经济效益。用这种技术进行计划管理和进度控制，能有效地节约人力、物力、财力和时间，工程项目越复杂，网络计划技术的使用效果越明显。

（三）投入产出分析法

投入产出分析法是 20 世纪 40 年代美国经济学家列昂惕夫首先提出的，是用数学方法从数量方面对国民经济各部门或组织内各组成部分各环节之间的相互依存、相互制约关系进行研究的一种方法。投入产出分析法认为，任何系统的经济活动都包括投入与产出两大部分，投入是指组织为了进行经济活动而发生的消耗，包括物质资源及劳动力等方面；产出是指生产活动的结果，包括物质产品和服务产品。在社会生产活动中，投入与产出之间存在着一定的数量关系，可以利用这种关系建立投入产出表，根据投入产出表对投入与产出的关系进行科学分析，在此基础上编制计划并进行综合平衡。

案例1　施温自行车公司的沉浮

一、案例介绍

施温于 1955 年在芝加哥创办了施温自行车公司，不久便发展成世界上最大的自行车制造商。在 20 世纪 60 年代，施温公司占有美国自行车市场 25％ 的份额。不过，过去的辉煌不代表着未来的荣耀。

小施温是创始人的长孙，1979 年他接过公司的控制权，那时，问题已经出现，而糟糕的计划和决策又使已有的问题雪上加霜。

在 20 世纪 70 年代，施温公司不断投资于它的强大的零售分销网络和品牌建设，以便主宰十挡变速车市场。但进入 80 年代，市场转移了，山地车取代十挡变速车成为销售量最大的车型，并且轻型的、高技术的、外国产的自行车在成年自行车爱好者中日益普及。施温公司错过了这两次市场转型的机会，它对市场的变化反应太慢，管理层专注于削减成本而不是创新。结果，施温公司的市场份额开始迅速地被更富于远见的制造商夺走，这些制造商的自行车品牌有特莱克、坎农戴尔、巨人和钻石等。

或许，施温公司最大的错误是没有意识到自行车是一种全球产品，公司迟迟没有开发海外市场和利用国外的生产条件。一直拖到 70 年代末，施温公司才开始加入国际竞争，把大量的自行车转移到日本进行生产，但那时，不断扩张的中国台湾的自行车产品已经在价格上击败了日本产品。作为应付这种竞争的一种策略，施温公司开始少量进口中国台湾制造的巨人牌自行车，然后贴上施温商标在美国市场上出售。

1981 年，当施温公司设在芝加哥的主要工厂的工人举行罢工时，公司采取了一项现在看来也许是愚蠢至极的行动。管理层不是与工人谈判解决问题，而是关闭了工厂，将工程师和设备迁往中国台湾的巨人公司自行车工厂。作为与巨人公司合伙关系的一部分，施温公司将一切，包括技术、工程、生产能力都交给了巨人公司，这正是巨人公司要成为占统治地位的自行车制造商所求之不得的。作为交换条件，施温公司获准进口和在美国市场上以施温商标经销巨人公司制造的自行车。正如一家美国竞争者所言："施温是将特许权盛在银盘上奉送给了巨人公司。"到 1984 年，巨人公司每年支付给施温公司 70 万辆自行车，以施温商标销售，占施温公司年销售额的 70％。几年后，巨人公司利用从施温公司那里获得的知识，在美国市场上建立了它自己的商标。

到 1992 年，巨人公司和中国内地的自行车公司，已经在世界市场上占据了统治地位。巨人公司销售的每 10 辆自行车中，有 7 辆是以自己的商标出售的，而施温公司怎么样了呢？当它的市场份额在 1992 年 10 月跌落到 5％ 时，公司开始申请破产。

（资料来源：http://www.100guanli.com/detail.aspx? id=139191&ExamId=1614）

二、思考·讨论·训练

1. 进入 20 世纪 80 年代，市场转移了，山地车取代变速车成为销售量最大的车型，并且轻型的、高技术的、外国生产的自行车在成年自行车爱好者中日益普及。但施温公司对市场的变化反应太慢，错过了这两次市场转型的机会，这说明它的计划具有什么缺陷？

2. 自行车是一种全球产品，而公司没有意识到这一点，迟迟没有开发海外市场和利用国外的生产条件。从这里可以看出施温公司的长期计划和短期计划的什么问题？

3. 从此案例谈谈你对计划和决策之间关系的理解。

4. 1981 年，当施温公司设在芝加哥的主要工厂的工人举行罢工时，公司管理层关闭工厂，将工程师和设备迁往中国台湾的巨人公司自行车工厂。作为与巨人公司合伙关系的一部分，施温公司将一切，包括技术、工程、生产能力都交给了巨人公司，作为交换条件，施温公司获准进口并在美国市场上以施温商标经销巨人公司制造的自行车。对施温公司此项决策，你如何评价？

案例2　**年度销售计划是如何制订的**

一、案例介绍

柴磊是一家商贸公司的营运部总经理，每到年末，柴磊就成了公司里最忙、最头疼的人——如何实现年度考核和激励方案？如何计算和制订下一年度的销售计划？费用账、人头账林林总总，而其中最重要的就是年度销售计划的制订。面对 2006 年度的营销计划，柴磊首先想到的问题是：制订年度销售计划的根本目的是什么？

面对这个问题，大多数人都会简单地回答：制订年度销售计划就是为了确定年度销售量指标。柴磊也曾经这样认为，当他成为营运部总经理之后却发现：销售量指标仅仅是企业各项工作和活动的自然结果，并不能反映出企业的营销状况。因此，年度销售计划是根据企业年度经营与发展的目标，对企业各项管理与销售资源进行全面分配的一个过程。

柴磊快速在脑海中进行了企业战略层面的扫描和规划：利用制订年度销售计划的时机，加强与老板等经营层的沟通，对企业的发展战略和目标进行再次的确认并达成共识。在这个基础上，将整个销售目标逐步分解为部门（区域）目标和个人目标。最终，形成个人目标确保部门目标，部门目标确保企业目标的层层确保关系，通过这种体系把企业的战略目标与长期目标、具体目标和年度预算进行链接。

另外，业务员出身的柴磊也明白，营销过程其实更是企业比拼资源的过程。对于资源配置计划的制订，柴磊总结出了一套方法，那就是在制定各个区域或细分市场的销售指标时，要求营销人员根据自己对市场的判断，在提交销售计划指标的同时，也提交一份市场运作计划。在市场运作计划中，营销人员要将促销活动的设想、对渠道政策的基本要求等内容尽可能地加以明确，并依据销售量提升的不同要求制定出相应的资源投放估算。最后，柴磊再将各个区域的资源需求和销售量预估进行汇总，并进行最终的预算和平衡。

当然，为了确保销售计划的可行性和准确性，柴磊使用了平衡记分卡，根据平衡记分卡的原理，柴磊对企业销售计划的相关指标进行了逐层分解，确定了年度销售计划的关键要素和考核要素。另外，为了区域经理和销售人员客观地制定上报销售额，柴磊又使用了销售指标的互动激励系统，希望通过适当的激励手段确保销售计划制定的准确性。

（资料来源：柴旭光.年度销售计划是"管理"出来的.销售与市场，2006（1）.）

二、思考·讨论·训练

1. 柴磊制订的年度销售计划是（　　　）。
   A. 长期计划　　　　　　B. 战略计划
   C. 短期计划　　　　　　D. 作业计划
2. 通过上述材料，你认为如何来制订一个有效的计划？

案例3　宏大实业发展有限公司

一、案例介绍

去年的12月份以后，宏大实业发展有限公司（以下简称宏大公司）的总经理汤军一直在想着两件事。一是年终已到，应抽时间开个会议，好好总结一下一年来的工作。今年外部环境发生了很大的变化，尽管公司想方设法拓展市场，但困难重重，好在公司经营比较灵活，苦苦挣扎，这一年总算摇摇晃晃走过来了，现在是该好好总结一下，看看问题到底出在哪儿。二是该好好谋划一下明年怎么办。更远的该想想以后5年怎么干，乃至于以后10年怎么干？上个月汤总从事务堆里抽出身来，到淮海大学去听了两次关于现代企业管理的讲座，教授的精彩演讲对他触动很大。公司成立至今，转眼已有10多个年头了。10多年来，公司取得过很大的成就，靠运气、靠机遇，当然也靠大家的努力。细细想来，公司的管理全靠经验，特别是靠汤总自己的经验，遇事都由汤总拍板，从来没有公司通盘的目标与计划，因而常常是干到哪儿是哪儿。可现在公司已发展到有几千万资产，三百来号人的规模，再这样下去可不行了。汤总每想到这些，晚上都睡不着觉，到底该怎样制订公司的目标与计划呢？这正是最近汤总一直在苦苦思考的问题。

宏大公司是一家民营企业，是改革开放的春风为宏大公司的建立和发展创造了条件。因此汤总常对职工讲，公司之所以有今天，一靠他们三兄弟拼命苦干，但更主要的是靠改革开放带来的机遇。15年前，汤氏三兄弟来到了省里的工业重镇A市，当时他们口袋里只有父母给的全家的积蓄800元人民币,但汤氏三兄弟决心用这800元钱创一番事业,摆脱祖祖辈辈日出而作、日落而归的脸朝黄土、背朝天的农民生活。到了A市,汤氏三兄弟借了一处棚户房落脚,每天分头出去找营生,在一年时间里他们收过破烂,贩过水果,打过短工,但他们感到这都不是他们想要干的。老大汤军经过观察和向人请教,发现A市的建筑业发展很快,城市要建设,想要造房子,所以建筑公司任务不少,但当时由于种种原因,建筑材料却常常短缺,因而建筑公司也失去了很多工程。汤军得知,建筑材料中水泥、黄沙都很缺。他想到,在老家镇子边上,他表舅开了家小水泥厂,生产出的水泥在当地还销不完,因而不得不减少生产。他与老二、老三商量决定做水泥生意。他们在A市找需要水泥的建筑队,讲好价,然后到老家租船借车把水泥运出来,去掉成本每袋水泥能净得几块钱。利虽然不厚,但积少成多,一年下来他们挣了几万元。当时的中国,"万元户"可是个令人羡慕的名称。当然这一年中,汤氏三兄弟也吃尽了苦,汤军一年里住了两次医院,一次是劳累过度晕在路边被人送进医院,一次是肝炎住院,医生的诊断是营养严重不良引起抵抗力差而得肝炎。虽然如此,看到一年下来的收获,汤氏三兄弟感到第一步走对了,决心继续走下去。他们又干了两年贩运水泥的活,那时他们已有了一定的经济实力,同时又认识了很多人,有了一张不错的关系网。汤军在贩运水泥过程中,看到改革开放后,A市角角落落都在大兴土木,建筑队的活忙得干不过来,他想,家乡也有木工、泥瓦匠,何不把他们组织起来,建个工程队,到城里来闯天下呢?三兄弟一商量说干就干,没几个月一个工程队开进了城,当然水泥照样贩,这也算是两条腿走路了。

一晃15年过去了,当初贩运水泥起家的汤氏三兄弟,今天已是拥有几千万资产的宏大公司的老板了。公司现有一家贸易分公司、建筑装饰公司和一家房地产公司,有员工近300人。老大汤军当公司总经理,老二、老三做副总经理,并分别兼任下属公司的经理。汤军老婆的叔叔任财务主管,他们表舅的大儿子任公司销售主管。总之,公司的主要职位都由家族里面的人担任,汤军具有绝对权威。

公司总经理汤军是汤氏兄弟中的老大,当初到A市时只有24岁,他在老家读完了小学,接着断断续续地花了6年时间才读完了初中,原因是家里穷,又遇上了水灾,两度休学,但他读书的决心很大,一旦条件许可,他就去上学,而且边读书边干农活。15年前,是他带着两个弟弟离开农村进城闯天下的。他为人真诚,好交朋友,又能吃苦耐劳,因此深得两位弟弟的敬重,只要他讲如何做,他们都会去拼命干。正是在他的带领下,宏大公司从无到有,从小到大。现在在A市场上三兄弟的宏大公司已是大名鼎鼎了。特别是去年,汤军代表宏大公司一下子拿出50万元捐给省里的贫困县建希望小学后,民营企业家汤军的名声更是非同凡响了。但汤军心里明白,公司这几年日子也不太好过,特别是今年。建筑公司任务还可以,但由于成本上升,利润已不能与前几年同日而语了,只能是维持,略有盈余。况且建筑市场竞争日益加剧,公司的前景难以预料。贸易公司能勉强维持已是大吉了,今年做了两笔大生意,挣了点钱,其余的生意均没成功,况且仓库里还积压了不少货无法出手,贸易公司日子不好过。房地产公司更是一年不如一年,当初刚开办房地产公司时,由于时机抓准了，开发的两个楼盘，着实赚了一大笔，这为公司的发展立了大功。可是好景不长，房地产市场疲软，生意越来越难做。好在汤总当机立断，微利或持平把积压的房屋作为动迁房基本脱手了，要不后果真不堪设想，就是这样，现在还留着的几十套房子把公司压得喘不过气来。

面对这些困难，汤总一直在想如何摆脱这种现状，如何发展。发展的机会也不是没有。上个月在淮海大学听讲座时，汤军认识了 A 市的一家国有大公司的老总，交谈中汤总得知，这家公司正在寻找在非洲销售他们公司当家产品——小型柴油机的代理商，据说这种产品在非洲很有市场。这家公司的老总很想与宏大公司合作，利用民营企业的优势，去抢占非洲市场。汤军深感这是个机会，但该如何把握呢？10 月 1 日，汤总与市建委的一位处长在一起吃饭，这位老乡告诉他，市里规划从明年开始江海路拓宽工程，江海路在 A 市就像上海的南京路，两边均是商店。借着这一机会，好多大商店都想扩建商厦，但苦于资金不够。这位老乡问汤军，有没有兴趣进军江海路，如果想的话，他可以牵线搭桥。宏大公司的贸易公司早想进驻江海路了，但苦于没机会，现在机会来了，机会很诱人，但投入也不会少，该怎么办？随着改革开放的深入，住房分配制度将有一个根本的变化，随着福利分房的结束，汤军想到房地产市场一定会逐步转暖。宏大公司的房地产公司已有一段时间没正常运作了，现在是不是该动了？

总之，摆在宏大公司老板汤军面前的困难很多，但机会也不少，新的一年到底该干些什么？怎么干？以后的 5 年、10 年又该如何干？这些问题一直萦绕在汤总的脑海中。

（资料来源：http://www.mhjy.net/dz55/viewthread.php? tid＝12690）

二、思考·讨论·训练

1. 你如何评价宏大公司？如何评价汤总？
2. 宏大公司是否应制订短、中、长期计划？为什么？
3. 如果你是汤总，你该如何编制公司的发展计划？

案例4
乔森家具公司的五年目标

一、案例介绍

乔森家具公司是乔森先生在 20 世纪中期创建的，开始时主要经营卧室和会客室家具，取得了相当的成功，随着规模的扩大，自 20 世纪 70 年代开始，公司又进一步经营餐桌和儿童家具。1975 年，乔森退休，他的儿子约翰继承父业，不断拓展卧室家具业务，扩大市场占有率，使得公司产品深受顾客欢迎。到 1985 年，公司卧室家具方面的销售量比 1975 年增长了近两倍。但公司在餐桌和儿童家具的经营方面一直不得法，面临着严重的困难。

（一）董事长提出的五年发展目标

乔森家具公司自创建之日起便规定，每年 12 月份召开一次公司中、高层管理人员会议，研究讨论战略和有关的政策。1985 年 12 月 14 日，公司又召开了每年一次的例会，会议由董事长兼总经理约翰先生主持。约翰先生在会上首先指出了公司存在的员工思想懒散、生产效率不高的问题，并对此进行了严厉的批评，要求迅速扭转这种局面。与此同时，他还为公司制定了今后五年的发展目标。具体包括：

（1）卧室和会客室家具销售量增加 20％；

（2）餐桌和儿童家具销售量增长 100％；

（3）总生产费用降低 10％；

（4）减少补缺职工人数 3％；

（5）建立一条庭院金属桌椅生产线，争取五年内达到年销售额 500 万美元。

这些目标主要是想增加公司收入，降低成本，获取更大的利润。但公司副总经理托马斯跟随乔森先生工作多年，了解约翰董事长制定这些目标的真实意图。尽管约翰开始承接父业时，对家具经营还颇感兴趣。但后来，他的兴趣开始转移，试图经营房地产业。为此，他努力寻找机会想以一个好价钱将公司卖掉。为了能提高公司的声望和价值，他准备在近几年狠抓一下经营，改善公司的绩效。

托马斯副总经理意识到自己历来与约翰董事长的意见不一致，因此在会议上没有发表什么意见。会议很快就结束了，大部分与会者都带着反应冷淡的表情离开了会场。托马斯有些垂头丧气，但他仍想会后找董事长就公司发展目标问题谈谈自己的看法。'

（二）副总经理对公司发展目标的质疑

公司副总经理托马斯觉得，董事长根本就不了解公司的具体情况，不知道他所制定的目标意味着什么。这些目标听起来很好，但托马斯认为并不适合本公司的情况。他分析如下。

第一项目标太容易实现了。因为这是本公司最强的业务，用不着花什么力气就可以使销售量增加 20％。

第二项目标很不现实。在市场的这个领域上，本公司就不如竞争对手，决不可能实现100％的增长。

第三、第四项目标亦难以实现。由于要扩大生产，又要降低成本，这无疑会对工人施加更大的压力，从而也就迫使更多的工人离开公司。这样，空缺的岗位就会越来越多，在这种情况下，怎么可能减少补缺职工人数 3％呢？

第五项目标有些意义，可以改变本公司现有产品线都是以木材为主的经营格局。但未经市场调查和预测，怎么能确定五年内年销售额达到 500 万美元呢？

经过这样的分析后，托马斯认为他有足够的理由对董事长所制定的目标提出质问。除此之外，还有另外一些问题使他困扰不解：一段时期以来，发现董事长似乎对公司事宜已失去了兴趣；他已 50 多岁，快要退休了。他独身一人，也从未提起他家族将由谁来接替他的工作。如果他退休，那该怎么办呢？托马斯毫不怀疑，约翰先生是想把这家公司卖掉。董事长企图通过扩大销售量，开辟新的生产线，增加利润收入，使公司具有更大的吸引力，以便在出卖时捞个好价钱。"如果董事长真是这样想的话，我也无话可说了。他退休以后，公司将会变成什么样子，他是不会在乎的。他自己愿意在短期内葬送掉自己的公司，我有什么办法呢？"

（资料来源：http://cn.happycampus.com/docs/983284580701@hc05/78935/）

二、思考·讨论·训练

1. 你认为约翰董事长为公司制定的发展目标合理吗？为什么？你能否从本案例中概括出制定目标需要注意哪些基本要求？

2. 约翰董事长的目标制定体现了何种决策和领导方式？其利弊如何？

3. 假如你是托马斯，如果董事长在听取了你的意见后同意重新考虑公司目标的制定，并责成你提出更合理的公司发展目标，你将怎么做？

拓展训练　跨绳

目的：体会计划的重要性、明了团队合作的作用

道具：一条长绳、一根棍子

时间：45 分钟

程序

1. 事先寻找一块空地，空地上有两棵树或杆子，两棵树或杆子之间的距离在 4 米之内。

2. 根据两棵树或杆子的距离准备一条长绳，另外再找一根棍子。

3. 把全班同学分成若干组，每组 8～10 人。

4. 找 4 位同学，两人把长绳的两头系在树或杆子上，另两人在长绳的两侧分别画起跑线和终点线。

5. 每组同学都要从长绳的一边越到另一边。

6. 秒表计时，每组的用时为从起跑线到终点线所花费的时间。

7. 注意活动过程中学生的安全问题。

8. 总结活动的意义。

规则

1. 绳子的高度控制在 0.9～1.4 米之间。

2. 在越绳的过程中，任何人不得触及绳子。

3. 小组最后一位同学要把棍子也带走。

4. 不违反规则，且用时最少的小组获胜。

第三章 决策

管理就是决策。

——［美］赫伯特·西蒙

什么是科学、合理的决策，怎样制定科学、合理的决策等，这些有关决策的基本理论问题也使得 20 世纪 70 年代决策学派成为人类管理理论"丛林"中的一个重要学派。其代表人物赫伯特·西蒙在《管理行为》一书中指出："决策是管理的核心，管理就是决策，管理的各层次，无论是高层，还是中层或下层，都要进行决策。"的确，决策在管理中发挥着重要的作用，但是决策并不是通常人们所理解的"拍板"，其所依靠的更不是人们通常所见的"拍拍脑袋"。实际上，决策是一门科学，也是一门艺术，有时它需要严格按照一定的程序进行，才有可能拿出较为合理的解决问题的方案，有时它则依靠决策者超人的直觉和智慧。决策的艺术是以对它的科学理解和实践为基础的，因此，掌握决策的基本理论问题是十分必要的。

一、决策的实质

决策就是组织为了解决一定的问题，在两个以上可能方案中选择一个或几个较为合理的，并将其付诸实施的过程。在理解决策的实质时需要注意以下几个关键点。

（一）问题和目的

决策是针对某一具体问题而言的，也就是说，决策并不是盲目的，而是有针对性的，直接的目的就是要解决组织面临的某些特殊问题。

（二）有两个以上可能方案

即解决某一问题有不同的途径、办法，可以"殊途同归"，若"自古华山一条路"也就无所谓决策。

（三）比较选优

从不同角度、按不同标准来衡量每个方案的利弊，决策者运用自己的判断进行比较从而选出一个或几个在总体上较为合理、有效的方案予以实施。因而决策有合理、科学与否的比较和区别。

（四）过程

决策不是一刹那的行为或想法，而是一个遇到问题—设计解决问题的各种方案—选择并实施方案的过程，并且不能忽视的是一次决策的执行会反馈到下一次决策，因此，决策本身是一个循环不断的过程，贯穿于管理活动的始终。正是在这个意义上，可以说管理就是决策。

二、决策的程序

（一）发现问题

所谓问题，就是应有现象和实际现象之间出现的差距。决策者要善于在全面收集、调查、了解情况的基础上发现差距，确认问题，并能阐明问题的发展趋势和解决问题的重要意义。

问题是决策的逻辑起点。人们只有发现问题后，才会去想办法解决问题，即为什么决策？决策什么？决策的目的就是为了解决未来可能发生的问题，问题决定了决策所涉及的范围及其基本性质。

（二）确立目标

问题发现后，在一定环境和条件下，为缩小应有状态与实际状态之间的差距而制定的总体设想，就是决策目标的确立。决策目标要具备以下基本条件：目标的明确性；目标的期限性；目标的可行性；目标的可量化性；目标的层次性。

（三）拟订方案

决策目标确定后，提出若干行动方案以备选择是决策不可缺少的环节。任何目标，人们都可以通过多种不同的途径与方法加以实现。因此，对同一个决策目标人们可以从不同角度、立场出发，采用不同的方法、技术和途径来拟订各种各样的行动方案。备选方案的制订是出于择优的需要，因此这些方案之间必须是排他的，即拟订的方案之间不能雷同，要有原则地加以区别，否则备选方案的拟订就毫无意义。

（四）分析、评估与优选

备选方案拟订出来以后，决策者还要委托各种专家和咨询机构对备选方案进行全面分析、评估，在对各种方案的优劣得失进行比较后，选择一个理想的方案。

（五）慎重实施

一项重大决策的实施往往需要投入大量的人力与物力，如果出现决策方案或目标错误，全面实施决策就会造成巨大损失。为此，决策实施必须慎重，不能搞所谓的"遍地开花""全面上马"，应该对重大决策在普遍实施之前，进行局部试验，以验证其可靠性，通过试点，如果确实可行再进行推广。对于那些不宜或无法进行试验的决策方案，则应在实施过程中，加强管理与控制。如果发现问题，要及时反馈，做到早发现、早诊断、早调整，及时采取补救措施。

（六）追踪决策

追踪决策就是对决策方案付诸实施后的情况进行严密的监控，随时检查其发展趋势是否与预定目标相一致。如果出现实施结果与预期目标发生偏差的情况，决策者应对原方案或目标进行及时修正或再决策。

三、影响有效决策的因素

决策是管理的重要内容，有效的决策是决策者的一个追求，但是在实践中，决策却受到各种因素的影响，其有效性也就会降低。对以下几个因素的把握有助于提高决策的质量和有效性。

（一）把握问题的实质

由于问题的界定与把握是决策的起点，整个决策也就是为了解决问题，所以能否深刻认识所面临问题的性质和实质是非常重要的。这里要思考的是：这是一个什么样的问题？不同的问题涉及的人员、要运用的资源等决策的前提也是不一样的。只有把握了问题的实质，决策才有一个良好的开端。否则就会犯"第三类错误"——用正确的答案解决错误的问题。

（二）决策的依据要充分

这不仅包括客观的依据，还包括主观的依据，前者是指所收集到的信息，只有掌握充分、可靠的信息，决策的基础才是牢固的，因而在面临问题的时候要快速、全面、准确地搜集相关的信息以帮助决策方案的设计。后者是说决策者本人的价值观和个性特征（如果断、直觉、敢于冒险等）在决策中所起到的独特而不能忽视的作用，也正是这一点体现了决策的艺术成分，它还可以弥补前者的不足。有了充分的依据，决策的"拍板"时刻才能到来。

（三）选择比较满意的方案

在西蒙之前，人们认为决策要做的是面对问题、收集信息、提供尽可能多的解决方案，然后从中找出一个最好的、最满意的方案。这种做法在西蒙看来是不可能的，因为人的理性是有限的，而不是像人们所期望和认为的那样是全知、全能的。所以，在决策中受到环境的不确定性和人的认识局限性的影响，人们往往只能提供比较有限的几个方案，最终的选择也只能在这几个方案中进行。所以在一定时间内，满意的方案就是解决问题的最好办法，如果一再等待信息的完全化，很有可能会错失决策良机。现实中的决策往往是边做边想，边想边做。

四、决策的方法

（一）头脑风暴法

头脑风暴法又称专家会议决策法，是指依靠一定数量专家的创造性逻辑思维对决策对象未来的发展趋势及其状况做出集体判断的方法。

（二）德尔菲法

德尔菲法是一种对传统专家会议法的面对面方式的改进和发展。德尔菲法采用匿名通信和反复征询意见的形式，通过书面的方式向专家们提出所要预测的问题，得到专家不同意见的答复后，将意见集中整理和归纳，然后反馈给专家，再次征询意见和反馈。被征询的专家在互不知晓、彼此隔离的情况下不断交换意见，经过多次循环，最终得到一个比较一致的预测结果。

（三）模拟决策法

模拟决策法是指人们为取得对某种客观事物的准确认识，通过建立一个与所研究对象的结构、功能相似的微型模型，即同态模型，然后运行该模型，并对各种不同条件下的模拟运行结果进行评价、分析和优选，从而为领导决策提供依据的方法。

（四）决策树法

决策树法是风险决策的一般性方法。决策树法就是将决策过程用树状图来表示。树状图一般由决策点（常用方块表示）、方案枝（常用细线表示，一个方案枝代表一个方案）、状态结点（常用圆点表示）、概率枝（常用细线表示，每条概率枝代表一种自然状态）、结果点（收益值或损失值）几个关键部分组成。

以上几个方面是有效决策必须注意的，决策的艺术性在很大程度上体现于此。也只有把上述的理论不断运用于管理实践中去，才能体会得更深刻一些，下面的案例会帮助理解这几个概念。

案例1　奔驰公司的理性决策

一、案例介绍

一个年轻人来到奔驰公司，他说："我想要买一辆小轿车。"销售员领着年轻人参观了陈列厅里的100多种型号的小轿车，然后征求他的意见。年轻人问："还有没有其他颜色的车?"销售员吃了一惊："先生，这几十种颜色都没有您中意的吗?"年轻人失望地点了点头："我想要一辆灰底黑边的轿车。"销售员不得不失望地告诉他，现在没有这种车。心里想：这个年轻人也太挑剔了! 没想到，这件事被老板卡尔·本茨知道了，他生气地说："像这样做生意，只会让公司关门停业。"他要求必须找到那个年轻人，让他两天以后来公司取车。

年轻人再次来到奔驰公司时，果然见到了他想见到的那种颜色的车。不过，他还是不满意："这辆车不是我想要的规格。"这次接待他的是公司销售部主任，他的阅历要比上次那位销售员丰富得多，但也没见过如此挑剔的顾客，暗想，这人怎么这么不近人情，偌大的一个奔驰公司，专门为他生产出一辆车来，他竟然还不满意! 不过，他没有将心里的不快表露出来，而是耐心地问："先生想要什么规格的，我们一定满足您的需要。"年轻人说出了他想要的规格，还把车型、式样都详细描述了一遍。销售部主任一一记录下来，然后告诉年轻人，三天之后到公司取车。三天之后，年轻人来了，看到自己想要的车已经摆在眼前，自然十分高兴。不过，开着车试跑了一圈后，他对销售部主任说："要是给汽车安台收音机就好了，那样一边开车一边还能欣赏到动听的音乐。"销售部主任十分吃惊，因为当时汽车收音机刚刚问世，应用不多，而且很多人反对车内安装收音机，认为那样会分散司机的注意力，导致车祸的发生。不过，销售部主任还是没有生气，先是问："先生，你想安装一台收音机吗?"年轻人点了点头。销售部主任犹豫了片刻后说："那您下午来取车吧。"这时年轻人显得有点不安了，毕竟要求太过分了。但是，奔驰公司果真为他的轿车安装了一台收音机，这使他十分满意。

自此之后，奔驰公司建立了订购制度，顾客需要什么色彩、规格、座椅、音响、空调、保险门等，都可以提出来。这些要求由电子计算机向生产线发出指令，很快一辆完全按顾客要求生产的车就会出现在顾客面前。

（资料来源：崔卫国，刘学虎. 管理学故事会. 北京：中华工商联合出版社，2005.）

二、思考·讨论·训练

1. 奔驰公司面对挑剔的顾客，采取的理性决策是什么?
2. 从这一事件当中，奔驰公司的最大收益是什么?

案例2　领导如何进行决策

一、案例介绍

A集团B公司近年来工作效率低下，缺乏生气，原任经理年龄又较大，即将退休。集团董事会决定对该公司领导班子进行调整，任命一位新经理，因B公司内部推举不出适当人选，于是经过集团人力资源部的考察，把C公司副经理王平任命为B公司经理。

王平是一个业务素质好、事业心强、富有改革创新精神的中年干部。他上任后，意识要当好B公司的经理，打开工作新局面，首先必须熟悉B公司的方方面面，因此，他不急于发号施令，在上任后半个多月的时间里，除了应付公司的例行公事外，其余时间都花在了解公司的各方面情况上。通过一段时间的调查研究后，发现B公司机关存在着以下问题：一是公司机关过分臃肿，部门林立，职能不清，造成在工作中相互扯皮，互相推诿，有的科室还存在官多兵少的现象；二是规章制度不健全，工作纪律松弛；三是工作人员中，有相当一部分同志年龄偏大或文化专业素质较差。由于存在这些问题，造成公司机关行政效率低下，缺乏生机活力。为此，王经理感到，要扭转公司机关的不良形象，打开工作新局面，必须对公司的机关进行改革，同时，他又感到改革牵涉的面较大，自己又是新来B公司工作的，有关改革的重大事宜，简要和几位领导干部谈了一下自己的改革打算，他们听了以后欣然表示支持。王经理备受鼓舞，对公司机关的改革充满了信心。经过一段时间深思熟虑后，他想出了一个改革方案，包括以下两个方面的内容。

第一，以事为中心，按照机构设置科学化、合理化原则，精简机构，明确各部门职能，同时在精简机构过程中，各科室实行优化组合，并引入竞争机制，通过双向选择，组成新的科室领导班子和成员。

第二，加强规章制度建设，各科室必须制定严格的考勤制度和岗位责任制等规章制度，用硬性管理方法整治公司机关的秩序，加强工作人员的纪律性，以提高工作效率。

然后，王经理召开了公司经理扩大会议，他先概括地总结了B公司机关的情况，特别指出了存在的问题，同时提出了改革方案，请与会者畅所欲言，对改革方案充分发表自己的看法。他原以为，自己的改革设想事先已征求过其他几位领导的意见，提出的改革方案适应当前机构改革和干部人事制度改革的需要，又比较全面。现在提交大家讨论无非是形成一个统一的意见。没想到，讨论会上却出现了各种不同的意见，有的人认为集团要求上下部门之间垂直对口，目前在集团机构改革尚未进行的情况下，公司精简机构条件不成熟；有的人认为在公司相当一部分人员年龄偏大和素质较差的状况下，实行优化组合阻力会较大，不利于干部队伍的稳定，而且落聘人员难以安排。因此主张目前应加强对工作人员进行岗位业务知识培训，以提高他们的文化专业素质；有的人认为光靠规章制度，采用硬性管理方法整治公司机关的秩序，会导致工作人员与领导者的关系紧张，不利于充分持久地调动他们的工作积极性和创造性，因此主张在制定规章制度的同时，应注重教育引导，做好工作人员的思想政治工作，采用软硬结合的管理方法来激励他们提高工作责任感和加强工作纪律性。真是仁者见仁，智者见智，众说纷纭。会议整整开了一个下午，意见始终无法统一。究竟应该怎样改革呢？王经理感到很为难，他难以做出最后的决断，因为，大家的意见都有一定的道理，会议因而未决而散。

（资料来源：姜仁良．管理学习题与案例．北京：中国时代经济出版社，2006.）

二、思考·讨论·训练

1. 王经理的改革方案是否正确，为什么未能在会上取得一致意见？
2. 假如你是新上任的 B 公司经理，在公司改革问题上，将如何决策？

案例3　阿迪达斯与耐克

一、案例介绍

如果你是一名认真的长跑者，那么在 20 世纪 60 年代或 70 年代初，你只有一种合适的鞋可供选择：阿迪达斯（Adidas）。阿迪达斯是德国的一家公司，是为竞技运动员生产轻型跑鞋的先驱。在 1976 年的蒙特利尔奥运会上，田径赛中有 82% 的获奖者穿的是阿迪达斯牌运动鞋。

阿迪达斯的优势在于试验。它使用新的材料和技术来生产更结实和更轻便的鞋。它采用袋鼠皮绷紧鞋边。四钉跑鞋和径赛鞋采用的是尼龙鞋底和可更换鞋钉。高质量、创新性和产品多样化，使阿迪达斯在 20 世纪 70 年代中支配了这一领域的国际竞争。

20 世纪 70 年代，蓬勃兴起的健康运动使阿迪达斯公司感到吃惊。一瞬间，成百万以前不好运动的人们对体育锻炼产生了兴趣。成长最快的健康运动细分市场是慢跑。据估计，到 1980 年有 2 500 万～3 000 万美国人加入了慢跑运动，还有 1 000 万人是为了休闲而穿跑鞋。尽管如此，为了保护其在竞技市场中的统治地位，阿迪达斯并没有大规模地进入慢跑市场。

20 世纪 70 年代出现了一大批竞争者，如彪马（Puma）、布鲁克斯（Brooks）、新百伦（NewBalance）和虎牌（Tiger）。但有一家公司相比更富有进取性和创新性，那就是耐克（Nike）。由前俄勒冈大学的一位长跑运动员创办的耐克公司，其产品在 1972 年俄勒冈的尤金举行的奥林匹克选拔赛中首次亮相。穿着耐克牌跑鞋的马拉松运动员获得了第四至第七名，而穿阿迪达斯牌跑鞋的参赛者在那次比赛中占据了前三名。

耐克的大突破出自 1975 年的"夹心饼干鞋底"方案。它的鞋底上的橡胶钉比市场上出售的其他品牌鞋更富有弹性。夹心饼干鞋底的流行及旅游鞋市场的快速膨胀，使耐克公司 1976 年的销售额达到 1 400 万美元。而这在 1972 年仅为 200 万美元，自此耐克公司的销售额飞速上涨。今天，耐克公司的年销售额超过了 35 亿美元，并成为行业的领导者，占有运动鞋市场 26％ 的份额。

耐克公司的成功源于它强调的两点：①研究和技术改进；②风格式样的多样化。公司有将近 100 名雇员从事研究和开发工作。它的一些研究和开发活动包括对人体运动高速摄影分析，对 300 个运动员进行的试穿测验，以及对新的和改进的鞋及材料的不断的试验和研究。

在营销中，耐克公司为消费者提供了最大范围的选择。它吸引了各种各样的运动员，并向消费者传递出最完美的旅游鞋制造商形象。到 20 世纪 80 年代初，慢跑运动达到高峰时，阿迪达斯已成了市场中的"落伍者"。竞争对手推出了更多的创新产品，更多的品种，并且成功地扩展到其他运动市场。例如，耐克公司的产品已经统治了篮球和年轻人市场，运动鞋已进入了时装时代。到 20 世纪 90 年代初，阿迪达斯的市场份额降到了可怜的 4％。

（资料来源：http://www.jakj.com.cn/anli/18460.html）

二、思考·讨论·训练

1. 耐克公司的管理当局制定了什么决策使它如此成功？

2. 到 20 世纪 90 年代初，阿迪达斯的不良决策如何导致了市场份额的极大减少？这些决策怎么使得阿迪达斯的市场份额在 20 世纪 90 年代初降到了可怜的地步？不确定性在其中扮演了什么角色？

案例4 康宁公司的发展决策

一、案例介绍

康宁是一家中外合资企业，中方出资 70％，外方出资 30％，主要从事电子插件板的修复和制造业务。改革开放以来，随着经济建设的不断发展，一些企业相继从国外引进了自动化程度较高的设备，如工业过程机、PLC 通信、交直流传动、仪表等。这些设备的一个共同特点是：主体设备由各种类型的电子元件插件板构成。随着设备运行年限的增加，插件板的元件趋向老化，故障增加，许多设备因一两块插件板的故障导致整套设备报废。市场需要专业的插件板修理制造公司。从国外引进的各类自控设备，品种繁杂、规格众多，而随着电子技术集成度的不断提高，集成电路更新换代的周期越来越短，一些要更换的集成块往往是被淘汰的型号，无备件可供替换，要寻找合适的替代品，没有详细的系统功能图、线路图，没有配备先进的诊断设备和完善的测试手段是非常困难的。

与中方合资的康宁公司是一家在日本注册、技贸结合、主要以高科技为主的公司，它与中科院、机电部、宝钢都有多项成功的合作项目。近年来该公司为国内引进了不少先进的设备和技术，并承诺开发成功的产品对合资伙伴不保密。

康宁公司的 20 名员工清一色都是在电子行业有一定工作经验的中青年科技人员，总经理本人就是在自动化领域有一定技术的专业人员。他们每个人都能独当一面，既能诊断、分析设备故障，又能动手测试、修理及改造设备，对国外引进的技术、设备能很快消化、吸收，为客户提供详尽的技术支持。康宁公司修复的插件板运行稳定、质量可靠，使一些自动化设备起死回生，因而迅速打开了局面，合同源源不断而来，公司开张仅四个月就完成了预计的全年业务量。

康宁公司目前实行的是董事会领导下的总经理负责制，公司内分为技术开发部、生产制造部、人事财务部，各设部门经理一人，均由专业技术人员兼任。公司成立后第一年的业务收入为 245 万元，实现利润总额 105 万元，税后利润 97 万元。据测算，代修插件板的业务量将按 12%～15% 的速度逐年递增。

由于康宁公司的良好信誉，一些客户找上门来要求它们承担与电器设备、仪表、PLC 等自控设备相关的系统设计及改造项目。这是一类比修理插件板利润更可观的业务，难度系数高，要求更高的专业技术水平，系统改造后是否能达到预定目标有一定风险。一些计算机厂商也相继地找上门来，要求公司做其个人电脑的特约代理经销商，提供的分成比例极为优惠，公司可获得的经济效益非常可观。在公司经营许可范围内，还可从事与插件板相关的设备、仪器的进出口业务。公司有人提出成立一个贸易部，从事电器设备和食品的进出口贸易，实现工贸结合，从而实现多元化经营。随着公司业务的不断扩大和新项目、新机会的出现，公司面临许多新问题。董事会对下一步如何发展存在意见分歧，需要尽快做出抉择。

（资料来源：金圣才．管理学考研真题与典型题详解．北京：中国石化出版社，2005.）

二、思考·讨论·训练

1. 康宁公司面临什么问题？
2. 如果你是公司的管理人员，你将提出什么建议方案？

案例5　艾美公司该如何决策

一、案例介绍

艾美公司是一家食品加工企业，目前在市场上经营状况良好，在国内很多大中城市其市场占有率都达到 30% 以上。为了扩大公司业务和经营规模，艾美公司聘请了一家预测机构进行市场预测。预测结果显示，今后市场对食品的需求将会增大，其概率为 70%，但是由于产业进入壁垒较小，所以还存在 30% 的竞争风险。

针对这种情况，艾美公司提出了三个发展方案：第一，扩建厂房，更新设备，若以后公司产品需求量扩大，公司将成为市场领先者，获得很大的收益；若需求量减少，公司将亏损；第二，使用老厂房，更新设备，这样无论需求量大小，公司都有一定的收益，只是收益大小的问题；第三，先更新设备，发现需求量大时，若销路好，再扩建厂房，但是两次投资大于一次投资。这三种方案的具体情况如表 3-1 所示。

表 3-1　三种方案对比

方　案	投资/元	获利/元		服务年限/年
		需求量大	需求量小	
扩建厂房同时更新设备	7 000 000	3 000 000	−500 000	5
更新设备	4 000 000	1 000 000	600 000	5
先更新设备，发现需求量大时，于一年后扩建厂房，增加设备	8 000 000	3 000 000		4

艾美公司对以上三个方案进行了综合比较，最后决定目前只更新设备。

（资料来源：鲍丽娜. 管理学习题与案例. 大连：东北财经大学出版社，2007.）

二、思考·讨论·训练

1. 根据艾美公司的情况，你认为它采用的决策类型应该是（　　　）。
   A. 决策树分析法　　　　　B. 电子会议法
   C. 优选理论　　　　　　　D. 矩阵汇总法
2. 艾美公司所采用的决策类型具有什么特点？
3. 请你根据所学的知识，对艾美公司的决策进行检验，并判断其决策正确与否。

案例6　挑战者号航天飞机

一、案例介绍

挑战者号航天飞机是正式使用的第二架航天飞机，开发初期原本是被作为高仿真结构测试体，在挑战者号完成了初期的测试任务后，被改装成正式的轨道器，并于 1983 年 4 月 4 日正式进行任务首航。然而很不幸的是，挑战者号在 1986 年 1 月 28 日执行代号为 STS-51-L 的第10 次太空任务时，因为右侧固态火箭推进器上面的一个"O"形环失效，导致一连串的连锁反应，在升空后 73 秒时，爆炸解体坠毁，机上的七名宇航员全部在该次意外事故中丧生。

航天飞机本身虽然是一种需要承受极大外力的飞行工具，但它同时也需要尽可能地减轻本身重量，因此几乎整架机身的每一部分，都负担了非常大的结构应力。但受到当年的计算机技术的限制，工程师们并不能靠计算机仿真软件将航天飞机在受到机械负荷与热负荷情况下的表现，计算到非常精准的程度。为了安全，唯一的解决方法就是用真的航天飞机进行测试分析，这也是挑战者号被制造出来的初衷。挑战者号在一个由256架油压千斤顶所组成的43吨重的测试仪中，进行了为期11个月的测试与分析，这些千斤顶能在836个不同的部位上施加荷重。在计算机的控制下，能够逼真地仿真出航天飞机在发射、爬升、绕行轨道、重返大气层与降落时所承受的各种力量，其中，航天飞机主引擎启动时的庞大推力是由三台具有450吨推力的液压汽缸来仿真的。除此之外，挑战者号的机翼部分也经过相当程度的改良与强化，这些参考数据全来自它先前所进行的那些实机测试。最后，在驾驶舱中加装上两台抬头显示器（HUD）之后，挑战者号的改装工程遂告一段落，整架航天飞机的空重为70 552千克，加上主发动机后重79 500千克，比哥伦比亚号航天飞机约轻了1 311千克。挑战者号共飞行10次，绕行地球987圈，在太空中总共停留69天。

1986年1月28日，卡纳维拉尔角上空万里无云。在离发射现场6.4千米的看台上，聚集了1 000多名观众，其中有19名中学生代表，他们既是来观看航天飞机发射的，又是来欢送他们心爱的老师麦考利夫。1984年，航天局宣布将邀请一位教师参加航天飞行，计划在太空为全国中小学生讲授两节有关太空和飞行的科普课，学生还可以通过专线向教师提问。麦考利夫就是从11 000多名教师中精心挑选出来的。当孩子们看到航天飞机载着他们的老师升空的壮观场面时，激动得又是吹喇叭，又是敲鼓。

挑战者号航天飞机在顺利上升。7秒时，飞机翻转；16秒时，机身背向地面，机腹朝天完成转变角度；24秒时，主发动机推力降至预定功率的94%；42秒时，按计划主发动机推力再降低到预定功率的65%，以避免航天飞机穿过高空湍流区时由于外壳过热而使飞机解体。这时，一切正常，航速已达每秒677米，高度8 000米；52秒时，地面指挥中心通知指令长斯克比将发动机恢复全速。59秒时，高度10 000米，主发动机已全速工作，助推器已燃烧了近450吨固体燃料。此时，地面控制中心和航天飞机上的计算机上显示的各种数据都未见任何异常。65秒时，斯克比向地面报告"主发动机已加大"，这是地面测控中心收听到的最后一句报告词。

50秒时，地面曾有人发现航天飞机右侧固体助推器部位冒出一丝丝白烟，这个现象没有引起人们的重视。第73秒时，高度16 600米，航天飞机突然闪出一团亮光，外挂燃料箱凌空爆炸，航天飞机被炸得粉碎，与地面的通信猝然中断，监控中心屏幕上的数据陡然全部消失。挑战者号变成了一团大火，两枚失去控制的固体助推火箭脱离火球，成V字形喷着火焰向前飞去，眼看要掉入人口稠密的陆地，航天中心负责安全的军官比林格手疾眼快，在第100秒时，通过遥控装置将它们引爆了。

挑战者号失事了！爆炸后的碎片在发射东南方30千米处散落了1小时之久，价值12亿美元的航天飞机，顷刻化为乌有，飞机太空舱中的七名宇航员全部罹难。全世界为此震惊，各国领导人纷纷致电表示哀悼。然而，人们在悲痛之余，对科学事业的不懈追求并没有停止。在"阿波罗"4号飞船失事中罹难的格里索姆，生前曾说过一段感人的话："要是我们死亡，大家要把它当作一件寻常的事情，我们从事的是一种冒险的事业，万一发生意外，不要耽搁计划的进展，征服太空是值得冒险的。"

"挑战者"号航天飞机的失事在全世界造成了不小的轰动，美国政府对此事件委任了专门的调查团进行调查。"挑战者"号事件的直接原因是右部火箭发动机上的两个零件连接处出现了故障，这直接导致喷气燃料的热气泄漏。调查表明，导致该事件发生的技术上原因是必然存在的。虽然承建商在说明书中已指出有关禁用条件，但是，萨科尔公司和宇航局的工程师并没有对问题提出任何质疑甚至根本就忽视了这样的细节。直到发射后问题明显地表现出来，所有人员只能抱以希望相信能够安全飞行，或者认为不能因为飞行而中止项目的进行。

"挑战者"号的失事是对技术提出的警告——产品必须经过合格验收才能使用。然而"挑战者"号失事真正原因是在决策上。不论是发射前的准备，还是发射的过程，以至发射后对问题的分析，决策都存在着严重的问题。

在早期的飞行实验中，一些工程师开始注意到腐蚀的影响，但是他们并没有从宇航局和萨科尔公司那里得到任何支持，甚至在解决密封圈腐蚀问题的会议上，宇航局高级官员科尔斯特将它定为一次毫无意义的会议。正是由于领导的有限见识和经历，他们在估计事件发生的概率、探寻行为产生的原因及估量情况的风险大小时最容易发生错误，导致他们在决策中所用的指导他们做出判断的策略过于简化，在决策中的认知偏见是问题之一。

20世纪80年代早期，人们对宇航局的做法是否有道理存在很多争议。宇航局当局在为制造宇航飞机选择制造商时过于草率。在后来出台的《空间站宇航员安全选择研究》中看到了问题的来源：消除和控制威胁而不是采取挽救措施的趋势得到发展，如此决策是领导者的严重失误。

对于挑战者号航天飞机存在的另外一个决策问题就是：决策的不确定性。人们总是倾向在获取好处时避免冒风险，在回避损失时则较甘于冒险。在"挑战者"号发射的前6个月的时间，萨科尔公司和宇航局曾对航天飞机重新改造做了一次预算，然而其飞行实验仍在继续进行。面对风险指数的增加，每个人都选择了冒险。工程师们提出的相关建议也没有明确的指向。对于这些消极因素的出现，他们采取了忽视的态度，这进一步将问题扩大化了。

又由于曾经的成功先例与经验主义的错误引导，人们在本性上产生了骄傲的情绪，这带来了更大的潜在危险。在做出发射"挑战者"号决策时，宇航局安全办工作人员甚至没有一个人参加，做出这样失败的决策的确也在所难免。

（资料来源：徐二明.中国人民大学工商管理MBA案例：组织行为卷.北京：中国人民大学出版社，1999.）

二、思考·讨论·训练

1. "挑战者"号航天飞机失事的技术原因是什么？

2. 你是否同意"挑战者"号航天飞机失事的真正原因是决策问题？如果同意，请指出决策存在什么问题？如何避免？

3．"挑战者"号航天飞机项目管理中还有哪些问题？应如何避免？

4．如何理解信息是正确决策的必要条件？应该从这次事故中吸取什么教训？

拓展训练　直觉告诉我

目的：增强小组成员对直觉的了解，学习在决策中更好地开发小组成员的直觉。

道具：幻灯片"马"（附录1）

时间：约45分钟

程序

1．背景介绍

纵观历史，那些做出伟大成就的人都意识到直觉的重要性。爱因斯坦说："如果用理性进行思维，我将什么也发现不了。"现代的决策者都承认他们不可能收集到所有的信息但却仍能做出及时的决策。他们依靠的就是直觉。亨利·基辛格说："政治家遇到的进退两难的局面是他不能确定事件的可能进程。在决策中，他的表现不可避免地建立在一种从未被证明的直觉的基础之上。如果他坚持要求因素的明了，那么他就是在冒成为事件的囚徒的风险。"

人们常常抱怨做决策的时间太长。但是草率的决策，往往导致错误的步骤，可能使进程走了一圈又回到原地，此外做出的决策也常常是草率的。因为时间或其他压力的原因，决策问题是突如其来的。花时间沉思可以使思想深化，并且可以产生直觉性的思想，这可以极大地改善小组的决策效率。

直觉有时不请自到。然而，繁重的工作量、快速的节奏及过多的信息抑制了直觉。个人或团体开始认识到，直觉可以被利用起来帮助决策。

下面是开发你的直觉的步骤。

（1）放松。

（2）问一个具体的问题。

（3）让你的思路远离手头的问题（大约3分钟）。

（4）大略记下在脑子里掠过的想法和图像。

（5）回到要解决的问题，衡量从步骤（4）得出的想法的可行性。

这项活动为大多数团队提供了一种关注上述步骤的有趣活动。在这项活动中，他们被要求在没有更多相关知识的情况下通过直觉的帮助来预测赛马的胜者。

在开始这项活动之前，评估一下你们的团队。高度工作导向的个体可能会对此产生疑问。下面的建议将有助于你提高团队的接受能力。

（1）强调直觉的概念，可以举一些固执己见的领袖的例子，比如基辛格就认识到直觉的重要性。

（2）轻描淡写地介绍一下这个练习。不可否认，某些人可能会觉得此项活动有些极端（或者你的挑剔的小组也有相似的描述）。让他们跟你一起承受，做一下尝试。

（3）强调这个活动并不是用来测试直觉，而是寻求一种更好地开发直觉的方法。这项练习有助于培养直觉，不过往往不可能是立竿见影地出效果的（然而，你有可能找到在这次活动中直觉测试很突出的参与者）。

2. 游戏步骤

（1）利用背景材料介绍直觉的概念及它在决策中的重要性。在讨论中，你还可以介绍一些个人利用直觉的例子，或请你的小组成员介绍利用直觉的例子。

（2）介绍开发决策中利用直觉的五个步骤。

①放松。

②问一个具体的问题。

③让你的思路远离手头的问题（大约3分钟）。

④大略记下在脑子里掠过的想法和图像。

⑤回到要解决的问题，衡量从步骤④得出的想法的可行性。

（3）引导小组完成下面五个步骤。

①提问："在（游戏组织者的名字）的脑海里，哪一匹是获胜的马？"强调问题中需要的特有表达。

②强调参与者将思绪脱离于马及与赛马有关的主题，要求不要讲话。如果灯光太刺眼，可以将它们调暗一些。保持安静大约3分钟。

③要求参与者大略记下在脑子里掠过的想法和图像。

④显示马的名字（附录一）。

⑤根据前一步骤产生的想法和脑海中的图像，审视马的名单（注意，在这一点上，可以使用逻辑）。

（4）询问小组："哪位可以将你的想法和意念与名单中的马的名字联系起来？"

（5）宣布马在赛马中的名次：

①Indian Soul

②Kerfoot Silver

③Ray Poosay

④Rabbit in a Hat

⑤Frosty Meadow

⑥Britannia Standard

强调如果参与者能将任何一匹马与其想法联系起来而不管是否是胜利者，他们就很好地运用了他们的直觉。

（6）现在大家已经知道了胜利者的名字，请参与者在已有想法的基础上重新考虑。将大组再分成小组，互相交流结果（有些较小组里的人对于承认他们在直觉里的成功之处总是犹豫不决，想要谨慎为之）。

（7）邀请小组介绍任何可能的观察结果。

（8）再次强调他们经历的步骤是用来发展他们开发直觉的能力的。在再一次粗略地重温一遍这五个步骤后结束游戏。

讨论：

1. 能否从结果中找出一定的逻辑关系，并加以归纳？

2. 哪几点线索促使你很快做出了最初的决定？

分享：组织、团队及个人都曾经仅仅用逻辑判断来解决问题。在变化的速度较慢或者竞争不是很激烈的情况下，用逻辑判断完全可以解决问题。但是从昨天收集的信息或经验中得出的适用的逻辑并不适合做出一个关于未知明天的高明的决策。今天的团队必须做出明智的决策。智慧是通过逻辑、信息和直觉创造出来的。

高度工作导向的个体可能会对直觉产生疑问。所以你应该考虑一下如何将其介绍得使他们能接受。你可能认为那个团队太固执了，以至于妨碍了获得成功的机会。当然也要对由此产生的风险进行衡量。

附录 1：

马（The Horses）

Britannia Standard

Kerfoot Silver

Frosty Meadow

Ray Poosay

Indian Soul

Rabbit in a Hat

第四章 战略管理

到目前为止，取得这样的成果，我总结了一条经验：就是预先要把事情想清楚，把战略目的、步骤，尤其是出了问题如何应对，一步步一层层都想清楚；要系统地想，这不是由一个人或者董事长来想，而是由一个组织来考虑。当然，尽管不可能都想得和实际中完全一样，那么意外发生时要很快知道问题所在，情况就很好处理了。

——柳传志

战略管理是根据企业所处的环境条件（包括外部环境和内部能力）确定企业发展方向和目标，并给予实施的整个管理过程。战略管理过程涵盖了企业管理的整个过程，战略管理的实质是以战略目标为核心，以企业环境为依据，以资源运用和价值创造为手段，以企业发展为目的的一个完整的管理系统。制定一个能够取得成功的企业战略是现代企业最优先的一项管理任务，现代企业的管理层必须义不容辞地承担起这个责任。

美国管理学者安索夫在 20 世纪 70 年代著书立说，全面阐述了战略管理思想，"战略管理"一词由此而来。特别是他于 1979 年出版的《战略管理论》一书，以环境、组织、战略为三大支柱，系统地提出战略管理模式。只有认识到生产管理、经营管理和战略管理的区别，企业内不同组织层次的战略管理者都遵循共同的战略管理原则条件下，战略管理才能成功。同时，按战略管理的基本过程来进行战略态势分析、战略模式选择、战略实施、战略控制与战略变革，可以在很大程度上提高战略管理的效率。

一、战略管理的产生

第二次世界大战后到 20 世纪 50 年代初，由于科学技术的高速发展，社会产品供给量剧增，各生产企业之间的竞争空前激烈。整个市场也迅速由原来的卖方市场转变为买方市场，企业面临许多更为严峻的挑战。随着形势的发展，企业进行战略管理的要求日益突出。

（一）市场需求结构的变化，要求企业进行战略管理

通过工业时代生产的发展，消费者行为发生了明显变化。一是多样化。能够实现同一种功能的商品越来越多，消费者挑选的余地也就越来越大。二是个性化。消费者从满足于生活"数量"转向追求生活"质量"，消费个性化倾向将越来越突出。

（二）全球性竞争加剧，要求企业进行战略管理

第二次世界大战以后，技术改造加快，科学技术转化为生产力的周期不断缩短。有资料显示，第一次世界大战之前，一般科技成果转化为生产力的周期是 30 年，而第二次世界大战以后缩短为 7 年，20 世纪 90 年代后期一般为 3～5 年，快的只要 2～3 年。并且，信息化的发展使全球成为"地球村"，竞争的时空概念发生了重大变化。企业要想在残酷的市场竞争中赢得优势，必须进行必要的竞争战略管理。

（三）企业将承担越来越多的社会责任，要求企业进行战略管理

虽然不能说企业承担社会责任越多，企业的经营效益就越好，但由于企业与社会的关系都遵循这样一个原则：如果企业拒绝为社会承担相应的社会责任，那么社会就会通过法律或行政手段来迫使企业这么做，即企业具有社会责任的不可推卸性。因此，企业考虑未来发展时，必须充分注意它的活动会对社会产生怎样的影响，否则，企业将为自己的行为承担责任。如企业采用夸耀性和欺骗性的广告，销售假冒伪劣商品，实施坑蒙拐骗手法欺诈消费者，都会受到社会唾弃、行政性制裁或法律的惩罚。

（四）企业内部结构日趋复杂，要求企业进行战略管理

20 世纪 90 年代以来，企业结构朝着两个不同的方向发展。一是由小变大的"聚变"。集团化、公司化、规模化发展迅速，企业兼并成为一种时尚。二是由大变小的"裂变"。一些大型企业不断地被拆分为若干个独立化的市场主体，大型企业的组织机构不断地被精简。组织机构的"聚变"和"裂变"，都要求企业进行战略管理。比如，进行业务流程重组、实施团队管理、改革企业文化、引入知识管理、推进管理创新活动等。

二、战略管理的原则

根据加拿大不列颠哥伦比亚大学学者斯蒂格利茨（Stiglitz）的实证研究，成功的战略管理必须遵循以下几条原则。

（一）适应环境原则

企业战略管理要求企业重视与其所处的外部环境的互动关系，其目的是使企业能够适应、利用甚至影响环境的变化。企业是与社会不可分割的一个开放的组成部分，它的存在和发展在很大程度上受其内外部环境因素的影响。这些因素或影响力，有些是间接起作用的，如政治、经济、法律、技术和社会文化因素；有些直接影响企业活动，如政府、顾客、供应者、借贷人、股东、职工、竞争者及其他与企业利益相关的群体。企业战略管理要求企业必须密切监视企业内外部环境的变化。企业战略管理就是要使企业高层管理者在制定和实施企

业战略的过程中清楚地了解有哪些内外部因素会影响企业及这些环境因素的影响方式、性质和程度，以便制定新的战略，或及时对企业现行战略进行调整。

（二）全过程原则

为了成功地进行企业战略管理，必须将企业战略制定、战略评价与选择、战略实施、战略控制和反馈等看成是一个完整的过程来加以管理，进而充分提高这一过程的管理效果和效率。忽视其中任何一个阶段，都不能完成有效的战略管理。

（三）整体优化原则

成功的企业战略管理要求高层管理者将企业视为一个不可分割的整体进行管理，其目的是提高企业的整体优化程度，达成总体目标。为此，企业战略管理必须强调整体优化。

（四）全员参与原则

企业战略管理需要企业高层管理者的决策，同时也离不开中下层管理者和全体员工的参与和支持。更确切地说，企业战略制定过程的分析、战略评价与选择主要是高层管理者的工作和责任，虽然这种分析、评价和选择离不开企业中下层管理者的信息输入和基层职工的合理化建议。但是，一旦企业战略选择确定以后，企业战略的实施就在相当大程度上又取决于企业中下层及全体职工的理解、支持和配合。

（五）反馈控制原则

企业战略管理关心的是企业长期、稳定和高速的发展。企业战略管理的时间跨度一般在5~10年以内。企业战略的实施通常包括一系列中短期行动计划，它们使企业战略在行动上具体化和可操作化。然而，企业战略实施过程不可能是风平浪静的，环境的变动会打乱企业的战略部署，只有不断地跟踪反馈才能确保提高企业战略的适应能力。从某种意义上说，对现行战略管理的评价和控制又是新一轮企业战略管理的起点。

三、战略管理在现代管理中的价值

（1）战略管理是现代企业在激烈的市场竞争中立于不败之地的重要保障。

（2）战略管理是保证现代企业目标管理获得成功的重要措施。

（3）战略管理是现代企业在社会信息化、经济全球化背景下保持长期、稳定和高速发展的必然选择。

（4）战略管理是现代企业高层管理者引领企业走向成功的重要管理方略。

新东方学校的战略选择

一、案例介绍

在 20 世纪 90 年代初创办的新东方学校抓住了一个历史机遇：当时社会上出现了出国的热潮，新东方定位于出国考试培训，并且打败了实力、远大、马力等竞争对手。截至 2000 年，新东方学校已经占据了北京约 80%、全国约 50% 的出国培训市场，成为真正的垄断企业。但是该行业面临着市场的饱和，如果新东方还想找到更大的奶酪的话，它一定要去开拓其他的市场。

从现在开设的课程可以看出，新东方已经转向英语培训：不仅有出国考试培训，还有从少儿英语到高端英语的一系列培训课程。新东方的收入结构也发生了巨大变化：2000 年，其出国考试培训收入不足全部收入的 50%，并且所占比例呈下降趋势。2001 年，计算机培训收入已达到 1000 万元，占全部收入的 7%。随着经济改革的深入，社会对知识型人才的渴求越来越强烈，通过考试获得各类证书成为谋求更好职业的捷径。升学考试、注册会计师考试、律师考试、各种英语考试、计算机等级考试等逐渐被众人青睐，这是历史又一次给新东方的一个机遇：是成为英语培训界的老大，还是成为综合各种培训的民办学校？

中国入世以后，教育产业也受到冲击，就在新东方拓展自身业务的同时，相当多的外资培训机构也悄然加入竞争，新东方面对这些洋对手，如何提高自己的核心竞争力，如何应对入世挑战？

（一）培训市场分析

1. 英语培训的需求

我国加入世贸组织后，外语能力越来越明显地成为求职者一个必备能力，这种职业素质要求给整个就业人群带来了相当大的压力，而这种压力也为英语培训的市场带来了大量的需求。

2. 英语培训市场细分

（1）出国留学考试。改革开放 30 年来，中国各类出国留学人员、进修人员近 50 万。可以预见，在 21 世纪后几十年中，中国出国留学人数将继续保持增长的势头，由此带来的出国留学考试培训的市场潜力巨大。

（2）英语证书考试。大学英语四六级考试（CET）经过多年的发展和完善，已经成为国内主办的最权威的考试之一，四六级考试培训课程也是在北京的英语培训领域发展比较完善的。另外，全国公共英语等级考试（PETS）、职称英语考试的影响也在逐渐扩大，参考人数越来越多。

（3）其他英语培训。主要包括剑桥商务英语、综合英语、口语听力等。这个市场的容量很难估计，参加的多为工作人员，他们参加培训的目的是为了提高英语能力。

3. 其他培训市场发展状况

（1）与学业有关的考试。这类考试包括全国普通高校入学考试和研究生入学考试。每年参加全国普通高校入学考试的报名人数超过 400 万，研究生入学考试报考人数与招生人数也一直保持增长。

（2）与专业证书有关的考试市场。这一市场的需求正在增长。

4. IT 培训

目前国内对于 IT 培训的需求非常大。但是 IT 培训业由于激烈的竞争，利润率要远远低于英语培训行业。

（二）主要竞争对手

1. 国际竞争对手

（1）华尔街学院。华尔街学院 1972 年成立于意大利，专门从事英语语言培训，在欧洲、亚洲、美洲的 23 个国家设有 425 个培训中心。1999 年 8 月华尔街学院登陆上海，投资 4 000 多万元在金茂大厦租下 3 000 平方米楼面办起了英语教学。虽然学费高达 2 万元/人以上，但半年内学院招生学生就超过 1 000 人。在北京，华尔街学院已经有了 3 个教学点，其中两个在 CBD 商圈的中心。华尔街学院的定位主要是白领阶层，在短短的两年内其营业额就达到了 1.4 亿元人民币，而这个收入是新东方奋斗了 8 年才达到的。

（2）Princetonreview。它和新东方有着完全相似的业务，虽然现在还没有中国办事处，但在有远程的教育网站，提供远程多媒体课程。课程价格偏高，对中国学生没有吸引力。它还涉及出版业，出版关于考试辅导的书籍。

（3）ETS。它是专门的考试机构，每年不仅从考试费中得到的收入丰厚，而且从其出版的复习资料和模拟考试题中得到的收益也不小。它拥有 TOEFL、GRE、GMAT 等考试题目的版权，而新东方对这些试题的分析讲解必须经过 ETS 授权，新东方在出国留学英语考试培训上的发展受到 ETS 的很大影响。

2. 国内竞争对手

（1）"洋话连篇"。这是北京电视台的一个名牌栏目。经营该栏目的东方友人经济咨询公司曾先后推出"洋话连篇 1、2、3""洋话连篇旅游英语"等系列英语教学节目。针对国内英语培训机构规模小、单位运营成本高等不足，东方友人决定进行英语培训的连锁经营，争取将"洋话连篇"这个电视品牌转型为一个英语培训品牌。

（2）李阳"疯狂英语"。这在英语培训行业里是一个比较有名的品牌，虽然在全国也有了一些培训点，但要形成一个有效的品牌网络还有待时日。

（三）新东方的战略选择

1. 现有的战略

如表 4-1 所示为新东方现有市场情况。

表 4-1   新东方的地域和产业细分市场情况

	本地的	地区的	全国的	全球的
出国留学考试培训	1991—1998 年			2002 年加拿大多伦多
其他英语培训	1998—2000 年	2000 年广州、上海、武汉、天津	今后几年	
其他培训产业	1999 年计算机培训			
相关产业	1997 年图书出版 2000 年远程教育			

2. 新的挑战

新东方发展遇到的一个最主要的挑战是，由于美国 ETS 没有授权新东方使用其全真试题，因此出国留学英语考试培训业务存在着知识产权问题。

另外，新出现的一些各式各样的英语培训机构也使新东方遇到了竞争威胁。除了以行业老大的姿态固守阵地、应对这些竞争者的挑战之外，新东方也在寻求下一步的拓展方向。国内教育产业蓬勃发展，但教育经费不足，教育市场供给不足，这一切为民办教育的发展带来了绝好的机会，新东方该怎样抓住这个机会进行第二次扩张呢？

（资料来源：何志毅．民营企业案例．北京：北京大学出版社，2003.）

二、思考·讨论·训练

1. 为新东方未来的发展提供适当的战略建议。

2. 针对日益强劲的竞争对手，新东方应该采取哪些竞争战略？

案例2   摩托罗拉公司

一、案例介绍

摩托罗拉公司的前身是美国芝加哥公司的电视机制造分部。但电视机于 20 世纪 40 年代在美国发明之后，美国马上就出现了一大批专门的电视机生产和销售企业，摩托罗拉也是其中一员。到 60 年代，它已发展成为美国市场上位居第三或第四位的大型电视机制造企业。

然而其收益却不尽如人意，长期以来处于维持状态。

进入 20 世纪 70 年代，美国的电视机市场的霸主地位遭到了来自日本的撼动。大量的日本电视机以美观大方的造型，实用的功能及低廉的价格纷纷涌入美国市场，一时间令所有的美国同类企业危机四伏，慌作一团。这一切，对原本就业绩平平的摩托罗拉公司来说，无异于雪上加霜。公司上下笼罩着一片悲哀情绪，财务状况每况愈下。面对如此严峻的形势，每个摩托罗拉人都感到了肩上的压力和责任，一场关于摩托罗拉命运的大论战开始了。

有人说，应该继续坚守传统阵地，尽力扩大生产规模，提高产品质量，增加规格品种，同时尽可能地降低成本，与日本企业进行面对面的竞争。

另一些人则认为，还是应当采取现实主义的态度来对待当前的窘况。日本企业在电视机制造领域超过了我们已是不争的事实。与其花费巨额财力、物力、人力同其拼斗，倒不如干脆放弃这个行业，将有限的资源集中起来，去开辟新的市场和领域。而且与日本企业竞争电视机产品，结果也未必如愿。

两派的意见针锋相对，就在他们争得不可开交时，摩托罗拉公司的总裁韦兹打断了他们的争吵，给大家讲了一个第二次世界大战时期，美军指挥官麦克阿瑟将军运用"蛙跳"战术击败日本的故事。"蛙跳"战术是指当小部队围困某一目标时，大部队则跳过这些小目标直接去进攻大的战略要地。

"蛙跳"故事的寓意是显而易见的。总裁接着又分析：由于电视机的技术正在逐渐完善，该个产业已出现步入成熟化的苗头，而且，电视机的市场需求量也将随着时间的流逝而趋于平稳乃至下降，因此，如果我们在这样一个产业里继续与日本企业竞争，那代价势必太大。我们倒不如趁现在元气还未大伤，集中力量另寻他路，绕开电视机产业去开辟新的市场，这样我们反倒有可能在新的领域抢占先机，赢得先发优势，从而在新的领域里大获其利。

韦兹的高论引起了公司领导班子成员的共鸣，但应向哪个领域发展呢？经过摩托罗拉决策层的反复酝酿，仔细推敲，决定公司命运的一项决策方案被提了出来，其主题是：放弃电视机生产，撤回原来在电视机行业所投入的力量，将其悉数投放到无线电通信设备市场中去。

1974 年，摩托罗拉把庞大的电视机制造厂卖给了日本的松下公司，而后立即改变目标，开始集中精力研制和生产无线电通信设备器材。在无线电通信器材设备生产销售领域，摩托罗拉因其敏锐的眼光、果断的决策而赢得了牢不可摧的领先优势，一举奠定了自己在这个领域的市场霸主地位。

（资料来源：http://www.doc88.com/p-648026136.html）

二、思考·讨论·训练

1. 根据本案例材料，摩托罗拉实行彻底的战略转移风险是什么？条件是什么？

2. 如果摩托罗拉公司不将电视机企业售出，再另行发展通信设备产业，实行多元化经营，你认为会更好吗？（特别是在管理上）

3. 如果坚持电视机生产，强化其核心技术能力，与日本企业竞争，摩托罗拉公司一定就会灭亡吗？为什么？

案例3　李嘉诚父子的胜利

一、案例介绍

亚洲的一些经济评论家认为，香港以李嘉诚为代表的那些靠地产、航运、港口致富的传统型富豪，将很快被知识经济时代所淘汰。但是，李氏家族却以其不凡的业绩打破了这样的预言。

（一）世纪之交的三大神话

第一大神话，一只"橙子"值千亿。1996年，李嘉诚控股的和记黄埔在英国投资，组建了电讯公司ORANGE（橙子）并上市，总投资额达84亿港元。ORANGE经营一直亏损，1998财政年度的亏损为98万英镑，但电讯业务渐入轨道。客户基础不断扩大，成为英国排名第三的移动电话经营商。在此基础上，和记黄埔决定分拆上市，赚回41亿港元特殊收益，将以前投资收回过半。1999年，又以1 130亿港元为代价，出售ORANGE四成多股份给德国电讯财团，并与该财团进行换股，成为单一持股的最大股东，成功入主德国电讯财团。在这笔交易中，李嘉诚的成本几乎是零，而回报是1 000多亿港元的现金和大笔的股权。

第二大神话，盈动演出"蛇吞象"。1999年5月3日，李嘉诚的小儿子李泽楷旗下的盈科拓展集团收购了原来市值不足一亿港元的壳股"得信佳"，将其改名为盈科数码动力（盈动），复牌后，股价由6.8港元一路飙升，直至28.5港元，在短短十个月内，市值升至2 200亿港元，居全港第6位。其后，盈动在资本市场上动作频频，颇有呼风唤雨之势。不久前盈动终于亮出大手笔，斥巨资收购香港电讯——香港电讯是一家上市公司，目前市值为3 140亿港元，而盈动仅为2 063亿港元，购并后的新公司市值将近5 400亿港元，成为香港第三大互联网公司。

第三大神话，"汤姆"出世万人空巷。眼见父亲和弟弟成为新的"网络英雄"，李家传统产业的接班人李泽钜也坐不住了，李泽钜早就想通过长江实业、和记黄埔投资十亿美元搞一个综合性门户网络。1999年12月7日，他花了2 000万港元终于从美国vortexx那里买到了他想要的域名：www.Tom.com。12月16日正式推出，其注册用户短短两个月里就超过了4万人，新生的汤姆备受关爱，香港创业板为它预留了8001的号码，联交所先后豁免了对该公司"经营超过两年"，"上市申请满25个交易日"等例行要求，将其公众股以最快的速度推向市场。2月23日汤姆出售4.28亿新股，香港上演了万人空巷认购汤姆的场面，认购人数超过40万人，超额认购约为1 500倍，超过了两年前疯狂抢购"北京控股"的水平，1.78港元的招股价，被"一级半"市场狂炒到10港元，上市首日终盘价飙升了335.4%，创下了创业板上市首日涨幅的纪录。

（二）为什么要购并香港电讯

李泽楷曾表示，香港电讯的现有人才是吸引他并购香港电讯的原因，这个说法应该不会是言不由衷，但是，它恐怕不是最主要的原因。

在了解了盈动的发家过程之后，我们才能分析它为什么要花大价钱和别人抢购香港电讯。最乐观的估计是，盈动目前每股净资产不超过 0.7 港元。"数码港"本身是个地产项目，一次性开发完了后就基本上没有多少油水了，而且，该项目的效益得等到数年后才能看到，所以，盈动很可能在 2000 年还是亏损的，如果是盈利了，其市盈率将要高达数千倍。

对一个传统企业来说，这样的经营状况根本不足以支持那么高的股价。要维持高股价，对盈动来说，只有两条路：其一，继续高高地扛着互联网新经济的大旗，维持一个"高科技"的形象；其二，迅速地产生一定的利润，维持"高成长"的形象。

在这条路上，盈动可以说几乎发展到极致了。好在香港人炒股唯美国人马首是瞻，美国的互联网企业既有亏损的，也有高达数千倍市盈率的，这给盈动帮了不小的忙。

入主"得信佳"之后，盈动不断地和世界著名高科技企业换股，不断地并购和发起成立互联网公司，一次又一次地强化了自己"高科技"的形象。

未来的盈动也许会类似于一个大型风险投资基金，不断地投资和并购高科技企业，在条件成熟的时候，再把某些公司推到资本市场上去，就像 SOFTBANK 投资雅虎一样。

除了"高科技"的形象外，盈动现有的另外一笔宝贵财富是它聚集了一大批优秀人才，其中包括前香港联交所行政总裁、现在盈动任副主席的袁天凡，原香港电讯管理局总监、现任盈动总经理的艾维朗，此外还有从数码通挖过来的伍清华等。

但是，这一切说得再好也都是"概念"的成分多一些，对偏好实在的人来说，显得不是那么有吸引力，这也是大东电报局为什么不大愿意接受盈动股票的原因。

所以，对盈动来说，迅速提高业绩就显得非常重要。要提高业绩，最现成的办法就是并购盈利能力比较强的企业。

香港电讯显然是一个比较合适的并购对象，首先是因为电讯与互联网的联系本来就比较紧密，并购这样一个企业并不会对盈动"高科技"的形象有很大的负面影响；另一方面，香港电讯的盈利能力很强，如果能把其一部分业绩注入盈动，至少在账面上看来，盈动的业绩得到了迅速的改善。

一个 20 多倍市盈率的企业（香港电讯股价 20 多港元，每股盈利 1 港元左右）和一个数千倍市盈率企业的结合（如果盈动不再亏损，并因此而有了所谓的市盈率的话），势必会大大改善后者的财务报表。这恐怕是盈动并购香港电讯的根本动因。

（三）走向多元开放的家族资本

李氏家族的成功，主要并不是由于其家族制的管理，恰恰相反，正是跳出家族制管理的公司制，才是不断提高产业层次、扩大产业规模、实现跳跃式发展的重要因素。李氏家庭的长江实业从开始募股，进而上市，成为社会公众性公司，已有数十年之久。现在李氏控股八家上市公司，在经营管理方面，发生了三大变化：一是由传统的资产所有权和经营权合一的家族制管理，向两权分离的公司制管理转变。董事会集体决策，总经理负责日常管理，已形成制度。作为董事长，李嘉诚本人除了从长江实业公司领取不足 5 000 港元的薪金之外，从不到其他上市公司领薪。当然，作为股东，碰上好年景，他一年从这些公司分到的红利，就达 1.6 亿美元。

二是高薪聘请高级管理人才，包括上市公司总经理、非出资人担任的独立董事，以提高公司的经营决策水平和管理效益。李氏资产庞大，经营项目林林总总，如果不是旗下不乏业务专才和管理专家，单凭其父子三人，是怎么也管不过来的，一个人纵使浑身是铁又能打多少钉？更何况从传统的产业层次转向以高科技为主的新型产业，更加离不开学有专才的科技精英。舍得出高薪借用外脑，是李嘉诚家庭资本得以蓬勃发展的要诀。

三是积极谋求向社会资本开放，这是李嘉诚家庭资本迅速扩张的重要途径，也是近期连续成功创造网络神话的关键因素。过去，一些华人家庭企业不愿意与人合资，更不愿意上市融资，主要是怕别人会来分享企业利润，肥水流向外人田。李氏家庭不是这样。拿李泽楷来说，他的盈科数码动力借壳上市和并购香港电讯，无异于空中着陆，靠的是资本市场的支持。盈动的前身市值不足 1 亿港元，并没有任何实质性业务。自盈动推出发展数码港计划，并成功借壳上市之后，短短数月间，盈动成为香港股市一颗耀眼的明星，市值上升到 2 000 多亿港元。尤其是此次盈动以小博大，成为香港电讯最大的单一股东，取得了企业的控股权，更是商业领域中成功的蛇吞象个案。所以，与其说上帝使李氏家族靠网络火了起来，还不如说资本市场的魔棒使他们得以成功演绎收购兼并的神话。

（资料来源：王德清，陈金凤. 现代管理案例精析. 重庆：重庆大学出版社，2004.）

二、思考·讨论·分析

1. 成功的战略管理应遵循哪些原则？
2. 如何看待现代战略管理在现代管理中的价值？
3. 并购香港电讯为李氏集团带来哪些利益？

案例4　从纸张到手机的故事

一、案例介绍

1865 年，在北欧芬兰南部诞生了一家普普通通的造纸厂，它以当地的一条河流的名字命名，叫"诺基亚"。100 年后，诺基亚仍稳稳当当地经营着，并在 1967 年组建了为芬兰人提供包括纸尿布、高统皮套靴、轮胎、电话、电缆等多元化产品的集团公司。

进入 20 世纪 80 年代，随着世界电子时代的到来，诺基亚集团也开始大量投资电信业，推动了 GSM 标准制式电话的生产。由于它适应了芬兰国家地势崎岖，人烟稀少，架线不便，无线通信业出现很早的客观情形，诺基亚很快把简陋的步话机发展为一种成熟的移动通信系统。与此同时，诺基亚也有了家用电器、计算机、传呼机等系列产品。

诺基亚原本是芬兰的一个名不见经传的企业，且在 20 世纪 90 年代曾一度陷入濒临倒闭的绝境。但是如今的诺基亚不仅成为世界手机生产的巨人而执行业之牛耳，而且在同行业中的爱立信、摩托罗拉等均处于逆境之时，它的发展仍锐势不减。2000 年诺基亚的手机出厂数量高达 12 637 万部，比上年增长 65.5%，并以 30.6% 的市场份额遥遥领先于第二名的摩托罗拉（14.6%）和第三名的爱立信（10.0%）。经营利润达到 58 亿欧元；销售额增长54%，达到 304 亿欧元；红利 0.28 亿欧元，增长 40%；每股收益（基本）红利 0.84 欧元。日本《日经产业新闻》评论"移动电话最大生产厂家——芬兰诺基亚公司一枝独秀"，它于 1 月 30 日公布的 2000 年决算显示，移动电话事业的销售额和利润都开创了历史最高纪录，呈现出即将垄断这一领域的趋势。而英国《经济学家》周刊对于诺基亚起死回生，在手机行业中站稳脚跟并后来居上，干脆称作"一个芬兰神话"。

回首诺基亚走过的近一个半世纪的历程，大致经历了这样几个阶段。

第一阶段，大约从 19 世纪中期建厂之时起至 20 世纪上叶。这一时期，诺基亚经历了一个从木材厂向多元化的综合集团化公司缓慢发展的过程。起初生产木材和纸浆等，后来进入橡胶制品和电缆制造行业，并逐渐发展成为一个业务包括造纸、化工、橡胶、电缆等行业在内的综合体。

第二阶段，大约从 20 世纪 60 年代起至 20 世纪 90 年代初期前后。诺基亚于 20 世纪 60 年代成为法国公司通信产品的代理商；70 年代开始进入无线电话设备制造领域；而从 70 年代末期起，诺基亚已开始将传统经营获得的利润用于购买技术和电子企业——主要生产计算机和电视。在当时尚无移动电话的情况下，1980 年，爱立信为利用美国贝尔电话实验所开发的一项技术建立早期的移动电话网，便选中了诺基亚，因为它当时在无线电话领域已小有名气。就这样爱立信给了诺基亚提供生产移动电话的机会。在整个 20 世纪 80 年代，诺基亚的日子一直过得不错。在 1990 年改革前，诺基亚按产品和业务建立了 6 个事业部，每个事业部管理若干个工厂，负责产品的开发、生产、销售和服务工作。分别介绍如下。

（1）家用电子部。家用电子部主要产品是彩色电视机、卫星接收装置、VCRs 和音响设备。家用电子部销售额占诺基亚销售额的 27%。

（2）信息系统部。信息系统部主要产品有工业信息系统，银行、保险、旅游、商店、办公自动化管理系统，国际管理系统，控制仪表及元件、电路板。信息系统部销售额占诺基亚销售额的 21%。

（3）移动电话部。移动电话部近几年发展迅速，现已成为世界上该产品的第二大生产厂商。主要产品有移动通信设备及系统、移动电话和基础站。移动电话部销售额占诺基亚销售额的 10%。

（4）电信部。电信部主要提供用于国际专用通信网络的通信设备和系统、新的数字移动电话系统、公司管理方面的专用网络和 GSM 设备。电信部销售额占诺基亚销售额的 10%。

（5）电缆机械部。电缆机械部是电缆和电工技术联合组成的综合部门。主要产品有电力电缆、电线附件、电容器、铝制品、电缆导线、电缆生产设备和照明系统、建筑金属配件、薄金属板加工设备、计算机外围设备、精密铸造机械、电力设备的高精度机械部件。电缆机械部销售额占诺基亚销售额的 24%。

（6）基础工业部。基础工业部的主要产品是轮胎、化学制品、橡胶制品和纸制品等。基础工业部销售额占诺基亚销售额的 8%。

当时的首席执行官凯拉莫是第一个引导诺基亚真正转向技术领域的人，他在 20 世纪 70 年代就看到了技术是诺基亚的未来出路。他将传统工业的利润投入到开发和购买新的业务上，移动电话就是其中的一个。当时诺基亚的管理层精通于造纸、橡胶和电缆业务，对这些新的行业却不知如何下手，所以凯拉莫从外面吸收了大量年轻的、具有国际经验的"新鲜血液"，为诺基亚将来的转型储备了技术人才和管理人才。然而从其行业分布来看，当时移动电话所占份额仅为 10%，远称不上公司的支柱产业。当时诺基亚的指导思想是多种经营可以防止经济波动的影响，分散经营风险。然而这么多的业务领域也给诺基亚带来很大的难题，公司受到资源的限制，难以建立起在各领域中的竞争优势，产品没有特色，在美国和日本的竞争对手的冲击下，诺基亚的效益大幅滑坡，特别是一些传统制造业领域，产品的利润已经变得越来越低。

第三阶段，其时间大致从奥利拉 1992 年担任该企业首席执行官起，历时十年左右，为诺基亚摆脱困境及再生的辉煌阶段。来自外部的压力，置诺基亚于死地，而奥利拉则凭借自己推行的一套行之有效的战略，不仅使诺基亚获得新生，而且在世界移动电话业中独占鳌头。现今诺基亚仍继续处于这一阶段中。

在现任总裁奥利拉之前，诺基亚一直以多元化经营为指导思想，从橡胶、卫生纸到电缆、电视机、计算机等无一不生产。但是多元化经营不仅没有分散企业的经营风险，还大大限制了企业的资源，使诺基亚的产品在各个领域内都难以建立竞争优势。1992 年奥利拉临危受命出任诺基亚的 CEO，他十分看好诺基亚当时一个未被人们注意的，为 GSM 标准开发相应系统设备和终端设备的项目。当时，GSM 还远远不是一个成熟的数字化手机通信标准，但奥利拉认为它很可能成为继模拟方式之后的第二代手机标准。为了能集中所有资源背水一战，他做出了改变诺基亚命运的战略决定，即诺基亚今后将只以手机和移动通信网络系统设备为发展方向，以 GSM 手机为重点，全力以赴，做全球市场，做增值产品，做增值服务，诺基亚的传统产品将一个不留。最先是造纸和橡胶制品被扫地出门，然后是电线电缆停产。至于牵涉面广的电视机和计算机产品，虽不能立即停产，但已不再作为发展重点，而是逐步淡出。数年以后，诺基亚果然完全与电视机及计算机产品脱钩。应该说果断地甩掉传统业务的包袱，为诺基亚推进 GSM 通信标准手机的研发和生产，集聚了最大的能量。正如奥利拉所说："诺基亚的规模虽然比摩托罗拉、爱立信等电信巨人小得多，但是它对移动电话市场的专注和投入却是其他企业所无法相比的。"

其实，诺基亚向技术领域的转型并不如人们想象中的顺利。今天世界上几乎没有人知道，芬兰的诺基亚曾经生产过电视机、计算机、传呼机或其他电器产品。但在当年这些产品炙手可热之时，诺基亚确实将股东的钱大把大把地投资于这些行业中。但是正如上文所谈到的那样，诺基亚在这些行业中无一例外地遭到了当时领先者的打击。日本索尼、荷兰菲利浦、美国 IBM 等竞争对手是那么强大，诺基亚节节败退。更糟糕的是，美国无线通信巨人摩托罗拉只花了很短的时间，就在手机生产技术上后来居上，研制出了第一代模拟式手机的批量生产方法，使唯一能给诺基亚带来盈利的手机产品在市场上处处碰壁，公司开始亏损。转型失败的压力使凯拉莫在 1988 年自杀身亡，诺基亚彻底跌入深渊。1991 年，其最大的股东——一家投资银行甚至乞求爱立信廉价收购诺基亚，遭到爱立信的拒绝。

在诺基亚的转型过程中，由于该行业的发展还很不成熟，它的竞争对手们对移动通信技术未来的发展方向判断失误。20 世纪 90 年代初诺基亚把命运整个压在 GSM 标准上，其实也冒着很大的风险，当时，已成型的下一代手机通信新标准很多，到底应采用哪一种作为全球通用标准，各国为了自己的切身利益争持不下，且各行其是。正是这种混乱的局面使领导世界无线通信潮流的摩托罗拉也没有看清发展方向。而且，当时传统的模拟手机通信标准在美国正大行其道，摩托罗拉由于自己在这方面已取得的优势，对新的手机通信标准十分抵触。再加上它对自己的研发能力过于自信，准备静观其变，再次扮演后来居上的角色。所以摩托罗拉仍然把主要力量投入在开发新的模拟手机技术上，比如怎样把模拟手机做得更小巧、功能更多、外表更靓。上述原因，导致摩托罗拉极大地贻误了战机，等同于不战而退，把数字化手机的领导者地位拱手送给了诺基亚。诺基亚抓住天赐良机，集中全部力量推动 GSM 手机和手机通信系统设备的研发，为即将出现的市场需求巨变做好了充分准备。

1993 年年底，局面渐渐明朗，欧洲各国先后开始采用 GSM 数字手机通信标准为新的统一标准。恰当其时，诺基亚把它精心准备的突破性产品——2100 系列手机推向市场。这种手机采用了新的数字通信标准，音质清晰而稳定，同时吸取了摩托罗拉模拟手机小巧玲珑的特点。而与 GSM 技术标准同样重要的是，它在设计上有两点突破性创新：①借鉴了电视机的外形设计，首次采用了大比例显示屏，显得豪华而气派；②巧取了计算机上的用户界面设计思路，首次采用可翻滚文字菜单，使原本复杂的操作变得简单。全球用户们对诺基亚这款新手机赞不绝口，实现了消费心理学上所说的"用户首次认同"。诺基亚原定 2100 机型的销售目标是 4 万只，没想到一下子就卖出了 2 000 万只！巨大的成功使诺基亚一举扭亏为盈，声名大振。其后，爱立信和摩托罗拉也赶紧投入巨资搞 GSM 手机的研发，欲与诺基亚一决雌雄。但是市场讲究先入为主，正是用户对诺基亚 GSM 新型手机的首次认同，使得人们对奋起力追的摩托罗拉和爱立信推出的 GSM 手机的青睐程度始终不如诺基亚。

从天时、地利、人和来讲，诺基亚的市场无疑主要在欧盟国家，但诺基亚在海外发展也非常迅速，包括中国市场，进一步确立了它在世界该领域的领先地位。诺基亚的全球化始于

18 年前，也就是在同一年，它在中国设立了第一个办事处。这可能和芬兰是一个只有 500 万人口的小国不无关系。中国手机市场奇大，2001 年已突破 1 亿用户，成为世界上手机用户最多的国家，但是国内企业的生产能力极其有限，2000 年估计中国手机用户增加 2800 万，同年上半年国产手机仅为 140 万部，巨大的供给缺口给诺基亚等外国厂商提供了机会。诺基亚尤其重视中国市场，用奥利拉的战略动机即"欲决胜世界，先逐鹿中国"。而当 1992 年奥利拉上任后带领诺基亚向移动通信转型时，他们也从未忽视过全球化的重要性。在转型之初诺基亚就定下了以下长期战略：开发的产品要具有全球竞争力；产品要快速占领国际市场；寻求一种与密切关注用户需求紧密联系的方法，而不是仅仅依靠技术。

奥利拉在公司总部保留了芬兰人占主导的企业文化。他将芬兰人的民族观念融入企业文化中，使员工紧密地团结在一起。当公司遭遇危机时，他不会像典型的美国公司那样解雇十几个经理人员，用大换血的方式解决问题，而是和部下一道寻找症结所在，以"芬兰式的温和管理"进行革新，排除危机。

但同时诺基亚也很注重树立员工的危机意识，把经理们从舒适轻松的位子上赶走，进行工作轮换，这是公司激发员工工作积极性的有效方式。因为一个人如果长期从事一项工作难免会感到厌烦，而且易于陷入思维定式，换一个全新的工作则会调动工作积极性，利于其创造性的发挥，从而形成整个企业奋发向上的精神。

作为一个跨国公司，诺基亚还很看重它与当地文化的融合，尊重当地员工原有的价值观念，使其成为子公司文化中的一部分，同时汲取这些不同的思想中的精华，实现不断的自我完善。

（资料来源：黄凯 . 战略管理：竞争与创新 . 北京：石油工业出版社，2004.）

二、思考·讨论·分析

1. 诺基亚战略转型成功的原因有哪些？企业战略转型会遇到哪些困难？

2. 企业成功战略转型需要必备哪些自身条件及产业的外部条件？

3. 诺基亚成功战略转型对我国企业有哪些启示？结合我国国情，谈一下中国企业要进行战略转型须注意哪些问题。

拓展训练　你快乐我快乐

目的：让学生活动起来，放松、休息，获得一些乐趣。

时间：10 分钟。

道具：无。

场地：无特殊要求，稍大的空间即可。

程序：

1. 培训师让所有学生围成一个圆圈。

2. 后一位学生双手搭在前一位学生的双肩上。

3. 培训师告诉学生：我们要做一个"你快乐，我快乐"的游戏。只要你认真做，保证能得到舒适体验。所有的学生都要随着培训师的指令做相应的肢体动作。在做动作的过程中队伍不能散开。

4. 培训师开始宣布指令：你快乐，我快乐，揉揉你的肩，一下、两下、三下；捶捶你的背，一下、两下、三下；大家跑起来，跑起来。你快乐，我快乐，揉揉你的腰，一下、两下、三下；捶捶你的腿，一下、两下、三下；你快乐，我快乐……

第五章　组织设计

> 未来成功的组织，将会是那些能够快速、有效、持续、有系统地进行变革的组织。
>
> ——［美］罗勃特·雅各

一个组织的目标和计划定出来以后，一个重要的任务就是要使它们变为现实。这就要求管理者按照组织目标和计划所提出的要求，设计出合理和高效的、能保证计划顺利实施的组织结构，合理配置各种资源，以保证组织目标的顺利实现。

一、组织的概念

"组织"一词从不同的侧面包含两种不同的含义。

其一，作为一个实体，组织是为了达到自身的目标而结合在一起的具有正式关系的一群人。对于正式组织这种关系是指人们正式的、有意形成的职务和职位结构。第一，组织必须具有目标，组织是为了达到自身的目标而产生和存在的。第二，在组织中一同工作的人们，必须承担某种职务。第三，应对要求人们承担的职务进行刻意的设计，要规定所需各项活动有人去完成，并且确保各项活动协调一致，使人们在集体中工作得顺利，有效率，而且效率很高。

其二，组织是一个过程，主要指人们为了达到目标而创造组织结构，为适应环境的变化而维持和变革组织结构，并使组织结构发挥作用的过程。第一，管理者要根据工作的需要，对组织结构进行精心设计，明确每个岗位的任务、权力、责任和相互关系及信息沟通的渠道，使人们在实现目标的过程中，能发挥出比个人更大的力量，更高的效率。第二，随着竞争的日益加剧，组织所处的环境不断发生变化，为了与变化的环境相适应，管理者要对组织结构进行改革和创新或再构造（reengineering）。第三，合理的组织结构只是为达到目标提供一个前提，要有效地完成组织的任务，还需要各层管理者能动地、合理地协调人力、物力、财力和信息，使组织结构得以高效地运行。

二、组织工作的任务和步骤

（一）组织工作的任务

组织的目标确立之后，如何使这些目标得以顺利实现，就需要制定并保持一种职务系统，使组织中的每一个人清楚自己在集体工作中应有的作用及他们相互之间是怎样的关系，使他们能十分有效地在一起工作。正是在这个意义上，把组织工作的任务看作是：①明确完成目标所需要的活动并加以分类；②对为实现目标必要的活动进行分组；③把各个组分派给有必要权力的管理者来领导（授权）；④对组织结构中的横向方面及纵向方面制定关于协调的规定；⑤根据企业环境的变化和组织发展战略对组织结构进行变革。通过这些工作使人们明确谁去做什么，谁要对什么结果负责，并消除由于分工不清楚所造成的实施中的障碍，同时提供能反映和支持组织目标的决策信息和沟通网络。

（二）组织工作的步骤

组织工作的基本步骤是：①确定组织的目标；②制定支柱性的目标、政策和计划；③明确为完成上述目标、政策和计划所必需的活动，并加以分门别类；④根据现有的人力和物力，并根据环境采取使用人力和物力的最佳方法，把上述活动分成各个组；⑤给各个组的领导人授予要完成活动必需的权力；⑥通过职权关系和信息流程，横向地、纵向地把各个组织联系在一起。

三、组织结构设计的原则

随着经济社会和管理的发展，组织结构设计的理论在不断发展，组织结构的形式多种多样，但无论是何种结构，设计者在进行组织结构设计时，应注意遵循一些最基本的原则。这些原则是在大量实践的基础上总结出来的，它凝聚着前人在组织结构设计方面成功的经验与失败的教训。

（一）任务目标原则

任何一个组织，都有其特定的任务和目标，组织设计者的根本目的是为了保证组织的任务和目标的实现，组织设计者的每一项工作都应以是否对实现目标有利为衡量标准。在进行组织结构设计时，首先要明确组织确立的任务和目标是什么，然后认真分析为了完成组织的任务和实现组织的目标，必须做的事是什么？设立什么机构、什么职务、选什么人来做才能做好这些事？最后，为事架构，因事设职，因职用人，做到"事事有人做"。

（二）分工与协作原则

分工与协作是社会化生产的客观要求。随着社会生产力的发展，科学与技术的进步，分工越来越细，这正是现代社会的一个主要特征。但是随之而来的，就是协调工作越来越难，越来越重要。只有分工，没有协作，分工也就失去了意义。因此在进行组织设计时，要同时考虑这两方面的问题。

分工就是按照提高管理的专业化程度和工作效率的要求，把组织的任务和目标进行合理的分解，明确规定每个层次、每个部门乃至每个人的工作内容、工作范围，以及完成工作的手段、方式和方法。但分工时要注意粗细适当，分工过细，提高效率的希望会因为协调困难而无法实现；分工太粗，专业化水平和效率就低，容易产生推诿责任的现象。

协作就是要明确部门与部门之间、部门内人与人之间的协调关系与配合方法，找出容易发生矛盾之处，加以协调，并使协调中的各种关系逐步规范化和程序化，有具体可行的协调配合方法。

（三）命令统一原则

命令统一是组织设计中的一条重要原则。组织内部的分工越细，命令统一原则对于保证组织目标实现的作用就越重要。命令统一原则的实质，就是在管理工作中实行统一领导，建立起严格的责任制，消除多头领导、政出多门的现象，保证全部活动的有效领导和正常工作。命令统一原则对管理组织的建立提出下列要求。

（1）确定管理层次时，使上下级之间从最高层到最底层形成一条连续的不间断的等级链，明确上下级的职责、权力和联系方法。

（2）任何一级组织职能由一个人负责，实行首长负责制，减少甚至不设副职，以防止副职"篡权""越权"，干扰正常工作。

（3）下级组织只能接受一个上级组织的命令和指挥，防止出现多头领导现象。

（4）下级只能向直接上级请示工作，不能越级请示工作。下级对上级的命令和指挥必须服从，如有不同意见，可以越级上诉。

（5）上级不能越级指挥下级，以维护下级组织的领导权威，但可以越级检查工作。

（6）职能部门一般只能作为同级直线领导的参谋，无权对下级直线领导者发号施令。

（四）管理幅度原则

管理幅度是指一个领导者直接而有效地领导与指挥下属的数目。管理幅度原则要求一个领导者要有适当的管理幅度。在同样规模的组织中，管理幅度扩大可使管理层次减少，加快信息传递，减少信息失真，从而使高层领导尽快发现问题，及时采取措施，管理层次减少，管理人员亦随之减少，可以降低管理费用的支出。因此，希望在能够有效管理的情况下尽量扩大管理幅度。但是这并不是说管理幅度越大越好，因为管理幅度大，上级主管需要协调的工作量就会增大，具体地说，当直接指挥的下级数目呈数学级数增长时，两道需要协调的关系呈几何级数增加。厄威克还推出了如下著名公式：

$$\Sigma = n\,(2^{n-1} + n - 1)$$

式中：Σ——需协调的关系数；

　　　n——管理幅度。

由此可见，上级主管的管理幅度过大，就不能对每位下属进行充分、有效的指挥和监督，从而导致组织由于失控而失败。

究竟一个领导者的管理幅度以多大为宜，至今还是一个没有完全解决的问题。有人认为上层领导者的管理幅度以 4～8 人为宜，下层领导者的管理幅度应为 8～15 人。美国管理协会曾对 100 家大企业进行过一次调查，从调查情况看，国内公司总经理的下属人员从 1 人至 24 人不等。其中有 26 名总经理的下属人员在 6 人以下，总平均下属人数为 9 人。总之，管理者的管理幅度要根据组织的内部条件和外部环境的不同来综合权衡，适当确定。

（五）责权利对等原则

有了明确的合理的分工，也就明确了每个岗位的职责，即承担某一岗位职务的管理者，必须对该岗位所规定的工作完全负责。但要做到对工作完全负责就必须授予管理者相应的权力。因为组织中任何一项工作都需要利用一定的人、财、物等资源，因此在组织设计中，在规定了一个岗位的任务和责任的同时，还必须规定相应取得和利用人力、物力和财力的权力。没有明确的权力，或权力应用范围小于工作的要求，则可能使责任无法履行，任务无法完成。当然，对等的权责也意味着要赋予某位置权力不能超过其应负的职责，否则会导致不负责任地滥用职权，甚至会危及整个组织系统的运行。完全负责也就意味着责任者要承担全部风险，而要求管理者承担风险，就必须给其与风险相对应的收益作为补偿，否则，责任者就不会愿意承担这种风险。职责、权力和利益之间存在着一种如图 5-1 所示的等边三角形的关系，三者如同三角形的三个边，它们应是对等的。

图 5-1　责、权、利三者关系示意图

（六）集权与分权相结合的原则

这一原则要求根据组织的实际需要来决定集权与分权的程度。集权与分权是相对的，没有绝对的集权也没有绝对的分权，只是程度的不同。一个组织是采用集权还是实行分权受到各种因素的影响，如工作的性质与重要程度、组织历史与经营规模、管理者的数量与控制能力、组织外部环境的变化情况等。组织的工作性质变化小且工作重要时宜采用集权，反之，则实行分权。组织由小企业发展而成且规模不大时，往往采用集权；组织由若干独立的单位合并而成且规模大时，往往实行分权；管理者数量少，控制能力强时宜采用集权管理，反之则应实行分权；组织的外部环境变化小时宜集权管理，变化大时宜分权管理。集权到什么程度，应以不妨碍基层人员发挥积极性为限；分权到什么程度，应以上级不失去对下级的有效控制为限。另外，集权与分权不是一成不变的，应根据不同的情况和需要加以调整。

（七）稳定性与适应性相结合的原则

为保证企业的高效和各方面工作的正常运行，一个企业的组织结构应保持相对的稳定性。因为组织结构的变动，涉及人员、分工、职责、协调等各方面的调整，对人员的情绪、工作方法和习惯等带来各种影响，任何组织的运行都要有一个适应的过程。企业的经营战略要随着内外部条件变化而发展，组织结构又应当与经营战略保持协调一致的适应性。保持企业组织结构的稳定性，并不意味着组织结构一成不变，因为一成不变的僵化组织无法在变化的市场中灵敏反应，将使企业失去发展的机会，甚至导致失败。但同时，强调组织要有适应性，并不是说组织结构可以随意变化，因为一个经常变化的组织将导致企业内部陷于混乱，效率低下，其适应性也无从谈起。以上分析说明，贯彻稳定性与适应性结合的原则，应该是在保持稳定性的基础上进一步加强和提高企业组织结构的适应性。

（八）效益原则

任何组织的结构设计都是为了获得更高效益。组织设计的效益原则，就是以较少的人员，较少的层次，较少的时间达到管理的效果，做到精干高效。队伍精干不等于越少越好，而是不多不少，一个顶一个，是能够保证满足需要的最少。精干高效，就是做到人人有事干，事事有人管，保质又保量，负荷都饱满。

（九）正确对待非正式组织的原则

以上讨论的组织结构设计，是对正式组织的设计，但在组织设计中，对于非正式组织也应当给予一定的关注。所谓非正式组织是指非经官方规定而自然形成的一种无形组织。在一个企业中，或因为是同乡、同学、师兄弟、老上下级关系而发生联系，或因为兴趣爱好一致而结合在一起，形成非正式组织。非正式组织中有核心任务，成员有共同的道德标准和价值观念。非正式组织在企业中是客观存在的，在企业各方面起着潜移默化的作用。这些作用对于组织来说既可以是离心的，也可以是向心的。管理人员应重视非正式组织的客观存在，采用适当的办法，给予正确的引导，避免与之对立。

四、组织变革

组织变革是指对组织功能方式的转换或调整。所有的组织都会不断地进行一定的变革。组织管理部门需要不断调整工作程序，录用新的干部或员工，设立新的部门或机构，改革原有的规章与制度，实施新的信息技术，等等。组织总是面临各方面的变革压力，有来自竞争对手的、信息技术的、客户需求的各种压力。因此，组织变革已经成为管理的重要任务之一。组织变革大致分成三类：适应性变革、创新性变革、激进性变革。

（一）组织变革的目标

1. 使组织适应环境，以便在不断变化的环境中求发展

虽然组织行为对环境会有一定的影响，但环境的变化是客观存在的，任何组织的管理当局都无法阻止，也无法控制环境变化。它们唯一可以做到的就是连续不断地变革自己的组织机构，设计新的奖励、报酬制度、决策程序、生产经营流程和对组织成员工作实绩的考核程序，等等。通过这些内部变革的办法，以求满足组织成员对尊重和参与的需要，能够适应竞争的加剧和其他环境变动等外部环境变化的要求，从而使自己在变化的环境中得以发展。

2. 改变组织成员的观念、态度、交往手段和彼此联系的方式等

一个组织，除非其成员能随着环境的变化而更新自己的观念，并能以不同的方式处理彼此间的关系、他们与工作的关系及他们与外部顾客等的关系，否则它就不可能应付环境的变化。组织的兴衰成败取决于人们怎样做出决定，任何一种工作设计的变革、工资结构和分配制度、用工制度或组织目标的变动等，都是为了改变人们的观念和修正人们的行为。这种变更人的观念、改造人的行为的变革，是针对个人、群体、组织及群体之间的行为方式而做的。所以，改造组织成员的观念和行为，也就像组织适应环境一样，是组织变革的一个最基本、最重要的目标。

（二）组织变革模式

1. 阶段性变革模式

社会心理学家勒温将组织变革过程概括为由"解冻—变革—再冻结"三个阶段组成的阶段性变革模式。成功的组织变革应当首先对组织现状加以解冻，然后再组织实施变革，移植到新的组织状态，最后应当对变革后的组织状态予以再冻结，使之长久保持。

2. 行动研究变革模式

行动研究（action research）是指一种以数据为基础、以解决问题为导向的组织变革过程，这种过程首先系统地收集有关信息，然后在信息分析的基础上选择变革行为，将组织成员卷入变革之中。它是推行有计划的组织变革的强有力的工具。行动研究变革包括 5 个步骤：诊断、分析、反馈、行动和评价。行动研究变革模式如图 5-2 所示。

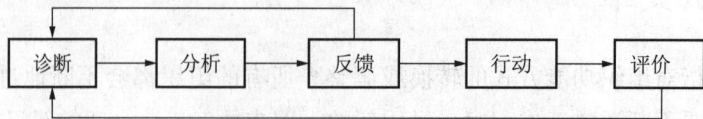

图 5-2 行动研究变革模式图

（三）组织变革的动力与阻力

1. 变革的动力

（1）外部环境的变化。外部的动因是指市场、资源、技术和环境的变化，这部分因素是管理者控制不了的。市场变化如顾客的收入、价值观念、偏好发生变化，竞争者推出新产品或产品增添功能等；资源的变化包括人力资源、能源、资金、原材料供应的质量、数量及价格的变化。技术的变化如新工艺、新材料、新技术、新设备的出现等，这些不仅会影响到产品，而且会引致出现新的职业和部门，会带来管理和人际关系的变化。

（2）内部环境的变化。组织成员的工作态度、工作期望、个人价值观念等方面的变化，如果内部环境与组织目标、组织结构、权力系统不相适应，也必须对组织作相应的变革。

2. 变革的阻力

（1）变革的个体阻力。变革的个体阻力有个人的知觉防御、习惯、个性、对未知的恐惧、经济原因及安全感等。

（2）变革的组织阻力。变革的组织阻力有组织的结构惯性、有限的变革点、文化与规范、资源限制、组织间的协议、对既得利益群体的威胁等6个方面。

（四）变革阻力的化解

1. 选择好时机

组织变革前要重视舆论工作，做好各方面的准备。有时成员思想抵触较大，要加强工作、促使条件成熟，切不可武断行事，最好是避开工作和任务特别繁忙的季节，以免过多影响任务的完成。

2. 明确从何处着手

组织的变革必须来自上层，自上而下才能推行，即使不是从最高层开始变革，也需要在获得上层的许可的条件下，从中层或从基层的某一点发动。

3. 弄清变革的范围和深度

组织变革需涉及多大的范围，准备分几个阶段进行，每个阶段达到什么样的深度，解决哪些重点问题等，都要心中有数。

4. 始终把握组织变革的目标

组织变革的最终目标在于使组织与其所处的环境相适应，不断提高组织效力，同时要改造成员的行为方式，激励成员的积极性，使组织充满活力。

（五）组织变革的主要技术方法

1. 以组织的设计和战略为重点的变革方法

组织整体范围的变革常常涉及变更组织的战略和组织设计；以组织设计为重点的变革方法涉及重新定义职位、角色和职位间的关系，以及重新设计部门、团队和组织的结构；以战略为重点的变革涉及重新考虑组织的基本使命或目标及那些对达到这些目标至关重要的专门计划或战略。适应性组织设计的基本目标是：建立支持团队、项目、联盟、合作的网络，放弃传统的、官僚的组织结构和章程。

2. 以技术和任务为重点的变革方法

以技术和任务为重点的变革方法主要是对组织的部门、层次、工作任务进行重新组合，改变原有的工作流程；对完成工作和任务的技术工作进行更新、改变解决问题的机制和方法程序等。主要包括工作设计、社会技术系统、质量圈、再造工程和全面质量管理。

案例1 王震业现象

一、案例介绍

1992 年 11 月，46 岁的高级工程师王震业（以下简称王）出任新港船厂厂长。工厂新领导班子由正副书记、正副厂长 7 人组成，平均年龄 43 岁，文化程度在中等专科以上（其中 5 人为大学本科）。

新港船厂是中国船舶工业总公司下属一家较大型的企业。当时有员工 6 500 人，固定资产 1.2 亿元。该厂有造船平台、修船坞各两座，可建造 3 万吨以下各种货船、客船、油轮，兼营修船业务。在技术上和管理上，借鉴日本三井造船、大阪造船等企业的经验，锐意改革。

该厂实行党政职能分开，由厂长全面主持企业生产经营活动。企业内部管理体制是两大系统：直线指挥系统和职能系统。在直线指挥系统中，职权按厂部、车间、工段、班组层次分授，逐级下达命令，实行分级管理。在职能系统中，职能管理人员充当直线指挥人员的参谋，各职能部门和单位对下级机构进行业务指导，然而无权直接指挥。责权关系则以制度形式予以确认。

该厂汇编成册的规章制度具有两千多条、近百万字，管理工作趋于程序化、规范化和制度化。日常工作中，下级通常只接受其直接上级的指令。上级不可越级指挥，但可越级调查；下级也不可越级请示，但可越级投诉。明确每个人只有一个直接上级，而每个上级直接管辖的下属为 3～9 人。归王本人直接领导的只有 9 人，包括 4 位副厂长、2 个顾问及计划经营科科长、质量管理科科长、厂办公室主任各 1 人。此外，专设三个厂长信箱，随时了解职工的意见和建议。一次，某车间工人来信反映某工段工长不称职，王于第二天收阅后，命令有关部门查处，经调查属实，随即做出人事调整，前后仅 5 天时间。

经过研究，新港船厂规定：科长、车间主任级以上干部每天要深入现场，但在现场时间不超过 2 小时。王每天大约用 1.5 小时的时间到现场察看。除了紧急的安全和质量问题外，不发表任何意见。他不赞成管理人员"顶班上岗"，认为"工人身上有多少油，自己身上也有多少油"的管理者未必是称职的管理者。有两位车间主任，每天提前进厂生炉子，然后成天在现场干活，下班后工人们走了，他们还逐一熄灯、关门。没少干活，任职的管理工作却没搞好。王建议将这两人免职。有人说："这样的好同志为什么还要免职？"王的回答是："这样的同志可以当组长、工长，甚至可以当劳模，却不是称职的车间主任。"

"一个厂长不时刻想到为人民服务，就没有资格当厂长。"王的话极为有力。一次，中国香港和美国的两艘货轮在渤海湾相撞，由该厂承担抢修任务。在夜以继日的抢修中，王厂长让后勤部门把馒头、香肠、鸡蛋送到现场。任务提前完成后，盈利 80 万元。王和厂领导班子决定破例发给参加抢修任务的职工加班费和误餐费共计 8 600 元。

忙于应付开会，是企业管理人员深感头痛的事。新领导班子就此做了改革。全体党员必须召开的 15 个例会，时间、地点、出席人员都通过制度固定下来。全厂性工作会议由厂长办公室统一安排，一般会议不超过 2 小时，每人发言不超过 15 分钟。王本人每周仅召集一次厂办公会，一次总调度；还有就是参加两周一次的党委常委例会。

尽管领导有 6 000 多名职工的企业，工作千头万绪，但他基本上是按时上下班，很少加班加点。每逢出差在外，他就委托一位副厂长代行职权，本人不做"遥控"。他认为，企业不能强调个人的作用，不应当只靠个人迷信、关系和经验来管理，而是要重视发挥领导班子的整体功能，要更新管理观念和方法，促成管理现代化。厂里曾因派一位中层管理人员去日本监造主机，行前又明确授权他一并购买主机控制台用的配件。那人到日本后，却接连就价格、手续和归期等事挂国际长途电话到厂里请示。王的答复是："将在外，君命有所不受，你可以自己做主。"

1993 年，新港船厂造船 4 艘，修船 137 艘，工业总产值、利润、全员劳动生产率分别比上年增长 25.6％、116％和 20％。同年，成为全国船舶行业首家企业验收合格单位，并被评为该年度中国十佳企业管理先进单位。

在成绩面前，王想到的是上级主管部门的支持，前任厂长、书记们打下的工作基础，新班子的团结，尤其是全厂职工的信任、支持和辛勤劳动。他在思索：管理现代化离不开人的现代化。他不无感慨地说："现在全厂中层干部 116 人，大专文化程度的占 38％，中专文化程度的占 19％；一般干部中，大专文化程度的占 42％，中专文化程度的占 21％。这些人大都能干、能说、能写。要不是这样，统计、分析那么多的数据资料，制订那么多的计划、规章，光靠几个厂级领导，就是有三头六臂也是难以完成的。"

（资料来源：张合功．管理．北京：人民出版社，2003．）

二、思考·讨论·训练

1. 王出任新港船厂厂长后，该厂的组织结构为（　　）。
   A. 事业部制　　　B. 职能制　　　C. 直线职能制　　　D. 矩阵制
2. 王厂长上任后，该厂是按（　　）划分部门的。
   A. 产品　　　　　B. 工艺流程　　　C. 职能　　　　　D. 行业

3. 通过分析本案例，你认为该厂的管理层次和管理幅度分别为（　　　）。

   A. 5 层，3～9 人   B. 4 层，6～8 人

   C. 3 层，5～9 人   D. 6 层，4～8 人

4. 王厂长工作上不搞遥控，反对事必躬亲，意味着王厂长（　　　）。

   A. 工作不负责任，随便授权

   B. 具有现代管理观念，善于在工作中适时授权，集中精力制定战略决策

   C. 在其位不谋其政

   D. 表面上分权，随便授权

5. 王厂长实现分权的途径是（　　　）。

   A. 制度分权   B. 在工作中授权

   C. A＋B   D. 以上都不对

6. 王厂长让两位车间主任免职，说明了（　　　）。

   A. 王厂长独断专行

   B. 王厂长在选配人员时注意因事设职与因人设职相结合

   C. 王厂长在选配人员时，注意因材施用

   D. 这两个人被免职的原因是王厂长对他们的印象不好

7. 新港船厂的成功首先是因为（　　　）。

   A. 管理制度的现代化   B. 人员文化素质高

   C. 王厂长管理水平高   D. 新港船厂技术先进

案例2 　浪涛公司

一、案例介绍

浪涛公司是一家成立于 1990 年的生产经营日用清洁用品的公司，由于其新颖的产品、别具一格的销售方式和优质的服务，其产品备受消费者的青睐。在公司总裁董刚的带领下发展迅速。然而，随着公司的发展，公司总裁逐步发现，一向运行良好的组织结构，现在已经不能适应该公司内外环境变化的需要。

公司原先是根据职能来设计组织结构的，财务、营销、生产、人事、采购、研究与开发等构成了公司的各个职能部门。随着公司的壮大发展，产品已从洗发水扩展到护发素、沐浴露、乳液、防晒霜、护手霜、洗手液等诸多日化用品上。产品的多样性对公司的组织结构提出了新的要求。旧的组织结构严重阻碍了公司的发展，职能部门之间矛盾重重，在这种情况下，总裁董刚总是亲自做出主要决策。

因此，在 2000 年总裁董刚做出决定，即根据产品种类将公司分成 8 个独立经营的分公

司，每一个分公司对各自经营的产品负有全部责任，在盈利的前提下，分公司的具体运作自行决定，总公司不再干涉。但是重组后的公司，没过多久，内部又涌现出许多新的问题。各分公司经理常常不顾总公司的方针、政策，各自为政；而且分公司在采购、人事等职能方面也出现了大量重复。在总裁面前逐步显示出，公司正在瓦解成一些独立部门。在此情况下，总裁意识到自己在分权的道路上走得太远了。

于是，总裁董刚又下令收回分公司经理的一些职权，强调以后总裁拥有下列决策权：超过 10 万元的资本支出，新产品的研发，发展战略的制定，关键人员的任命等。然而，职权被收回后，分公司经理纷纷抱怨公司的方针摇摆不定，甚至有人提出辞职。总裁意识到了这一举措大大地挫伤了分公司经理的积极性和工作热情，但他感到十分无奈，因为他实在想不出更好的办法。

（资料来源：http://classroom. dufe. edu. cn/jp/C142/zcr-1. htm）

二、思考·讨论·训练

1. 浪涛公司在调整前的组织结构是（　　　）。
   A. 直线制　　　　B. 职能制　　　　C. 矩阵制　　　　D. 事业部制

2. 浪涛公司由于产品多样性需求重组后的组织结构是（　　　）。
   A. 直线制　　　　B. 事业部制　　　C. 职能制　　　　D. 矩阵制

3. 对于公司总裁从分权到集权的做法，你认为最合理的评价是（　　　）。
   A. 他在一开始分权是对的，公司发展到一定程度后，通常都会要求组织结构进行调整
   B. 他在一开始就不应该分权，分权通常都会导致失控
   C. 他的分权和组织结构调整的思路是正确的，但是在具体操作上有些急躁
   D. 他后来撤回分公司经理的某些职权的做法是对的，避免了一场重大危机

4. 根据公司的发展，你认为该公司最可能采用的部门化方式是（　　　）。
   A. 产品部门化　　　　　　　　B. 地区部门化
   C. 顾客部门化　　　　　　　　C. 业务部门化

5. 总裁在设立 8 个独立的分公司时，你认为其最大的失误是（　　　）。
   A. 没有考虑矩阵结构等组织结构
   B. 没有周密地考虑总公司和分公司的职权职责划分问题
   C. 根本就不应该设立独立的分公司
   D. 既没有找顾问咨询，也没有和分公司经理进行广泛的沟通

6. 当总裁意识到自己在分权的道路上走得太远时，他撤回了分公司经理的某些职权，这是行使了（　　　）。
   A. 直线职权　　　B. 参谋职权　　　C. 职能职权　　　D. 个人职权

7. 你认为本案例最能说明的管理原则是（　　　）。

A. 管理幅度原则   B. 指挥链原则

C. 集权与分权相结合的原则   D. 权责对等原则

8. 公司总裁决定收回分公司经理的一些职权，强调以后总裁拥有下列决策权：超过 10 万元的资本支出，新产品的研发，发展战略的制定，关键人员的任命等。这些事项的决策最可能属于（   ）。

A. 程序性决策   B. 非程序性决策

C. 战术决策   D. 业务决策

9. 如果你是总裁的助理，请就如何处理好集权与分权的关系向总裁提出你的建议。

案例3   韦尔奇对通用电气公司的改造

一、案例介绍

当韦尔奇于 20 世纪 80 年代初接手通用电气公司时，美国正面临着日本、韩国等企业的强大竞争，不少行业在进口产品的冲击下不断衰落，例如，钢材、纺织、造船、家电、汽车。韦尔奇上任伊始，对公司的状况极为不满，认为公司染上了不少美国大公司都有的"恐龙症"，即机构臃肿、部门林立、等级森严、层次繁多、程序复杂、官僚主义严重、反应迟钝等。在日本等企业的竞争面前束手无策、节节败退。为了改变这种状况，韦尔奇明确提出要以经营小企业的方式来经营通用电气，彻底消除官僚主义，并采取了一系列的具体措施。

韦尔奇一上台就大刀阔斧地削减重叠机构。当时，全公司共有 40 多万职工，其中有"经理"头衔的就达 2.5 万人，高层经理 500 多人，仅副总裁就有 130 人。公司的管理层次就有 12 层，工资级别多达 29 级。韦尔奇先后砍掉了 350 多个部门，将公司职工减为 27 万人。有人称他为"中子弹韦尔奇"，意即他像中子弹一样把人干掉，同时使建筑物保持完好无损。不过，这个比喻并不十分恰当，因为韦尔奇连建筑物本身也要加以摧毁和改造。他在裁减冗员的同时，大力压缩管理层次。这样，原来高耸的金字塔结构一下子变成了低平而结实的扁平结构。

现在，通用电气共有 13 个事业部，每个事业部都有特定的生产经营领域，如照明、电力设备、工程塑料、发动机等。公司对事业部高度授权，使其具有充分的经营自主权，但通用电气在某些方面又高度民主集中化。除了金融事业部以外，其余的事业部都没有注册为独立的公司，而全部统一在通用电气的名下，都同属一个法人企业。这与其他很多大公司不一样。另外，通用电气的资金也是统一控制和使用，每个事业部可以按照年度预算计划使用资金，但所有的销售收入都必须归入到公司的统一账户上，既不能有"利润留存"，也不参与公司的"利润分成"。各事业部发展需要的投资，均统一由公司计划安排。这样一来，通用电气资金上的高度民主集中的体制至少有两大好处：一是可以减少应纳税额；二是可以集中大量资金用于发展那些有较大市场效益但投资规模较大的项目。

有人问韦尔奇，在企业管理中是独裁领导好还是民主领导好？他说最好是二者的结合，即决策前应该广泛征求意见，但决策时必须一个人说了算。

（资料来源：http://www.mypm.net/bbs/article.asp? titleid＝70113&ntypeid＝5037）

二、思考·讨论·训练

1. 韦尔奇对通用电气公司组织结构的变革有怎样的特点？
2. 组织结构或管理模式的转变对提升企业的核心竞争力有怎样的作用？
3. 韦尔奇的个人魅力是什么？

案例4　北欧航空公司

一、案例介绍

融合了挪威、瑞典、丹麦三国血统的北欧航空公司（SAS）自1946年成立以来，一直以其勇于变革、开拓创新的企业形象赢得世界范围的良好声誉。今天，北欧航空公司作为欧洲第四大航空公司，拥有覆盖全球30多个国家90多个目的地的广阔航空网络，每日运营航班700余个，年载客量约2 000万人次。

然而，这样一家成功企业，就在20多年前，也曾一度处于举步维艰的困境。20世纪70年代，公司成员之一的瑞典航空公司由于长期运营不善濒临破产绝境。在简·卡尔森出任该公司总经理之后虽然很快通过一系列举措使北欧航空公司扭亏为盈，然而更大的危机随之而来。受席卷全球的石油危机风暴的影响，航空业整体萎缩，北欧航空公司业绩持续下滑，员工士气低落。1981年，800万美元的巨额亏损更使得公司不堪重负，跌入事业的低谷，生存希望渺茫。此时，"天才经理人"简·卡尔森临危受命，担起北欧航空公司总裁的重任。

（一）以顾客为导向，调整公司战略

上任伊始，面对节节败退的市场业绩，卡尔森向全体员工提出了一个问题：我们做的是什么？得到了几乎统一的回答：We Fly Plane。他想自己明白了公司的症结所在，随即给出了一字之差却含义迥然的答案：We Fly People！

本着"一切以客户为中心"的服务理念和管理原则，卡尔森提出"提供全世界最佳班机"的战略目标。公司不再仅仅关注于寻求尽量降低"每英里单位座席营运成本"的技术突破，而是以乘客舒适为标准进行全方位的改进。北欧航空公司设计推出了一种3P（passenger, pleasing, plane）新型客机用以提供班次密集的直飞航班，推出标准化的票价结构和服

务水准，倾力打造"欧洲商务舱"概念。针对日趋理性的消费者，公司率先取消头等舱。这一系列的新举措引得其他航空公司竞相效仿，更维持了公司利润的持续高增长和强大的竞争力。

为了满足商务旅客"准时"的要求，北欧航空公司制订了周密的飞行保障计划，并严格执行"除非天气的原因，否则绝对准时起飞"的规定。一次北欧航空公司接到一个通知，有一位准备搭乘某班飞机的重要人物由于路上耽搁了，需要该班次延时起飞10分钟。尽管可能遇到麻烦，北欧航空公司依然选择了准时起飞，然后安排那位要人乘坐另一班荷兰航空公司的飞机。结果这位要人并没有因此发火，他说之所以选择北欧航空公司就是因为它准时。

（二）发现"关键时刻"，提升管理理念

"关键时刻"这一管理理念的提出无疑是北欧航空公司最富创造性的举措。卡尔森将一线人员与顾客接触的瞬间称为"关键时刻"。北欧航空公司平均提供一次顾客服务，一般由员工在15秒内完成，而一年当中，一名乘客平均接触5名员工，总计5 000万次。正是这5 000万次无法复制的15秒决定了顾客对公司的印象及公司未来的成败。

作为一家航空公司，关键时刻包括：接到乘客预定航班的电话，在机场门口检查顾客的行李，检票台前每一次检票，乘客登机时行李生的帮助，旅程开始和结束时的欢迎和欢送……顾客的抱怨正是由于在"关键时刻"没能够得到令人愉快而满意的服务而引起的。所以与顾客进行直接接触的"第一线人员"至关重要。公司2万名员工全部参加了一个以"协助个人成长"为目的的员工培训计划，使员工对公司的目标和服务理念有了全新的认识。作为顾客与航空公司之间的纽带，有必要让第一线人员享有现场自主权，这样才能随机应变地满足顾客的需要，并提供体贴周到的服务，向乘客证明，他们选择搭乘北欧航空公司的航班是明智的选择。

这一新的管理理念强调了一线人员的重要性，让员工得到充分的信任，承担更多的责任，更大地激发了员工的热情。卡尔森认为，人生存在两大激励：一是担忧，一是热爱。你可以用'让人担忧'的办法激励人，但这样做不利于发挥人的潜能。忧心忡忡的人很难突破他们的能力限制，因为他们不敢再经受风险。

（三）推行横向管理，变革组织结构

为了保证更快地对顾客的需求做出反应，提升公司的服务质量，卡尔森开始对北欧航空公司庞大复杂的组织结构进行大刀阔斧的改革。他号召摒弃过去垂直的等级森严的官僚体制，取而代之的是一种称为"倒金字塔"的平等简约的新型组织结构。在传统的组织结构下，公司信息传递要经历自上而下的烦冗机构，既耗费时间又难以调动员工的积极性，而卡尔森提出的"横向管理模式"鼓励企业中人与人之间平等、坦率、随和地协同工作，强调跨部门的合作和对一线员工的授权，颠覆了传统的上令下行的管理方式。

一次瑞典的大雪延误了航班起飞，机上的旅客无奈只能饥肠辘辘地等候着。有位服务人

员想到通过额外解决餐饮问题来安抚顾客的情绪，但是上司拒绝了这个请求。根据公司的规定，她有权向其他航空公司求助，在经过一番努力之后，这位员工终于将咖啡和点心分发到每位乘客手中。在寒冷的旅途中收获一份意外的温暖，有谁会不为北欧航空公司的服务加分呢？

可以说卡尔森是将航空公司的层次结构翻了个个：将直接为旅客服务的人员列于公司的最高层，其他人员，包括中、基层管理人员，都为他们提供服务和支持。因为卡尔森坚信：服务业的出发点不是产品，而是顾客。

随着世界经济的复苏，北欧航空公司 1982 年一举实现 7 100 万美元的盈利。而事实上卡尔森果断的变革已经为实现北欧航空公司的大逆转奠定了坚实的基础。1984 年，北欧航空公司当选《民航世界》评选的"年度最佳航空公司"。时至今日，这家公司依然在通过不断地创新，矢志不渝地为乘客提供更为优质的服务。

（资料来源：苏伟伦，茉莉．大逆转：著名企业东山再起的成功案例．北京：经济科学出版社，2006.）

二、思考·讨论·训练

1. 战略目标的改变对北欧航空公司走出困境起到了怎样的作用？
2. 卡尔森"关键时刻"的管理理念对组织模式调整起到什么作用？
3. 和传统金字塔式的官僚体制相比，横向管理体制（扁平化组织）有哪些优势？适用于什么样的企业？

案例5 乐百氏的组织结构

一、案例介绍

（一）架构轨迹

3 月 15 日，身兼乐百氏总裁的达能中国区总裁秦鹏悄然潜入成都，召集了西南事业部的核心人员：云南、贵州、四川及重庆四地乐百氏分公司的负责人，开了一个为期两天的会议。此举意味着乐百氏在 3 月 11 日出台的区域事业部制架构正式拉开运营帷幕。

区域事业部将乐百氏划分为五大"藩地"：西南、中南、华东、北方和华北，每个事业部都成了一个"小乐百氏"，从生产到销售都将建立起一套自己的独立体系。每个事业部将紧紧抓住本地区消费者的消费习惯，迅速对市场变化做出反应，灵活调整生产计划。

自此，在乐百氏的历史上，经历了三种业态的架构模式：从 1989 年创业到 2001 年 8 月，乐百氏一直都采取的是直线职能制，按产、供、销分成几大部门，再由全国各分公司负责销售；从 2001 年 8 月到 2002 年 3 月，实施了产品事业部制，这在乐百氏历史上虽然实施的时间很短，但为目前实施区域事业部制奠定了基础，实现了组织结构变革中的平稳过渡。

架构调整无疑是一个公司的重大战略转变，也必然是外界甚至内部的各种环境变化促成的。值得人关注的是，乐百氏在不到 8 个月的时间里，就进行了两次架构调整，原因何在？

（二）直线职能制

乐百氏创立于 1989 年。在广东中山市小榄镇，何伯权等五位年轻人租用"乐百氏"商标开始创业。据乐百氏一位高层人员介绍，创业伊始，何伯权等与公司的每个员工都保持一种很深的交情，甚至同住同吃同玩，大家都感觉得到，乐百氏就是一个大家庭，"有福同享，有难同当"，公司的凝聚力很强。这时采用直线职能制这种架构模式，可使乐百氏在创业初期得到快速稳定的发展。

十二年间，五位创始人不但使乐百氏从一个投资不足百万元的乡镇小企业发展成中国饮料工业龙头企业，而且把一个名不见经传的地方小品牌培育成中国驰名商标。

然而，随着乐百氏的壮大，原来的组织结构显得有些力不从心。此时，再按前面那位高层人士的话说，何伯权不可能再与公司的每一个员工同吃同住，原来的领导方式发生了变化，起不到原有的作用。何伯权有些迷茫了。

特别自 2000 年 3 月与法国最大的食品饮料集团达能签订合作协议，并由达能控股后，直线职能制的弊端更加暴露无遗。为了完成销售任务，分公司都喜欢把精力放在水和乳酸奶这些好卖的产品上，其他如茶饮料之类不太成熟的产品就没人下功夫，这对新产品成熟非常不利。更糟糕的是，由于生产部门只对质量和成本负责，销售部门只对销售额和费用负责，各部门都不承担利润责任，其结果就变成了整个集团只有何伯权一个人对利润负责。

近几年来，乐百氏的销售额直线下降，因此，寻求变化势在必行，其中组织结构的改革就是为适应新形势的举措之一。

（三）产品事业部

2001 年 8 月，一次在乐百氏历史上最为关键的组织结构变革在月间完成：75％的员工换座位，原五人创业组合中的四大元老位置同时发生重要变化，都退出原先主管的实力部门，唯一不变的是何伯权，仍然任总裁。

改革后，乐百氏的事业部制组织结构变为：在总裁之下设 5 个事业部、8 个职能部门和一个销售总部。其目的是利润中心细分，瓶装水、牛奶、乳酸奶、桶装水和茶饮料共 5 个事业部每一个都将成为一个利润中心。同时减少了中间层，集团的权力结构由从前的 5 人，变为一个总裁和 14 个总经理，成为一个比较扁平化的组织结构。这是公司首次将战略管理和日常营运分开，形成多利润中心的运作模式。

促成这次改革的重要力量是达能这个欧洲第三大食品集团，它自 1987 年进入中国成立广州达能酸奶公司后，就开展了一系列"收购行动"，并且每次都鬼神莫测，"收购刀法极其温柔"。尤其是在水市场上对行业内领袖企业浙江娃哈哈、深圳益力、广州乐百氏的控股或参股分别达到 41%、54.2%、50% 的比率，足以让人相信达能已经完成了它在中国水市场的布局，已经成了当之无愧的老大。

但这老大只是表面现象，许多问题都摆在达能管理者的面前，收购的这些企业能够盈利的很少，它需要整合资源，减少运行成本。乐百氏连年亏损的状况，迫使何伯权痛下决心实施组织结构改革。

然而，新的组织结构刚建立起来不久，在 2001 年 11 月底，乐百氏就爆出大新闻：何伯权、杨杰强、王广、李宝磊、彭艳芬等五位乐百氏创始人向董事会辞去现有职务，并决定由达能中国区总裁秦鹏出任乐百氏总裁。

何伯权称，五位元老集体辞职的原因是与董事会的战略思路发生重大分歧，无法达成一致，并且，还因为没有完成董事会下达的销售任务。

还没有来得及检验自己的改革成果，何伯权就匆匆退出了乐百氏的历史舞台。

又一场组织结构改革在秦鹏的控制下悄悄地酝酿。

（四）区域事业部

2002 年 3 月 11 日，区域事业部正式出台，乐百氏按地域分为五大块：西南、中南、华东、北方和华北。

这次组织结构改革距上次仅仅 7 个多月的时间，据业内人士分析，速度之所以这样快，其中一个重要原因还是达能的全国战略思路在操纵着这次变革。随着达能旗下产品的不断增多，它也在寻求一种更能整合现有生产和销售资源的最佳方法，来改变许多品牌因为亏本，反而成为它的负担的局面。据可靠消息，达能为了加强对自己绝对控股的乐百氏的支持，要求乐百氏扮演更加重要的角色，甚至欲将其他如深圳益力、上海梅林正广和、广州怡宝等在外地的工厂和销售渠道交由乐百氏托管。

除了上述一些已收购的品牌，达能的收购行动远未停止。前不久，达能将持有的豪门啤酒和武汉东西湖啤酒分别 62.2% 和 54.2% 的股份转让给华润；华润则投桃报李，心甘情愿让达能收购其旗下的怡宝公司。

然而，正如达能一位高层人士所说，这还只是它欲将中国水市场进一步控制在自己手中的一个很小的行动计划。据一些媒体报道，达能已将触角伸到了许多地方品牌。

乐百氏也因拥有良好、稳定的经销商网络，被达能委以重任，它在中国市场上的战略地位将愈来愈重要。随着乐百氏托管的产品增多，每个市场的产品更加复杂、各种产品的销售情况各不相同。原来的产品事业部制可能对客户的需求变化反应不再迅速，很快不再适合新的发展，于是地域事业部制——这种以工厂为中心、更扁平的组织结构应运而生。因为它将更有助于了解消费者的需求，能更灵活地进行品牌定位。

其次，区域事业部将更有利于培养事业部的全局观念。负责人注重利润的追求，使决策和运营更加贴近市场，对市场形势和客户需求做出快速预测和反应，加强了区域的市场主动权和竞争力，对资源的调控更为快捷和趋于合理。同时，让总部从日常业务中脱离出来，多进行一些宏观性的战略决策。换句话说，原来的乐百氏只有何伯权一人是企业家，现在的乐百氏可以造就5个甚至更多有全局观念的企业家。

有业内人士开玩笑说，善于资本运作的达能将乐百氏一分为五之后，到了一定的时候，它可以把其中的任何一个事业部单独转让。

但达能一位高层人士矢口否认这种说法，他认为，因为"水"是达能的三大主业（其余两项是乳制品和饼干）之一，达能只能加强水市场的投资力度和资源整合，没有理由把自己的主业都卖掉。

当然，这次改革还有一个不容忽视的原因，那就是随着领导的更替，特别是前者是有极强影响力的何伯权，他与其他四位创业者亲密无间的合作一直被业内和传媒传为美谈，何伯权的名字一直与乐百氏紧密相连。何伯权等五位创业元老在乐百氏的关系错综复杂，根深蒂固，他们这些高层领导的出局，肯定在乐百氏内部布下一层阴影，带来一些消极因素。新的领导上任后，不得不采取一些有效的措施改变这种被动局面。组织结构的重新调整，必然会导致各种人事关系、职位的变动，所谓"一朝天子一朝臣"，新的领导把老的人才重新分配，把涣散的人心收拢，尽快摆脱"何伯权时代"的阴影，提出新的发展方向，有利于增强公司的凝聚力。

事实证明，乐百氏人并未受这次"乐百氏地震"的高层领导更替事件的影响，没有外界想象中的动荡和冲突，顺利进入了"秦鹏时代"。

3月16日西南事业部会议开完后的当天晚上，几位核心人士聚到一起，他们为这种给予了他们更多自主权的架构模式感到兴奋，无不摩拳擦掌，对今年能取得更好的业绩充满信心。

（资料来源：韦乔. 乐百氏组织的结构. 21世纪人才报，2003-02-10.）

二、思考·讨论·训练

1. 乐百氏的早期组织结构为什么是有效的，而后来却不适应了？
2. 结合本案例，谈谈乐百氏组织结构变化的历程。
3. 组织结构与人的心理与行为有关系吗？为什么？
4. 结合本案例讨论各种组织结构的适用性及特点？是否存在一种完美无缺的组织结构？
5. 你从乐百氏组织结构改革的实践中得到了什么启示？

拓展训练 **向前传递**

目的：通过游戏使学生明白扁平式组织结构能够减少信息的失真。

道具：每组一张小纸片，上面写着一条"消息"（见附录1）。

时间：30 分钟

程序：

1. 将全班同学分成若干小组，确定每个小组传递消息的第一人和最后一人。

2. 把纸片发给每小组的第一人，第一人看完后，将纸片交给老师。

3. 消息由每小组的第一人依次向小组其他成员传递，直至最后一人。

4. 最后一人将听到的消息写在纸上交给老师。如果只有 2～3 个小组，可以让每个小组最后一人在黑板上写出听到的消息，然后再叫小组其他 1～2 位小组成员在黑板上写出自己听到的消息，最后让每组第一人修改距他位置最近的小组成员所写的消息。

5. 如果是纸条，则老师念完纸条的内容，再念正确的答案；如果是写在黑板上，可以大声说出每小组相同消息的不同版本。

规则：

1. 每次传递时只允许将消息说一遍。

2. 轻轻地将自己理解的消息告诉你旁边的人，并依次传递下去，只有当轮到小组某个成员时，他（她）才可以听。

3. 听到消息后，必须完全按照自己的理解告诉下一名成员。

4. 在规定时间内传递消息最准确者获胜。时间依人数的多少自定。

实施：

1. 在上课前，为每个小组准备一份"附注"的复印件，然后将每条消息剪开。

2. 宣布完规则后，发放纸片，给每小组第一人 3～4 分钟时间，然后收回纸片。

3. 监控传递人员，他（她）们只能将消息说一遍，防止说数遍或防止同学一点一点传递。

4. 监督最后一人上交他（她）写的纸条，或者组织学生上黑板写下所听到的。

附录1：

消息一

我将于 7 月 2 日到 8 月 4 日外出度假，因此我希望这段时间能够停送报纸。我记得你们可以在周六晚上送出周日的报纸，因此我也希望为我安排提早投递周日的报纸。

消息二

我想将我的私人账户转为两人共有，我还想知道你们对小额商业贷款的新规定。此外，少于 10 000 美元的短期商业贷款的利率是多少？

消息三

我有意于 7 月 6 日带队参观博物馆，成员包括十名儿童、三位老人和四个年龄超过 18 岁的成年人，这四个成年人中有一人是学生。请问分别买票享受老年人和学生折扣同购买团体票相比较，哪种方法更划算呢？

消息四

我想订购两束玫瑰，分别送往两个地方。一束送给我的母亲，她居住在奥克兰；另一束送给我的姐姐，她居住在奥林达。玫瑰一定要新鲜——甜心玫瑰送给我的母亲，纯银玫瑰送给我的姐姐。

第六章 人力资源管理

所谓企业管理，最终是人力资源管理，人力资源管理，就是企业管理的代名词。

——［美］彼得·德鲁克

人力资源是构成企业核心竞争力的战略性资源。人力资源是指在一定区域内的人口总体所具有的劳动能力的总和，或者说是能够推动整个经济和社会发展的具有智力劳动和体力劳动能力的人的总和。与物质资源和其他生物资源相比，人力资源具有生物性、能动性、时效性、智力性、再生性、社会性等特点。

一、人力资源管理的含义

作为最主要的资源——人力资源必须进行科学而且有意义的开发和管理，才可能最大限度地造福社会、造福人类。可以从两个方面理解人力资源管理。

（一）对人力资源外在要素——量的管理

凡社会化大生产都要求人力与物力按比例合理配置，在生产过程中人力与物力在价值量上的比例是客观存在的。

对人力资源进行量的管理，就是根据人力和物力及其变化，对人力进行恰当的培训、组织和协调，使二者经常保持最佳比例和有机的结合，使人和物都充分发挥最佳效应。

（二）对人力资源内在要素——质的管理

质的管理是指对人的心理和行为的管理。就人的个体而言，主观能动性是积极性和创造性的基础，而人的思想、心理活动和行为都是人的主观能动性的表现。就人的群体而言，每一个个体的主观能动性，并不一定都能形成群体功能的最佳效应。因为这里有一个内耗问题（$1+1<1$，$1+1=0$。一个和尚挑水吃，两个和尚抬水吃，三个和尚没水吃）。只有群体在思想观念上一致，在感情上融洽，在行动上协作，才能使群体的功能等于或大于每一个个体功能的总和。对人力资源质的管理，就是指采用现代化的科学方法，对人的思想、心理和行为进行有效的管理（包括对个体和群体的思想、心理、行为的协调、控制与管理），充分发挥人的主观能动性，以达到组织目标。

人力资源管理，指运用现代化的科学方法，对与一定物力相结合的人力进行合理的培训、组织与调配，使人力经常保持最佳比例，同时对人的思想、心理和行为进行恰当的诱导、控制和协调，充分发挥人的主观能动性，使人尽其才，事得其人，人事相宜，以实现组织目标。

二、人力资源管理的内容

人力资源管理的内容包括：组织设计与职务分析、人力资源规划、人员招聘、员工录用、员工激励、人员培训、绩效评估、薪酬管理、跨文化人力资源管理、员工职业生涯规划、劳动关系管理等。这里简单说一下人员招聘、人员培训和绩效评估。

（一）人员招聘

人员招聘是指组织及时寻找、吸引并鼓励符合要求的人到本组织中任职和工作的过程。组织需要招聘人员可能基于以下几种情况：新设立一个组织；组织扩张；调整不合理的人员结构；人员因故离职而出现的职务空缺；等等。

1. 人员招聘的要求

确定组织的用人要求是人员招聘工作的第一个阶段。在这个阶段，主要是在组织人力资源规划的指导下，根据组织的需要通过工作分析确定组织的用人数量、类别、工作条件，拟定工作说明、工作规范，为下一阶段的工作做准备。

（1）工作分析。工作分析就是通过观察和研究，对人员担任的每项工作加以分析，清楚地把握该项工作的固有性质及其在组织内部与其他相关工作之间的关系，决定人员在履行职务上所应具备的各种条件。一般来说，一项工作分析要包括以下项目：①工作的内容、职责及其与组织内其他工作的关系；②工作的"应知""应会"及对经验、年龄、教育程度等方面的要求；③徒工见习制度；④技能的培养；⑤工作环境条件。工作分析过程可以分为以下几个步骤：①对某项工作的要求和对工作中的特殊问题进行粗略分析；②对工作内容、职责进行详细分析，形成工作说明书；③对完成工作所必需的知识、技能等各种条件进行分析，形成工作规范；④对该项工作提出培训要求，形成培训方案。

（2）工作说明书。在工作分析的基础上用以说明该项工作的内容、职责、要求等情况及特性的文件就是工作说明书。工作说明书是组织制定工作规范、挑选及培训人员的依据。工作说明书一般记载下列各项：①工作识别事项，如工作名称、编号、所属部门等，以便将它与其他工作区分开来；②工作概要，包括工作范围、目的、内容等基本事项；③所需完成的具体工作，包括工作的具体目的、对象、方法等内容；④其他特殊事项，如加班、恶劣的工作环境等事项的载明。

（3）工作规范。在工作分析的基础上可进一步制定工作规范。工作规范用以记载该项工作要求人员应具备的资格条件。工作规范的内容可包括完成该项工作所要求的人员的智力条件、经验、知识技能、责任程度等。一般的组织都是将工作说明书与工作规范结合起来的，即在工作说明书中既记载工作情况又记载工作所要求的资格条件，但也有的组织将两者分开。工作说明书与工作规范不是一成不变的，随着企业生产技术的变化、组织结构的调整、人员素质的提高，应该相应地对工作说明书和工作规范进行审查、更新、修订，以适应变化了的情况的需要。

2．人员招聘的程序与方法

为保证人员招聘工作的有效性和可行性，应当按照一定的程序并通过竞争来组织招聘工作，通过内部招聘或外部招聘的方式，从求职者中挑选合适的人员。具体步骤如下。

（1）制订并落实招聘计划。当组织中出现需要填补的工作职位时，有必要根据职位的类型、数量、时间等要求制订招聘计划，同时成立相应的招聘工作委员会或小组。招聘工作机构可以是组织中现有的人事部门，也可以是代表所有者利益的董事会，或由各方利益代表组成的专门或临时机构。招聘工作机构要以相应的方式，通过适当的媒介公布待聘职务的数量、类型及对候选人的具体要求等信息，向组织内外公开招聘，鼓励那些符合条件的候选人积极应聘。

（2）对应聘者进行初选。对收集到的有关应聘者的情报资料进行整理、汇总、归类、制成标准格式。将应聘者的情况与工作说明书、工作规范及公司的要求进行比较，初步筛选，把全部的应聘者分为可能入选的、勉强合格的和明显不合格的三类。对可能入选的和勉强合格的应聘者再次进行审查，进一步缩小挑选范围，选择初选合格者。这项工作可以由管理人员或人事部门来完成。

（3）对初选合格者进行知识与能力的考核。对初选合格者进行笔试、面试及医学、心理学检测，依据考试检测的情况综合考虑应聘者的其他条件，做出试用录用决定。

（4）征询意见。在对应聘者完成各种测试之后，正式录用之前，为对应聘者有更为深刻的了解，在对应聘者做完各种测试之后，公司还可向公司内外征询有关拟录用对象的意见。征询意见的主要目的就是更进一步认定以前各个步骤所获得的信息的真实性和可靠性。征询意见可采用当面征询、电话征询、书面征询等方式。

（5）选定录用人员。公司征询意见得到满意结论后，需要利用加权的方法算出每个候选人的知识、智力和能力的综合得分，并根据待聘职务的类型和具体要求决定取舍。对于决定录用的人员应考虑由主管再一次进行亲自面试，并根据工作的实际与应聘者再做一次双向选择，最后决定录用与否。

（6）评价和反馈招聘效果。最后，要对整个招聘工作过程进行全面的检查和评价，并且要对被录用的人员进行追踪分析，通过对他们的评价检查原有招聘工作的成效，总结招聘过程中的成功与过失，及时反馈到招聘部门以便改进和修正。

（二）人员培训

1．人员培训的内容

培训是指有计划、有目的地对组织成员进行培养训练，不断提高他们的素质的管理活动。组织在挑选、录用人员的时候虽然进行了大量的工作，采用了考试、测试及其他科学方法，但这些新人员并不是一开始就具备完成规定工作所必需的技能和知识，也缺乏在组织集体中同心协作的工作态度。因此，组织为使他们尽快掌握必要的知识、技能和应具备的工作态度而对他们进行教育培训。同时，组织是在一个不断变动的技术经济环境中生存和发展的，组织人员的知识、技能和工作态度就必须与这种不断变动的外部环境相适应，做到知识、态度不断更新，技能不断提高。一个组织完整的人员培训应包括以下三方面的内容。

（1）人员知识的培训。通过培训应该使人员具备完成本职工作所必需的基本知识，而且还应让人员了解公司经营的基本情况，如公司的发展战略、目标、经营方针、经营状况、规章制度等，便于人员参与公司活动，增强主人翁意识。

（2）人员技能的培训。通过培训使人员掌握完成本职工作所必备的技能，如谈判技能、操作技能、处理人际关系的技能等，以此也能够培养、开发人员的潜能。

（3）人员工作态度的培训。人员工作态度如何对人员的士气及公司的绩效影响甚大。必须通过培训建立起公司与人员之间的相互信任关系，培养人员对公司的忠诚，培养人员应具备的精神准备和态度，增强公司集体主义精神。

2. 人员培训的目标

人员培训的目标可以从以下两个方面来考察。一是从组织方面来看，组织人员培训就是要把因人员知识、技能不足，人员态度不积极而产生的机会成本的浪费控制在最小限度。如果组织不对人员进行培训，人员依靠自学也可能掌握完成本职工作所需的技能和知识，但这要比有组织、有计划、有系统地进行培训所花费的时间长。在这样长的时间内就会因人员能力不足而浪费掉机会成本。二是从人员个人方面来看，通过培训可以提高人员的知识水平和工作能力，从而能够提高人员的能动性，达到人员自我实现的目标。以上两方面的结合就是组织进行人员培训工作的目标和必要性所在。

3. 人员培训工作的基本原则

（1）培训必须制度化。组织中的培训必须成为一种制度，不能凭头脑发热办事情。只有成为一种制度，培训才能自始至终。在许多知名的大企业中，培训已成为一种制度，谁不经过上岗前培训，谁就不能上岗；对员工每隔一段时间（一般2～3年）都要进行一定时间的离职培训。培训制度化有利于培训的全员化，还有利于严格考核。

（2）培训必须全员化。这是指对组织全体成员进行培训。有些组织领导人思想上存在着这样一种错误的认识，好像只有一般员工和下级管理人员才需要培训，高级管理人员是不需要培训的。其实不然，知识更新对所有人的影响都是一样的，对高层管理人员的培训更为重要，因为他们的思想观念、知识储备、业务水平能否跟上形势的发展，直接决定组织的发展和存亡，所以，培训必须全员化。

（3）培训必须与实用有机结合。组织的培训不是对员工普通的教育，而是为组织的目标服务的。因此，必须紧密地联系组织的任务，来进行不同内容的培训。

（4）培训方式要多样化。从实际出发，培训就不能搞成一个模式，应对不同层次、不同类别的培训对象采取不同的培训方法。

4. 人员培训的方法

人员培训的方法有多种，培训途径可以是离职进修，也可以是在职学习；培训方法根据成人理解力强、有自学能力、有实践经验等特点，应注意采用启发讨论，调查研究，总结经验教训，探索改革方案等方式。脱产培训的具体方法有：训练班、电视大学、业余大学、委托外单位培训等。在职培训的具体方法有：师傅带徒弟，巡回教学，技艺传授，举办推广先进方法的讲座和示范表演，业余教育等。自学也是一种培训形式，要有意识地运用自学来培训人才。可通过有效的自学方法指导，给予政策优惠，推广自学成才的经验等来鼓励组织内人员自学成才。组织也可以通过学习与实践交替进行的方式来培训人才。以下是几种比较典型的人员培训方法。

（1）案例教育法。案例教育法起源于美国哈佛大学，是指将从实际工作中采集到的具有典型研讨价值的事例编制成供培训使用的案例，通过受训者的研究与讨论，从而提高他们处理问题、解决问题的能力。案例来自实际，面对社会现实，内容丰富多彩，但不指明答案，也不强求统一的答卷。受训者可以通过讨论、比较来寻找最佳答案。采用这种方法可以使受训者得以充分发挥其学习和思考的创造性，充分运用所学理论知识和各自不同的领导艺术风格，探索解决案例所提问题的途径。实践已经证明，这种方法对于提高领导者处理问题的实际水平有着十分明显的作用。

（2）管理对策演习法。管理对策演习法同案例教育法有相似之处，它也有案例，包括整个公司的各种职能领域的案例。在案例教育法中，对学生提出的决策方案是通过讨论给予评价的。在管理对策演习法中则由计算机来评价。美国沃顿管理学院为每个案例预先设计了多达几十种不同的决策方案，并且预计每种方案将得到怎样的后果。这些信息和程序都储存在计算机中。学生分析案例之后，自己先提出决策方案，预计它的后果。然后将决策方案输入计算机，计算机就会输出长达 5 页的报告，报告按逻辑推理来说明决策方案的后果。学生看了报告，同自己的预计相比，发现问题，再提出另一种更好的决策方案，输入计算机，又得到另一份报告。照此继续进行，直到得出最优的决策方案。这种教学方法要利用计算机技术，需做大量的准备工作。

（3）工作轮换法。工作轮换法有多种方式，其中比较理想的一种方式是：事前没有规定的管理职务轮换。具体做法是，把有培养前途的主管人员横向地在组织结构的同一层次上从一个部门调到另一个部门。所谓"事前没有规定的"是指轮换时间的长短没有规定，不明确告诉轮换者在新的岗位上将要干多久，他可能在这个岗位上工作很短的时间，待几个月，也可能由于没有发展前途而不再轮换了。上述轮换形式被公认为是最有效的，其优点是：首先，被培养者在各种不同的岗位上负责，连续经历不同的情况，能够取得各部门的实际工作经验；其次，受训者可以深入了解各部门管理人员的特点和相互关系。这些长处对于培养企业领导者的接班人是非常重要的。当然，当一个老的管理人员被换走后，这个部门已确立起来的业务可能会受到损失并使他的下属产生不安定感，新调来的人也会犯错误，并使上级为之操心，从这个角度看，这种培养方法代价也是很高的。

（4）访问讨论法。访问讨论法就是请现职公司经理来校座谈，并将访问旅行也列入教学计划。通过同经理人员的座谈，互相交流，以及国内外的访问旅行等教学方式，可以了解国内外的实际环境，了解不同的观点和经验，借以开阔眼界，打开思路，从而提高学生水平，从中学到许多从理论教学中学不到的东西，这是很有益的。访问讨论法的另一个做法是通过召开研讨会、经验交流会的方式来培训企业干部。这种方法的长处是简单、直接、经济，在讨论中能够对规定的专题进行详细深入的研究，从而学到领导工作的经验，提高领导能力。

（5）角色扮演法。角色扮演法就是受训者像演习那样扮演角色。例如，在处理企业内部关系上，领导者经常遇到工作人员违反规章制度的情况。让一名受训者担任主管角色，另一名扮演工作人员，双方展开争论。扮演主管的人要想方设法说服那位工作人员，还要做出恰当的处理。这样，这位"主管"会取得解决这种问题的经验，那位"工作人员"会得到处于工作人员地位上的种种感受，听众也会提高对这类问题的认识，找出解决这类问题的可能方法。据有关资料介绍，国外许多公司把角色扮演作为培训人员的主要方法之一，原因在于这种方法能使受训者更好地了解将来面临的同类问题和解决办法，对实际工作能力的提高有很大作用。

（6）设置助理职务培训法。在一些较高的管理层次上设立助理职务，不仅可以减轻主要负责人的负担，而且有助于培训一些后备管理人员。这种方式可以使助理接触到较高层次上的管理实务，使他们不断学习其直接主管处理问题的方法和经验，在特殊环境中积累特殊经验，从而促进助理的成长。

（7）专业知识和技能培训法。专业知识和技能培训有助于人员深入了解相关专业的基本知识及其发展动态，有助于提高人员的实际操作技能。专业知识与技能培训可以采取脱产、半脱产或业余等形式，如各种短期培训班、专题讨论会、函授、业余大学等。

（三）绩效评估

绩效评估是指组织定期对个人或群体小组的工作行为及业绩进行考察、评估和测度的一种正式制度。绩效评估有两个目的：一是评估的行政目的，为确定薪金、晋升和解聘等提供信息；二是服务于发展的目的，这是更重要的目的，这些信息可以为是否需要组织培训和制订业务计划提供帮助。

绩效评估是组织与人员之间的一种互动关系，由于绩效评估对人力资源的各个方面提供了反馈信息，并与组织中的各个部分紧密联系在一起，所以，实施绩效评估一直被认为是组织内人力资源管理中最强有力的方法之一。但是，在实际工作中，绩效评估因为在制度设计、评估的标准及方法、执行程序等诸多方面很难真正做到客观和准确，所以，管理人员与员工之间往往会发生一些矛盾和冲突。因此，绩效评估也是人力资源管理中最棘手的方法之一。

绩效评估的作用表现为：为最佳决策提供了重要的参考依据，可以使管理者及其下属在制订初始计划过程中及时纠偏，减少工作失误，为最佳决策提供重要的行动支持；为组织发展提供重要的支持，可以提供相关的信息资料作为奖励或处罚人员、提升或降级、职务调动及进一步培训的依据；为员工提供了一面有益的"镜子"，可以使员工有机会了解自己的优缺点及其他人对自己工作情况的评价。通过比较客观的绩效评估，员工可以在上级的帮助下有效地发挥自己的潜能，顺利执行自己的职业生涯计划；为确定员工的工作报酬、为员工潜能的评价及相关人事调整提供依据。在企业人事管理实践中一定要重视绩效评估工作。

1. 绩效评估的原则

（1）明确化和公开化。企业的绩效评估标准、考评程序和考评责任都应当有明确的规定，而且在考评中应当严格遵守这些规定。同时，考评标准、程序和对考评责任者的规定在企业内部应当对全体人员公开，这样才能使员工对绩效评估工作产生信任感，对考评结果抱理解、接受的态度。

（2）客观考评。绩效评估应当根据明确规定的考评标准，针对客观考评资料进行评价，尽量避免掺入带有主观性和感情色彩的成分。也就是说，首先要做到用事实说话，考评一定要建立在客观事实基础上。其次要做到把被考评者与既定目标作比较，而不是在人与人之间作比较。

（3）单头考评。对人员的绩效评估都必须由被考评者的直接上级进行，直接上级一般最了解被考评者的实际工作表现（成绩、能力、适应性），也最有可能反映真实情况。间接上级对直接上级做出的考评评语不应当擅自更改，但并不排除间接上级对考评结果的调整修正作用。单头考评明确了考评责任，并且使考评系统与组织指挥系统取得一致，更有利于加强经营组织的指挥机能。

（4）及时反馈。绩效评估的结果一定要反馈给被考评者本人，否则就起不到绩效评估的教育作用。在反馈考评结果的同时，应当向被考评者就评估结果进行说明，肯定成绩和进步，说明不足之处，提供今后努力的参考意见等。

（5）形成差别。考核的等级之间应当有鲜明的差别界限，针对不同的考评评语在工资、晋升、使用等方面应体现明显差别。使考评带有刺激性，鼓励员工的上进心。

2. 绩效评估的程序

（1）横向程序。横向程序是指按绩效评估工作的先后顺序形成的过程进行的程序，其主要环节有以下几项。①制定绩效评估标准。这是在绩效评估时为避免主观随意性所不可缺少的前提条件。绩效评估标准必须以职务分析中制定的职务说明与职务范围为依据，因为那是对员工所应尽职责的正式要求。②实施绩效评估。即对员工的工作绩效进行评估、测定和记录。根据评估的目的，绩效评估可以是全面的也可以是局部的。③绩效评估结果的分析与测定。绩效评估的记录须与既定标准进行对照来分析与评定，从而获得绩效评估的结论。④结果反馈与实施纠正。绩效评估的结论通常应与被评估员工见面，使其了解组织对自己工作的看法和评价，从而发扬优点，克服缺点。但另一方面，还需针对绩效评估中发现的问题采取纠正措施。因为绩效是员工主、客观因素的综合反映，所以纠正不仅要针对被评估的人员，还要针对环境条件做出相应调整。

(2) 纵向程序。纵向程序是指按组织层级进行绩效评估的程序。绩效评估一般是先对基层进行绩效评估，再对中层进行绩效评估，最后对高层进行绩效评估，形成由下而上的评估过程。其主要环节如下。①以基层为基点，由基层部门的领导对其直属下级进行评估。评估分析的单元包括员工个人的工作行为（如是否按规定的工艺和操作规程进行等）、工作效果（如产量、废品率、原材料消耗率、出勤率等），也包括影响其行为的个人特征及品质（如工作态度、信念、技能、期望与需要等）。②基层评估以后，便会上升到对中层部门的层级进行评估。其内容既包括中层干部的个人工作行为和特性，也包括该部门总体的工作绩效（如任务完成率、劳动生产率、产品合格率等）。③待逐级上升到公司领导层时，再由公司所隶属的上级机构（如董事会），对公司这一最高层次进行绩效评估，其内容主要是经营效果方面硬指标的完成情况（如利润率、市场占有率等）。

3. 绩效评估的方法

组织确定使用某种绩效评估方法就是为了达到理想的考核目标。尽管绩效评估的方法有很多种，但还没有一种适合一切评估目标、适用于一切组织的一切目的的通用方法。因此，管理者必须根据实际需要对绩效评估的各种方法进行选择，使评估结果既能达到评估的目的，又能适合组织的具体特点。

组织所采取的传统绩效评估方法主要有个人自我评价法、小组评议法、工作标准法、业绩表评估法、排列评估法、平行对比评估法等。现代绩效评估更多地采用目标管理法。

在传统的绩效评估方法中，组织往往更多地把员工的个人品质作为主要的业绩评判标准，同时也过多地掺杂了考评者的个人感情色彩和主观意见。目标管理法则把评估的重点放在员工的贡献上，通过管理者与员工共同建立目标的方法实现了双方工作态度的彻底转变。共同的目标使管理者由评判人转化为工作顾问，而员工也由旁观者变为过程的积极参与者，双方将始终保持着密切的合作和联系。这样，在绩效评估的每一阶段，双方都会努力解决存在的问题，并为下一个评估期建立更为积极的目标。

三、人力资源管理的基本原则

（一）选人的基本原则

选人的基本原则如下。

（1）严把选人关原则。人力资源管理的首要职能毫无疑问是确保组织及时得到需要的人。所以，选人从某种意义上可以说是人力资源管理的起点：选了人，才能用人；选好了人，才能育好人；选对了人，才能留住人。

（2）以工作和岗位需要为原则。选人要尽可能减少盲目性、主观性和随意性，必须首先做好岗位分析，定编、定岗，确定需要的人数、岗位、职能、要求。

（3）坚持匹配原则。选对人、用好人的一个重要标准是人尽其才，适才适用。要根据岗位的具体要求选择"最适合的人"，而不是一味盲目地追求高学历、高技能、高层次和"最优人才"，这样不仅是招人用人成本的浪费，也是才不适其用的浪费。

（4）广开才路原则。选人必须做到"不拘一格降人才"，虽然不求最优只求最合适，但是选择面宽、应聘者众至少可以提供更多的选择，提高选到好人的概率。但是，选人也要充分考虑各种渠道的可能性和优缺点，考虑选人用人的性价比。

（5）客观公正原则。要尽可能避免招聘者个人主观偏好因素的干扰。招聘者既要有广纳贤才的胸襟，又要有识才、辨才的能力，还要有衡量、评价人才的知识和方法，以公平、公正、合理的标准去衡量和评价人。

（6）用人部门参与原则。用人部门的参与一方面可以保证所选之人更加符合职位和岗位工作的要求，另一方面还要有利于部门关系的融洽。

（二）用人的基本原则

用人的基本原则如下。

（1）量才使用原则。选人的目的是用人，人才只有被使用才能创造价值。社会分工越来越细，人也是学术有专攻、能力有大小、兴趣有差异，用好人就是要将人放到组织真正需要他但同时也适合他的位置上，让他承担适合他的责任，避免大材小用和小材大用甚至是误用。

（2）挑战性工作原则。不仅枯燥、呆板和简单重复的工作会让人索然无味，消磨人的工作兴趣、工作积极性甚至意志，毫无挑战性的工作同样无法激起人们的斗志和热情，不能发挥人的创造力和潜能，不能使人体验到成功感和成就感。所以，工作设计、岗位轮换、工作丰富化、挑战性任务等都是非常必要的。

（3）公平合理的报酬原则。历史已经证明绝对公平的"大锅饭"的这种"杀富济贫"的分配方式祸害无穷，它严重挫伤人们的工作积极性，其结果必然是生产率低下。这里强调的公平，是指效率优先的公平，是对才能、绩效的公平，能者多劳，但多劳者一定多得；这里强调的合理，也是指报酬应该基于绩效或者贡献。

（4）精神激励与物质激励相结合原则。按照双因素理论，金钱主要起到保障的作用，要考虑公平性和合理性，但真正能起到激励作用的是工作本身、认可、责任、提升、成就和个人成长与发展。用人并不是把人当作机器和实现目标的工具，人是社会人，人有心理和社会的需要，用好人的前提是关心人、尊重人，对工作的反馈，尤其是肯定、表扬、称赞、提拔可以让人充分地感受成就感和成功感。

（三）育人的基本原则

育人的基本原则如下。

（1）长期原则。人们所掌握的知识在知识经济时代折旧甚至淘汰的速度在不断加快，不管是从工作的需要（如新机器、新设备、新技术、新工艺、新流程）还是员工个人成长的需要来看，不断进行知识的更新都是必不可少的。

（2）实用原则。企业育人既不是公益事业也不是素质教育，而是一项投资，投资回报是育人的动机和目的。所以企业育人必须是"出自我需"并"为我所用"，必须以工作需要为前提并强调学以致用。

（3）因材施教原则。这是教育和培训共同的要求，因为每个人的个性、基础、经历、经验、接受能力、兴趣、爱好等都存在差异。因此，育人的方式、方法和途径都应该视具体对象的具体情况而定。

（4）学以致用原则。这里的学以致用是指学了要用。如果学了不用、不能用或用不上，就是浪费，就是投资失败。所以育人需要机制和文化的配合，要提供条件或创造条件让员工所学的知识有用武之地，鼓励、支持、配合和奖赏员工将所学的知识转化到工作实际中去。

（四）留人的基本原则

留人的基本原则如下。

（1）感情留人原则。所谓"士为知己者死"就是强调人的有情有义，以情感人、以情动人、以情留人是人力资源管理的最高层次。

（2）事业留人原则。职业既是谋生的手段，更是实现人生追求和自我价值的事业。当一个人将职业当作自己的事业来追求时，他就不会将目光盯在眼前的利益得失上，而是更关注事业发展的空间和机会。

（3）待遇留人原则。人不可能不食人间烟火，待遇既是保障基本生活需要和提高生活质量的前提和基础，又是个人价值和贡献被认可的一个标尺，待遇还代表企业对人才的关心、重视和爱护。因此，好的待遇永远是企业吸引人才、留住人才的一个重要法宝。

案例1 工资全额浮动为何失灵

一、案例介绍

WH 建筑装饰工程总公司是国家建设部批准的建筑装饰施工一级企业，实力雄厚，经济效益可观。铝门窗及幕墙分厂是总公司下属最大的分厂，曾经在一线工人和经营人员中率先实行工资全额浮动，收到了不错的效果。为了进一步激发二线工人、技术人员及分厂管理干部的积极性，该分厂宣布全面实行工资全额浮动制。决定宣布后，连续两天，技术组几乎无人画图，大家议论纷纷，抵触情绪很强。经过分厂领导多次做思想工作，技术组最终被迫接受。

实行工资全额浮动后，技术人员的月收入是在基本生活补贴的基础上，按当月完成设计任务的工程产值提取设计费。如玻璃幕墙设计费，基本上按工程产值的 0.27% 提成，即设计的工程产值达 100 万元，可提成设计费 2 700 元。当然，技术人员除了画工程设计方案图和施工图外，还必须以技术代表身份参加投标，负责计算材料用量及加工、安装现场的技术指导和协调工作。分配政策的改变使小组每日完成的工作量有较大幅度提高，组员主动加班加点，过去个别人"磨洋工"的现象不见了。然而，随之而来的是，小组里出现了争抢任务的现象，大家都想搞产值高、难度小的工程项目设计，而难度大或短期内难见效益的技术开发项目备受冷落。

彭工原来主动要求开发与自动消防系统配套的排烟烟囱项目，有心填补国内空白，但实行工资全额浮动三个月后，他向组长表示，自己能力有限，希望放弃这个项目，要求组长重新给他布置设计任务。

李工年满 58 岁，是多年从事技术工作的高级工程师。实行工资全额浮动后，他感到了沉重的工作压力。9 月，他作为呼和浩特某装饰工程的技术代表赴呼市投标，因种种复杂的原因，该工程未能中标。他出差 20 多天，刚接手的另一项工程设计尚处于准备阶段，故当月无设计产值，仅得到基本生活补贴 378 元。虽然在随后的 10 月份，他因较高的设计产值而得到 3 980 元的工资，但他依然难以摆脱强烈的失落感，他向同事们表示他打算提前申请退休。

尽管技术组组长总是尽可能公平地安排设计任务，平衡大家的利益，但是意见还是一大堆。小组内人心浮动，好几个人有了跳槽的意向，新分配来的大学生小王干脆不辞而别。组长感到自己越来越难做人了。

（资料来源：熊川．工资全额浮动为何失灵．21 世纪经济报道（管理版），2003-02-13.）

二、思考·讨论·训练

1. 该企业技术人员的主导需求是什么？实施工资全额浮动后有什么变化？
2. 解释工资全额浮动失灵的原因。
3. 你准备怎样解决企业面临的问题？

案例2　鼎立建筑公司

一、案例介绍

鼎立建筑公司原本是一家小企业，仅有 10 多名员工，主要承揽一些小型建筑项目和室内装修工程。创业之初，大家齐心协力，干劲十足，经过多年的艰苦奋斗和努力经营，目前已经发展成为员工数百、资产近千万的中型建筑公司，有了比较稳定的顾客，生存已不存在问题，公司走上了比较稳定的发展道路。但仍有许多问题让公司胡经理感到头疼。

创业初期，人手少，胡经理和员工不分彼此，大家也没有分工，一个人顶几个人用。拉项目，与工程队谈判，监督工程进展，谁在谁干，不分昼夜，不计较报酬，一些事情甚至在饭桌上就讨论解决了。胡经理为人随和，十分关心和体贴员工。由于胡经理的工作作风及员工工作具有很大的自由度，大家工作热情高涨，公司因此得到快速发展。

然而，随着公司业务的发展，特别是经营规模急剧扩大之后，胡经理在工作中不时感觉到不像以前那样得心应手了。首先，让胡经理感到头疼的是那几位与自己一起创业的"元老"，他们自恃劳苦功高，对后来加入公司的员工，不管现在职位高低，一律不看在眼里。这些元老们工作作风散漫，不听从主管人员的安排。这种散漫的工作作风很快在公司内部蔓延开来，对新来者产生了不良的示范作用。在鼎立建筑公司里再也看不到创业初期的那种工作激情了。

其次，胡经理感觉到公司内部的沟通经常不顺畅，大家谁也不愿意承担责任，一遇到事情就来向他汇报，但也仅仅是遇事汇报，很少有解决问题的建议，结果导致许多环节只要胡经理不亲自去推动，似乎就要"停摆"。另外，胡经理还感到，公司内部质量意识开始淡化，对工程项目质量的管理大不如从前，客户的抱怨也正逐渐增多。

上述感觉让胡经理焦急万分，他认识到必须进行管理整顿。但如何整顿呢？胡经理想抓纪律，想把元老们清出公司，想改变公司激励系统……他想到了许多，觉得有许多事情要做，但一时又不知从何入手。因为胡经理本人和其他元老们一样，自公司创立以来一直一门心思地埋头苦干，并没有太多地琢磨如何让别人更好地去做事，加上他自己也没有系统地学习过管理知识，实际管理经验也欠丰富。

出于无奈，他请来了管理顾问，并坦诚地向顾问说明了自己遇到的难题。顾问在做了多方面调研之后，首先与胡经理一道分析了公司这些年取得成功和现在遇到困难的原因，然后针对企业存在的问题提出了一些很有价值的建议。

（资料来源：http://www.tieba.baidu.com/f? kz＝329741700）

二、思考·讨论·训练

1. 分析公司出现的主要问题及原因（3点以上）。
2. 胡经理应怎样解决公司的"元老"问题？
3. 解决公司问题要从哪几方面着手？

案例3　李欣的调离报告

一、案例介绍

北京某无线电厂是一家国有大型电子企业，以生产精密无线电元件为主，其电容系列产品和超精密特种电阻产品获部级优质产品称号。从用途上看，各类产品广泛应用于军工、仪器仪表、家电、通信等领域。以产品为标准，全厂分成三个事业部。第一事业部主要生产超精密特种电阻。李欣任第一事业部部长，全面主管事业部工作。

李欣系某交通大学电子技术专业毕业，1984 年分配来厂。最初从事技术工作，他理论知识扎实、勤奋好学、工作兢兢业业。两年以后，他成为事业部的技术骨干，开始独当一面。1986 年年底，经厂里业绩考核，被提升为事业部副部长。1989 年，事业部部长年届 60

退休，李欣任部长。

李欣任部长以后，凭着技术功底和几年做副职的经验，抓了三项重点工作：①新产品开发；②控制产品质量；③强化内部管理，将考核指标分解到人，实行工效挂钩。采取这三项措施以后，事业部的经营发生了显著变化，销售收入明显增加，职工积极性大大提高。第一事业部也连续 6 年保持全厂销量第一，其销售额占总销售额的 40%。

李欣在厂里干部考核中连续两次被评为优秀，多次获得先进生产者、优秀党员称号。鉴于此，厂长和党委书记一致决定派他到经营困难、职工思想混乱的第三事业部任党总支书记，协助事业部部长搞好经营工作。

李欣虽然有近十年党龄，但对如何做思想政治工作考虑不多。任党总支书记后，面对职工思想混乱、积极性不高的局面不知如何下手，同时又在事业部如何经营方面与部长存在严重分歧。调任 4 年来，工作一直打不开局面，在企业民主评议中被职工评为不称职干部。

厂长和党委书记意识到李欣无法继续在第三事业部工作，但是厂各行政部门都有负责人，调整谁都感觉欠妥，于是决定成立机关党委，调他任机关党委书记。党委书记找李欣谈话，李欣不同意，表示愿意做业务干部。书记反复做他工作也没有结果。

最后，由于在第三事业部待不下去，其他部门又无法安排，厂长只能安排李欣到厂里下属的合资公司做一般技术人员。合资公司经理分配他负责产品出厂检验。

半年以后，李欣提交了调离报告。

（资料来源：http：//www.bbs.mbahome.com/dispbbs.asp? boardID=141&ID=21926）

二、思考·讨论·训练

1. 李欣离职的原因是什么？其离职会对他本人及企业造成什么影响？

2. 如果李欣的调离报告交到了你手里，你会怎么办？请说明批准的理由，或不批准后将采取的对策。

3. 试结合本案例讨论，作为企业领导者，应该如何避免优秀人才的流失？

4. 目前社会上流行一种看法，认为国有企业领导中经常抱怨的"该走的没走，不该走的却走了"这句话应该理解为，这些领导者实际上只是在职工离职时才意识到他是个人才，竭力要把他留住；同时，现实中也不乏那些工于心计的人，为获取领导重视，假传自己要调走。对社会上流行的这种说法，你是怎么看的？对某些人的离职幌子，又该如何识别和对待？

案例4 李科长的烦恼

一、案例介绍

李平（女），大学某工科专业毕业后，分配到一个中型工业企业，在车间任技术员。李平工作认真负责，一年后经厂领导同意，又考上同专业的硕士研究生，三年后研究生毕业，应原厂的要求，再回原厂工作。该厂技术科科长前一年退休，技术科暂由王副科长负责。王副科长及其他技术员虽然资历较长，但学历均为本科以下。此时正是企业急需开发一些新产品的时期，而李平的硕士毕业论文正是有关这方面的课题，而且该厂的领导对其以前的工作有良好的印象，于是，企业决定任命李平为技术科科长。正式任命之前，厂长在与李平谈话中指出：要与科里的其他老同志团结好，她的工作一方面是负责技术科的全面领导，另一方面是重点负责新产品的开发工作。

该厂技术科现有两名副科长，均为男性。王副科长现已56岁，中专毕业，建厂初期就进厂工作，工龄已有30余年，对该厂的各项技术工作都十分熟悉，工作经验很丰富，与现有各位厂领导关系都很好，但考虑到其学历较低，不适应当前科学技术发展的要求，没有被任命为正科长。夏副科长40岁，本科学历，十年前调入该厂，五年前曾参与当时的一系列新产品开发，获得成功，其中部分产品成为目前该厂的主导产品，但考虑到其知识结构与当前正在开发的新产品不适应，而且他与王副科长关系不很融洽，所以，也没有任命为科长。技术科还有其他7名技术员，除一位是去年分配来的女大学生外，其余都是男性，年龄均在35～50岁。由于这批新产品的开发工作是相当复杂的，开发成功与否，对企业有重大的影响，所以，该厂决定成立新产品开发领导小组，由一位副厂长任组长，李平科长任副组长，但由李平具体负责，小组成员还包括夏副科长、两名技术人员、销售科和供应科各一名副科长。

李平感到自己虽然有较多的专业知识，但技术科的两位副科长和其他技术员都是自己的老前辈，有较多的工作经验。因此，在分配工作任务、确定技术措施、进行产品设计等方面，李平都通过各种会议征求大家的意见，充分发挥民主，共同商定。一段时间后，李平感到同事们提出的方案不是很好，而好的方案大家并不认真对待，往往还没有深入研究，大家就给予否定。王副科长会习惯性地向厂长汇报和研究有关全厂的技术工作建议，这些建议又与李平的建议相左，厂领导却并不明确表示支持谁，仅强调精诚团结，夏副科长对新产品开发已有一套自己的方案，但李平很清楚地知道那是不可行的，从责任心来讲她也是不能同意的，可她又不好意思由自己直接来推翻，希望由新产品开发领导小组做出决议，但组长（分管副厂长）又不表态，其他成员似乎无所适从。有时王、夏二人对科里的一些工作意见不一致，李平也感到十分为难。科里工作效率低，士气也不高，李平感到这个科长真是很难当。

（资料来源：http://www.examda.com/hr/anli/20060708/144805327.html）

二、思考·讨论·训练

1. 如果你是厂长，你将任命谁任厂技术科科长？为什么？
2. 你给李平担任厂技术科科长的工作提出怎样的建议？

案例5　成功的应聘者

一、案例介绍

某著名大公司招聘职业经理人，应聘者云集，其中不乏高学历、多证书、有相关工作经验的人。经过初试、笔试等四轮淘汰后，只剩下 6 个应聘者，但公司最终只选择一人作为经理。所以，第五轮将由老板亲自面试。看来，接下来的角逐将会更加激烈。

可是当面试开始时，主考官却发现考场上多出了一个人，出现 7 个考生，于是就问道："有不是来参加面试的人吗？"这时，坐在最后面的一个男子站起身说："先生，我第一轮就被淘汰了，但我想参加一下面试。"

人们听到他这么讲，都笑了，就连站在门口为人们倒水的那个老头子也忍俊不禁。主考官也不以为然地问："你连考试第一关都过不了，又有什么必要来参加这次面试呢？"这位男子说："因为我掌握了别人没有的财富，我自己本人即是一大笔财富。"大家又一次哈哈大笑，都认为这个人不是头脑有毛病，就是狂妄自大。

这个男子说："我虽然只是本科毕业，只有中级职称，可是我却有着 10 年的工作经验，曾在 12 家公司任过职……"这时主考官马上插话说："虽然你的学历和职称都不高，但是工作 10 年倒是很不错，不过你却先后跳槽 12 家公司，这可不是一种令人欣赏的行为。"

男子说："先生，我没有跳槽，而是那 12 家公司先后倒闭了。"在场的人第三次大笑。一个考生说："你真是一个地地道道的失败者！"男子也笑了："不，这不是我的失败，而是那些公司的失败。这些失败积累成了我自己的财富。"

这时，站在门口的老头子走上前，给主考官倒茶。男子继续说："我很了解那 12 家公司，我曾与同事努力挽救它们，虽然不成功，但我知道错误与失败的每一个细节，并从中学到了许多东西，这是其他人所学不到的。很多人只是追求成功，而我，更有经验避免错误与失败！"

男子停顿了一会儿，接着说："我深知，成功的经验大抵相似，容易模仿；而失败的原因各有不同。用 10 年学习成功经验，不如用同样的时间经历错误与失败，所学的东西更多、更深刻；别人的成功经历很难成为我们的财富，但别人的失败过程却是一笔巨大的财富！"

男子离开座位，做出转身出门的样子，又忽然回过头："这 10 年经历的 12 家公司，培养、锻炼了我对人、对事、对未来的敏锐洞察力，举个小例子吧——真正的考官，不是您，而是这位倒茶的老人……"

在场所有人都感到惊愕，目光转而注视着倒茶的老头。那老头诧异之际，很快恢复了镇静，随后笑了："很好！你被录取了，我想知道，你是如何知道这一切的？"

老头的言语表明他确实是这家大公司的老板，这次轮到这位考生笑了。

（资料来源：汪中求．细节决定成败．北京：新华出版社，2004．）

二、思考·讨论·训练

1. 你认为这个男子被录取的原因是什么？
2. 企业的面试工作应该怎样开展？
3. 要成为一个成功者，应该具备什么样的素质？

案例6 西门子的培训体系

一、案例介绍

150年来，西门子的名字早已超出其产品品牌本身的含义，成为一个成功的标志。是什么造就了西门子150多年的辉煌？高质量的产品、完善的售后服务、不断创新，以及高效的员工培训被认为是西门子成功的关键。

在员工培训方面，西门子创造了独具特色的培训体系。西门子对员工进行培训的根本目标是使他们能够从容应付来自各方面的挑战。为此，西门子为员工设计了各种各样的有效培训。

（一）新员工培训

新员工培训又称第一职业培训。西门子公司在这一方面投入甚丰，以保证企业发展有足够的一流技术工人。在第一职业培训期间，学生要接受双轨教育：一周中3天在企业接受工作培训，另外2天在职业学校学习知识。这样，学生不仅可以在工厂学到基本的熟练技巧和技术，而且可以在职业学校受到相关基础知识教育。西门子早在1992年就拨专款设立了专门用于培训工人的"学徒基金"。现在，公司在全球拥有60多个培训场所，如在公司总部慕尼黑设有西门子学院，在爱尔兰设有技术助理学院，他们都配备了最先进的设备，每年培训经费近4亿欧元。目前共有1万名学徒在西门子公司接受第一职业培训，大约占员工总数的5%。

第一职业培训（新员工培训）保证了员工进入公司后具有很高的技术水平和职业素养，为西门子的长期发展奠定了坚实的基础。

（二）大学精英培训

西门子平均每年接收全球大学毕业生3 000名左右，并为他们制订了专门的培训计划。进入西门子的大学毕业生首先要接受综合考核，考核内容既包括专业知识，也包括实际工作能力和团队精神，公司根据考核的结果安排适当的工作岗位。在此过程中，西门子从每批大学生中选出30名尖子进行专门培训，培养他们的领导能力，培训时间为10个月，分3个阶段进行。

第一阶段，让他们全面熟悉企业的情况，学会从互联网上获取信息。

第二阶段，让他们进入一些商务领域工作，全面熟悉本企业的产品，并加强他们的团队精神。

第三阶段，将他们安排到下属企业（包括境外企业）承担具体工作，在实际工作中获取实践经验和知识技能。

目前，西门子拥有 400 多名这样的"精英分子"，1/4 正在接受海外培训或在国外工作。大学精英培训计划为西门子储备了大量的管理人员。

（三）员工在职培训

西门子努力塑造"学习型企业"。为此，西门子特别重视员工的在职培训，在每年投入的 8 亿马克培训费中，有 60% 用于员工在职培训。在西门子员工的在职培训中，管理教程培训尤为独特和有效。西门子员工管理教程分为五个级别，各级培训都以前一级别培训为基础，从第五级别到第一级别所获技能依次提高。其具体培训内容如下。

第五级别，管理理论教程。培训对象是具有管理潜能的员工。培训目的是提高参与者的自我管理能力和团队建设能力。培训内容是西门子企业文化、自我管理能力、个人发展计划、项目管理、掌握满足客户需求的团队协调技能。培训日程是与工作同步的一年期培训，为期 3 天的两次研讨会和一次开课讨论会。

第四级别，基础管理教程。培训对象是有较高潜力的初级管理人员。培训目的是让参与者准备好初级管理工作。培训内容是综合项目的完成、质量及生产效率管理、财务管理、流程管理、组织建设及团队行为、有效的交流和网络化。培训日程是与工作同步的一年期培训，两次为期 5 天的研讨会和一次为期两天的开课讨论会。

第三级别，高级管理教程。培训对象是负责核心流程或多项职能的管理人员。培训目的是开发参与者的企业家潜能。培训内容是公司管理方法、业务拓展及市场发展策略、技术革新管理、西门子全球机构、多元文化间的交流、改革管理、企业家行为及责任感。培训日程是与工作同步的 18 个月培训，为期 5 天的研讨会两次。

第二级别，总体管理教程。培训对象是必须具备下列条件之一者：①管理业务或项目并对其业绩全权负责者；②负责全球性、地区性的服务者；③至少负责两个职能部门者；④在某些产品、服务方面是全球性、地区性业务的管理人员。培训目的是塑造领导能力。培训内容是企业价值、前景与公司业绩之间的相互关系、高级战略管理技术、知识管理、识别全球趋势、调整公司业务、管理全球性合作。培训日程是与工作同步的两年培训，每次为期 6 天的研讨会两次。

第一级别，西门子执行教程。培训对象是已经或者有可能担任重要职位的管理人员。培训目的是提高领导能力。培训内容是根据参与者的情况特别安排。培训日程是根据需要灵活掌握的。培训内容根据管理学知识和公司业务的需要而制定，随着二者的发展变化，培训内容需要不断更新、调整。

通过参加西门子管理教程培训，增强了企业和员工的竞争力，达到了开发员工管理潜能、培养公司管理人才的目的。

西门子的员工培训计划涵盖了业务技能、交流能力和管理能力的广泛领域，为公司储备了大量的生产、技术和管理人才，从而提高了公司整体竞争力，成为西门子公司不败的重要保证。

（资料来源：王惠忠．企业人力资源管理．上海：上海财经大学出版社，2004.）

二、思考·讨论·训练

1. 西门子公司员工培训体系的特点是什么？
2. 西门子公司员工在职培训的意义和作用是什么？
3. 你认为西门子公司的员工培训体系对我国企业培训工作有什么启示？

拓展训练　超级三人组

目标： 了解团队成员的异同点，思考如何充分发挥团队成员的潜能。

时间： 30～40 分钟。

人数： 12～18 人，最好是 3 的整数（也可以安排 4 人一组）。

教具： 每人一张纸和一枚别针。

程序：

1. **准备：** 让所有学员造句，句型：我是一位_____。

要求：完成十句完全不同的造句题。将答案写在纸上，并用别针将纸固定于自己的衣服上。

2. **开始：**

(1) 学员自由组合，三人一组。

要求： 小组成员所造句子的相同点要尽可能多。

时间： 3 分钟。

总结： 其实人们之间的共同点要比我们看到的多。

(2) 学员自由组合，三人一组。

要求： 小组成员所造句子的不同处尽可能多。

时间： 3 分钟。

总结： 即使在差异最大的小组中还是存在某些共同点。

如果有小组其成员造句没有一句是相同的（虽然此种可能性很小），可邀请所有人集体讨论，一起总结出至少十点相似之处。

（3）学员们随意进行三人组合。

要求：共同提出一个有创新精神的创业计划，开办一家公司。要求最大限度地挖掘小组成员的不同能力，充分利用三个人的智慧。以下一份计划，可供参考。

我们团队的计划是开展用录像带进行英语培训的项目，对象是那些以英语为第二语言的印度籍人。因为，我对印度比较熟悉，我也有进行教育设计的经验。霍华德可以利用他在录像带制造方面的技能和他柔和的中西部口音。再加上爱达教授英语教学的经验和女性特有的细心，相信这个计划会非常成功。

时间：5分钟。

（4）每个小组详细阐述他们的创业计划。最后大家投票选举最佳创业计划。

总结：善于融合成员的智慧可以使整体在激烈的竞争中始终处于领先优势。

分享：一个团队中的成员来自四面八方，他们有着不同的文化背景、丰富各异的个性，而且各有所长。但是他们亦不乏共同和共通之处，一个真正富有竞争力的团队正是恰到好处地融合了他们的同与异。

第七章 领导行为

领导者的任务是创造一个可以让他的同仁乐于工作，发挥他们的才能和潜力的环境。

——［美］戴明

一、领导概述

（一）领导的定义

关于领导的定义有很多，一般把领导定义为一种影响力，影响个体、群体或组织来实现所期望目标的各种活动的过程。这个领导过程是由领导者、被领导者和领导环境这三个因素所组成的复合函数。公式表示如下：

$$领导＝f（领导者，被领导者，领导环境）$$

1. 领导者

领导者是实施领导的人，即权力和责任的承担者。领导者是指在社会共同活动中，在一定的职位体系中担任一定领导职务的个人或集体。所以，人们往往把领导者视同领导。

2. 被领导者

被领导者是指在领导者的领导下，按照领导的意图，为实现组织目标，从事具体实践活动的个人或集团。

3. 领导环境

领导环境是指制约和推动领导活动开展的各类自然要素和社会要素的组合，是政治、经济、文化、法律、科学技术和自然要素影响领导行为模式的组织内部和外部的环境气氛与条件。

（二）经理角色理论

哈佛大学教授、管理学大师亨利·明茨伯格 1973 年在其《管理工作的性质》一书中，对管理者的角色和作用进行了全方位的研究和论述。他通过大量的、长期的观察和研究，认为管理者是一个复杂的，由人际、信息和决策等三类角色交织而成的总体，一个管理者同时起着不同的作用。这些作用和工作可以综合为三个方面，共有 10 种角色。

1. 人际关系方面的角色

人际关系方面的角色通常是指所有的管理者都要在组织中履行礼仪性和象征性的义务。①挂名首脑。由于其为正式的权威，管理者是组织的象征，有责任和义务从事各种活动，如会见宾客、代表签约、剪彩、赴宴、致辞等，有些属例行公事，有些具有鼓舞人心的性质，但全都涉及人际关系的活动，没有一项涉及信息处理或决策。②领导者。负责对下属激励和鼓励，负责用人、培训和交际。管理者通过领导角色将各种分散的因素整合为一个合作的整体。③联络者。负责同他所领导的组织内外无数个个人和团体维持关系，建立和发展一种特别的联系网络，将组织与环境联结起来。

2. 信息方面的角色

信息方面的角色是指所有的管理者在某种程度上，都要从外部组织接受和传递信息，而且还要从组织内部的某些方面接受和传递信息。①监听者。作为监听者，其角色是收集信息，使其能够了解组织内外环境的变化，找出问题和机会。②传播者。将收集到的信息传播给组织的成员；有些信息是关于事实的信息；有些信息是关于价值的信息，即某人有关"应该"是什么的主观信息，目的是指导下属正确决策。③发言人。作为正式的权威，代表组织对外发布信息，以期争取公众、利害关系人的理解与支持，维护组织形象。

3. 决策方面的角色

亨利·明茨伯格将决策制定分解为 4 个方面的工作，形成了决策方面的 4 种角色。①企业家。作为企业家，管理者是组织中大多数可控变化的设计者和发起者，即按其意志进行变革的全部活动，包括发现利用各种机会，促进组织的变革。②故障排除者。企业家角色把注意力集中于可控的变革，而故障排除者角色则处理非自愿的情况及部分的非管理者所能控制的变革，如对一件未能预料的事件，一次危机或组织冲突的处理和解决。③资源分配者。资源分配是组织战略制定的核心，战略是由重要的组织资源的选择决定的。作为正式权威，管理者必须进行资源分配，这里所说的资源包括时间、金钱、物质材料、人力及信誉。所谓资源分配主要是安排时间、安排工作、批准行动等。④谈判者。代表组织与相关组织和人士进行协商和谈判，进行资源的交易。

二、领导者的影响力

（一）领导者影响力的概念

所谓领导者影响力就是指领导者在与他人交往中所表现出来的影响和改变他人心理状态和行为的能力。尽管这种能力人人都有，但是，在组织中，领导者身居要位，作用特殊，其影响力也就具有不同寻常的意义。领导者要实现其领导作用，一个重要因素就是必须具有影响力。

（二）领导者影响力的构成

1. 权力影响力

所谓权力影响力也称强制影响力。它是由社会赋予个人的职务、地位、权力等构成的影响力。这种影响力是以"法定"为支柱，以权力为核心所形成的。领导者的职位越高，权力越大，这种影响力的作用也就越大。权力性影响力的特点是：它对别人的影响带有强迫性、不可抗拒性，以外推力的形式来发挥作用。在它的作用下，被影响者的心理和行为主要表现为被动、服从。因此，它对人们的心理和行为的激励是有限的。与权力影响力有关的因素包括传统因素、职位因素和资历因素。这些因素都是外在的，先于领导行为存在的。

2. 非权力性影响力

非权力性影响力是与合法权利相对的，既没有正式的规定，也没有组织授权的形式，所以它属于自然性影响力，这种影响力的特点是没有强制性的，被领导者所吸引，心甘情愿地接受领导者的影响，因此它对人的激励作用是很大的。这种影响力对于调动职工的积极性尤为重要，可以使职工对领导者自发地依赖与尊敬，追随领导者去实现管理目标，甚至不假思索地去执行领导者的决策。与非权力性影响力有关的因素包括品格因素、才能因素、知识因素、感情因素。领导者影响力的构成如表7-1所示。

表7-1　领导者影响力的构成表

因素		性质	心理效应	
权力性	传统因素	观念性	服从感	强制性 影响力
	职位因素	社会性	敬畏感	
	资历因素	历史性	敬重感	
非权力性	品质因素	本质性	敬爱感	自然性 影响力
	才能因素	实践性	敬佩感	
	知识因素	科学性	信任感	
	感情因素	精神性	亲切感	

3. 权力影响力与非权力影响力的关系

领导者影响力可分为权力影响力和非权力影响力，二者互相区别但又互相联系。权力影响力与非权力影响力的区别在于：二者权力来源不同，前者是根据职务确定的，是为了履行职务所规定的职责而赋予领导者的对人和物的支配权，后者来源于领导者的品德、才能、学识等素质。由此二者对应的影响的范围、时限、效果也不相同。

权力影响力与非权力又互相联系。首先权力为非权力提供条件，虽然这种条件并非必要条件，但却意义重大。权力为领导者充分建立、展示其非权力提供了舞台，使领导者的人格魅力、品质、才干更直接、快捷地被组织内的其他成员了解接受，间接地扩大了领导者的非权力影响力。同时非权力影响力又为权力影响力提供支持。领导者的权力来源有许多种不同途径，不同的领导者利用其权力产生的影响效果也不尽相同，这些效果对构成其领导者影响力可能具有积极作用，但也可能具有消极作用，在不同的权力影响力效果当中，非权力影响力扮演了重要角色，即领导者在领导岗位上能不能使下属信服的问题。所以领导者的权力影响力与非权力影响力不是截然分开的，而是紧密地联系在一起。

三、领导理论

（一）领导特质理论

领导特质理论的基本假设是：①成功领导者与不成功领导者具有不同的人格特质；②通过科学的方法可以测定并归纳成功领导者应具有的人格特质，以便作为选拔领导者的重要依据。

20世纪初，由于心理测量技术的发展，使得人格特质的测定成为可能。随之，有关领导特质的研究便大量出现。例如，亨利（W. F. Henry）通过研究发现，优秀的领导往往具备以下6种人格特质：获得成就的欲望强烈、获得社会进步的欲望强烈、喜爱自己的上司、坚决、果断、务实。

伊迈斯（Eminons）则从反向进行研究，归纳出成功领导者一般不会具有的5种人格特质：利己自私；不重视组织的效能，忽视成员的需要；马虎草率、毫无主见，任职虽久，却无建树；胆怯畏缩，惧怕团体；顽固专横，不善应变。

类似亨利和伊迈斯的领导特质研究还有许许多多，但结果往往是众说纷纭，莫衷一是。因此，想要通过特质研究来确定理想的领导素质实在是非常困难的。此外，还有人对通过人格测量来鉴别领导特质的研究方法本身提出质疑，认为人格测试的不完备、主试的经验及被试的伪装等因素均可能影响研究结果的准确性。鉴于上述种种原因，20世纪50年代之后，西方学术界对领导特质研究的热情已大为减退。

（二）领导行为理论

1. 四分图理论

美国俄亥俄州立大学的领导行为研究小组对与领导行为有关的1 000多种因素进行了分析整理，最后归纳出影响领导行为的因素主要来自两个方面：一是以人为重心，关心体贴组织成员，尊重他们，听取他们的意见；二是以工作为重心，认为组织纪律能带来效率，倡导有纪律的行动，主张发号施令和服从命令。

两因素还互相影响，于是出现了四种情况即四分图，表明了四种不同的领导行为或风格。领导的四分图如图7-1所示。

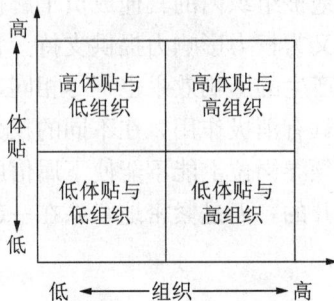

图 7-1　四分图模式

（四分图）
高体贴与低组织　　高体贴与高组织
低体贴与低组织　　低体贴与高组织

2. 领导方格图理论

在四分图理论的基础上，布莱克和莫顿于 1964 年提出了领导方格图理论，如图 7-2 所示。横坐标表示领导者对工作的关心程度，纵坐标表示领导者对人的关心程度。在坐标图上由 1 到 9 划分为九个格，作为标尺。整个方格共 81 个小方格。每个小方格表示"关心工作"和"关心人"这两个基本因素相结合的一种领导类型，并分别在图的四角和正中确定五种典型类型。

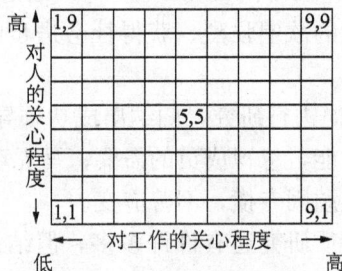

图 7-2　领导方格图

（1，1）型：贫乏型领导，他们对人和事都不够关心，这是最低能的领导方式，其结果必然导致失败。

（1，9）型：乡村俱乐部型领导，他们只关心人而不关心工作，对部属一味迁就、做老好人，这种类型也称为逍遥型领导。

（9，1）型：任务型领导，他们高度关心工作及其效率而不关心人，只准下级服从，不让其发挥才智和进取精神。

（5，5）型：中间型领导，他们对人的关心度和对工作的关心度保持中间状态，甘居中游，只是维持一般的工作效率与士气，安于现状，不能促使部属发挥创造革新精神。

（9，9）型：协调型领导，他们既关心工作，又关心人，领导者通过协调和综合各种活动，促进工作的开展，他们会鼓舞士气，使大家和谐相处，发扬集体精神，这种领导方式效率最高，必然可以取得卓越的成就。

3. PM 型领导模式

美国学者卡特赖特和詹德在他们的《团体动力学》一书中提出了 PM 型领导模式。这一理论认为，所有团体的组成，或者是以达成特定的团体目标为目的，或者是以维持及强化团体关系为目的，或者兼而有之。为此，领导者为达到不同的目的而采取的领导行为方式可划分为三类：目标达成型（P 型）、团体维持型（M 型）、两者兼备型（PM 型）。后来，日本大阪大学教授三隅二不二发展了这一理论。他认为，P 职能是领导者为完成团体目标所做的努力，主要考察工作的效率、规划的能力等。M 职能是领导者为维持和强化团体所起的作用。他将领导的行为方式分为四种类型，即 PM、P、M、pm。如图 7-3 所示。为了测量 P、M 的因素，他设计了通过有关下属情况的八个方面来测定 P、M 两职能的问卷。这八个方面是：工作激励、对待遇的满意程度、企业保健、心理保健、集体工作精神、会议成效、信息沟通、绩效规范。根据调查问卷分别统计单位平均的 P、M 分数和领导者个人的 P、M 分数，将后者与前者相比较，就可以知道领导者的领导类型。

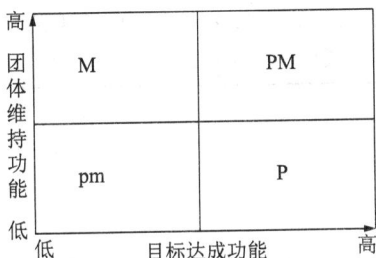

图 7-3　PM 型领导模式

4. 领导作风理论

勒温（K. Lewin）以权力定位为基本变量，把领导者在领导过程中表现出来的极端的工作作风分为三种类型：专制作风——权力定位于领导者个人；民主作风——权力定位于群体；放任自流作风——权力定位于每个组织成员。

在实际工作中，这三种极端的领导作风并不常见。勒温认为，大多数的领导者的工作作风往往是处于两种极端类型之间的混合型。勒温的独裁、民主、放任领导方式如表 7-2 所示。

表 7-2　勒温的独裁、民主、放任领导方式表

	独裁式领导	民主式领导	放任式领导
团体方针的决定	一切由领导者一人决定	所有方针由团体讨论决定	完全由团体或个人决定，领导不参与

	独裁式领导	民主式领导	放任式领导
团体活动的了解与透视	分段指示工作的内容与方法，因此无法了解团体活动的最终目的	职工一开始就了解工作程序与最终目标，领导者提供两种以上的工作方式	领导者提供工作上需要的各种材料，当职工前来咨询时即给予回答，但不做具体指示
工作的分工与同伴的选择	由领导者决定后，通知职工	分工由团体决定，工作的同伴由职工自己选择	领导者完全不干预
工作参与及工作评价的态度	除示范个人，领导者完全不参与团体作业。领导者采用职工个人喜欢的方式评价职工的工作成果	领导者与成员一起工作，但避免干涉指挥。领导者依据客观事实评价职工的工作成果	除成员要求外，否则领导者不主动提供工作上的意见，对职工的工作成果也不做任何评价

（三）领导权变理论

1. 领导行为连续带模式

这个模式是行为科学家罗伯特·坦南鲍姆和沃伦·斯密特于 1958 年提出的。他们认为，在独裁和民主两个极端之间存在着一系列的领导行为方式，构成一个连续带。领导方式不可能固定不变，而是随着环境因素的变化而变化。领导方式不是机械地只从独裁和民主两方面进行选择，而是按客观需要将二者结合起来运用。连续带模式表示一系列民主程度不同的领导方式。有效的领导方式就是能在特定的条件下选择所需要的领导行为。领导者在选择其领导方式时，应考虑自身的能力和部属的能力。如果领导者认为部属有才干，则选择较为民主的领导方式；反之，则选择强制性的领导方式。领导行为连续带模式如图 7-4 所示。

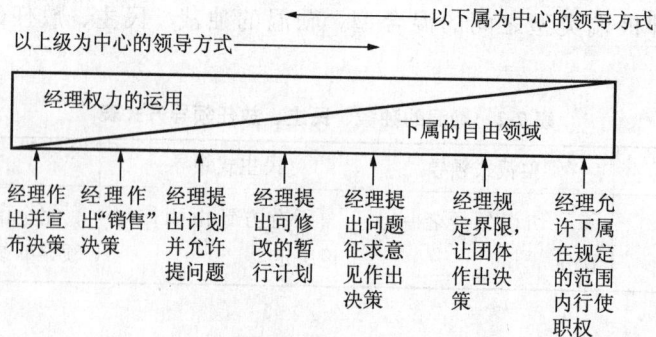

图 7-4　领导行为连续带模式

2. 菲德勒的权变模式

1967 年，美国华盛顿大学教授 F. 菲德勒经过 15 年的调查研究，提出了一个"有效领导的权变模式"，他将与领导有关的情境因素分为三种：领导与成员关系、任务结构和职位权力。每一种因素分别有好坏、有无、强弱的不同方面。根据这三种因素六个方面的不同组合，菲德勒把领导者所处的环境从最有利到最不利，分成八种类型。他认为，三个条件齐备，即领导与成员关系良好、有任务结构（工作任务明确）、职位权力强，这是对领导最有利的环境；三者有一项或两项具备是领导的一般环境；三者都缺的是对领导最不利的环境。这一模式指出，要提高领导的有效性，或者改变领导方式，或者改变领导者所处的环境。在环境因素最好或最坏的条件下，应该选择以关心工作任务为中心的领导者；否则，则应该选择以关心人为中心的领导者。菲德勒模型如图 7-5 所示。

上下级关系	好				差			
任务结构	明确		不明确		明确		不明确	
职位权力	强	弱	强	弱	强	弱	强	弱
情境类型	1	2	3	4	5	6	7	8
情境特征	有利			中间状态				不利
有效的领导方式	任务型			关系型				任务型

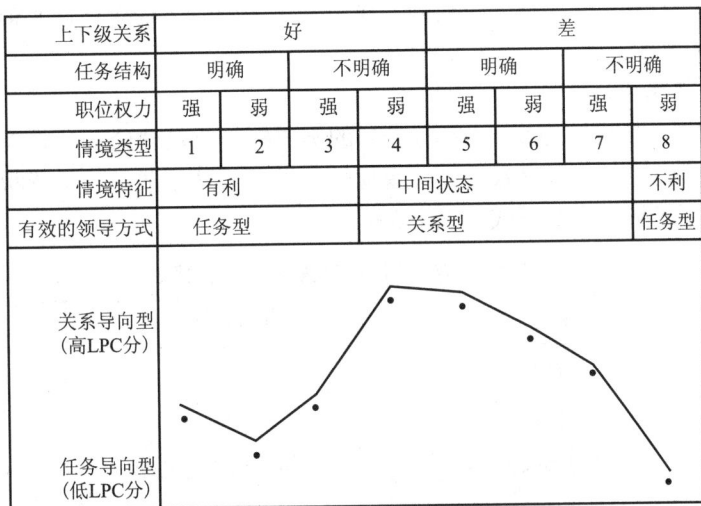

图 7-5　菲德勒模型

3. 通路—目标模式

最早由加拿大多伦多大学教授 M. G. 埃文斯于 1968 年提出，其同事 R. J. 豪斯于 1971 年作了扩充和发展。该模式的基本要点是要求领导者阐明对下属工作任务的要求，帮助下属排除实现目标的障碍，使之能顺利达成目标。在实现目标的过程中，满足下属的需要和成长发展的机会。领导者在这两方面发挥的作用越大，越能提高下级对目标价值的认识，激发积极性。通过实验，豪斯认为，"高工作"和"高关系"的组合，不一定是有效的领导方式，还应考虑情境因素。通路—目标模式如图 7-6 所示。

4. 领导—参与模型

1973 年美国行为学家 V. 弗隆和 P. 耶顿运用决策树的形式试图说明在何种情境中，在什么程度上让下属参与决策的领导行为。他们在领导者单独决策和接受集体意见决策之间按

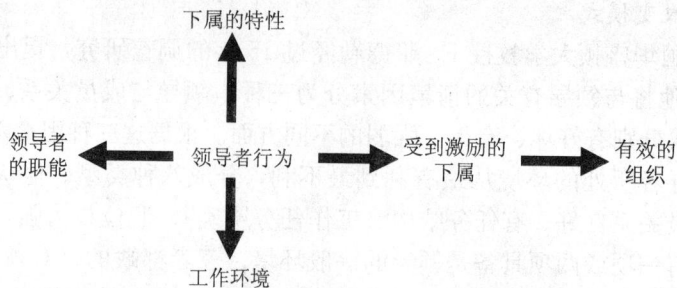

图 7-6　通路—目标模式

征求和接受下属意见的程度划分出五种不同的领导方式，并以提问的形式按照信息来源、下属接受和执行决策的不同情况划分出八种情境因素，让领导者依次从这八种情境因素的判断中找出最佳的领导方式。

5. 不成熟—成熟理论

美国管理学家阿吉里斯（Chris Argyris）的不成熟—成熟理论，主要集中在个人需求与组织需求问题的研究。他主张有效的领导者应该帮助人们从不成熟或依赖状态转变到成熟状态。阿吉里斯的不成熟—成熟模式如表 7-3 所示。

表 7-3　阿吉里斯的不成熟—成熟模式表

不成熟的特点	成熟的特点
被动性	能动性
依赖性	独立性
办起事来方法少	办起事来方法多
兴趣淡薄	兴趣浓厚
目光短浅	目光长远
从属的职位	显要的位置
缺乏自知之明	有自知之明，能自我控制

他认为如果一个组织不为人们提供使他们成熟起来的机会，或不提供他们作为已经成熟的个人来对待的机会，那么人们就会变得忧虑、沮丧且将会以违背组织目标的方式行事。

6. 领导生命周期理论

这一理论是由美国心理学家科曼于 1966 年提出，后由保罗·赫塞和肯尼斯·布兰查德发展为情境领导理论。领导生命周期理论将四分图理论和不成熟—成熟理论结合起来，创造了三维空间的领导模型。该理论认为，管理行为与被管理者的成熟度相适应时，管理最为有效。随着被管理者成熟度的提高，管理的方式要做出相应的改变，这一理论对企业管理工作有着重要意义。

领导的生命周期理论使用的两个领导维度与菲德勒的划分相同：工作行为和关系行为，从而组成以下四种具体的领导风格。①命令型领导方式（高工作—低关系）。领导者应告诉下属该干什么、怎么干及何时到何地去干。②说服型领导方式（高工作—高关系）。领导者同时提供指导性的行为与支持性的行为。③参与型领导方式（低工作—高关系）。领导者与下属共同决策，领导者的主要角色是提供便利条件与沟通。④授权型领导方式（低工作—低关系）。领导者提供极少的指导或支持。

下属成熟度的四个阶段，赫塞—布兰查德的领导生命周期理论对下属成熟度的四个阶段的定义是：第一阶段：这些人对于执行某任务既无能力，又不情愿。他们既不胜任工作，又不能被信任。第二阶段：这些人缺乏能力，但愿意执行必要的工作任务。他们有积极性，但目前尚缺乏足够的技能。第三阶段：这些人有能力，却不愿意干领导者希望他们做的工作。第四阶段：这些人既有能力，又愿意干让他们做的工作。

有效领导方式的选择方法：当下属成熟程度为第一阶段时，选择命令型领导方式；当下属成熟程度为第二阶段时，选择说服型领导方式；当下属成熟程度为第三阶段时，选择参与型领导方式；当下属成熟程度为第四阶段时，选择授权型领导方式。

领导生命周期曲线模型概括了情景领导模型的各项要素。当下属的成熟水平不断提高时，领导者不但可以不断减少对下属行为和活动的控制，还可以不断减少关系行为。在第一阶段中，需要得到具体而明确的指导；在第二阶段中，领导者需要采取高工作—高关系行为，高工作行为能够弥补下属能力的欠缺，高关系行为则试图使下属在心理上"领会"领导者的意图；对于在第三阶段中出现的激励问题，领导者运用支持性、非领导性的参与风格可获最佳解决方案；在第四阶段中，领导者不需要做太多事，因为下属愿意又有能力担负责任。领导生命周期理论模式如图 7-7 所示。

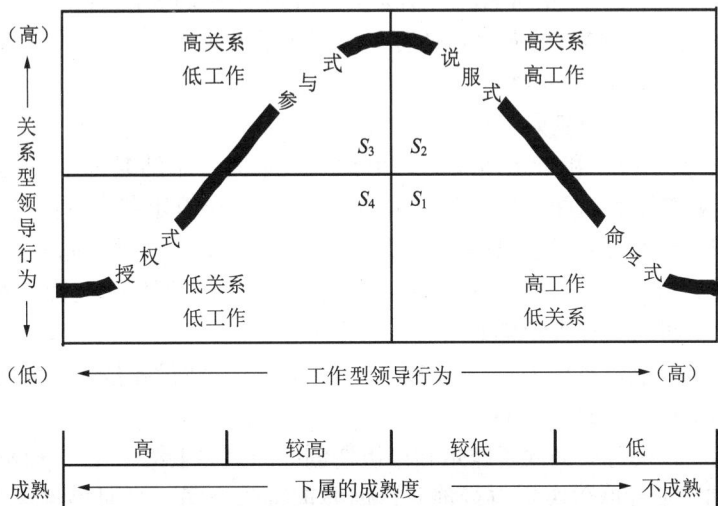

图 7-7 领导生命周期理论模式

案例1　自称"偏执狂"的企业领袖

一、案例介绍

格鲁夫带领着英特尔公司平安度过了多次磨难。他曾说过："在这个行业里，我有一个规则：要想预见今后 10 年会发生什么，就要回顾过去 10 年中发生的事情。"过去 10 年中，格鲁夫把英特尔变成了也许是技术世界中最为自力更生的公司，在这一过程中，他给英特尔打上了自己不可磨灭的印迹。

在过去几年中，安迪·格鲁夫（Androw S. Grove）重新定义了英特尔公司，使之从一个芯片制造厂转变为业界领袖。而今后 5 年里，公司面临的挑战更大，因为 10 倍速时代已经来临，失败和成功都将以 10 倍速的节奏发生。

自从 1987 年格鲁夫接任总裁以来，英特尔公司每年返还给投资者的回报率平均都在 44％以上。但比起盈利报告，人们似乎更关注在此之前一天宣布的董事会改组方案。1997 年 5 月 21 日格鲁夫将取代高顿·摩尔成为新任董事长（摩尔曾与集成电路的合作发明者罗伯特·诺依斯共同创建了这家公司），尽管这种交替在很大程度上只是象征性的：摩尔一周将继续工作 3 天，格鲁夫也将继续管理那些他已管理了多年的部门。可不管怎样，改组方案却清楚地表明了一个事实：安迪·格鲁夫已经能独当一切了。

要想真正明白这种变动的意义，你至少该知道些英特尔传奇般的过去。那时有一件事是人所共知的：早在 1975 年，摩尔就已经清醒地预见到电脑芯片的性能每 18 个月将提高一倍。执行总裁格鲁夫过去 10 年所做的一切无可辩驳地印证了摩尔的这一"定律"。英特尔不断为 PC 制造商们提供最热门的芯片，使他们能开发出更新更强的 PC。英特尔的微处理器目前被装进了世界 80％以上的 PC。

主动进攻——这其实也就是格鲁夫一生奋斗的写照。

他 1936 年出生于匈牙利布达佩斯的一个犹太人家庭，年幼时经历过纳粹的残暴统治。在学校里，他爱好歌剧和新闻报道，但到 1956 年苏联入侵匈牙利后，他父亲的企业被收归国有，格鲁夫和一群难民乘船逃离祖国，最后辗转到达纽约。当时，他不会讲一句英语，口袋里只有 20 美元。然而 3 年以后，格鲁夫不仅自学了英语，而且靠当侍者支付自己的学费，以第一名的成绩从纽约州立大学毕业，获得化学工程学位。又过了 3 年，他在加州大学伯克利分校获得了博士学位，并在 1967 年出版《物理学与半导体设备技术》，即使今天，这本书也被视作半导体工程专业的入门书。

离开伯克利后，格鲁夫加入了摩尔和诺依斯创办的世界上第一家半导体公司——仙童公司。1968 年，诺依斯和摩尔决定自行创业，创办英特尔公司。当时格鲁夫在仙童公司担任实验室副总监，由于表现出色，深具潜力，他被摩尔大力举荐，进入英特尔担任研究和开发部门的总监。1976 年，他成为首席运营官。1979 年，他发动了一场一年内从摩托罗拉手中抢到 2 000 家新客户的战役，结果英特尔不仅实现了这一目标，而且还超额了 500 家，其中一家是 IBM。

1982 年，IBM 打算进入个人电脑业，问英特尔能否提供 8088 芯片。这种芯片英特尔 1971 年就已开发出来，但却从未想过它的重大用途。不过，尽管 IBM 有些动作，直到 1985 年个人计算机的发货量仍然很小。英特尔把自己定位为一个存储器公司，但在这时日本的存储器厂家登台了。它们最重要的武器，是使用户能以惊人的低价购买到高质量的产品。这种削价战很快使英特尔面临一种危险：被挤出自己一手开发的市场。公司连续 6 个季度出现亏损，产业界都怀疑英特尔是否能生存下去。英特尔管理层围绕是否放弃存储器业务展开了激烈争论。争论越是持久，英特尔的经济损失就越大。

1985 年的一天，格鲁夫在办公室里意志消沉地与董事长兼首席执行官摩尔谈论公司的困境，那时英特尔已经在漫无目的地徘徊中度过了一年。格鲁夫问摩尔："如果我们下了台，另选一名新总裁，你认为他会采取什么行动？"摩尔犹豫了一下，答道："他会放弃存储器的生意。"格鲁夫目不转睛地望着摩尔，说："你我为什么不走出这扇门，然后自己动手？"

这个决心很难下。在所有人的心目中，英特尔就等于存储器。怎么可以放弃自己的身份？如果没有了存储器业务，英特尔还称得上是一家公司吗？但格鲁夫说做就做，他力排众议，顶住层层压力，坚决砍掉了存储器生产，而把微处理器作为新的生产重点。

英特尔从此不再是半导体存储器公司。在探求公司的新身份时，它意识到微处理器是其一切劳动的核心所在，于是自称为"微型计算机公司"。到了 1992 年，微处理器的巨大成功使英特尔成为世界上最大的半导体企业，甚至超过了当年曾在存储器业务上打败它的日本公司。

这是一次对英特尔具有重大意义的转变，这样的转变被格鲁夫称为"战略转折点"，1996 年，身兼斯坦福大学商学院教授的格鲁夫出版了一部新书，其中很大一部分内容都是在谈战略转折点问题。格鲁夫写道："我常笃信'只有偏执狂才能生存'这句格言。初出此言是在何时，我已记不清了，但如今事实仍是：只要涉及企业管理，我就相信偏执万岁。企业繁荣之中孕育着毁灭自身的种子，你越是成功，垂涎三尺的人就越多，他们一块块地窃取你的生意，直至你一无所有。我认为，作为一名管理者，最重要的职责就是常常提防他人的袭击，并把这种防范意识传播给手下的工作人员。"

"我所不惜冒偏执之名而整天疑虑的事情有很多。我担心产品会出岔，也担心在时机未成熟的时候就介绍产品。我怕工厂运转不灵，也怕工厂数目太多。我担心用人的正确与否，也担心员工的士气低落。当然，我还担心竞争对手。我担心有人正在算计如何比我们做得多快好省，从而把我们的客户抢走。"

"但是这些疑虑，与我对所谓'战略转折点'的感受相比，就不值一提了。战略转折点就是企业的根基所即将发生变化的那一时刻。这个变化可能意味着企业有机会上升到新的高度，但它也同样有可能标志着没落的开端。"

在他的这本名为《只有偏执狂才能生存》的书中，格鲁夫说，所有的企业都根据一套不成文的规则来经营，这些规则有时却会变化——常常是翻天覆地的变化。然而，没有事前的明显迹象为这种变化敲响警钟。因此，能够识别风向的转变，并及时采取正确的行动以避免沉船，对于一个企业的未来是至关重要的。这样的变化被格鲁夫称为10倍速因素，意为该因素在短期内势力增至原来的10倍。面临10倍速变化的时候要想管理企业简直难于上青天。从前的管理手段无一奏效，管理者失去了对企业的控制，而且不知如何重新控制它。最终，在工业上将达到一个新的平衡。一些企业强盛起来，一些企业衰败下去。不是所有的人都能安全地到达彼岸，那些难以幸存的人将面临与从前迥然不同的生活。

正是为此，格鲁夫说："穿越战略转折点为我们设下的死亡之谷，是一个企业组织必须经历的最大磨难。"

"在雾中驾驶时，跟着前面的车的尾灯灯光行路会容易很多。'尾灯'战略的危险在于，一旦赶上并超过了前面的车，就没有尾灯可以导航，失去了找到新方向的信心与能力。"在格鲁夫的眼里，做一个追随者是没有前途的，"早早行动的公司正是将来能够影响工业结构、制定游戏规则的公司，只有早早行动，才有希望争取未来的胜利。"

（资料来源：http://finance1.jrj.com.cn/news/2007-10-09/000002760218.html）

二、思考·讨论·训练

1. 安迪·格鲁夫所说的"偏执狂"是指什么？为什么他认为偏执狂才能生存？

2. 你认为帮助安迪·格鲁夫成为一个优秀企业领导者的因素有哪些？

3. 为什么安迪·格鲁夫能够大刀阔斧地主导英特尔的战略转型？一个优秀领导者如何克服变革中的阻力？

案例2 张董事长的苦恼

一、案例介绍

（一）董事长的思考

三年前，张董事长发现美国市场中的一个服务项目而成为第一个行业进入者，从而占据市场先机。张董事长逐渐压缩原来企业的规模，花了很大精力创办新的企业，苦心经营。然而，在近三年的时间却有三任总裁离开了公司，而第四任总裁的一些做法，他也越来越不满意了。张董事长天天都在思考一个问题：难道我辛辛苦苦创办这家在过去三年经营业绩飞速发展的企业，现在又面临着巨大的困难吗？为什么三年过去了，还是没有解决好高层管理团队的问题？难道是我的决策又出了什么失误吗？

对这个已经干了快一年的总裁，张董事长该怎么办呢？考虑到频繁的更换总裁对公司的稳定会有一定的影响，张董事长与第四任总裁多次谈话，却怎么也不见改进。免去其总裁职务，架空他的权力，不让他实际经营管理企业，给他一个虚位，又会被中高层经理们认为是上一次撤换总裁事件的翻版。第三任总裁带领一些精英骨干集体离职不到一年，如果这个总裁也带着一批骨干离开，肯定又会造成很大的不良影响，经营管理团队的稳定性和信心也会被破坏。

应该怎么处理才是最佳的方案呢？是不是我原来处理第三任总裁的事情过于着急和草率了呢？张董事长日夜难寐，三年来的事情历历在目……

（二）第三任总裁

创业初期，为了追求销售收入和盈利，使公司在激烈的竞争中站稳脚跟，虽然制定了看起来较为完善的管理体系，但是一直没有强调中高层经理们的职业素养和企业管理制度的规范化，没有建立起保密制度和排他制度。这使得创业时的部分中高层经理做上了高位后放松了对自己的严格要求，做出了违反职业道德、偷窃企业技术和资料的事情。

张董事长在商海摸爬滚打了十几年，很少对员工完全放心，虽然企业发展3年来基本采取了将日常事务放权给中高层经理们的做法，但是总部的工作人员都处在张董事长的眼皮底下，他对财务、人事等控制得还是很严格的。同时，张董事长先后从外部招聘了一些管理人员，第三任总裁和第四任总裁是同时被张董事长招聘进入企业的。两人原来都在著名的商业信息服务企业工作，都曾经担任中层管理职务，年龄都在35岁上下，而且他们之间互相了解。第三任总裁在职时，第四任总裁先是做规划发展部经理，再做总裁助理，1年后被提升为副总裁。第三任总裁从原来的企业里挖过来几个销售管理的能手，迅速指导产品开发人员开发出了一个新的服务产品，还改善了客户服务体系，加强了销售人员的培训和指导，完善了电话销售体系的标准化，副总裁也引进了一家美国战略合作伙伴，共同开发出另一种新产品。这样，销售收入迅速提高了。在新企业创办的2年后，张董事长不但收回了原来的投资，并且公司开始盈利了。这时候，看起来一切都很顺利——管理体系日趋完善，团队和谐友好合作，产品开发和销售工作日益完善。

没想到的是，张董事长自认为一次正常的人事安排导致了第三任总裁的出走，为自己培养出了一个强有力的竞争对手。

第三任总裁虽然使得企业经营越来越好，可张董事长却有些不放心。为了使企业未来有更大的发展空间，获得资本市场的青睐，以及提升企业形象和知名度的需要，在第三任总裁的全力建议下，企业的运营总部搬迁到了上海，总裁办、副总裁办、销售管理部门、市场部门、商务部门都设在了上海。而张董事长和其他部门都留在原地区，这就使得原地区成为行政、财务、技术总部。在这种安排下，张董事长经常需要飞往上海，而总裁等高层管理团队经常飞到原总部所在地，不但花费了大量的旅行开支，而且还很费时间。张董事长对此越来越不满意，他认为第三任总裁是故意使他不能够对企业的运营管理进行监督和管理，有些决策和经营行为脱离了张董事长的意愿，而且接近一半的分公司总经理都是第三任总裁带来或培养起来的，公司的长期运营和控制面临着巨大的风险。他感觉被架空了。他认为不应该一开始对第三任总裁太过信任和过于放权。现在他必须扭转这种情况。

他认为不能辞退第三任总裁，因为第三任总裁的业绩、形象和声誉一直很好，而且很多中高层管理人员也很佩服第三任总裁的能力。所以张董事长采取了明升暗降、削弱其实权的措施。于是，张董事长和第三任总裁在一次长谈中，提出了提升第三任总裁为执行董事，负责公司战略计划制订、高层管理团队的日常管理、高级商务合作等事务。没想到，第三任总裁对于这种安排非常不满，认为这是剥夺了其总裁职权的"杯酒释兵权"的策略，最后大家不欢而散。此时，张董事长越来越感到第三任总裁对公司有着太大的野心，恰巧这时候第四任总裁（当时的副总裁）在职权划分、人事问题上和第三任总裁产生了一些矛盾。张董事长认为这是第三任总裁压制能人、独断专权。于是，张董事长一改上次谈话的做法，非常严肃地找第三任总裁谈话，明确要求其必须按照他的意思执行。

第三任总裁原本希望能够较长时间担任公司总裁，并且希望张董事长能够给予股权分红，从而提高个人收入。而张董事长架空其权力的举动使他非常担心自己会被赶走，权衡再三，与其被赶走不如自己主动离开去创业。第二次谈话一个月后，第三任总裁离开了，内部报告是说离开企业去商学院进修学习。可令张董事长没想到的是，好几位分公司总经理也提出了辞职申请，有消息称他成立了一家从事相同业务的公司，销售的产品和张董事长企业的一模一样，辞职的分公司总经理也计划加入到第三任总裁的公司中。原来，由于中高层经理们都知道第三任总裁是个能人，对张董事长逼其离开公司纷纷不解，于是很多跟随第三任总裁的中高层经理们也离开了公司。由于没有公司保密制度和排他制度，使得第三任总裁和一些中高层经理们很轻松地开办了与张董企业竞争的企业。这对公司中留下来的中高层经理们是一种震动，又是一种诱惑，原来的相互争斗和对奖金收入不满的问题开始浮现出来。

张董事长异常愤怒，他立刻在公司内部宣布第三任总裁是公司蛀虫，并且宣布要采取相应措施遏制他的公司生存。可是，这并没有阻止过半数分公司的总经理离职，而且分公司总经理离开时也带走了一批优秀的销售骨干和研发人员。

（三）第四任总裁

张董事长的公司里人心涣散，业绩不断下滑。张董事长彻夜不眠，思考着如何快速稳定中高层管理团队的人心、如何维护市场份额最大化的问题。而这时候，用新总裁填补总裁空缺也是最关键的。因为这时候的副总裁显示出了较强的稳定局面的能力及对张董事长的忠心。虽然张董事长观察发现副总裁有不善于与他人合作、排斥他人意见、喜欢炫耀个人能力和业绩的缺点，但第三任总裁离开后就没有更合适的人选，最终张董事长任命原副总裁为第四任总裁。

第四任总裁一上任，快速开展工作：迅速招聘几个富有经验、能力很强的、曾经和副总裁有过一起工作经历的分公司总经理，强化公司管理体系，产品升级换代，推出市场促销活动，公司销售收入终于在三个月后有了增长，半年下来，月度销售收入和净利润突破了三年前的最高值，同比增长了近50%。张董事长悬着的心放了下来，庆幸自己的公司没有受到太大的影响。他认为自己多年的苦心经营终于收到成效，在管理上也没有出什么大的差错，目前的企业已经实现了高层换人、业绩不受影响的良好局面。

然而，又有了新情况。首先是一些跟随张董事长创业的分公司总经理们纷纷向张董事长反映第四任总裁自认为自己功高盖主，到处宣扬是自己的能力和业绩才使得企业有了现在的良好发展。在企业中高层会议上，总裁也流露出自己居功自傲的心态。有些分公司总经理和总部中层经理感到受到总裁的压制而产生了不满情绪。另外，张董事长为了加强高层团队的力量，使企业经营管理更稳固，新引入了一位负责销售的副总裁，而总裁和副总裁之间合作好像也存在一些问题。总裁对副总裁的工作进行了批评和指责。

第四任总裁在一些场合对张董事长过于细致的监督管理表露出不满，有些中高层经理反映总裁和他们谈话时讨论关于企业高层管理权力分配的问题，流露出董事长不应该管理那么多事情，应该更放权的意思。张董事长认为第四任总裁心胸狭隘，报复心理强，控制他人欲望强烈，在某些方面已经影响到了一些中高层经理们的工作情绪。

张董事长的苦恼还在继续着，他应该怎样走出困境呢？

（资料来源：http://www.517hb.com/ShowNews.asp? ID=2322）

二、思考·讨论·训练

1. 你认为张董事长是否应该解聘第四任总裁呢？如果解聘该采取什么方式？如果继续留用，该怎样解决企业中高层管理人员和第四任总裁之间的矛盾？

2. 张董事长应该建立怎样的人力资源管理体系来防范高层管理人员离职带来的种种问题？

3. 你认为张董事长的领导风格怎样？有何利弊？

案例3　他为什么打不开工作局面

一、案例介绍

某街道医院是一所全区有名的老大难单位。前几任领导班子工作抓得不力，院内行政部门人浮于事，职工纪律松散，迟到早退现象屡见不鲜，医疗事故时有发生，病人对该院的医疗管理意见较大。针对这一情况，上级决定任命区医院外科医生苏伟到街道医院担任院长兼党支部书记。

苏伟，男，48岁。1974年去江西农村插队落户。插队期间，他刻苦自学医学，为贫下中农看病，成为当地农村一位小有名气的"赤脚医生"，曾负责全大队"赤脚医生"的业务工作。1978年他以较好的成绩考取了上海某医学院医疗系，1983年大学毕业后，分配到该区医院外科工作。苏伟对工作兢兢业业，对病人和蔼可亲，热爱医疗事业，刻苦钻研业务，曾为医院解决了一些复杂的医疗难题，并在有关医学杂志上发表过重要的学术论文。组织上考虑到他在插队期间负责过"赤脚医生"的业务工作，既年富力强，又精通医疗业务，符合干部使用的基本条件，经研究决定调他到"老大难"的该街道医院担任院长兼党支部书记，主持该院的全面工作。领导希望他上任以后，能大胆开展工作，敢于改革，争取在较短时间内开创新局面。为此，苏伟决心很大，表示决不辜负领导的期望。

苏伟认为，要搞好全院工作，首先应从行政部门下手，消除人浮于事的现象。因此，在他上任后的第二天，就对医院的行政部门、行政人员等进行调查。通过调查，他发现全院30名行政人员中，有一半人没有事干，整天东荡西逛，在医务人员中造成极坏的影响。上任后的第十天，他就宣布将医院行政人员减少到10人，其余20人重新安排工作。其次，苏院长狠抓了劳动纪律。每天上下班时间亲自到医院门口把守大门，每个职工必须登记签到，对迟到、早退者每次扣除奖金2元。并坚持每日对全院科室巡回检查3次，对离岗者同样每次扣奖金2元。苏院长这一制度下达后不久，院内迟到、早退、离岗现象有所减少，收到了一定的效果。但院内部分职工中流传这样一句话：新来的院长没本事，只会看大门。苏院长认为，该院之所以接二连三地出医疗事故，除了劳动纪律松散外，主要原因是医务人员的业务知识贫乏所造成的。因此，他利用每周二、四下班后的时间，对医疗人员进行2小时业务知识补习。要求每位医务人员必须参加，考试合格者才能发放奖金。对此，医务人员特别是一些老大学生、民主党派人士的专家意见很大，他们说"我们从医已有几十个年头，头发皆白，在社会上有一定的名望。而新院长来了却认为我们不会看病，也要让我们留下来学习，这对我们太不尊重了。"所以，他们联名写信给卫生局要求调换单位。

苏院长上任后所采取的上述措施，一度在改变医院落后状况上确实取得了一些成绩。但在领导和职工之间造成了严重的对立情绪，特别是一些被扣除奖金的同志，有的上班出工不出力，有的要求调离单位，有的上诉卫生局，使医院工做出现难堪局面。苏院长本人也很苦闷，不知道工作该怎样做好。他在一份向党组织汇报思想的报告中说："我还是我，为什么从医生换到行政干部岗位后，同样努力工作，其结果却不一样呢？"

（资料来源：陈瑞莲. 行政案例分析. 广州：中山大学出版社，2001.）

二、思考·讨论·训练

1. 上级对苏伟的任命是否正确？为什么苏伟打不开工作局面？
2. 苏伟打不开工作局面的原因是什么？
3. 从本案例中你可以获得哪些启迪？
4. 你赞成苏伟的做法吗？有何建议？

第七章 领导行为

案例4 不同的领导方式

一、案例介绍

A公司是一家大规模的汽车配件生产集团。最近，某咨询公司对该公司的三个重要业务部门的部门经理进行了一次有关领导类型的调查。

（一）林德

林德对他所负责部门的产出感到自豪。他总是强调对生产过程、产出量控制的必要性，坚持下属人员必须很好地理解生产指令，以得到迅速、完整、准确的反馈。当遇到小问题时，林德就放手交给下级处理；当问题很严重时，他则委派几个有能力的下属人员去解决问题。通常情况下，他只是大致规定下属工作人员的工作方针、完成什么报告及完成期限。林德认为只有这样才能进行更好的合作，避免重复的工作。

林德认为对下属人员采取敬而远之的态度对一个经理来说是最好的行为方式，所谓的"亲密无间"会使纪律松懈。他不主张公开谴责或表扬某个员工，相信他的每一个下属都有自知之明。

据林德说，在管理中最大的问题是下级不愿意接受责任。他讲到，他的下属人员可以有机会做许多事情，但他们并不是很努力地去做。

他表示不能理解以前他的下属人员为何能与一个毫无能力的前任经理相处，他说，他的上司对他们现在的工作运转状况非常满意。

（二）霍西

霍西认为每个员工都有人权，他偏向于管理者有义务和责任去满足员工的需要。他说，他常为他的下属做一些小事，如给员工几张在某地举行的音乐会的入场券。他认为，每张门票不会花费很多，但对员工和他的家人来说其意义却远远超过所花费的成本。通过这种方式，表示对员工过去几个月工作的肯定，表达对员工的关怀，会让员工感受公司和上级对自己的关心，产生对公司的归属感，其产生的作用会远远超过单纯的物质刺激。

霍西说，他每天都要到厂房去一趟，与至少20%的员工交谈，了解他们的想法和要求。霍西不愿意强人所难，他认为林德的管理方式过于死板，林德的员工也许并不那么满意，但除了忍耐别无他法。

霍西说，他已经意识到管理中的不利因素，但那大多数都是由于压力造成的。他的想法是以一个友好、宽松、粗线条的管理方式对待员工。他承认尽管在生产效率上不如其他单位，但他相信他的雇员有高度的忠诚与士气，并坚信他们会因为他的开明领导方式而努力工作。

（三）杰拉德

杰拉德表示他面临的基本问题是与其他部门的职责分工不清。他认为不论是否属于他们的任务都安排到他们部门，似乎上级并不清楚这些工作应该由谁来做。

杰拉德承认他没有提出异议，他说这样做会使其他部门的经理产生反感。他们把杰拉德当作朋友，但是杰拉德却并不这么认为。杰拉德说过去在不平等的分工会议上，他感到很窘迫，但现在他已经适应了，其他部门的领导也不觉得怎样了。

杰拉德认为纪律就是使每个员工不停地工作，并预测各种问题的发生。他认为作为一个好的管理者，没有时间像霍西那样握紧每一名员工的手，告诉他们正在从事的是一项伟大的工作。他相信如果一个经理声称为了决定将来提薪与晋职而对员工的工作进行考核，那么，员工则会更多地考虑他们自己，由此会产生很多问题。杰拉德的确想过，希望公司领导叫他去办公室听听他对某些工作的意见。然而，他并不能保证这样做不会引起风波而使事情有所改变。他说他目前正在考虑这些问题。

杰拉德主张一旦给一个员工分配了工作，就让他以自己的方式去完成，取消工作检查。他相信大多数员工知道如何去开展自己的工作及自己的工作做得怎么样。

如果说存在问题，那就是他的工作范围和职责在生产过程中混淆不清。

（资料来源：姜仁良．管理学习题与案例．北京：中国时代经济出版社，2006.）

二、思考·讨论·训练

1. 林德的领导方式属于专权型、民主型和自由放任型之中的哪一种类型的领导方式？该领导方式的主要特征是什么？

2. 霍西的领导方式属于专权型、民主型和自由放任型之中的哪一种类型的领导方式？该领导方式的主要特征是什么？

3. 杰拉德的领导方式属于专权型、民主型和自由放任型之中的哪一种类型的领导方式？该领导方式的主要特征是什么？

拓展训练 **船长的决断**

目的：研究在遇到紧急事态时，领导者的态度与能力；比较个人决断与集团决定的优劣。

道具：学生统计用纸、教师统计用纸（见"附录1"）。

时间：90分钟。

程序：

1. 说明本次活动的目的、时间、内容等。

2. 分组，选出小组长。

3. 每组发放一张学生统计用纸。

4. 讲解活动发生的背景。

假设每位同学都是船长，即船上的最高指挥官。

"船从某地出发，行至某湾，天色在不知不觉中临近暮色了。一路风平浪静，船行驶得极为顺利。突然间，竟然浓雾弥漫，视界不佳，当雷达发现对方船只时，已经到了避之不及的危险状态，两船果然撞上了。"

你是船长，就必须采取措施。在表格中列有 15 个项目（项目的解释见"附录 2"），你认为最急切需要处理的写上 1，依次列至 15。

5. 询问同学是否有疑问。

6. 请在 15 分钟之内做出个人判断，并写在学生统计用纸上。

7. 小组讨论，时间是 40 分钟。

8. 小组代表发言。

9. 教师解释船长的决定。

A—15；B—4；C—6；D—8；E—13；F—11；G—12；H—1；I—3；J—9；K—14；L—2；M—10；N—7；O—5。

10. 计算误差：个人差（｜个人顺序—船长顺序｜）、小组差（｜小组顺序—船长顺序｜）、小组个人差（小组个人差之和/小组人数）、班级个人差（全班个人差之和/全班人数）、班级小组差（小组差之和/小组数）。

规则：

1. 在排序 15 个项目时，要避免并列顺序出现。

2. 在程序 4 中，禁止与他人讨论或偷看他人的决策。

3. 小组差最小者获胜；若小组差一致，则小组个人差最小者获胜。

实施：

1. 仔细研读程序及规则，设计整个活动。

2. 在程序 4 中，防止小组成员之间交头接耳。

3. 回答学生的提问。

4. 组织学生发言，并填写教师统计用表。

5. 记录"误差"。

6. 要求学生思考活动的心得，下次课由小组代表发言。

附录 1　统计用表

"船长的决断"组之统计表（学生用）

组长：——　年　月　日

小\项\目 组目	1: 自排	1: 差	2: 自排	2: 差	3: 自排	3: 差	4: 自排	4: 差	5: 自排	5: 差	小组决定 自排	小组决定 差	船长决定
A—音乐													
B—救生艇													
C—发电机													
D—地形图													
E—钓具													
F—医药品													
G—绳索													
H—确认状况													
I—紧急事故通知													
J—手放信号													
K—神佛													
L—水闸													
M—援救对手													
N—无线电机													
O—求救信号													
差距合计													

"船长的决断"组之统计表（教师用）

年 月 日

项目 \ 小组	组长1：		组长2：		组长3：		组长4：		组长5：		船长决定
	自排	差	自排	差	自排	差	自排	差	自排	差	
A—音乐											
B—救生艇											
C—发电机											
D—地形图											
E—钓具											
F—医药品											
G—绳索											
H—确认状况											
I—紧急事故通知											
J—手放信号											
K—神佛											
L—水闸											
M—援救对手											
N—无线电机											
O—求救信号											
差距合计											—
小组个人平均差											—

小组平均差＝　　　　　班级个人平均差＝

175

附录2 15个项目的说明

A－音乐：为避免船上人员兴奋紧张，放点音乐。

B－救生艇：命令乘员放下救生艇。

C－发电机：命令检查发电机是否运转中。

D－地形图：检查附近海域图。

E－钓具：分配各救生艇准备钓具。

F－医药品：请船医准备医疗品。

G－绳索：同舟共济，准备捆绑身体的绳索。

H－确认状况：于相撞现场配置乘员，把握确认事故状况。

I－紧急事故通知：通知船上人员紧急事故戒备中。

J－手放信号：让各救生艇准备手放信号。

K－神佛：准备神佛护符。

L－水闸：封锁船体破损区的闸门。

M－援救对手：为救助对方的乘员，而放下救生艇。

N－无线电机：准备搬出携带式无线电机。

O－求救信号：向近航船只发出 SOS 信号。

第 八 章 激 励

如果我曾经或多或少地激励了一些人的努力，我们的工作，曾经或多或少地扩展了人类的理解范围，因而给这个世界增添了一分欢乐，那我也就感到满足了。

——爱迪生

一、激励的含义

（一）激励的概念

激励是指激发人的行动动机的心理过程，是一个不断朝着期望的目标前进的循环的动态过程。简言之，就是在工作中调动人的积极性的过程。激励是对人的一种刺激，是促进和改变人的行为的一种有效的手段。激励的过程就是管理者引导并促进工作群体或个人产生有利于管理目标行为的过程。每一个人都需要激励，在一般情况下，激励表现为将外界所施加的推动力或吸引力转化为自身的动力，使得组织的目标变为个人的行为目标。可以从以下三个方面来理解激励这一概念。

1. 激励是一个过程

人的很多行为都是在某种动机的推动下完成的。对人行为的激励，实质上就是通过采用能满足人需要的诱因条件，引起行为动机，从而推动人采取相应的行为，以实现目标，然后再根据人新的需要设置诱因，如此循环往复。

2. 激励过程受内外因素的制约

各种管理措施，应与被激励者的需要、理想、价值观和责任感等内在的因素相吻合，才能产生较强的合力，从而激发和强化工作动机，否则不会产生激励作用。

3. 激励具有时效性

每一种激励手段的作用都有一定的时间限度，超过时限就会失效。因此，激励不能一劳永逸，需要持续进行。

（二）激励的本质

激励的本质是双赢，就是让激励的主体（企业管理者）和激励对象（员工）能实行双赢，这种激励才是比较有效的。

1. 激励是组织的需要

因为一个组织要想发展，必须满足以下三项行为要求：不仅要吸引人们加入组织，而且要使他们留在组织里；在分工与合作的前提下，员工必须完成本职工作任务；员工在工作中应该表现出创造性和革新精神。激励能有效地在这三项行为中起到润滑剂的作用，从而帮助组织发展。

2. 激励是管理者的需要

管理者在平常的工作过程中，总是有意无意地打击员工的工作热情，因此，激励对于管理者来说也是必不可少的一门学问。当然，真正能激励员工的不是主管，而是员工本身，组织和各级主管只能给员工提供一个自我激励的环境。

3. 激励是个人的需要

满足不了员工个人的需求，产生不了激励作用，所以个人的需求要不断地去满足。

（三）激励的过程

激励是一个非常复杂的过程，它从个人的需要出发，引起欲望并使内心紧张（未得到满足的欲求），然后引起实现目标的行为，最后在通过努力后使欲望达到满足。激励过程如图 8-1 所示。

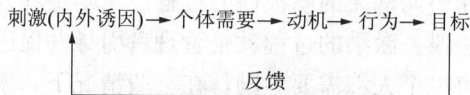

刺激(内外诱因)→个体需要→动机→行为→目标

反馈

图 8-1　激励过程示意图

1. 需要

激励的实质就是通过影响人的需要或动机达到引导人的行为的目的，它实际上是一种对人的行为的强化过程。研究激励，先要了解人的需要。需要是人的一种主观体验，是人们在社会生活中对某种目标的渴求和欲望，是人们行为积极性的源泉。人的需要一旦被人们所意识，它就会以动机的形式表现出来，从而驱使人们朝着一定的方向努力，以达到自身的满足。需要越强烈，它的推动力就越来越强。人的需要有三个方面：一是生理状态的变化引起的需要，如饥饿时对食物的需要；二是外部因素影响诱发的需要，如对某种新款商品的需要；三是心理活动引起的需要，如对事业的追求等。

2. 动机

动机是建立在需要的基础上的。当人们有了某种需要而又未能满足时，心理上便会产生一种紧张和不安，这种紧张和不安就成为一种内在的驱动力，促使个体采取某种行动。从某种意义上说，需要和动机没有严格的区别。需要体现一种主观感受，动机则是内心活动。实际上一个人会同时具有许多种动机，动机之间不仅有强弱之分，而且会有矛盾，一般来说，只有最强烈的动机才可以引发行为，这种动机称为优势动机。

3.行为

行为就是人的活动，指人或动物表现的和生理、心理活动紧密相连的外显运动、动作或活动。行为由一连串的动作组成，基本单元是动作。

人们在动机的推动下，向目标前进，目标达到后，需要得到满足，紧张不安的心理状态就会消除。随后，又会产生新的需要，引起新的动机和行为。这是一个循环往复、连续不断的过程。

二、动机

（一）动机的概念

动机是为实现一定目的而行动的原因。动机是个体的内在过程，行为是这种内在过程的表现。人从事任何活动都有一定的原因，这个原因就是人的行为动机，动机可以是有意识的，也可能是无意识的。它能产生一股动力，引起人们的行动，维持这种行动朝向一定目标，并且能强化人的行动，因此在国外也被称为驱动力。

（二）动机产生的条件

1.内在条件

内在条件就是需要，动机是在需要的基础上产生的，离开需要的动机是不存在的。而且只有需要的愿望很强烈，满足需要的对象存在时，才能引起动机。例如，求职需要学历，而且学历越高，求职的难度就越小。所以为了能找到合适的工作，人们就需要一定层次的学历，这种需要就会引起人们再学习、再深造的动机。

2.外在条件

外在条件就是能够引起个体动机并满足个体需要的外在刺激，称为诱因。例如，饥饿的人，食物是诱因；对于应届高中毕业生来说，考上名牌大学是诱因；对要求进步的学生来说，学校的奖励和老师的表扬是诱因。诱因可能是物质的，也可能是精神的。

个体的内在条件——需要、个体的外在条件——诱因是产生动机的主要因素。在个体强烈需要又有诱因的条件下，就能引起个体强烈的动机，并且决定他的行为。

（三）动机的功能

1.引发和始动性功能

没有动机，就不可能有行动，动机是人的行动动力。如人们为了使居住条件得以改善，就会产生装修居室的行动；中学生为了政治上的进步，就得写入团申请书，就得在行动上严格要求自己。

2. 方向和目标性功能

个人的动机都是有一定的方向和目的的，他的行动总是按照这样的方向和目标去实现的。例如，在班级卫生评比中，某班的卫生委员想使本班在全年级评第一，这个"第一"，就是方向，就是目标。为了实现这个目标，他就得以身作则，带领全班同学认真打扫教室。

3. 强化和激励性功能

个人的动机对其行动还起着维持、强化和激励的作用，以使其最终达到目标。动机产生目标，目标促使、激励人们不断地进取，获得成功。一般来说，动机越明显、越强烈，这种强化和激励性功能也就越大。举例来说，对一些初中学生来说，认为中考至关重要，成绩好可以上重点高中，成绩不好只能上一般高中，而上重点高中又是将来上大学的必备条件。这种动机及目标会激励他们、强化他们不断努力，提高自己的学习成绩。

一个人一旦产生一种动机，就会努力去实现由动机指引的目标。然而在实现目标的活动中，常常因主客观条件的限制而受到阻碍，使个体心中产生挫折感和冲突感。这种情况的出现既有内在原因，也有外在原因。内在原因可能是由于自己的生理条件、能力不适应；外在原因可能是环境因素、经济因素、人际关系因素不利。

在这种情况下，要考虑自己的动机和目标是否切合实际、切实可行。通过自己的努力达不到的目标要适当调整；通过自己努力，甚至艰苦、长期努力能够达到，但困难不少、不利条件也不少的目标，就需要不怕挫折、不怕暂时的失败，要一往无前，刻苦忍耐，直到成功。

三、激励理论

（一）内容型激励理论

1. 马斯洛需要层次理论

马斯洛认为，人的各种需要可归纳为五大类，按照其重要性和发生的先后次序可排列成一个需要层次，人的行为过程就是需要由低层次到高层次逐步满足的过程。生理需要是人的第一层次的需要，指能满足个体生存的一切需要，如吃、穿、住、行、性等。安全需要是人的第二层次的需要，指能满足个体免于身体与心理受危害恐惧的一切需要，如收入稳定、强大的治安力量、福利条件好、法制健全等。社交需要是人的第三层次的需要，指能满足个体与他人交往的一切需要，如友谊、爱情、归属感等。尊重需要是人的第四层次的需要，指能满足他人对自己的认可及自己对自己认可的一切需要，如名誉、地位、尊严、自信、自尊、自豪感等。自我实现需要是人最高层次的需要，指满足个体把各种潜能都发挥出来的一种需要，如不断地追求事业成功，使技术精益求精，等等。其中前三个层次的需要可称为缺乏型需要，只有满足了这些需要，个体才能感到基本上舒适。后两个层次的需要可称之为成长型需要，因为它们主要是为了个体的成长与发展。

马斯洛认为各层次需要之间有以下一些关系：一般来说，这五个层次的需要像阶梯一样，从低到高。低一层次的需要获得满足后，就会向高一层次的需要发展。这五个层次的需要不是每个人都能满足的，越是靠近顶部的成长型需要，满足的百分比越小。同一时期，个体可能同时存在多种需要，因为人的行为往往是受多种需要支配的。每一个时期总有一种需要占支配地位。马斯洛需要层次如图 8-2 所示。

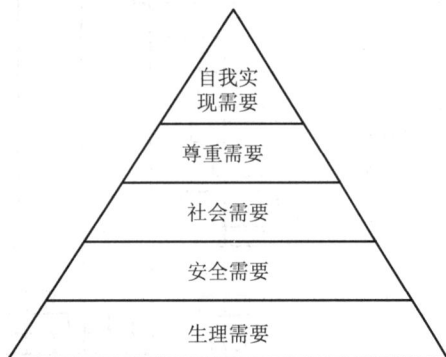

图 8-2　马斯洛需要层次图

2. 赫茨伯格双因素理论

双因素理论也称激励—保健因素理论。

（1）属于激励因素的有：成就、赏识、工作本身、责任、进步等。属于保健因素的有：公司的政策和管理、监督、工资、同事关系、工作条件等。但是，这两类因素有若干重叠。例如，赏识属于激励因素，基本上起积极作用；但当没有受到赏识时，又可起消极作用。

（2）保健因素，是指它的满足对员工产生的效果，类似于卫生保健对身体健康所起的作用一样。卫生保健不能直接提高身体健康水平，但有预防疾病的作用。同样地，保健因素不能直接起激励员工的作用，但能防止员工产生不满情绪。当保健因素改善后，职工的不满情绪会消除，但并不会导致积极的后果，而只是处于一种既非满意，又非不满意的中性状态。只有激励因素才能产生使职工满意的积极效果。

激励因素基本上都是属于工作本身或工作内容的，保健因素基本上都是属于工作环境或工作关系的。赫茨伯格认为，提高工作效率的关键不在于使工作合理化，而在于使工作丰富化，以便有效地利用人力资源。他不主张用工作扩大化这个词，认为工作扩大化只是把工作的范围设计得更大些，经验证明它并不能取得成功。只有工作丰富化才能为职工的心理成长提供机会。赫茨伯格双因素模式如图 8-3 所示。

3. 奥德弗 ERG 理论

奥德弗认为有三种核心的需要：生存、关系和成长，被称为 ERG 理论。生存需要涉及满足人基本的物质需要，包括马斯洛理论中的生理与安全需要；关系需要是维持重要的人际关系的需要，与马斯洛的社交需要和尊重需要的外在部分相对应；成长需要是个人发展的内

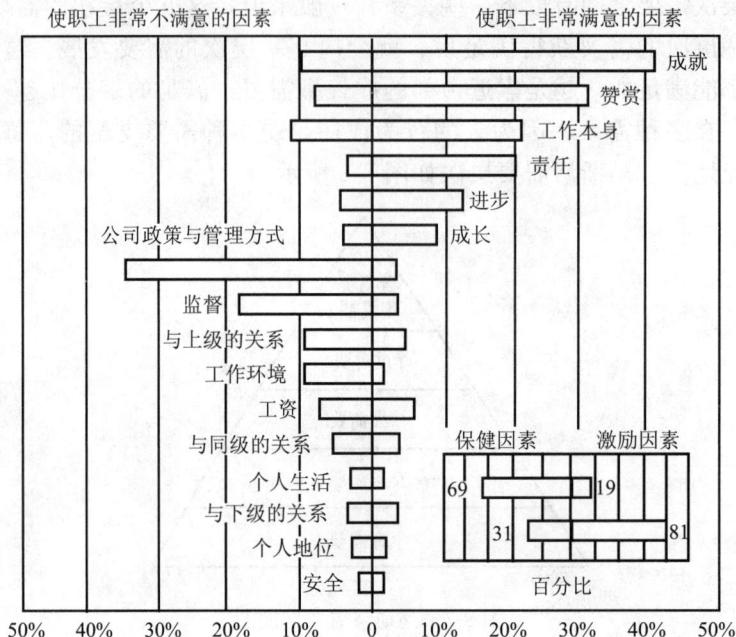

图 8-3　赫茨伯格双因素模式图

部需要，包括马斯洛需要理论的自尊需要和自我实现的一些特征。

　　该理论与马斯洛理论的不同在于：①ERG 理论证实，多种需要可以同时存在；②如果高层次需要得不到满足，那么，满足低层次需要的愿望会更强烈；③不必在低层次需要获得满足后才进入高层次的需要。教育、家庭背景和文化环境可以改变个体拥有需要的重要性或驱动力量，不同文化中的人对需要种类的排序是不一样的，如西班牙人和日本人把社会需要放在生理需要之前。奥德弗 ERG 模式如图 8-4 所示。

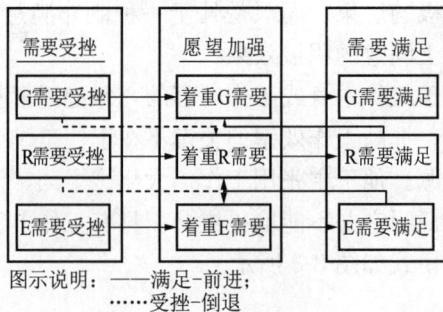

图示说明：——满足-前进；
　　　　　　······受挫-倒退

图 8-4　奥德弗 ERG 模式图

4. 麦克利兰成就需要理论

麦克利兰把人的高层次需要归纳为对权力、亲和（友谊）和成就的需要。他对这三种需要，特别是成就需要做了深入的研究。①所谓成就需要是指追求卓越，实现目标和寻求成功的驱动力；成就需要高的人往往具有较强的责任感，倾向于挑战性的工作和乐于看到自己的工作绩效和评价。②所谓权力需要是指试图影响别人顺从自己的愿望。权力需要强的人喜欢"发号施令"，倾向于驾驭别人。提供权力对这种人有激励作用。③所谓亲和需要是指寻求与别人建立友善且亲近的人际关系的欲望。在工作群体中建立融洽的气氛对这种人有激励作用。

不同的人这三种需要的强度是不一样的。在对员工实施激励时需要考虑这三种需要的强烈程度，以便提供能够满足这些需要的激励措施。

成就需要理论对于我们把握管理人员的高层次需要具有积极的参考意义。但是，在不同国家、不同文化背景下，成就需要的特征和表现也不尽相同，对此，麦克利兰未做充分表述。

（二）过程型激励理论

1. 洛克目标设置理论

洛克认为目标设置是管理领域中最有效的激励方法之一，员工的绩效目标是工作行为的最直接的推动力。人们追求目标是为了满足自己的情绪和愿望。目标会使人的行为具有方向性，引导人的行为去达到某种结果，而不是其他的结果。

他认为，目标设置要遵循以下原则。①目标应当具体。用具体到每小时、每天、每周的任务指标来代替"好好干"的口号。②目标应当难度适中。自我效能感影响难度的大小，自我效能感是指一个人对他能胜任一项工作的信心。③目标应当被个人所接受。④必须对达到目标的进程有及时客观的反馈信息。⑤个人参与设置目标要比别人为他设置目标更为有效。

2. 弗鲁姆期望理论

弗鲁姆认为，激励＝效价×期望。他提出了三个核心的概念：效价、工具性和期望。

（1）效价，是指个人对某种结果效用价值的判断，是指某种目标、某种结果对于满足个人需要的价值，或者说是某种结果对个人的吸引力。

（2）工具性，是指个人对所预期的最终结果与为达到这个最终结果必须达到的最初结果之间的内在联系的主观认识。最初结果是指工作绩效；最终结果是指各种各样的加薪、提升、好评及表扬等。

（3）期望，是指一个人对自己通过努力达到某种结果的可能性大小即概率的主观估计。

这一理论具有广泛的应用前景。但它也存在不足，表现在：一是人们很难在做每件事之前，清楚地意识到工作结果、效价及工具性这一系列的关系；二是组织给予个人的奖励往往不一定按照个人的绩效和努力程度，而是按照资历、学历、技能水平、工作难度等诸多因素进行综合评价。

3. 亚当斯公平理论

亚当斯认为员工对收入的满足程度是一个社会比较过程。一个人对自己的工资报酬是否满意，不仅受收入的绝对值的影响，也受相对值的影响。每个人总会把自己付出的劳动和所得的报酬与他人作比较，也同个人的历史收入作比较。如果个人比率（报酬/贡献）与他人比率相等，他就会认为公平、合理，从而心情舒畅，努力工作。否则，就会感到不公平而降低工作积极性。个人历史收入的比较也会产生同样心理。

当人们比较后感到不公平时，往往会有如下表现。①在认识上改变对自己具备的条件（包括努力、能力、教育程度、年龄等，此即"投入"）与取得报酬（即"产出"）的评价。例如，改变对自己的能力估计，由过高到适当。②改变对别人的评估。例如，由于对别人水平估计过低，故认为那人收入偏高。现在提高对该人水平估计，再与自己相比，不会觉得不公平。③采取行动，改变自己的比率（报酬/贡献），如找一个收入更高的工作；或消极怠工，减少贡献。④另选比较对象。比上不足、比下有余。取得主观上公平感使心理平衡。⑤采取行动，改变他人的比率（报酬/贡献）。如向上级申诉理由，或要求与他人比高低。⑥其他表现。如发牢骚、泄怨气、制造人际矛盾等。

不公平感的产生，大都是由于人们认为自己报酬过低。不公平感易在人心理上造成不良影响，挫伤人的积极性。

总之，亚当斯的公平理论对我们很有借鉴价值。因为公平感是普遍存在的一种心理现象，它不仅表现在工资收入比较上，在待遇、受尊重、奖励、表扬、晋级、态度等方面做比较时，人们都可以产生公平感或不公平感。所以我们一方面应当通过宣传教育工作，设法改变引起人们不公平感的现实（纠正不正之风等），另一方面要引导人们尽可能客观地进行人际比较，正确地评价他人，用正确观点看待社会主义初级阶段中必要的或暂时的差别。

（三）行为改造型激励理论

1. 斯金纳强化理论

斯金纳认为，人的行为是对其所获刺激的一种反应。如果刺激对他有利，他的行为就有可能重复出现；如果刺激对他不利，则他的行为就可能减弱，甚至消失。因此，管理人员就可以通过强化的手段，营造一种有利于组织目标实现的环境和氛围，以使组织成员的行为符合组织的目标。强化的具体方式如下。

（1）正强化又称积极强化。当人们采取某种行为时，能从他人那里得到某种令其感到愉快的结果，这种结果反过来又成为推进人们趋向或重复此种行为的力量。

（2）惩罚。事后采用批评、降职、罚款等带有强制性、威胁性的结果，来创造一种令人不愉快乃至痛苦的环境，从而消除这种行为发生的可能性。

（3）负强化又称消极强化。它是指通过某种不符合要求的行为所引起的不愉快的后果，对该行为予以否定。若员工能按所要求的方式行动，就可减少或消除令人不愉快的处境，从而也增加了员工符合要求的行为重复出现的可能性。

（4）消退又称衰减。它是指对原先可接受的某种行为强化的撤销。由于在一定时间内不予强化，此行为将自然下降并逐渐消退。

强化理论在实际应用中，要根据人的不同需要，采用不同的强化物，信息反馈要及时、正负强化相结合、正负强化都要实事求是。

2. 挫折理论

挫折是指人类个体在从事有目的的活动的过程中，指向目标的行为受到障碍或干扰，致使其动机不能实现，需要无法满足时所产生的情绪状态。挫折理论主要揭示人的动机行为受阻而未能满足需要时的心理状态，并由此而导致的行为表现，力求采取措施将消极性行为转化为积极性、建设性行为。

在企业管理活动中，员工受到挫折后，所产生的不良情绪状态及相伴随的消极性行为，不仅对员工的身心健康不利，而且也会影响企业的安全生产，甚至易于导致事故的发生。因此，应该重视管理中员工的挫折问题，采取措施防止挫折心理给员工本人和企业安全生产带来的不利影响。对此，可以采取的措施包括：帮助员工用积极的行为适应挫折，如合理调整无法实现的行动目标；改变员工对挫折情境的认识和估价，以减轻挫折感；通过培训提高员工工作能力和技术水平，增加个人目标实现的可能性，减少挫折的主观因素；改变或消除易于引起员工挫折的工作环境，如改进工作中的人际关系、实行民主管理、合理安排工作和岗位、改善劳动条件等，以减少挫折的客观因素；开展心理保健和咨询，消除或减弱挫折心理压力。

（四）激励的综合模型

1. 波特和劳勒的激励模型

在波特和劳勒看来，人们通过一定的努力来达到一定的工作绩效，不同的绩效决定不同的报酬和奖励，并且给员工带来不同的满意程度。他们所建立的波特－劳勒模型就是对激励、满意和绩效三者的一种综合理解。实现激励的目标取决于以下因素：努力、奖酬的价值、感知到的努力与获得奖酬（外在奖酬）的关系、绩效、完成任务所需要的能力和品质、对任务的认识程度、奖酬、感知到的公平奖酬、满意。

2. 波特－劳勒模型对管理者的启示

(1) 管理者应该采取一定的方法来了解员工对奖酬效价的评价，对不同的员工采取不同的奖酬发放方式，并且根据员工奖酬效价的改变而变动奖酬的内容，做到有的放矢。

(2) 管理者应该针对员工的实际情况对员工所应该达到的绩效确定大致的衡量标准。

(3) 管理者应该把自己希望得到的绩效水平与员工所得到的奖酬结合起来，以最大限度地让激励作用得以发挥。

(4) 管理者要善于从全局的观点来引导员工的行为，对期望的行为与组织中其他因素的冲突问题及时进行了解和解决，以便产生较高的激励作用。激励的综合模型如图 8-5 所示。

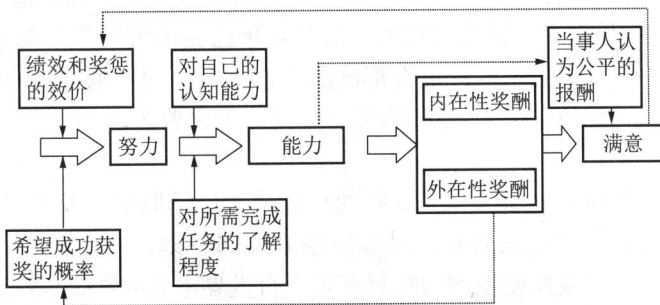

图 8-5　激励的综合模型图

案例1　星巴克："人和"成就企业

一、案例介绍

星巴克（Starbucks）这个名字来自麦尔维尔的小说《白鲸》中一位处事极其冷静、极具性格魅力的大副。他的嗜好就是喝咖啡。一百多年之后的 1971 年，3 个美国人在西雅图把它变成一家咖啡店的招牌，经营着原产于世界各地、经过精心烘焙的咖啡豆。

要想确切地知道全球到底有多少家星巴克咖啡店是一件困难的事，因为星巴克目前仍然处在高速增长的时期，平均每天要开 5 家新店，一年要开 1 800 家咖啡店——只在中国的上海，每月就有一家新的星巴克咖啡店开张。1996 年，星巴克第一家海外分店在东京营业，从此开启了星巴克的全球扩张之旅。截至 2005 财年，星巴克已经在北美、拉丁美洲、中东和太平洋沿岸拥有 13 000 家店。这条来自西雅图的小的"美人鱼"已经进化成为今天遍布全球 30 多个国家和地区的"绿巨人"。在星巴克的忠实顾客中流传着这样一句话："我不在家，就在星巴克；我不在星巴克，就在去星巴克的路上。"

《商业周刊》评出的 2001 年全球 100 个最佳品牌中，星巴克排名第 88 位，但《商业周刊》称星巴克是"最大的赢家"，因为在许多著名品牌价值大跌的 2001 年（如施乐的跌幅为 38%，亚马逊和雅虎的跌幅均为 31%），它的品牌价值猛增了 38%，在 100 个著名品牌中位居第一。2002 年出版的《商业周刊》对全球 100 个知名品牌所做的调查显示，星巴克是成长最快的品牌之一，它的股价在经历了过去十年的分拆之后增长了 2 200%，总回报甚至超过沃尔玛、通用电气和可口可乐等公司。2003 年 2 月，美国《财富》杂志评选出全美十家最受尊敬的公司，星巴克以其突出的表现位居第九位。

（一）星巴克体验

雅斯培·昆德在《公司宗教》一书指出，星巴克的成功在于，在消费者需求的重心由产品转向服务，再由服务转向体验的时代，星巴克成功地创立了一种以创造"星巴克体验"为特点的"咖啡宗教"。星巴克的价值主张之一便是：星巴克出售的不是咖啡，而是人们对咖啡的体验。星巴克在产品、服务和环境上都试图营造出自己的"咖啡之道"，即独特的"星巴克体验"，从而让一杯一杯的星巴克咖啡使整个世界为之着迷。

1. 产品

星巴克人对产品质量的追求达到了发狂的程度。无论是原料豆及其运输、烘焙、配制，配料的掺加，水的滤除，还是最后把咖啡端给顾客的那一刻，一切都必须符合最严格的标准，都要恰到好处。星巴克所使用的咖啡豆都是来自世界主要的咖啡豆产地的极品，并在西雅图烘焙。星巴克将咖啡豆按照风味来分类，让顾客可以按照自己的口味挑选喜爱的咖啡。

"活泼的风味"——口感较轻且活泼、香味诱人，并且能让人精神振奋；"浓郁的风味"——口感圆润，香味均衡，质地滑顺，醇度饱满；"粗犷的风味"——具有独特的香味，吸引力强。

2. 服务

星巴克公司要求员工都掌握咖啡的知识及制作咖啡饮料的方法。除了为顾客提供优质的服务外，还要向顾客详细介绍这些知识和方法。在上海星巴克，有一项叫作"咖啡教室"的服务。如果三四个人一起去喝咖啡，星巴克就会为这几个人配备一名咖啡师傅。顾客一旦对咖啡豆的选择、冲泡、烘焙等有任何问题，咖啡师傅会耐心细致地向他讲解，使顾客在找到最适合自己口味的咖啡的同时，体味到星巴克所宣扬的咖啡文化。

3. 环境

"星巴克体验"还包括店内浓郁而亲切、时尚且雅致的环境。星巴克公司努力使自己的咖啡店成为人们的"第三场所"（third place）——家庭和工作以外的一个舒服的社交聚会场所，成为顾客的另一个"起居室"，他们既可以在这里会客，也可以独自在这里放松身心。人们每次光顾咖啡店都能得到精神和情感上的报偿。因此，无论是其居室风格的装修，还是仔细挑选的装饰物和灯具，煮咖啡时的嘶嘶声，将咖啡粉末从过滤器敲击下来时发出的啪啪声，用金属勺子铲出咖啡豆时发出的沙沙声，都是顾客熟悉的、感到舒服的声音，都烘托出一种"星巴克格调"。

（二）霍华德·舒尔茨的咖啡豆股票计划

但最初的星巴克并不是现在家喻户晓的连锁咖啡店经营模式。如果没有霍华德·舒尔茨，或许星巴克仍然是一家经营优质咖啡豆的特色店铺。1982 年，霍华德·舒尔茨通过销售咖啡机的机会偶然走进了星巴克，并为那里浓郁的咖啡所吸引。于是他放弃纽约的事业加盟星巴克，并成为公司的营销主管。

当时，星巴克只有一家咖啡烘干厂和 5 家咖啡店。1983 年舒尔茨到意大利参加商展，被那里街头随处可见的浓缩咖啡馆开启了灵感，它特有的轻松氛围为人们提供了社交和放松心情的空间。舒尔茨决定把意大利的经验带回美国却因此与星巴克当时的经营者们发生了分歧。1985 年舒尔茨创办了自己的公司，1987 年他又回到星巴克，并以 380 万美元收购了它。

舒尔茨建立了美国历史上第一个星巴克"期股"管理模式，即公司所有员工都将获得公司的股权，获得健康保险。1991 年，星巴克开始实施"咖啡豆股票"（bean stock）。这是面向全体员工（包括兼职员工）的股票期权方案。其思路是：使每个员工都持股，都成为公司的合伙人，这样就把每个员工与公司的总体业绩联系起来，无论是 CEO 还是任何一位合伙人，都采取同样的工作态度。要具备获得股票派发的资格，一个合伙人在从 4 月 1 日起算的财政年度内必须至少工作 500 个小时，平均起来为每周 20 小时，并且在下一个一月份即派发股票时仍为公司雇用。1991 年一年挣 2 万美元的合伙人，5 年后仅以他们 1991 年的期权便可以兑换现款 5 万美元以上。

这一理念同样被带到中国。1999 年，星巴克在北京开出第一家分店。截至 2005 年年底，这家全球最热门的咖啡连锁店在中国内地的 18 个城市仅有 165 家咖啡店，与其在美国拥有的近 5 000 家连锁店相比，中国市场开拓的速度远远不够。但并没有在中国赚钱的星巴克仍然带进了其"员工伙伴"理念，中国的雇员也成为星巴克的合作伙伴，包括员工的家庭成员同时成为星巴克关注的对象。

为了吸引和留住本地优秀人才，星巴克已于 2006 年 11 月在大中华区开始实施"咖啡豆股票计划"。无论是公司高层还是普通员工，只要是在 2006 年 4 月 1 日前加盟星巴克，每周工作时间超过 20 小时的全职或兼职员工，都有权获得星巴克的股票期权。公司董事会决定将这个计划初次实施的比例确定为 14%，即有权享受该福利的员工将获得相当于价值为年薪的 14% 的公司股票期权。这是迄今为止外资公司在中国进行的最大范围的股票期权计划。

(三) 伙伴关系

在星巴克公司，员工不叫员工，而叫"合伙人"。这就是说，受雇于星巴克公司，就有可能成为星巴克的股东。星巴克现在遍布全球的"合伙人"约 25 000 人。霍华德·舒尔茨将公司的成功很大程度上归功于这种伙伴关系的独特性。他说："如果说有一种令我在星巴克感到最自豪的成就，那就是我们在公司工作的人中间建立起的这种信任和自信的关系。"

与零售业其他同行相比，星巴克雇员的工资和福利都是十分优厚的，其 30% 的薪酬由奖金、福利和股票期权构成。星巴克每年都会在同业间做一个薪资调查，经过比较分析后，每年会有固定的调薪。舒尔茨还给那些每周工作超过 20 小时的员工提供卫生补助、员工扶助方案、伤残保险，这在同行业中极为罕见。这种独特的福利计划使星巴克尽可能地照顾到员工的家庭，对员工家里的长辈、小孩在不同状况下都有不同的补贴办法。中国星巴克有"自选式"的福利，让员工根据自身需求和家庭状况自由搭配薪酬结构，有旅游、交通、子女教育、进修、出国交流等福利和补贴，甚至还根据员工的不同状况给予补助。这些做法尽管成本不是很高，但会让那些享受福利的员工感到公司的关怀并对此心存感激。

星巴克对合伙人的尊重还体现在其独特的合伙人快照方案和努力营造内部开放的沟通氛围。合伙人快照方案和意在得到顾客反馈的顾客快照方案是平行的，包括公司范围内的民意调查、使命评价及一个相对较新的对公司和员工感兴趣的关键问题进行调查的电话系统，目的是为了尽量从公司伙伴那里得到反馈。公司于 1990 年正式设立了使命评价方案。公司在每个地方都放置了评论卡供员工就有关使命评价的问题发表个人见解，员工可以在他们认为某些决策和后果不支持公司的使命时填写评论卡。相关的经理在两周内对员工提出的问题做出回应。此外，一个跨部门的小组在公开论坛上探讨员工对工作的忧虑，并找出解决问题的方法及提交相关报告。这样做能够及时掌握员工的动向，不仅使得公司的使命具有生命力，也加强了企业文化的开放性。公开的沟通方式也是星巴克公司原则的一部分。公开讨论会一年要开好几次，告诉员工公司最近发生的大事，解释财务状况，允许员工向高级管理层提问，同时也给管理层带来新的信息。此外，公司定期发表员工来信，这些来信通常是讨论有关公司发展问题的，也有员工福利及股东方案的问题。

（四）学习旅程

当星巴克把纯正的意大利式咖啡介绍到美国后，迅速得到了市场的追捧。但是要把这种最难量化的感觉，日复一日，在全球上万家门店精准复制，人员的培训成为成败的关键。仅仅在 2001 年，星巴克就进行了上百万小时的员工训练，平均全球每人每天要接受近 1 小时的训练。培训的内容包括咖啡知识与制作技能两个主要部分。星巴克要求员工掌握关于咖啡的精细的知识：关于咖啡豆、咖啡种类、添加物、生长地区、烘焙、配送、包装等方面的详细知识；如何以正确的方式闻咖啡和品咖啡，以及确定它什么时候味道最好；描述咖啡的味道；唤醒对咖啡的感觉；熟悉咖啡的芳香、酸度、咖啡豆的大小和风味；等等。使星巴克的每个员工都能成为咖啡专家，随时与人们分享咖啡的迷人之处，解答人们关于咖啡的各种问题。而制作咖啡的要求就更为复杂和精确，其中酿制咖啡的每个细节都要进行反复练习，直到每个动作都成为习惯。每杯浓缩咖啡要煮 23 秒，牛奶至少要加热到华氏 150 度，但是绝不能超过 170 度。当然还有更多的细节，如商品陈列的方式，甚至是打开咖啡豆包装袋、贴包装卷标这样的事情，都有明确的规定。比如，装好 1 磅的咖啡豆后，卷标一定要贴在星巴克标志上方 1 英寸的地方。

对星巴克而言，每位员工都是构成品牌的一分子，在消费者心目中都代表着星巴克。星巴克的"学习旅程"（每次 4 小时一共 5 次的课程），是所有新合伙人在就业头 80 个小时中都要上的课程。从第一天起，新合伙人即熏陶在星巴克的这种价值和基本信念体系之中。所有招聘进来的新员工在进入公司的第一个月内都能得到最少 24 小时的培训，包括对公司适应性的介绍、顾客服务技巧、店内工作技能等。另外还有一个广泛的管理层培训计划，着重训练领导技能、顾客服务及职业发展。对员工进行栽培和辅导训练，使他们得到可持续的成长发展空间，是星巴克公司所看重的。星巴克为员工提供了很多核心业务训练和技巧，希望他即使离开了，也同样能从星巴克的经历中受益。

（资料来源：舒尔茨．我与星巴克的童年．第一财经日报，2005-09-21，第 A08 版；肖勇新．星巴克的员工管理．企业改革与管理，2005（5）.）

二、思考·讨论·训练

1. 你认为星巴克取得成功的最关键因素是什么？为什么？

2. 星巴克对合伙人的激励是从几个方面进行的？你认为其中最为有效的方式是什么？为什么？

3. 常用的激励手段和方法有哪些？结合星巴克的案例谈谈如何提高激励的有效性？

案例2 **我们愿意加班**

一、案例介绍

卢小姐在荷兰银行单证部工作，这是银行最繁忙的一个部门，主要从事信用证通知、议付、审单、结汇、开证等烦琐而又单一的工作。虽然分工很细，但业务量很大，每月1 500万美元的交易额却只有7个人（包括卢小姐）在做，每天案头总是堆满了文件，每天需要加班一两个小时才能处理完。因此到了星期五，没有人愿意再加班，都想尽早回家过周末，虽然加班费是平时的两倍。而星期五恰是银行最忙碌的一天，有些事如果不在星期五做完，就必须过两个休息日，这样不仅在时间上耽误了，也影响了银行的声誉。因此，副行长邓先生自然希望员工周五能自愿留下来加班，把事情做完。

有一个周五，需要结汇的单子并不多，所以员工们想下班后留下来把它处理完，免得星期一案头又堆起一座小山，邓先生看见了，马上盛情邀请加班的员工在附近一家饭店共进晚餐。在席上，他先是对员工的加班行为进行表扬，同时希望员工们能继续下去，当然员工们都欣然同意。在以后的几个星期内，员工们在星期五都自愿留下来加班，而邓先生也隔一星期请员工们吃一次饭，这样过了一个月，员工们对此开始厌倦，并戏称邓先生的请客吃饭是"鸿门宴"。

邓及时得到了这一反馈，并签发了一项新规定，凡星期五加班的，加班费按正常时间的四倍计，累计加班时间满20小时的可休假一天，事实证明该规定非常有效。现在，员工们都愿意在星期五加班了。

（资料来源：义乌工商学院管理学基础精品课程网．http：//www．ywu．cn）

二、思考·讨论·训练

1. 请用激励理论分析，为什么员工对周五加班从愿意到厌倦、又到愿意？
2. 如果采用惩罚策略，是否也能起作用？为什么？
3. 采取什么措施解决目前存在的问题？
4. 试探讨荷兰银行单证部的激励措施有什么特点和优势？

案例3 **油漆厂工人为什么闹事**

一、案例介绍

钱兵是某名牌大学企业管理专业毕业的大学生，分配到宜昌某集团公司人力资源部。前不久，因总公司下属的某油漆厂出现工人集体闹事问题，钱兵被总公司委派下去调查了解情况，并协助油漆厂高厂长理顺管理工作。

到油漆厂上班的第一周，钱兵就深入"民间"，体察"民情"，了解"民怨"。一周后，他不仅搞清楚了油漆厂的生产流程，同时也了解到工厂的生产效率极其低下。工人们怨声载道，他们认为工作场所又脏又吵，条件极其恶劣，冬天车间内的温度只有零下 8 度，比外面还冷，而夏天室内最高温度可达 40 多度。而且他们的报酬也少得可怜。工人们曾不止一次地向厂领导提出过，要改善工作条件，提高工资待遇，但并未引起重视。

钱兵还了解了工人的年龄、学历等情况。工厂以男性职工为主，约占 92%。年龄在 25～35 岁的占 50%，25 岁以下的占 36%，35 岁以上的占 14%。工人们的文化程度普遍较低，初高中毕业的占 32%，中专及其以上的仅占 2%，其余的全是小学毕业。钱兵在调查中还发现，工人的流动率非常高，50% 的工人仅在厂里工作 1 年或更短的时间，能工作 5 年以上的人不到 20%，这对提高生产效率和保证产品的质量非常不利。

于是，钱兵决定将连日来的调查结果向高厂长做汇报，他提出了自己的一些看法："高厂长，经过调查，我发现工人的某些起码的需要没有得到满足，我们厂要想把生产效率搞上去，要想提高产品的质量，首先得想办法解决工人们提出的一些最基本的要求。"可是高厂长却不这么认为，他恨铁不成钢地说："他们有什么需要？他们关心的就是能拿多少工资，得多少奖金，除此之外，他们什么也不关心，更别说想办法去提高自我。你也看到了，他们很懒，逃避责任，不好好合作，工作是好是坏他们一点也不在乎。"

但钱兵不认同高厂长对工人的这种评价，他认为工人们不像高厂长所说的那样。为进一步弄清情况，钱兵采取发放问题调查问卷的方式，确定工人们到底有什么样的需求，并找到哪些需要还未得到满足。他也希望通过调查结果来说服厂长，重新找到提高士气的因素。于是他设计了包括 15 个因素在内的问卷，当然每个因素都与工人的工作有关，包括报酬、员工之间的关系、上下级之间的关系、工作环境条件、工作的安全性、工厂制度、监督体系、工作的挑战性、工作的成就感、个人发展的空间、工作得到认可情况、升职机会等。

调查结果表明，工人并不认为他们自己懒惰，也不在乎多做额外的工作，他们希望工作能丰富多样化一点，能让他们多开动脑筋，能有较合理的报酬。他们还希望工作多一点挑战性，能有机会发挥自身的潜能。此外，他们还表达了希望多一点与其他人交流感情的机会，他们希望能在友好的氛围中工作，也希望领导经常告诉他们怎样才能把工作做得更好。

基于此，钱兵认为，导致油漆厂生产效率低下和工人有不满情绪的主要原因是报酬太低，工作环境不到位，人与人之间的关系冷淡。

（资料来源：余敬. 管理学案例. 武汉：中国地质大学出版社，2000.）

二、思考·讨论·训练

1. 请用双因素理论对案例中钱兵设计的包括若干因素在内的问卷进行分析。

2. 根据钱兵的问卷调查结果，请你为该油漆厂出点主意，来满足工人们的需求。

案例4　这笔奖金应该怎样分配？

一、案例介绍

山花煤矿是一个年产 120 万吨原煤的中型矿。该矿现有职工 5 136 人，其中，管理干部 458 人，占全矿职工的 8.9%。2004 年全矿职工取得了生产和安全的大丰收。特别是在安全方面，100 万吨原煤生产死亡率降到了 2 人以下，一跃跻身于同行业的先进行列。上级主管部门特下拨 15 万元奖金，奖励该矿在安全与生产中做出贡献的广大干部和职工。

随后，由袁军矿长召集五位副矿长和中层领导开了一个"分配安全奖金"会议。袁首先发言："我认为奖金分配应该大家都有份，但是不能搞平均主义，因为每个人的贡献有大小。我看工人和干部就该拉开距离，工人只需保证他们自身的安全，他们的安全工作量不大。而干部不但要保证自身安全，还要负责一个班组、区、队或一个矿的安全工作，特别是我们这些头头还在局里压了风险抵押金，立了军令状，既要负经济责任，又要负法律责任。因此，应该按责任大小、贡献多少拉开档次。我和财务科长商量了一个分配方案，算是抛砖引玉，请大家讨论。下面就请王科长向大家介绍一下具体方案。"

王科长说："奖金总额是 15 万元，要照顾各方面是不可能的，大致分五个档次，矿长 550 元，副矿长 500 元，科长 400 元，一般管理人员 200 元，工人一律 5 元。这样分下来，全矿初级干部 13 人，科技干部 130 人及各类管理人员 307 人，职工 4 678 人，刚好均分。"主管生产的冯副矿长说："我原则上同意这个分配方案，只是工人这个档次 5 元太少了，并且不论什么工种都是 5 元，这不太平均了吗？最好把工人的奖金也拉开档次，否则工人的积极性怕是要受到影响，不利于今后工作任务的完成。"

安检科陈科长心里想，我具体主管安全，责任不比你矿长小，奖金反而要少 150 元，与其他科长同档次，这不是太不公平了吗？于是便开了腔："要说安全工作，全矿大大小小几百条巷道我都熟悉，天天都在和安全打交道，每次都到现场处理安全事故，但有些人一年没下几天井，与安全工作不沾边，奖金反而不少，我建议多来一个档次，六个档次。"

陈科长的发言马上引起了人事科、财务科长的不满，争论更加激烈。最后袁矿长做了总结性的发言，他说："我把大家的意见归纳为两条：第一是怕工人闹意见影响生产；第二，多拉开些档次。要说闹意见，不论怎样分都会有人闹意见，比如有些与安全工作无关的人，我们一视同仁地给点，按理说照顾到了全矿职工。至于多拉档次，我看就不必了，多拉一个档次，就会多一层意见，像安检科陈科长这样的个别特殊情况，我们可以在其他方面进行弥补，这个方案就这么定了，请财务科尽快把奖金发下去。"

奖金发下后没几天后矿里的安全事故就接连不断地发生，先是运输区运转队的运人车跳轨，接着三采区割煤电机被烧，随后就是开拓区冒顶，两人受伤。袁矿长坐不住了，亲自组织带领工作组到各工队追查事故起因，机车司机认为是钉道工钉的道钉松动，巡检维修不细心。而钉道工指责司机开得太快，造成了跳轨。有些工人说："我们拿的安全奖金少，没那份安全责任，干部拿的奖金多，让他们干吧。"还有一些工人说："老子受伤，就是为了不让当官的拿安全奖。"很长一段时间，矿里的安全事故在不断地发生，最终矿行政部门采取了一些措施，进行了多方面的调整工作，总算把安全事故压下去了。但山花矿区从前那种人人讲安全、个个守规则的情况看不见了。

（资料来源：http：//www.ahtvu.ah.cn/jingjiwww/anli/view.asp？id＝814）

二、思考·讨论·训练

1. 请剖析山花煤矿的奖金为什么没起到激励作用。
2. 如果你是矿区负责人，你认为应该怎样分配这笔安全奖金？

案例5 **美丽的歧视**

一、案例介绍

高考落榜，对于一个正值青春花季的年轻人，无疑是一个打击。8年前，我的同学大伟就处于这种境地，而我则考上了京城的一所大学。

当我大学三年级时，有一日大伟忽然到校园里找到我，原来，他也是北京某名牌大学的一员了。

"祝贺你。"我说。

"是该祝贺。你知道吗？两年前我一直认为自己完了，没什么出息了，可父母对我抱有很大希望，我被迫去复读。你知道'被迫'是一种什么滋味吗？在复读班，我的成绩是倒数第五……"

"可你现在……"我迷惑了。

"你接着听我说。有一次那个教英语的张老师让我在课堂上背单词。那会儿我正读一本武侠小说。张老师很生气地说：'大伟，你真是没出息，你不仅糟蹋爹娘的钱，还耗费自己的青春。如果你能考上大学，全世界就没有文盲了。我当时肺都要炸开了，我噌地离开座位，跨到讲台上指着老师说：'你不要瞧不起人，我此生必定要上大学。'说着我把那本武侠小说撕得粉碎。你知道，第一次高考我分数差了100多分，可第二年我差17分，今年高考，我竟超了80多分……我真想找到张老师，告诉他：'我不是孬种。'……"

3年后，我回到母校，班主任告诉我：教英语的张老师得了骨癌。我去看他，他兴致很高，期间，我忍不住提起了大伟的事……

张老师突然老泪横流。过了一会儿，他让老伴取来了一张旧照片，照片上，一位书生正在巴黎的埃菲尔铁塔下微笑。

张老师说："18年前，他是我教的那个班里最聪明也是最不用功的学生。有一次，我在课堂上讲：'像你这样的学生，如果能考上大学，我头朝地转三圈……'"

"后来呢?"我问。

"后来同大伟一样，"张老师言语哽咽着说，"对有的学生，一般的鼓励是没有用的，关键是要用锋利的刀子去做心灵的手术——你相信吗? 很多时候，别人的歧视能使我们激发出心底最坚强的力量。"

两个月后，张老师离开了人世。

又过了4年，我出差到京，意外地在大街上遇到大伟，读博士的他正携女友在悠闲地购物。我给大伟讲了张老师的那席话……

在熙熙攘攘的人群中，大伟突然泪流满面。

（资料来源：http://www.zhidao.baidu.com/question/72368415.html）

二、思考·讨论·训练

1. 文题"美丽的歧视"有什么含义?
2. 张老师采用的是什么样的激励方式?
3. 通过本案例你认为在组织中应该怎样灵活地运用激励方式来调动员工的积极性?

案例6 对不同管理对象的激励

一、案例介绍

下面是对几位不同的管理对象的简单描述，请仔细阅读他们的情况并根据所学理论回答后面的问题。

1. 王春华是一个大制药公司的销售代表。他的工作包括走访医生以推销公司的药品。他现年27岁，已婚，有一个孩子。他获得大学的企业管理学位，他在该公司已工作5年，年薪约为12万元人民币。

2. 庄小蝶是某医院儿科护士长。现年29岁，已婚，有两个孩子。她目前正在攻读硕士学位。在医生中她的名声很好，大家都认为她是一位很能干的护士。她的年薪约7万元人民币。

3. 李东是国内一家巨型的快餐食品专利制造商的营业部副主任。现年51岁，与配偶离婚，现有一个孩子正在上大学。他已在这个公司工作 9 年，年薪约 30 万元人民币。他是该公司分享红利的高级管理人员之一。

4. 周越民是一家大联营超级市场的兼职（非全日）雇员，现年 26 岁，退役军人。入伍前和退役后都一直为这个公司服务。他是一个重要的雇员，每小时工资 8 元人民币。他现在还在一所当地大学里学习，目前再有 12 个学时他即将完成他的商业管理学位的学习。

5. 苏灿是一家新航天工业公司市场开发部的副经理。今年 25 岁，未婚，聪明伶俐，热情而又精力充沛，是"新型妇女"的代表。年薪约 11 万元人民币，她即将完成硕士学位的学习。

6. 张伟是一家属于 14 家联营的廉价餐馆的副经理，25 岁，未婚，读过 3 年大学。他每周工作 6 天，年薪约 6 万元人民币。另外，他每年还将从家族的一笔财产中得到约 2 万元人民币的收入。

7. 徐莉是一个大学校长的行政助理，现年 31 岁，单身，曾受过一年秘书训练。她的职责包括：在学位要求方面给学生以顾问、监督并保管学生档案。她的年收入约为 5 万元人民币。她已在这所大学工作 12 年了，开始时为打字员。

8. 梅川是一位化学研究人员，在国家最大的化学公司工作。4 年前他从一所重点大学毕业后就到这家公司来工作，现年 26 岁。目前他的年薪约为 7 万元人民币，两个月后他即将结婚。

9. 从辉是一座办公大楼由 16 人组成的夜间清扫队的监督员。他任监督员已有两年的时间了，在被提升到目前职位之前，他已干过 11 年清扫工作。从辉今年 44 岁，已婚，有两个孩子。他的年薪约为 3 万元人民币。他每周有 3 天要在本地一家医院任临时清扫工。

10. 夏斌博士是一所著名大学的历史学教授。他在有声望的专业刊物上发表过一些文章，并且写过一本很受欢迎的教科书。但是近 4 年来，他没有写出什么东西，他是一位有资历的教授，在系里拿最高的工资，年薪约为 12 万元人民币。今年 40 岁，已婚，有 1 个不满 10 岁的孩子。最近两年来，他在教学上的兴趣与热情已明显的低落下来，而学生对他那优秀教师的赞誉也随之减少了。

（资料来源：冯国珍．管理学习题与案例．上海：复旦大学出版社，2008.）

二、思考·讨论·训练

假设你就是他们的上司，请从下面的策略中选出你认为最能激励他们每个人提高工效的策略，并说出你选择的理由。

1. 个人鼓励计划。

2. 承认其成就。

3. 增加工资。

4. 以降级或解雇作为威胁。

5. 提高身份地位（如扩大办公室、给办公室铺地毯、设秘书）。

6. 小组分红计划。

7. 丰富工作内容。

8. 附加津贴。

9. 更多地参与管理决策。

10. 行动自如（就是说，更少的监督）。

案例7 揭榜的积极性有多高

一、案例介绍

厂里正式张榜招贤，宣布谁能解决三车间工艺上那个老大难的技术问题，就发给他奖金 8 000 元，绝不食言云云。小吴看了，在心里琢磨开了：这个问题正巧是他在大学里写毕业论文时选的题目，来厂后自己对它又很感兴趣，私下搜集了一些数据，查过一些参考文献，对解决这类问题有了一些朦胧的设想。当然把握并不太大，别人已干了好几年没解决，难道人家都是"废物"？所以只能说有一半把握吧！可是，就算我解决了又怎么样呢？不错，既然出了告示；这 8 000 元奖金大概跑不了，可是自己并不缺钱用，不稀罕这奖金。当然解决了它是对国家建设的一个贡献，但跟他的抱负比，只能算小事一件罢了。去钻研这个问题，要动一番脑筋，倒是有点吸引力的，还能接受锻炼、长知识。不过，估计这方面的收获也不会太大……对了，最要紧的是这事的成功与否，对他跟组里同事的关系会有什么影响，对这一点小吴是十分关心的。啊呀，真要搞成了，那人家会不会说我"好出风头""财迷心窍"？坏了，多半会有人妒忌我、讥讽我、暗地绊我一下子，那就得不偿失了。不过，我真攻下了这一关，广播站会报道我就会全厂闻名。但这又有啥了不起呢？切不可图虚名而招实祸呵！何况，若失败了，多么丢脸，人家会笑话我"不自量力"的……他反复推敲斟酌，拿不定主意：去揭榜，还是不揭？

根据他这一番考虑，用期望论模型的术语和概念来加以表达，归纳如表 8-1 所示。

表 8-1　用期望论模型来表达小吴是否揭榜情况表

奖　酬（R）	取值范围	给国家建设做贡献	工作本身兴趣与挑战	荣　誉	与同事关系	奖　金
绩效期望（E_1）	0～1	0.5				
奖酬期望（E_{2i}）	−1～+1	0.2	0.3	0.5	−0.8	1
奖酬效价（V_i）	0～1	0.8	0.5	0.2	1	0.2

（资料来源：余凯成. 燃起人民胸中热情之火. 北京：企业管理出版社，1989.）

二、思考·讨论·训练

1. 小吴为什么会有那么多顾虑？请分析"好出风头""财迷心窍"的人的心理与行为。

2. 用心理防御机制解释小吴这种既想干又不敢干的心理。这种情况对他的心理会产生什么影响？

3. 你认为公司张榜招贤方式有什么优点和缺陷？

4. 请用期望理论分析，应从哪些方面着手改进。

拓展训练 **天才的猎取**

目的：进行员工激励。确定和认同每一个团队成员的能力。确保团队成员的能力在团队中得到开发。对成员带给团队的力量表示赞许。

道具：大的彩色纸或轻优质纸板、毡头记号笔。

时间：45 分钟。

程序：

1. 让团队成员写下每个团队成员的名字，在每个名字下面填写他（她）的能力和才干的清单。强调一下成员在日常基础工作中可能未曾用到的、包括才干在内的重要性。

2. 在房间四周为每个团队成员张贴一张大彩纸。在每张纸旁边放一支毡头记号笔。

3. 让团队成员拿着他们填写好的清单并将他们已确定的那些才干描述誊写到大彩纸上。

4. 以组为单位检查这些清单并确保每张清单中的每项才干都被注意到。用心去做这件事——这是对团队成员的贡献的一个小小的庆祝。询问正在讨论其才干的成员，他们是否有什么才干被忽视了。如果是这样，将它们添加上去。对每一张清单确定：①团队正在全力开发的才干；②团队未全力开发的才干。

5. 为每个团队成员至少选择一个未全力开发的才干，并向小组询问："团队如何更好地发挥此才干？"

6. 让团队提出关于他们怎样保持团队成员的才干超前于团队的建议，并在目前正在实施的基础工作中更好地利用它们。

7. 对行动的每一条建议依次提出这些问题并检查多数人的意见。

提示：将成员们各自的才干表让他们自己保管。建议他们将这些纸张贴起来，以提醒他们充分利用自己的这些才干。

讨论：

1. 你清楚团队中其他成员的才能吗？尤其是他们的潜能？

2. 怎么做才能让我们更好地了解队友？和让队友了解我们？

分享：团队常常只挖掘出团队成员的一小部分的潜能；只用到需要完成团队成员的工作的一些基本技能。效率高的团队成员相互间知道对方的能力，寻找机会利用那些力量，并祝贺他们的成功。

第九章 沟通

未来的竞争是管理的竞争，竞争的焦点在于每个社会组织内部成员之间及其外部组织的有效沟通上。管理与被管理者之间的有效沟通是任何管理艺术的精髓。

——［美］约翰·奈斯比特

沟通是指可理解的信息或思想在两个或两个以上人群中传递或交换的过程。从某种意义上说，整个管理工作都与沟通有关，可以说管理的过程就是信息、思想、情感在个人或群体间传递的过程。有效沟通则是指正确地传递信息，信息被接收而且被理解。由此可见，计划者与企业外部人士的交流，组织者与被控制者的信息传递，领导者与下属的感情联络，控制者与控制对象的纠偏工作，都与沟通相联系。可以说，管理就是沟通。沟通是管理的最为重要的组成部分，沟通是任何管理艺术的精髓，沟通决定着管理的质量与水平。

一、沟通过程

沟通的过程就是发送者通过一定的渠道把有一定内容的信息传递给接收者的过程。一个完整的沟通过程，包括以下环节，如图 9-1 所示。

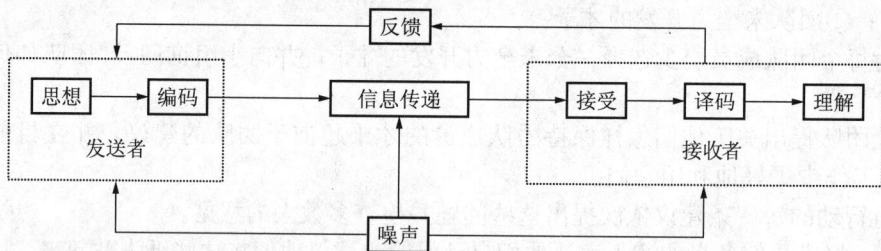

图 9-1　沟通过程

（一）形成思想

即信息的发送者首先要明确进行沟通的信息内容。这里的信息可以是想法、观点和资料等。

（二）编码

指发送者将这些信息内容表达为某种或某些接收者能够理解的一系列符号，包括语言、文字、手势、图表和图片等，即进行编码。没有编码，信息就不能传递。

（三）媒体

媒体也称沟通渠道，用于信息传递。通过某种渠道把信息传递给对方，包括交谈、打电话、写信、写报告、演讲等。由于选择的符号种类不同，传递的方式也不同，通常重要或复杂的信息需要运用多种渠道来进行传递。

（四）接受

接收者接受这些符号，并将这些符号译码为具有特定含义的信息，包括接受、译码和理解等步骤。这个译码的过程关系到接收者是否能正确理解发送者所传递的信息，直接影响沟通效果。由于发送者翻译和传递能力的差异，以及接收者接受和解码水平的不同，信息的内容和含义有可能被错误理解。

（五）反馈

反馈是接收者把所收到的或理解的信息再返回到发送者那里，供发送者核查信息是否被理解，以纠正可能发生的某些偏差。反馈的方式包括交谈、电话、写信和写报告等。整个沟通过程都可能受到噪声的影响。噪声就是指信息在传递过程中所受到的干扰因素，包括内部干扰因素和外部干扰因素，它可以在沟通的任何环节发生，从而造成信息的失真，影响沟通的有效性。

以上所述沟通过程既适用于人与人之间的沟通，也适用于非人际（如电话、电报、传真机等通信工具）之间的沟通。

二、沟通的类型

（一）口头沟通

即运用口头表达的方式来进行信息传递和交流。例如，交谈、讲座、讨论会、演讲和电话等。其优点是：快速传递、快速反馈、信息量大、双方可以自由讨论、有亲切感。这对于双方统一思想、认清目标、体会各自的责任和义务有很大的好处。其缺点是：它具有时效性，有一过即逝的特点；另外，传递中经过层次越多信息失真越严重，核实越困难。

（二）书面沟通

即用文字作为信息传播媒介来传递信息的沟通方式。例如，报告、备忘录、信件、内部期刊、公司手册和布告等。其优点是：信息内容持久、有形、可以核实和查询，这对于复杂或长期的沟通尤为重要。重要的信息沟通一般都以书面沟通形式为主，"口说无凭，立字为据"就表现出书面沟通的严肃性。其缺点是：比较呆板，不易随客观条件的改变而及时修正，不像口头沟通那样可以随机应变，也不能得到及时的反馈。

（三）非语言沟通

即用语言以外的非语言符号系统进行的信息沟通。它通过身体动作、面部表情、说话的语调和重音及信息的发送者和接收者之间的身体距离来传递信息。例如，声、光信号（红绿灯、警铃、旗语、图形、服饰标志）、体态（手势、肢体动作、表情）、语调等。其优点是：信息意义十分明确，内涵丰富，含义隐含灵活。其缺点是：传送距离有限，界限含糊，只能意会、不能言传。

（四）电子媒介

即通过电子符号进行信息的传递。近 20 年来，网络等信息技术的发展，给组织中的沟通带来了很大的影响，人们已经逐渐掌握了应用各种电子媒介传递信息。例如，传真、闭路电视、计算机网络和电子邮件等。其优点是：快速传递、信息容量大、远程传递、一份信息可同时传递多人、廉价。其缺点是：单向传递，电子邮件可以交流，但看不到表情。

三、信息沟通中的障碍与克服

（一）信息沟通中的障碍

1. 由信息发送者造成的障碍

信息沟通首先由信息发送者开始，如果发送者对信息传送的目的未经思考、计划和说明就发表意见，就会对信息的传递造成障碍。或者尽管发送者头脑中的某个想法很清晰，但由于措辞不当、缺乏条理、表达紊乱，造成信息表达不清，使接收者理解困难。即使意思清楚、用词得当的信息，但由于接收者个人经历、文化等方面的不同也可能产生不同的理解，这种现象尤其在跨文化的管理中容易出现。

2. 信息传递中造成的障碍

信息从一个人传到另一个人的一系列传递过程中，由于损失、遗忘和曲解等会造成越来越失真。特别是在组织层次过多的企业里或传递环节过多的情况下。一项研究表明，通常每经过一个中间环节信息就将丢失 30% 左右。企业董事会的决定通过五个等级后，信息损失可达 80%，待传达到职工，就仅剩下 20% 的信息了。其中，副总裁这一级的保真率为63%，部门主管为 56%，工厂经理为 40%，第一线工长为 30%。

在自下而上的信息沟通中，由于利害关系，往往存在报喜不报忧的现象，或是下级往往根据自己的理解和需要，对信息进行"过滤"，结果都使得高层管理者得不到真实的信息。

3. 由信息接收者造成的障碍

存在着接收者有选择地接收的现象，即人们拒绝或片面地接收与他们的期望不相一致的信息。研究表明，人们往往听或看他们感情上有所准备的东西，或他们想听或想看到的东西，甚至只愿意接收中听、拒绝不中听的东西。不善于聆听别人的意见及过早的评价，也常常是造成沟通障碍的重要因素，尤其是在听取下属意见时。普遍的倾向是，对别人所说的要加以判断，表示赞成或不赞成，而不是试图去理解谈话者的基本内容。

4. 人际关系对信息沟通的障碍

信息沟通是发送者和接收者之间的"给"与"受"的过程，信息传递不是单方面的，而是双方的事情。因此，沟通双方的相互信任程度，沟通时的气氛等都会对信息沟通效果造成影响。沟通双方的诚意和相互信任至关重要，上下级之间的猜疑只会增加抵触情绪，减少坦率交谈的机会，也就不可能进行有效的沟通。许多研究表明，很多经理自动地认为他们听到的信息是有偏见的，为了防止"偏听偏信"，即根据自己的想象对"偏见"进行"纠偏"。在这种情况下，再准确的信息也无济于事。另外，信息发送者和接收者之间在地位和权力上的差异，也可能造成沟通上的障碍。一个人的地位高，他发送的信息似乎是正确的、可信的；一个人的地位低，他发送的信息也将打折扣。一般说来，地位高的人对地位低的人沟通是无所顾忌的，而下级对上级沟通时往往有所顾忌。

5. 过量的信息造成的障碍

有人也许认为比较多的且不受限制的信息会有助克服信息沟通中的问题，但事实恰恰相反，过量的信息会淹没真正有价值的信息，使接收者无所适从。人们可以用多种方式对付超负荷的信息。①接收者可能无视某些信息，如要回的信件过多，干脆把某些信件搁置不顾；②人们可能会对信息进行过滤，先处理容易对待的事项，可能忽视了难度较大也许是关键性的问题；③人们可能会采用逃避的方法，把信息束之高阁或不进行沟通。

（二）克服信息沟通中的障碍

克服信息沟通中的障碍，首先要搞清楚造成沟通障碍的因素所在，在此基础上采用相应的方法来改善信息沟通。

（1）信息发送者必须对他想要传递的信息有清晰的想法，要有认真的准备和明确的目的性，并制订实现预期目的的计划。在进行重要沟通时，事先要征求他人的意见，应同别人协调并鼓励他们参与收集事实、分析信息。另外，重要的一点是选用最合适的媒介。沟通的目的是为了统一思想，所以沟通前还应对问题的背景、解决问题的方案及其依据的资料、决策的理由和对下属的要求等做到心中有数。沟通的内容要确切，语言要简明、准确、通俗化、具体化。

（2）在信息沟通过程中，要尽量减少重复，缩短信息传递链，以减少信息传递中的失真。此外，在利用正式沟通渠道的同时，开辟高层管理者与低层人员的非正式直通渠道，加强直接沟通、口头沟通，直接了解基层情况。同时，加强横向沟通，拓宽信息沟通渠道，以保证信息畅通无阻和完整性。

（3）有效的信息沟通，不仅是发送者的职责，也是接收者的职责。因此，信息的接收者，尤其是上层管理者要学会"聆听"。有效信息沟通的关键是接收者能正确理解发送者的信息，而做到这一点的先决条件是要对发送者的信息付出时间、同情、共鸣和全神贯注。如管理者认真倾听下属的话，避免打断谈话。为能得到真实的信息反馈，管理者要创造出和谐的谈话气氛，表现出诚意、信任和同情，以此打消下属的防范心理。

（4）通过建立特别委员会、召开定期会议等方式，形成常规沟通渠道，加强上下级之间、同级之间的信息沟通。并且通过情况通报、报表等书面形式沟通各方面的情况。

（5）利用现代计算机技术和通信技术来克服信息沟通障碍。现代计算机技术和通信技术飞速发展，给人们的信息沟通创造了更多的便利条件。开发和建立计算机管理信息系统、决策支持系统和专家系统等，利用计算机技术处理大量数据，并把有用的信息供给大多数决策者使用，管理者可以经济、及时地得到必要的信息，用以决策。计算机还可以通过图表、图形等直观的形象显示公司的重要信息，对管理者提供决策帮助。另外，利用现代通信技术可以大大地解决距离上的障碍，身处各地的决策者可以通过远程通信会议，"面对面"地进行直接沟通，及时做出决策，也可以通过电子通信及时了解各地情况。

案例1 联合制造公司总经理的一次会议

一、案例介绍

联合制造公司总经理奥斯特曼对随时把本公司经济上的问题告诉雇员们的重要性非常了解。她知道，由于市场价格不断跌落，公司正在进入一个困难的竞争时期。同时她也清楚，为了保住市场份额，必须降低本公司产品的出售价格。

奥斯特曼每月向所有雇员发出一次定名为"来自总经理部"的信，她认为这是传递信息的一种好方式。然而，一旦出现了重要情况，她还要把各部门负责人召集到那个简朴的橡木镶板的会议室里，在她看来，这样做会使这些负责人确实感到他们是管理部门的成员并参与了重大决策的制定。根据会议的礼仪规定，所有与会人员都要在预定时间之前就座，当奥斯特曼女士进来时要起立致意，直至得到允许后再坐下。这次会议，奥斯特曼进来后只简单地点了点头，示意他们坐下。

"我叫你们都来，是想向你们说明我们所面临的可怕的经济形势。我们面对的是一群正在咬我们脚后跟的恶狼一样的对手。他们正在迫使我们以非常低的价格出售我们的产品，并且要我们按根本不可能实现的日期交货。如果我们这个大公司——自由企业的一个堡垒——还打算继续存在下去，我们所有的人就都要全力投入工作，齐心协力地干。下面我具体地谈谈我的意见。"

在她发表完意见以后，奥斯特曼用严厉的目光向在座的人扫视了一下，似乎在看是否有人敢讲什么。台下没有一个人说话，因为他们都知道，发表任何意见都会被奥斯特曼看成持有不同意见。

"首先，我们这里需要想象。我们需要积极思想的人，而且所有的人都应当通力合作。我们必须要使生产最优化，在考虑降低成本时，不能对任何一个方面有所疏忽。为了实现降低成本的应急计划，我在公司外聘请了一位最高级的生产经理。

我们要做的第二件事是最大限度地提高产品质量。在我们这个企业里，质量就是一切。每部机器都必须由本部门的监督员按计划进行定期检验。只有经过监督员盖章批准后，机器才能开始运转，投入生产。在质量问题上，再小的事情也不能忽视。

在我的清单上所列的第三个值得认真考虑的问题是增强推销员的力量。顾客是我们这个企业的生命线，尽管他们有时不对，我们还是要态度和气地、灵活地对待他们。我们的推销员必须学会做生意，使每一次推销都有成效。公司对推销员的奖酬办法是非常公正的，即使如此，我们还打算通过提高滞销货的佣金率来增加他们的奖金数额。我们想使这个意见在董事会上得到通过。但是，我们必须保住成本，这是不能改变的。

最后，我要谈谈相互配合的问题。这对我们来说比其他任何问题都更加重要。要做到这一点，非齐心不可。领导就是配合，配合就是为同一目标共同努力。你们身为管理部门的代表，是领导人，我们的目标你们是知道的。现在让我们一起努力工作，并迅速地把我们的这项复杂的事情搞好吧！要记住，我们是一个愉快的大家庭。"

奥斯特曼结束了她的讲话，参加会议的人都站了起来，静立在各自的椅子旁边。奥斯特曼收起文件，离开会议室朝她的办公室走去。

（资料来源：http://www.nctvu.cn/kejian/glx/alfx/no14％A3％81％A3％9.htm）

二、思考·讨论·训练

1. 在这个案例中，构成沟通障碍的除了语言因素之外，还有什么因素？
2. 假若这次会议由你安排，你打算怎样来保证双向的沟通？

案例2 如何实现有效沟通

一、案例介绍

群大公司是从一家小施工队发展而来的建筑工程公司，其董事长李大年是一位苦干加实干、讲信用和重义气的人，对下属照顾非常周到，对年轻人更是视如晚辈。因业务需要，公司起用了一位刚从大学企业管理专业毕业的年轻人王平，负责计划工作。小王按照李董事长教授的老办法工作，感觉不仅时间花费多，而且效果不佳。于是小王自己决定采用在学校学到的计划评审技术法（PERT法）来完成计划工作。

小王受董事长的影响，工作非常勤奋努力。白天常常到工地去了解情况，协助解决各种问题，晚上经常要加班到11点左右。李董事长对小王非常欣赏，但也担心他会累坏了身体。连续几个晚上李董事长因事回到公司，见小王伏案聚精会神地工作，十分感动。但见小王在纸上画了很多的小圆圈，又用箭头线连接起来，加上了一些英文字母和数字，不知小王到底在做什么？有一天晚上，李董事长实在忍不住了，他语气不太好地问道："你到底在干什么呢？"小王听到此问话，心里不太高兴，暗自嘀咕："莫名其妙！我不是正忙着制订计划嘛！"但他嘴上却什么都没有说，只是继续手里的事情。

第二天一早小王又去了工地，李董事长想知道最近计划工作的情况，便翻阅"计划表"查看，发现已经好久没有增加新的内容了。但看到小王桌子上一堆画满了圆圈和箭头线的纸张，标题写着"PERT NO.1"，一时怒气冲天，马上将小王从工地上召回。

因为这件事，李董事长和小王闹得很不愉快，小王的新方法也只得暂时放置一旁，只得采用李董事长的老方法进行计划工作，小王为此十分苦闷。

（资料来源：李自杰. 管理. 北京：中国水利水电出版社，2003.）

二、思考·讨论·训练

1. 李董事长和小王之间发生冲突的根源是什么？
2. 小王应该如何做才能让李董事长接受PERT？

案例3　吉星保险公司

一、案例介绍

人物：

冷科长——吉星保险公司赔偿支付科科长。男，40多岁。工作认真，性格内向。

牛先生——吉星保险公司赔偿支付科的赔偿分析员。男38岁。业务能力强，脾气倔强。

中午快下班的时候，公司老板打电话向冷科长布置了一项紧急任务，并特别强调一定要在下午2点以前办好。于是，冷科长拦住了正收拾东西准备下班的牛先生，请他把吃午饭的时间变动一下，要么在班上吃一份盒饭，要么推迟一会儿回家吃饭，以便把这项急件突击出来。其实，这项工作并不复杂，它要求从一大摞保险卷宗里，把几件事故索赔案卷查出来。冷科长知道，这件事情对于牛先生这样一个业务熟练的老手来说，根本不费吹灰之力，只不过需要一点时间而已。可是，牛先生表现出了明显的不情愿。他说："对不起，我还要到银行去一趟。而且，我还想趁午休时间干点私事，恐怕不能遵命。"

冷科长非常不满地说："你怎么总是这样，每次让你干点儿工作，你就有事，你的事可以挪到下午办嘛。"

"午休时间是所有职工都应享受的权利，你没权占用。"牛先生也气冲冲地顶了回去。两人就这样争执起来。

冷科长与牛先生的矛盾由来已久。两年前赔偿支付科的前任科长调离，有小道消息传来，说牛先生是新任科长的候选人。他也认为凭自己的业务能力和工作经验可以当之无愧。但是，上级却从别的科室调来了冷先生当科长。冷先生对保险索赔业务完全是一个外行，性格也不像前任科长那样热情、开朗。他总是冷冰冰的、一本正经、严肃认真，从来不开玩笑，也不善于跟科里的人来往，一副公事公办的样子。牛先生觉得冷科长一点也不喜欢他，他推测多半是因为冷科长提防着他这样一个经验丰富的人。而冷科长觉得牛先生由于没有当上科长对他充满了敌意。像牛先生这样一个业务能力强的人，准会讨厌一个外行来领导他。前一段发生了一件事，更加深了他们彼此之间的猜疑、隔阂。

事情是这样的，牛先生突然得了流行性感冒，高烧不退，病得不轻，遵医嘱病休在家。在他休息的第四天，接到冷科长的电话，问他病好了没有，能不能尽快回科里上班，因为人手不够，工作都积压了起来。牛先生回答说，他的病还没有好，还在发烧，医生给他开了一周的病假，还需要休息几天才能上班。碰巧，第五天天气特别好，牛先生感到自己的病好了不少，想出去活动活动，就骑上了他儿子的自行车，顺着大街蹬到一家修车铺修理车上的链条。这里距他家只不过十分钟的路程。可是，就在他修好自行车要离开的时候，一抬头看见冷科长正骑着自行车驶过。他敢肯定，冷科长也看见了他。

当下一星期他回到科里上班时，他觉得应该向冷科长解释一下。

"冷科长，上周我去修车，是……"牛先生结结巴巴地开口了，可一看到冷科长冷若冰霜的脸，他不知该怎样说下去。

"好了，不用说了，我都知道，病好了就上班吧。"冷科长不等他说完就走开了。

牛先生不知道冷科长都知道了什么，反正他知道冷科长是不会相信他的。

过了几周，科里有个高级赔偿分析员的职位出现了空缺，牛先生肯定自己完全可以胜任这个职务。于是，他向科长提出申请。但冷科长告诉他："提升，除了反映一个人的工作能力之外，也得反映一个人的责任心。你的确是这里最敏锐的分析员之一。但这个职位要求是个人具有高度的责任心，而你当了这么久的员工，在这方面表现太一般了。"

科里的人都为牛先生打抱不平，让他去找老板提出控告，不能就此罢休。牛先生生性倔强，因为自己的要求被置之不理，感到非常丢人，就什么也不想说了。他只希望冷科长在这里待不长，否则，他就要求调离。反正他是不能再与他共事了。

现在冷科长要求他午饭时间加班，他就认为是存心与他过不去。他在想，既然你说我没有工作责任心，那我就真的做给你看看，看你到底能把我怎么样。冷科长也非常生气，他想，上次拒绝牛先生想晋升为高级赔偿分析员的请求是做对了。他太不负责任了，他的出勤记录一向平平，又不服从工作安排，这样的人怎么能够得到提升呢？！

现在他们两人的关系越来越僵了。

（资料来源：周文霞，孙健敏．组织行为学教学案例精选．上海：复旦大学出版社，1998.）

二、思考·讨论·训练

1. 从本案例中可以看出，冷科长与牛先生之间从未有过良好的沟通，你认为造成这种局面的主要原因是什么？

2. 如果你是冷科长，你会如何利用上任之初这个有利时机与包括牛先生在内的下属进行有效的沟通？

3. 面对目前的僵局，冷科长应该怎么做才能扭转局面？

案例4　沟通障碍与空难

一、案例介绍

仅仅几句话能否决定生与死的命运？1990 年 1 月 25 日恰恰发生了这种事件。那一天，由于阿维安卡 52 航班飞行员与纽约肯尼迪机场空中交通管制员之间的沟通障碍，导致了一场空难事故，机上 73 名人员全部罹难。

1 月 25 日晚 7 点 40 分，阿维安卡 52 航班飞行在南新泽西海岸上空 11 300 米的高空。机上的油量可维持近 2 个小时的航程，在正常情况下飞机降落至纽约肯尼迪机场仅需不到半小时的时间，这一缓冲保护措施可以说十分安全。然而，此后发生了一系列耽搁。晚 8 点整，机场管理人员通知 52 航班，由于严重的交通问题，他们必须在机场上空盘旋待命。晚 8 点 45 分，52 航班的副驾驶员向肯尼迪机场报告他们的"燃料快用完了"。管制员收到这一信息，但在晚 9 点 24 分之前，没有批准飞机降落。在此之间，阿维安卡机组成员没有再向肯尼迪机场传递任何情况十分危急的信息。晚 9 点 24 分，由于飞行高度太低及能见度太差，飞机第一次试降失败。当机场指示飞机进行第二次试降时，机组成员再次提醒燃料将要用尽，但飞行员却告诉管制员新分配的跑道"可行"。晚 9 点 32 分，飞机的两个引擎失灵，1 分钟后，另两个也停止了工作，耗尽燃料的飞机于晚 9 点 34 分坠毁于长岛。当调查人员检查飞机座舱中的磁带并与当事的管制员交谈之后，他们发现导致这场悲剧的原因是沟通障碍。

首先，飞行员一直说他们"燃料不足"，交通管制员告诉调查人员这是飞行员们经常说的一句话。当被延误降落时，管制员认为每架飞机都存在燃料不是问题。但是，如果飞行员发出"情况危急"的呼声，管制员有义务优先为其导航，并尽可能地允许其着陆。遗憾的是，52 航班的飞行员从未说过"情况危急"，所以肯尼迪机场的空中交通管制员一直未能理解飞行员所面对的是真正的危局。

其次，飞行员的语调也并未向空中交通管制员传递情况危急的信息。许多空中交通管制员接受过专门的训练，可以在各种情境下辨析飞行员极细微的语调变化。尽管机组成员相互间表现出对燃料问题的极大忧虑，但他们向机场传达信息的语调却是冷静而正常的。

最终，由于飞行员和机场管理部门的文化习惯使得飞行员不愿意声明情况危急。如正式报告紧急情况之后，飞行员需要写出大量的书面汇报；同时，如果发现飞行员在计算飞行油量方面疏忽大意，联邦飞行管理局就会吊销其驾驶执照。这些消极措施极大地阻碍飞行员发出紧急呼救的念头。在这种情况下，飞行员的专业技能和荣誉感可以变成一场赌注。

（资料来源：http://www.hjblr.gov.cn）

二、思考·讨论·训练

1. 结合 52 航班飞行员与肯尼迪机场空中交通管制员之间的沟通过程，谈谈阿维安卡 52 航班坠毁的原因是什么？

2. 飞行员、空中交通管制人员之间的沟通障碍在哪里？如何解决这样的沟通障碍？

3. 具体陈述一下如何阻止这场空难？

4. 目前在主要的国际机场中大量航班是国外航班，因而飞行员与国际空中交通管制员所使用的母语通常不同，此时空中交通管制员如何能有效地工作？

案例5 编辑部的故事

一、案例介绍

1999 年至 2001 年小瞿在 XY 晚报文体部门工作，由于工作表现出色，2001 年被提升为部门的责任编辑，当时报社来了三名刚毕业的大学参加实习，主要由小瞿负责管理和培训。如何与他们进行有效的沟通并使他们早日掌握必要的新闻知识、成为合格的新闻从业人员，就成为小瞿的主要任务之一。小瞿在与他们沟通的时候也发生了许多故事。

（一）对症下药

这三名新来的大学生各有各的特点，从他们写的字就可以看出其不同之处。小 C 的字写得有些潦草，看不太清楚。假如用田字格衡量，小 B 的字写得很小，往往缩在格子的一角。小 A 的字则写得比较大，而且常常出格。

古人云"字如其人"，确实如此。在以后的工作中小瞿也发现了他们的不同之处。小 C 工作比较认真，也肯学习，但他的思路并不是很清晰，常常不知道文章的重点所在。小 B 很聪明，学得比较快，但有些胆小怕事。小 A 在来报社之前已在其他新闻单位实习过，有一定的工作经验，工作能力也较强，但他有些特立独行，自行其是，也有些傲气。

针对他们的不同性格，小瞿采取了不同的管理和沟通方法。对于小C，小瞿对之进行耐心辅导，帮他分析新闻事实，在事实的基础上帮他理清思路，主要还是以启发教育为主。对于小B，则以鼓励为主，用词力求小心、谨慎，并要求他在采访时更大胆一些。对于小A，则在肯定他工作的同时，小瞿委婉地提醒他要注意报社的有关规定，加强与同事的合作。总体来说，小瞿在工作中对他们比较尊重，不时对他们取得的一点点成绩当面提出表扬。

经过一段时间的磨合和努力，这三个实习的大学生都取得了不小的成绩，渐渐融入了组织之中，受到了有关领导的肯定。

（二）COPY事件

在这三个实习的大学生中，小C由于外语较好，主要负责外文翻译工作并在此基础上撰写新闻稿。应该说，小C工作相当努力，因为这毕竟还是在他的实习期，他的表现将直接影响到他最终能否留下来。

一天晚上小瞿和他在一起值班。小C到网上寻找有价值的信息以便写稿，两个小时以后，他交来了两篇稿件，其中一篇是写韩国足球明星安贞焕在意大利的最新情况，当时安贞焕远远没有在2002世界杯时那么光彩夺目，国外英文网站上也很少报道他，除非是韩国自己的网站。而从这篇文章来看，也没有什么新鲜的东西。小瞿顿时产生了怀疑，"莫非这篇文章是他直接COPY别人的翻译稿？"但小瞿手中没证据又不能直接指出。

小瞿沉思了一下，抬起头问小C："你懂得韩文吗？"小C愣了一下，回答说："不懂，这是我从英文网站上下载翻译的。"

"你能不能将这篇文章的原稿帮我找到呢？"小瞿又说。"好！"小C又去上网了。小瞿看他信心十足的样子，担心是否是自己错了，错想他了。

过了一会儿，小C面红耳赤地过来，"网断了，刚才上的网连不上去了。"小瞿看了看他，反问道："是吗？"小瞿发现自己的态度有些不太好，连忙又对他说，"这两篇稿子你就先放这里吧，我再看一下，你可以先走了。"

哪知道小C听了小瞿这两句话后，一下子就急了，"你不相信我，你不相信我！?"小瞿看他情绪有些激动，知道他已经误会了，他可能把"先走"理解为以后不要再来了，看得出来，他非常珍惜这个工作机会，不愿就此而失去这份工作。

小瞿看他着急，连忙对他说："我相信你，我是说，马上快到10点了，你回去的班车快要没有了，你去和主任打个招呼，就可以提前回去了，明天还要上班呢！"

听了小瞿这番话，小C才慢慢平静下来，和主任打了个招呼就走了。在他走后，小瞿考虑了一下，觉得小C还是很不错的，能够来实习也不容易，不要因为这次小小的错误就否定他，让他失去工作机会，明天再单独和他谈一谈吧，给他一个改正的机会。考虑到他的情绪，小瞿还是将他的两篇文章放上了版面。

第二天恰逢办公室例会，在会议上，作为责任编辑，小瞿还是对小A、小B、小C的工作进行了总结，并对他们进行了肯定，并没有讲前一天的事。在例会结束后，小瞿把小C

叫了出来谈了一会儿，看他情绪不错的时候，小瞿对小 C 说："你说句老实话，昨天那篇稿子是你自己翻译的吗？"

小 C 沉默了一下，然后红着脸说："瞿老师，昨天真不好意思，那稿子是我从中文网上下载的。我想跟你说的，但又不太敢。"

"其实昨天我一看你的稿子我就知道了，你应该知道我当了这么多年的记者，是否是你自己写的，我一眼就能看得出来。再说据我所知，英文网站上不太可能刊登这样的文章，你这个马脚露得太大了些。"小 C 低着头，小瞿看了看他又继续说："虽说在报社里面我比你早来几年，你叫我一声瞿老师，但我想，在报社之外我们也是好朋友，即使以后不再一起共事了，我们还是朋友。作为你的朋友，我觉得做人还得踏踏实实，不要耍小聪明，也许你可以瞒得了一时，但如果被人发现了传出去，我想这可能会对你的将来有影响。"

小瞿看小 C 在不断地点头，知道这些话他已经记住了，便话锋一转："小 C，应该说这段时间你干得还是相当不错的，领导对你也很认可。我不想因这个问题而使你失去在这里继续工作的机会。我答应你，这件事我不会告诉领导，你放心。我希望你以后能以此为鉴，踏踏实实地去工作，我相信你能做得很好。"小 C 听了很激动，紧紧握住小瞿的手说："瞿老师，谢谢你！"小瞿笑着对他说："别把这件事放在心上了，好好干吧！"

此事过后，小 C 全力以赴地投入工作，取得了不小的成绩，而那件事也成了他们共同的秘密。在 2 个月后，他成为报社的正式员工。在他得知被正式录用的时候，专门找到小瞿向他表示感谢，小瞿说："这主要还是因为你的出色表现，你应该感谢你自己。"其实小瞿心里也很开心，毕竟通过有效的沟通，小瞿成功处理了一次 COPY 事件。从那以后，小瞿和小 C 保持着很好的关系，并成了真正的朋友。

（三）被骂事件

虽说平时小瞿和小 A、小 B 和小 C 都处得不错，大家也经常沟通，但有时也会有一些小小的不一致。有一次小瞿就与小 A 发生了一次小小的冲突。

那还是在中国足球队出征世界杯预选赛时，前几场比赛中国队踢得不错，出线形势大好，但是乌兹别克斯坦队虎视眈眈，紧随其后。小瞿便要求小 A 能否以"中国队别高兴太早"为题做一篇文章，小 A 当时答应了。但过了两个小时以后，他交给小瞿的文章却是"中国队出线一马平川"。小瞿当时心里有些纳闷，这跟自己讲得不一样啊！小瞿也不便多说什么，又跟小 A 把意思讲了一遍，他虽说不断点头，但小瞿发现他有一些不情愿。当小瞿问他有没有什么问题时，他表示没有。一个小时以后，他又重新交了一篇文章上来，小瞿一看还行，就把他的稿子放在了体育版的头条位置上，第二天顺利见报了，后来也证明小瞿的担心并非多余，乌兹别克斯坦队差点追上中国队。

但此事并没有结束，第二天晚上小瞿和他继续在一起值班。当小 A 下楼去拿稿件的时候，小瞿看到电脑开着，便过去上网。在上网的过程中，小瞿不小心打开了一个窗口，无意中看到了一篇文章的标题："他懂不懂新闻啊，这样的文章也毙掉！"原来，这是小 A 在网上发的一个帖子。当时小瞿心里有些窝火，心想，"你不过是来实习的，凭什么说我？再说，如果我说得不对，有问题为什么不当面提出来呢？"

但小瞿转念一想，是否自己也有问题，之前确实没有和他好好沟通过，也许和他事先商量一下选题怎么做，就不会出现这样的问题了。小瞿当时也没有多说什么，把这篇文章保存下来，目的并不是为了去教训他，而是作为一次失败的沟通，提醒自己还是要多注意沟通的方式。

在中国队顺利出线后，小瞿的部门进行了一次庆功宴。在去赴宴的路上，小瞿和小A坐在一辆车上，车上除了司机外，就小瞿他们两个。小瞿看时机也到了，就把那篇网上的帖子递给小A看，他看了沉默不语，小瞿问他："你现在是什么想法？"小A想了想回答说："我没有想到你已经知道了，我也没有想到你会这样做。"小瞿说："我是无意中看到的。我在你写文章之前没和你沟通好，这里面有我的责任，我想你如果有什么想法的话，可以当面和我谈。你应该能看得出来，我并不是那种不好讲话的人，我想我们之间需要坦诚，如果我以前有什么地方做得不够好，请你谅解。"

小A听了小瞿这番话后，也很感动。他连忙说："这件事还是我不好，有什么事还是应该多沟通。我有时觉得你不太好接近，所以不敢说。"

见此，小瞿也说："这件事就这样过去吧，我不希望它成为我们的心病。我觉得你是个非常聪明的人，你应该知道怎么做，我相信你能做得很好，也许平时我会多讲你们几句，但我这也是为你们好，当然，以后我也会加强和你们之间的沟通。只有不断地沟通，大家相互了解了，才能把工作做得更好！"

在此之后，小A比以前有所改变，比以前更合群了，不再像以前那么傲气，多了几分合作精神。经过努力之后，他也成为报社的正式员工。

（资料来源：王青，胡巍. 沟通技巧与领导力开发. 上海：上海交通大学出版社，2007.）

二、思考·讨论·训练

1. 怎样才能针对沟通对象的不同特点进行有效的沟通？
2. 结合本案例中小瞿的做法，谈谈怎样化解上下级关系中的误解和冲突。
3. 沟通在组织日常管理中具有哪些作用？

案例6 **奖金风波**

一、案例介绍

2005 年 8 月 5 日下午正值上海瑞鑫半导体制造有限公司每月一次的公司领导与员工交流会。公司总裁王凌飞这时的表情显得十分严肃。他没有想到今天的交流会火药味会这么浓，会场的秩序已有些混乱，只听到大家你一言我一语地议论着。王总站了起来，说道："大家静一静，这件事我知道了，我看既然奖金已经发了就算了吧。如果大家有什么意见，会后向我反映！"紧接着人力资源部高经理便宣布此次会议到此结束，员工们带着不平的表情慢慢离开了会场。

（一）公司背景

上海瑞鑫半导体制造有限公司的前身是 1990 年成立的一家中外合资企业。当时，外方投资 7 000 万美元，占总资产的 52%，中方则以土地、厂房、银行贷款作为资本。公司由外资公司派员管理，其管理流程、运行方式及组织结构全盘照搬该跨国公司的一家全资子公司的模式。公司的产品是 5 英寸、6 英寸芯片，主要市场是国际市场，是上海创汇百强企业。

上海瑞鑫半导体制造有限公司从创立伊始，就致力于为半导体公司提供专业的芯片制造服务。当前半导体集成电路已面临更细的分工，而新建芯片加工厂成本也直线上升，为了满足全球半导体日益增长的需求，上海瑞鑫半导体制造有限公司已逐渐成为半导体加工服务的主要提供商。

1. 公司的技术力量

上海瑞鑫半导体制造有限公司是中国首屈一指的芯片制造公司，拥有 5 英寸芯片和 6 英寸芯片生产线各一条，可年产 40 万片高质量芯片。该公司与加拿大北方电讯、美国国家半导体等多家跨国公司签订了长期技术转让协议，以确保生产优质的产品。

5 英寸芯片生产线计划度为 10 级，工艺能力为线宽 1.5 微米的双极型硅片生产线，生产手机、监视器、电视专用集成电路及其他众多通用电路芯片。6 英寸芯片生产线是净化度为 1 级，工艺能力为 0.6 微米的 CNOS 生产线，主要产品为智能卡、存储器等。半导体制造是一个十分复杂和精密的过程，要确保产品的高合格率，必须对在制产品和设备工作状态进行严格有效的管控。公司安装了生产控制系统，利用该系统，可监控和分析工艺全过程，并为工程师、操作人员及管理人员提供良好的技术、工艺信息交流平台。

2. 公司的组织结构

公司有员工近 500 名，其中，中层管理人员近 30 名，工程师 150 名，操作工 150 名，基层管理人员近 60 名。公司组织结构呈扁平化，实行董事会领导下的总裁负责制，公司平行设置有生产部、财务部、人力资源部、物料部等。

（1）生产部。因为公司是一家以芯片制造加工为主的企业，故生产部有近 140 名各类工程师及操作工。其中，工程师分为若干组，如工艺集成组、高温工艺组、光刻工艺组及计算中心等。而工艺集成组是最重要的一个工程师组，该组负责所有产品的生产技术监控和客户交流，并负责全部新产品项目的开发。

（2）财务部。公司财务部的主要职能与一般公司没有差异，但它还管辖着一个信息中心，该中心主要负责公司内部技术、通信网络及厂级信息管理系统（MIS）的维护和服务。

（3）人力资源部。该部门主要负责人力资源管理、培训等，同时还负责工资表、奖金额度的确定和编制等。

3. 公司的公众形象

上海瑞鑫半导体制造有限公司已先后通过了 ISO 9002、QS 900 及 ISO 14000 等质量、环保管理体系的认证。公司已连续 3 年盈利，在同行业中已享有一定的商誉。可以说，上海瑞鑫半导体制造有限公司是一家按现代企业管理模式运作的、具有良好企业文化并富有生机的高技术公司。

4. 公司总裁

公司创办至今，已先后有 4 任总裁，前三位都是荷兰人，性格温和，较绅士化，在公司管理中全面推行现代企业管理制度，为公司发展奠定了良好的基础。但由于语言、文化的差异，总裁与普通员工的沟通存在障碍。

现任总裁王凌飞是一个华裔美国人，在半导体制造领域已从业近 40 年，曾先后在几家国际著名的半导体跨国公司任职。虽然王总全面负责公司的经营运行，但他主要致力于开拓客户，制定公司战略。因为国际半导体芯片市场的特殊性需要公司培养与一些大的跨国公司的长期合作关系，而这些客户都是国外客户，现任总裁在语言、文化背景、专业知识方面很容易与客户交流沟通。所以，王总上任伊始就取得了骄人的业绩。另一方面，公司的内部管理除了主要高级职员的任命外，主要由中方的高级职员负责。

王凌飞总裁性格比较随和，乐于与公司员工进行广泛的交流。他在公司首创了每月一次的交流会，交流公司经营状况。同时，也鼓励员工提出问题及建议，以期能够及时把握员工的心态。

（二）问题的产生

2005 年 8 月 5 日上午，负责生产的副总裁兼生产部经理刘键没有参加生产部每月的例会。而往常，该会议都是由刘经理亲自主持并听取生产汇报。那天会上有人说，副总裁临时去参加一个有关奖金发放方案的会议（据说，此前公司的中方高级职员已就此讨论过多次，但分歧依然很大）。

据消息灵通人士说，这次奖金名目是一个尚不为众人所知的项目奖，众人得悉哗然。公司的内部运行主要由几个副总裁及二级经理负责。总裁一般不过多干涉具体工作，只是听取各部门的汇报。他很信任自己的部下，相信他们会按规章制度办事。例如，员工的奖金发放，在年初，公司管理委员会提出年度月奖基数，并确定新产品的项目奖（并非所有项目都有奖金），同时张榜公布。而这次却发生了一些意外的事情。上午的生产会议结束后，生产部各工程师组及其他一线人员纷纷议论起那个不为众人所知的"项目奖"。

在工艺集成组办公室，一位姓李的年轻工程师说："听财务部的人说，这个项目是他们财务部信息中心企业资源计划（ERP）系统的项目，并不是年初公司管理委员会确定和公布的有奖金的项目！"

"可不是嘛！听说项目还没结束，只完成了第一阶段，他们财务部就已经开始论功行赏了，自己给自己发奖金！"立刻有人接道。

"唉，还是他们二线的人实惠！平常大家奖金都一样，但我们一线人员若产品质量未能达标就被扣奖金，而他们却从未被扣过。他们做一点事情，就可以给自己发钱，真没道理！"

"听说这个 ERP 项目还有点问题呢，你们没看见 ERP 供应商正忙得头昏脑涨吗？"有人说。

"谁知道这个项目能不能成功？不过，他们却已经拿奖金了！"又有人接道。

"干脆以后我们负责的新产品项目只要试验通过，也找机会让老板给我们发奖金！"

一时间，大家七嘴八舌地议论起来。这件事居然很快在公司内部电子邮件系统中传播开来。还不到中午，不少员工（特别是一线工程师们）都已知道了这一爆炸性新闻。

正巧，当天正是公司总裁所倡导的月度交流会时间。和往常一样，交流会由人力资源部高经理主持，王凌飞总裁向大家介绍完公司月度经营情况后，由员工提问。这时，有一个工程师问道："总裁先生，听说公司最近有的部门自己给自己发计划外项目奖，不知这是怎么一回事？"

总裁听后，迟疑了一下，说："你指的是哪一个部门，我不太清楚。"

"是财务部，项目是公司正引进的 ERP 系统！"工程师回答道。

"噢，随着公司的不断壮大和发展，我们引进 ERP 信息系统是很必要的。至于奖金发放之事，我不是很清楚。我请财务部陈经理来说明一下。"王总裁不紧不慢地说着，并把话筒传给财务部陈经理。

陈经理站起身来，说："这个项目是公司今年一个很重要的项目，因为公司以前的厂级信息管理系统已不能满足当下的要求，所以公司管理委员会提请总裁，最后决定上这个项目！"

"那么，这个项目是不是有奖金的项目？如果是，那么大家是不是都有奖金呢？"一旁的员工立刻接口问道。

"哦，这个嘛，因为这个项目的成员工作很辛苦，我们与人力资源部商量后，由他们定总量，给成员们发了很少一点奖金。"陈经理说得很慢，一字一句斟酌着。

"但是此项工作主要由供应商完成，公司相关人员只是协助开发。此外，听说不仅该项目的参与者有奖金，而且财务部所有人都有奖金。那为什么其他人却没有呢？"另一位工程师严肃地问道。

大概是因为很少碰到这样尴尬的局面，久经沙场的陈经理有些气急，脸色也微微泛红，急忙说道："考虑到……这是因为他们也为这个项目花了不少心思，所以……"

就在这时，坐在第一排听众席的一位资深主管工程师插话了："你们都在谈什么呢？什么项目奖？我们一线工程师整天在净化车间埋头苦干，什么事都不清楚，能不能也让我了解一下你们说的是什么事？"他那茫然的神情和半开玩笑的言语引得大家哄堂大笑，会场秩序开始有些乱了。

这时王凌飞总裁插话了："大家静一静……这件事我知道了，我看既然奖金已经发了就算了吧！如果大家有什么意见，会后向我反映。"王总想打个圆场，他不愿意看到他的得力下属太难堪，想通过个人威信暂时解决问题。

这时，在一旁的高经理急忙宣布交流会结束，人们带着一肚子怨气与不满离开了会场。

在工艺集成工程师组办公室里，工程师们正在议论上午交流会的情况，大家越说越生气，于是有人提议可以起草一份意见书，大家一致赞成。很快，一份意见书完成了，内容大致如下：

尊敬的总裁及管理委会员成员，我们对财务部私发奖金的行为感到不解和不安。如果说"既然奖金已经发了就算了"是解决问题的方法，那么，生产一线的人员犯了错误，影响了产量和质量也就不要追究责任了。既然财务部中与项目无关的其他人员都可以拿奖金，那么财务部以外的其他部门的人员有什么理由不拿奖金呢？此外，这个所谓的项目还没有完全结束，最终结果还未知就发奖金，那么一线众多的新产品研发项目也可以不经客户认证就算结束了……

最后，全体工艺工程师都在意见书上签了字，并很快把信交给总裁办公室。同时，还通过厂内网络系统公布了意见书的全部内容，以争取大家的支持。同时，相邻的几个工程师组也递交了签名的意见书。

公司在平静中过了几天。但有小道消息说，这几天，公司管理委员会召开了几次会议。会上，生产部与财务部争吵得很厉害，同时人力资源部也受到了众多的指责，最后王凌飞总裁从公司大局出发，安抚生产部和其他部门，决定：

（1）先将财务部已发的奖金全部收回；

（2）增设一个 EPR 项目奖；

（3）待项目全部成功结束后，公司员工每人再发该项目奖。

果然，一个星期以后，含有上述内容的一纸公司管理委员会正式公布该决定。除了财务部外，大家都很高兴，并在公司 BBS 上发表评论，齐声谴责财务部的"不法"行径，并对人力资源部在此事件中的拙劣表演予以抨击，仿佛是一幅"老鼠过街，人人喊打"的画面。

在总裁的办公室里，王凌飞总裁倚靠在宽大的老板椅上，眉目紧锁，脑海里沉思着这样一个问题——在企业管理过程中，该如何解决好管理沟通的问题呢？

（资料来源：康青. 管理沟通教学案例. 北京：中国人民大学出版社，2007.）

二、思考·讨论·训练

1. 这场奖金风波的根源是什么？该案例揭示了怎样的沟通问题？

2. 这一事件本身涉及了管理沟通问题，你认为还涉及了哪些问题？

3. 上海瑞鑫半导体制造有限公司该怎样避免类似问题的再度发生？

4. 除了部门与部门之间的沟通外，作为一家中外合资公司，该公司还会出现什么样的沟通问题？

案例7　小道消息传播带来的问题

一、案例介绍

天讯公司是一家生产电子类产品的民营高科技企业。近几年，公司发展迅猛，然而，最近公司出现了一些传闻。公司总经理邓强为了提高企业的竞争力，在以人为本、创新变革的战略思想指导下，制订了两个战略方案：一是换血计划，年底从企业外部引进一批高素质的专业人才和管理人才，给公司输入新鲜血液；二是内部人员大洗牌计划，年底通过绩效考核调整现有人员配置，从内部选拔人才。邓强向秘书小杨谈了自己的想法，让他行文并打印。中午在公司附近的餐厅吃饭时，小杨碰到了副总经理张建波，小杨对他低声说道："最新消息，公司内部人员将有一次大的变动，老员工可能要下岗，我们要有所准备啊。"

这些话恰好又被财务处的会计小刘听到了。他又立即把这个消息告诉他的主管老王。老王听后，愤愤说道："我真不敢相信公司会做这样的事情，换新人，辞旧人。"这个消息传来传去，两天后又传回邓强的耳朵里。公司上上下下都处于十分紧张的状态，从唯恐自己被裁，根本无心工作，有的人甚至还写了匿名信和恐吓信对这样的裁员决策表示极大的不满。

邓强经过全面了解，终于弄清了事情的真相。为了澄清传闻，他通过各部门的负责人把两个方案的内容发布给全体职工。他把所有员工召集在一起来讨论这两个方案，员工们各抒己见，但一半以上的员工赞同第二个方案。最后邓强说："由于我的工作失误引起了大家的担心和恐慌，很抱歉，希望大家能原谅我。"

"我制定这两个方案的目的就是想让大家来参与决策，来一起为公司的人才战略出谋划策，其实前几天大家所说的裁员之类的消息完全是无稽之谈。大家的决心就是我的信心，我相信公司今后会发展得更好。谢谢大家"！

"关于此次方案的具体内容，欢迎大家向我提问。"

通过民主决议，该公司最终采取了第二个方案，由此，公司的人员配置率得到了大幅度提高，公司的运作效率和经营效益也因此大幅度地增长。

（资料来源：余敬，刁凤琴 . 管理学案例精析 . 北京：中国地质大学出版社，2006.）

二、思考·讨论·训练

1. 案例中的沟通渠道或网络有哪些？请分别指出，并说出各自的特点。
2. 案例中邓强的一次战略方案的制订为什么会引起如此大的风波？
3. 如果你是邓强，应从中吸取什么样的经验和教训？
4. 公司里如何防止小道消息传播？

拓展训练　画图

目的：理解不同沟通方式的差异性。

道具：黑板、粉笔、两条丝巾。

时间：30分钟。

程序：

1. 请三名男生和三名女生上台。

2. 两名男生和两名女生各面对黑板左右两侧；另一女生和另一男生分别站在两名男生和两名女生的后面。

3. 请学生用丝巾蒙上看图的男生和女生的眼睛，然后背对着黑板。

4. 蒙上眼睛的同学陈述所看到的图片。

5. 面对黑板的同学根据后面同学所说的画出图形。

6. 陈述同学摘下丝巾，背对画图者，对画图者的提问，可以用语言回答。

7. 陈述同学面对黑板，回答画图者的提问。

规则：

1. 在程序的第4、5步中，画图的同学可以提问，但陈述的同学只能用"点头"或"摇头"作答。

2. 在程序的第6步中，禁止陈述的同学回头看黑板。

3. 在程序的第7步中，禁止陈述的同学到黑板前指着图形讲解应如何修改。

4. 与所示图片相同者获胜（没有获胜者的概率很高）。

实施：

1. 准备两条丝巾。

2. 把三名男生和三名女生编成二男一女和二女一男两组。

3. 给一女生和一男生看一幅图。

4. 在程序的第4、5步中，监控陈述的同学是否用"点头"或"摇头"作答。

5. 在程序的第6步中，监控陈述的同学是否背对黑板回答问题。

6. 在程序的第7步中，监控陈述的同学是否到黑板前指点画图。

7. 请六名同学回到座位上，给同学们展示要画的图片。

8. 组织同学讨论，请部分同学谈谈感想。

9. 总结活动：沟通的障碍是什么？如何进行有效的沟通？

第十章 群体行为

学会集体工作的艺术。在今天的科学中，只有集体的努力才会有真正的成就。如果你一个人工作，即使你有非凡的能力，你也不能在科学上做出巨大的发现，而你的同事将始终是你的思想的扩音器和放大器，正如你自己——集体中的一员——也是别人的思想的扩音器和放大器一样。

——［美］泽林斯基

一、群体及其类型

（一）群体的定义

群体是指为了实现某个特定的目标，由两个或更多相互影响、相互作用、相互依赖的个体组成的人群集合体。组织、群体和个体是不可分割的整体。群体介于组织与个人之间。作为群体的一个显著标志是群体内成员在心理上是否有一定的联系，是否有共同的需要和共同的目标。

人们加入群体是要完成某项任务或是要满足自己的社会需要。当然这两个原因不是截然分开的。具体说来，人们在群体中可以获得以下需要的满足。

1. 安全需要

群体可以为个人提供安全感。作为一个大型组织的成员可能会产生没有安全感的焦虑，但归属于一个小群体则可以减轻这种恐惧。

2. 情感需要

群体可以满足个人友谊和情感的需要。被他人所接纳是一种重要的社会需要，它可以增强个体的自信心。

3. 尊重和认同的需要

群体给个人提供了称赞和认可的机会，使他们感到自己的重要性。

4. 完成任务的需要

群体产生的主要原因是为了完成任务，有许多工作必须协同努力才能完成。

（二）群体的类型

1. 大型群体与小型群体

小型群体是指凡是群体成员之间有直接的、个人间的、面对面的接触和联系的群体。大型群体是指成员之间以间接的方式（通过群体的目标、各层组织机构等）联系在一起的群体。

2. 正式群体和非正式群体

正式群体是由组织结构确定的、职务分配很明确的群体。

（1）命令型群体。由组织结构规定，由直接向某个主管人员报告工作的下属组成。

（2）任务型群体。指为完成一项工作任务而在一起工作的人所组成的群体。

非正式群体是没有正式结构，也不是由组织确定，而是以个人之间的好感、喜爱或共同兴趣为基础而构成的群体。

（1）利益型群体。为了实现一个共同关心的目标而组成的群体。

（2）友谊型群体。基于成员的共同特点而形成的群体。

正式群体与非正式群体的区别如表 10-1 所示。

表 10-1　正式群体与非正式群体的区别

类型	组成元素	特性
正式群体	依正式程序而组成	结构单一性
		具有一定结构形式
	以正式结构为本，而产生心理认同	领导者具有主管身份
		主要目标为达成工作任务
非正式群体	依人员自然交往而形成	结构具有重叠性
		不具有一定结构形式
	以心灵组合为本，而产生无形结构	领导者不一定为主管
		主要目标为满足成员需求

3. 开放群体和封闭群体

根据群体开放程度的原则，把群体划分为开放群体和封闭群体。开放群体经常更换成员，成员来去自由；封闭群体成员比较稳定。另外，封闭群体成员等级关系严明，而开放群体中成员的地位和权力不稳定。开放群体由于人员不稳定，所以不适合长期的任务，但也有其好处，例如，因经常输入"新鲜血液"而可以吸收新思想和人才，对周围环境的适应性也比较强。以上两种类型的群体适合于不同类型的活动。例如，对于长期规划，封闭群体更有效；对于发展新思想和新产品，开放群体更有效。

4. 假设群体和实际群体

假设群体或统计群体是指实际上并不存在、只是为了研究和分析的需要而划分出来的群体。实际群体是指实际存在的群体，这类群体成员之间有实际的直接或间接联系。

（三）群体的作用

1. 群体对组织的作用

群体是保证组织目标得以实现的中坚力量；是推动组织发展的原动力；是组织职能部门相互联系的纽带；是解决组织问题的一种有效办法；能够推动复杂决策的完成；是促使成员社会化或对其进行培训的媒介；是组织社会形象的传播工具。

2. 群体对个体的作用

群体是满足成员个体需要的基本手段；是人们产生、加强和巩固认同感以维护自尊的基本手段；是确立和检验社会现实的基本手段；是减弱人们不安、焦虑和软弱感的基本手段；是其成员用来解决问题、完成任务的一种途径。

（四）群体发展阶段

第一阶段：形成。其特点是群体的目的、结构、领导都不确定。群体成员各自摸索群体可以接受的行为规范。当群体成员开始把自己看作是群体的一员时，这个阶段就结束了。

第二阶段：震荡。这是群体内部冲突阶段。群体成员接受了群体的存在，但对群体加给他们的约束仍然予以抵制。而且，对谁可以控制这个群体还存在争执。这个阶段结束时，群体的领导层次就相对明确了。

第三阶段：规范化。在这个阶段中，群体内部成员之间开始形成亲密的关系，群体表现出一定的凝聚力。这时会产生强烈的群体身份感和友谊关系，当群体结构稳定下来，群体对于什么是正确的成员行为达成共识时，这个阶段就结束了。

第四阶段：执行任务。在这个阶段中，群体结构已经开始充分地发挥作用，并已被群体成员完全接受。群体成员的注意力已经从试图相互认识和理解转移到完成手头的任务。

第五阶段：终止阶段。对于长期性的工作群体而言，执行任务阶段是最后一个发展阶段，而对暂时性的委员会、团队、任务小组等工作群体而言，因为这类群体要完成的任务是有限的，因此，还有一个终止阶段。在这个阶段中，群体开始准备解散，高绩效不再是压倒一切的首要任务，注意力放到了群体的收尾工作。群体成员的反应差异很大，有的很乐观，沉浸于群体的成就中；有的则很悲观，惋惜在共同的工作群体中建立起来的友谊关系，不能再像以前那样继续下去。

对五阶段模型的解释有这样的假设：随着群体从第一阶段发展到第四阶段，群体会变得越来越有效。虽然这种假设在一般意义上可能是成立的，但使群体有效的因素远比这个模型所涉及的因素来得复杂。在某些条件下，高水平的冲突可能会导致较高的群体绩效。所以，我们也可能发现这样的情况：群体在第二阶段的绩效超过了第三阶段和第四阶段。同样，群体并不总是明确地从一个阶段发展到下一个阶段。事实上，有时几个阶段同时进行，比如震荡和执行任务就可能同时发生。群体甚至可能回归到前一个阶段。因此，即使是这个模型的最强烈的支持者也不能假设所有的群体都严格地按照五阶段发展。

二、群体的规范

（一）群体的规模

群体规模即组成一个群体的人数多少。工作群体规模应视群体任务的性质而定。任何工作群体都应有其最佳人数，也应有其上限和下限。群体人数与人均效率的关系如下。往往获得最佳工作效率的群体规模有一个最佳值，当群体规模达到这个最佳值时，人均效率最高。在群体规模的最佳值附近做微小的变动，对人均效率的影响不是很大，但变化的范围超过一定的"度"，则人均效率会大幅度下降。应当指出，不同的工作任务、不同的工种、不同的机械化程度及工作的不同熟练水平等因素，决定着不同的群体应有不同的最佳人数、不同的上限和下限。

美国心理学家詹姆斯认为，小群体的最佳人数为2～7人。有些学者认为，小群体的下限应为3人；多数学者认为，小群体的上限以7人为最佳，但也有人主张20人、30人甚至40人。群体的规模并不是越大越好，一些学者针对不适当的扩大群体规模可能产生的问题进行研究得出以下结论：随着群体规模的增大，群体资源的总量也增加，但这些资源不一定都是有用的资源，如群体间的不同点也增多，因而成员各自的特长难以发挥；随着群体人数增多，成员参加活动和得到奖励的机会将减少；群体人数越多，就越需要做大量的组织工作，以协调成员的活动；随着群体人数增多，群体成员之间的冲突也会增多；群体成员人数越多，成员之间彼此了解的程度就会越低。

（二）群体中的角色

每一成员在群体中都表现出自己特定的行为模式，称为角色。几乎在任一群体中，都可以看到成员有三种典型的角色表现，这就是自我中心角色、任务角色和维护角色。这些不同的角色对群体绩效会产生不同的影响。群体角色构成的群体类型模型如图10-1所示。

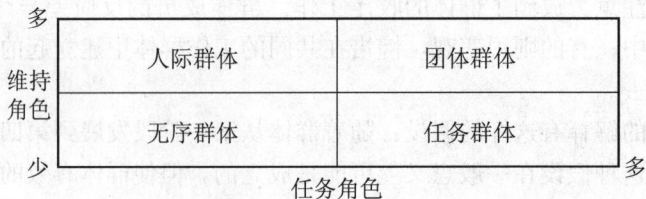

	任务角色	
多 维持角色	人际群体	团体群体
少	无序群体	任务群体
	少	多

图 10-1　群体角色构成的群体类型模型

1. 自我中心角色

自我中心角色是成员处处为自己着想，只关心自己。这类人包括：阻碍者，指那些总是在群体通往目标的道路上设置障碍的人；寻求认可者，指那些努力表现个人的成绩，以引起群体注意的人；支配者，这类人试图驾驭别人，操纵所有事务，也不顾对群体有什么影响；逃避者，这类人对群体漠不关心，似乎自己与群体毫无关系，不做贡献；等等。研究表明，这些角色表现对群体绩效带来消极作用，造成绩效下降。

2. 任务角色

任务角色的表现有：建议者，是指那些给群体提建议、出谋划策的人；信息加工者，指为群体搜集有用信息的人；总结者，指为群体整理、综合有关信息，为群体目标服务的人；评价者，是帮助群体检验有关方案、筛选最佳决策的人。

3. 维护角色

维护角色的表现有：鼓励者，热心赞赏他人对群体的贡献；协调者，解决群体内部冲突；折中者，协调不同意见，帮助群体成员制定大家都能接受的中庸决策；监督者，保证成员每人都有发表意见的机会，鼓动寡言的人，而压制支配者。

任务角色和维护角色都起积极作用。每一个群体不仅要完成任务，而且要始终维持自己的整体，而且成员的任务角色和维护角色的作用正是为达到这两个目的。研究发现在任务角色、维护角色和群体绩效之间有正比关系。

（三）群体规范

群体规范主要指为了保证目标的实现，每个群体成员都必须严格遵守的思想、信念和行为的准则。

1. 群体规范的作用

群体规范的基本作用是对成员具有比较和评价的作用，它可以为成员提供认知标准和行为准则，用以调节、制约成员的思想和行为，使它们保持一致，群体规范还可以作为成员彼此认同的依据。但是群体规范并不是对成员的一言一行都加以约束，而是规定了成员的思想行为的可接受和不可接受的范围。群体规范因群体存在的正式性和非正式性，以及有无文明规定和监督、处罚，而分为正式的规范和非正式的规范。

群体规范是指群体内部所确立的、为群体成员所共同意识到的并必须共同遵守的行为准则。每个群体都有自己独特的行为规范，无论是正式的或是非正式的，成文的或不成文的，都同样有约束和指导其成员的效力。群体存在的一个重要基础是它的一致性，这表现为群体成员在行为上、观点上的协调统一。而群体就是通过群体规范这一重要手段来维护这种协调统一的。群体规范并不是事无巨细地规定对每个群体成员一举一动的约束限制，而是对群体成员可能影响到群体利益和群体荣誉的主要言行所规定的容忍范围和促使群体成员行为发展趋向的准则。

2. 群体规范的类型

按对象来划分，群体规范可分为正式群体的规范和非正式群体的规范；按规范的存在形式来划分，可分为成文的准则规范和不成文的意识规范等。正式群体的规范，往往以成文的规章制度形式出现，并且辅有明确的奖罚标准作为调节控制群体成员行为的基础。为保证这种规范的落实，除施加群体压力之外，还应辅以经济的、行政的方法进行督促。例如，企业中的基本单位——班组，为保障自身群体的统一协调性，就必须制定成文的规章准则，来约束班组中每一个成员的行为。

3. 群体规范的形成

正式群体规范的形成一般分为三个阶段。①认识争论阶段。围绕即将形成的规范条款，群体中的每个成员各抒己见，发表自己的评价和意见，甚至出现激烈的争论，彼此充分交换认识，相互启发和影响。②趋同阶段。经过第一阶段的争论和意见综合，形成了一种代表多数群体成员意志和利害关系并占主导地位的折中意见。③接纳阶段。趋同阶段形成的占主导地位的意见，经过更多群体成员的认可和完善，就形成了正式的群体规范。

非正式群体规范的形成更复杂一些。其规范的形成有一些是依据上述步骤形成的，但更多的是受到历史的、群体首领的、习惯的、群体目的性的和社会因素的影响，同时也在很大程度上受到模仿、暗示、顺从等心理因素的制约。例如，由于受到电视和小说中不良成分的耳濡目染，一些中学生和社会上无所事事的青少年往往容易进行简单的模仿，形成各种"帮""会"等非正式组织，并且模仿文艺作品中的情节，借鉴各种群体现成的规范，形成一些十分复杂而又极其有害的群体规范，并利用该非正式群体的压力迫使群体成员"服从"，导致不少青少年走上犯罪道路。

4. 影响群体规范形成的主要心理因素

美国心理学家谢里夫利用人的视差错误做了一个实验，充分证明群体规范的形成会受到心理因素的影响。这个实验是在一个封闭的、无任何参照背景的暗室里进行的。被试者逐一地被单独安排坐在暗室里，在他的前方布置一个光点，测试者告诉被测者光点在移动（而实际上光点并未移动），几分钟后，光点熄灭，实验结束。这时，测试者要求被测者独立地判断光点移动的方向和距离。结果每个被测者都认可了光点在移动，并且建立了各自的反应模式，结论却大相径庭。实际上，这些被测者都犯了心理学中典型的视觉错误。在单独实验结束后，让被测者成群地再次进入暗室一同重复以上实验，在此期间大家可以自由地谈出自己的判断，互相交流讨论。反复进行几次这种共同的实验，最后发觉大家对光点移动的方向和距离的判断趋向高度的一致。显然，群体趋同的判断代替了每个人的反应模式，并形成了群体规范，这个规范的形成受到了模仿、暗示和从众等心理机制的影响。此后，在进行个体实验和单独判断时，再也没有人恢复从前的判断反应模式，也未建立新的模式，而是保持了群体共同形成的那个模式。这表明群体成员受到群体规范有形无形的压力，约束了个体行为和认识。

谢里夫的实验发现影响群体规范形成的几个主要心理因素。①模仿。指人们自觉或不自觉地选择一个参照榜样，在意识上接受、言行上临摹该参照榜样的思维与言行方式。个体在心理和生理不成熟的阶段尤其容易产生模仿。在群体中，模仿以不同的方式影响着群体成员的关系。同时模仿也是社会生活中普遍存在的一种现象，如服装、发式的流行等。②暗示。指个体无意识地受到他人对某件事物的态度、评价和行为趋向方面意见的影响。暗示是非强迫性的，个体不自觉地按照思维规律而接受。它往往能潜移默化地影响个体的态度和行为的改变。③顺从。指人体有意识地接受他人的意见、态度、评价和行为趋向，并自觉地改变自己相应的意见、态度、评价和行为趋向。综上所述，群体存在的重要条件之一是它的一致性和协同性，具体表现为全体成员在行为、情绪和态度上的协调统一，并进而产生一种"类化过程"，由此使群体成员受到暗示，产生相互模仿，表现出顺从，在此基础上才形成了群体规范。

5. 群体规范分析法

美国心理学家皮尔尼克于 20 世纪 60 年代后期提出了"规范分析法"的新理论。这个理论认为群体的规范与企业利益有着直接而且十分密切的关系，进行群体规范的改革对于群体建设和企业利益都大有好处，应注意帮助和诱导群体形成对组织和群体成员较为有利的良好规范。皮尔尼克以为，这种群体规范改革的优点突出地表现在它不是针对个人的，不会使任何人难堪和受到责难。这种改革主要是针对群体落后的、有障碍的旧规范，它要求全体群体成员共同参与对旧规范的改革和新规范的制定。一旦新的且具有积极意义的规范形成后，大家要共同遵守实施。这一方法的步骤是：①明确现行规范的内容及其利弊；②画出理想规范与实际规范的差距剖面图并进行分析；③进行规范改革。

三、群体凝聚力

（一）群体凝聚力的概念

群体凝聚力指群体成员相互之间吸引并愿意留在群体中的程度。是衡量一个群体有效性的重要指标。群体凝聚力的高低，受到许多因素的影响，主要的因素有以下几种：态度与目标的一致性；外部的威胁；群体规模；群体内部的奖励方式；班组的组合；与外界的隔离；群体的绩效；群体的领导作风。

（二）群体凝聚力与生产率

关于群体凝聚力和生产率之间关系的研究得出了矛盾的结果。有些研究发现凝聚力高，生产率也高，而另一些研究则发现凝聚力高的群体生产率还不如低凝聚力的群体。还有些研究报告表明在生产率和群体凝聚力之间没有关系。决定凝聚力对生产率影响的主要因素是群体的目标与组织目标是否一致。如果二者相一致，则高凝聚力群体会出现高绩效；如果二者不相一致，则凝聚力高的群体会出现低绩效。总的来说，高凝聚力群体比低凝聚力群体更倾向于维护他们的目标。社会心理学家沙赫特的重要实验，对理解和分析凝聚力与生产率的关系是比较有启发意义的。

沙赫特的实验和其他一些研究都证明，群体凝聚力越高，其成员就越遵循群体的规范和目标。因此，如果群体倾向于努力工作、争取高产，那么，具有高凝聚力的群体其生产率就更高。如果凝聚力很高，群体却倾向于限制更多的生产，那么就只会大大降低生产率。可见，群体规范是决定群体凝聚力与生产率关系的重要因素之一。沙赫特实验凝聚力与生产率的关系如图 10-2 所示。

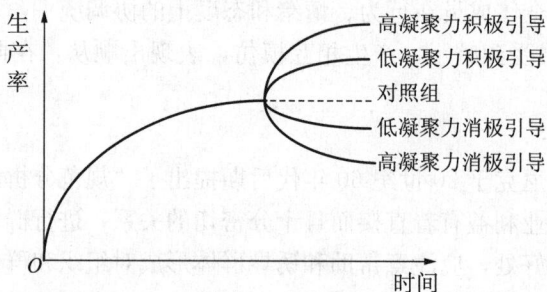

图 10-2　沙赫特实验凝聚力与生产率的关系

这些实验和研究也告诉我们，对群体的教育与引导是关键的一环，而不能只靠加强成员之间的感情来提高凝聚力。管理者必须在提高群体凝聚力的同时，加强对群体成员的思想教育和指导，克服群体中可能出现的消极因素，这样才能使群体凝聚力成为提高生产率的动力。

四、团队管理

（一）团队的概念

1. 团队的内涵

团队是一个由少数成员组成的小组，小组成员具备相辅相成的技术或技能，有共同的目标，有共同的评估和做事的方法，他们共同承担最终的结果和责任。在团队定义中有以下几个要素。

（1）少数成员。一般指 2～25 人，最好在 8～12 人之间。

（2）相辅相成的技能。每一个成员应带来不同的技术或技能，他们或是功能部门的专家，或是技术能力较强的员工等，有能力解决问题和做出决策，每个队员有与别人沟通的技能，他们能冒一些风险，可以提出有建设性的建议和批评，能听取不同队员的意见。

（3）有共同的目标，共同的评估，共同承担责任，整个团队有共同做事的方法，如共同的时间表、共同的一些活动等。

2. 团队精神的内涵

团队精神是一个成功团队建设的血脉。团队精神有凝聚团队成员的作用，团队的目标和理想把团队成员联结在一起。团队精神不仅能激发个人的能力，而且能激励团队中的其他人，鼓励团队中的所有成员发挥潜力、探索和创新。团队精神是指团队成员为了团队的利益和目标而相互协作、尽心尽力的意愿和作风。

团队精神包含三个层面的内容。①团队的凝聚力。团队的凝聚力是针对团队和成员之间的关系而言的。团队精神表现为团队强烈的归属感和一体性，每个团队成员都能强烈感受到自己是团队当中的一分子，把个人工作和团队目标联系在一起，对团队表现出一种忠诚，对团队的业绩表现出一种荣誉感，对团队的成功表现出一种骄傲，对团队的困境表现出一种忧虑。当个人目标和团队目标一致的时候，凝聚力才能更深刻地体现出来。②团队合作的意识。合作意识指的是团队和团队成员表现为协作和共为一体的特点。团队成员间相互依存、同舟共济，互敬互重、礼貌谦逊；他们彼此宽容、尊重个性的差异；彼此间是一种信任的关系，待人真诚、遵守承诺，相互帮助、互相关怀，大家彼此共同提高；利益和成就共享，责任共担。良好的合作氛围是高绩效团队的基础，没有合作就谈不上最终很好的业绩。③团队士气高昂。这一点可从团队成员对团队事务的态度体现出来，表现为团队成员对团队事务的尽心尽力及全方位的投入。

3. 团队与群体的区别

团队和群体经常容易被混为一谈，但它们之间有根本性的区别。①在领导方面。作为群体应该有明确的领导人；团队可能就不一样，尤其当团队发展到成熟阶段时，成员共享决策权。②目标方面。群体的目标必须跟组织保持一致，但团队中除了这点之外，还可以产生自己的目标。③协作方面。协作性是群体和团队最根本的差异：群体的协作性可能是中等程度的，有时成员还有些消极，有些对立；但团队中是一种齐心协力的气氛。④责任方面。群体的领导者要负很大责任，而团队中除了领导者要负责之外，每一个团队的成员也要负责，甚至要相互作用，共同负责。⑤技能方面。群体成员的技能可能是不同的，也可能是相同的；而团队成员的技能是相互补充的，把不同知识、技能和经验的人综合在一起形成角色互补，从而达到整个团队的有效组合。⑥结果方面。群体的绩效是每一个个体的绩效相加之和；团队的结果或绩效是由大家共同合作完成的。团队和群体的比较如图 10-3 所示。

（二）团队的类型

1. 按照团队存在的目的和形态分类

按这种方法可分为问题解决型团队、自我管理型团队和跨职能团队。问题解决型团队通常由同一部门的 5～12 人组成，定期讨论提高产品质量、生产率等问题，只有建议权没有决策权。自我管理型团队是与传统的工作群体相对的一种群体形式，由 10～15 人组成，承担以前自己的上司的责任，如工作任务分配、控制工作节奏、绩效评估。优点是可以提高成员的工作满意度。缺点是缺勤率和流动率偏高。跨职能团队由同一等级、不同部门的成员组成，以完成一项特定的任务。常用于新产品开发中。优点是可实现资源互补，激发新观点，集体竞争。缺点是在成员之间建立信任、合作需要时间。

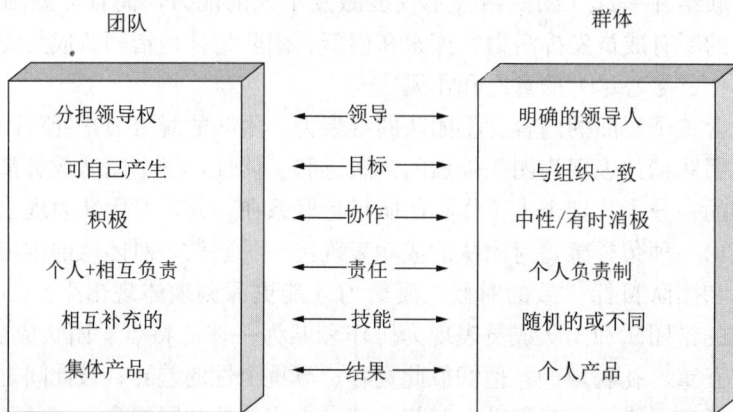

团队   群体

团队		群体
分担领导权	←──领导──→	明确的领导人
可自己产生	←──目标──→	与组织一致
积极	←──协作──→	中性/有时消极
个人+相互负责	←──责任──→	个人负责制
相互补充的	←──技能──→	随机的或不同
集体产品	←──结果──→	个人产品

图 10-3　团队和群体的比较

2. 按照团队在组织中发挥的功能分类

按这种方法可分为生产/服务型团队、行动/磋商型团队、计划/发展型团队和建议/参与型团队。四种团队类型的比较如表 10-2 所示。

表 10-2　四种团队类型比较

团队类型	成员差别度	一体化程度	工作周期	典型产出
生产/服务型团队	低	高	重复性的或持久性的工作	制造、加工、零售、顾客服务、修理
行动/磋商型团队	高	高	短期行动事件，往往在新的情况下才能重复进行	竞赛、探险、医疗手术、特殊人物
计划/发展型团队	高	低	可变的，整个团队的寿命只有一个周期	计划、设计、调查、模拟
建议/参与型团队	低	低	可变的，或长或短	决策、选择、建议、推荐

（三）团队精神功能

1. 目标导向功能

通过团队精神的培养，使团队成员齐心协力，拧成一股绳，朝着一个目标努力，对单个成员来说，团队要达到的目标即自己所努力的方向，团队整体的目标顺势分解成各个小目标，在每个成员身上得到落实。

2. 凝聚功能

任何组织群体都需要一种凝聚力，传统的管理方法是通过组织系统自上而下的行政指令，淡化了个人感情和社会心理等方面的需求，而团队精神则通过对群体意识的培养，通过团队成员在长期的实践中形成的习惯、信仰、动机、兴趣等文化心理，来沟通人们的思想，引导人们产生共同的使命感、归属感和认同感，反过来逐渐强化团队精神，产生一种强大的凝聚力。

3. 激励功能

团队精神要靠团队成员自觉地要求进步，力争与团队中最优秀的成员看齐。通过成员之间正常的竞争可以实现激励功能，而且这种激励不是单纯停留在物质的基础上，还能得到团队的认可，获得团队中其他员工的尊敬。

4. 控制功能

员工的个体行为需要控制，群体行为也需要协调。团队精神所产生的控制功能，是通过团队内部所形成的一种观念的力量、氛围的影响，去约束、规范、控制职工的个体行为。这种控制不是自上而下的硬性强制力量，而是由硬性控制向软性内化控制；由控制职工行为，转向控制职工的意识；由控制职工的短期行为，转向对其价值观和长期目标的控制。因此，这种控制更为持久有意义，而且容易深入人心。

（四）群体向团队的过渡

从群体发展到真正的团队需要一个过程，需要一定时间的磨炼。这个过程分为以下几个阶段。

第一阶段，由群体（R_0）发展到所谓的伪团队（R_1），也称假团队。

第二阶段，由假团队发展到潜在的团队（R_2），这时已经具备了团队的雏形。

第三阶段，由潜在的团队发展为一个真正的团队（R_3），它具备了团队的一些基本特征。真正的团队距离高绩效的团队（R_4）还比较遥远。群体向团队的过渡如图 10-4 所示。

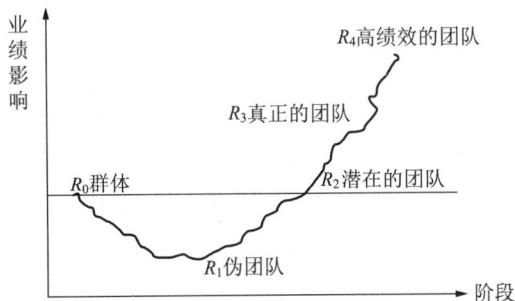

图 10-4　群体向团队的过渡

（五）团队建设的方法

1. 人际关系法

人际关系法来自心理学家罗杰斯和伯恩，其目的是保证团队成员可以在一种诚实的个人层次上进行交往。人际关系法强调团队工作中的人际特征，认为如果人们相互之间能足够了解，将会在一起有效地工作。

2. 角色定义法

角色定义法从各种角色分类和群体过程中抽象出来，使个人对于他们经常讨论的贡献方式有所了解，并明白哪一种贡献方式可能被团队遗漏。以团队每个人的角色作为起点，明确每个人对自己的期待、整个团队的规范及不同成员所分担的责任。这种方法应用于临时成立一个项目小组，如大项目攻关，或制定一项规范时。

3. 价值观法

团队要形成明确的价值观，要得到全体成员的共同承认，并因此能够以一种一贯的、合作的方式指导并影响个人的行为。价值观法是要发展团队成员间的相互理解，但重点是成员对其正在做的事的整体立场，以及他们所采取的价值观。

4. 任务导向法

任务导向法强调的是团队为了有效地完成自己的任务而需要发展或积累技能或资源。人际关系、建立共同目标和团队价值观是有效完成任务所必需的工具。这一方法强调团队的任务及每个成员能够对任务的完成所做贡献的独特方式。

案例1　志成化学有限公司

一、案例介绍

志成化学有限公司创建于 1989 年，总投资两亿多元，是辽宁省首批诚信示范企业之一、辽宁省第一批清洁生产企业之一，现拥有染料、农药和医药三大产业，公司通过 ISO 9001 质量体系认证和 ISO 14001 环境管理体系认证，产品远销亚、欧、美等几十个国家和地区，与多家国际知名公司建立了良好的合作关系。

公司拥有一批由高级工程师、博士和硕士研究生等专业技术人员组成的科技队伍，配备包括电脑测色系统、高效液相色谱、紫外线扫描仪、气相色谱等先进的测试、分析仪器和设备，具有很强的新产品开发和工艺改进能力。

林玉东是公司流程设计中心的主任，手下有 10 名工程师，均系男性。多年来，小组成员之间关系良好。随着工作任务的增加，林玉东招聘了一名刚刚获得某名牌大学工学硕士学位的谢娜，加入一个旨在提高设备运行效率的项目小组。该项目小组开始只有三个人，由戴力任组长。

作为一名新成员，谢娜非常喜欢这项具有挑战性的工作，因为工作中能够用到不少专业知识。她工作十分认真，对项目小组的其他成员非常友好，但在业余时间，她从不和同事闲聊。由于工作主动，谢娜总是率先完成自己分担的那份任务，而且还经常帮助其他同事。

五个月后，戴力找到林玉东一起讨论项目小组的问题。戴力汇报说："谢娜骄傲自大，好像什么都懂。对人不友好，大家都不愿意和她一起工作。"林玉东回答说："据我所知，谢娜是个优秀的工程师，成绩很突出。大家对她的印象这么不好，这怎么可能呢？这几天我找她谈谈。"

一周后，林玉东找谢娜谈话，说："谢娜，自从你来到流程设计中心，工作很勤奋，能力很出众，我非常赞赏。但是，听说你和同事的关系处理得不好，怎么回事？"谢娜大吃一惊，回答说："没有啊！"林玉东提醒道："具体一点，就是有些同事说你骄傲自满，好像无所不能，而且常常对他人的工作指手画脚。"谢娜反驳道："我从来没有公开批评过其他同事。而且，每当我完成自己的任务后，还常常帮助他们。"林玉东问："为什么别人对你的意见那么大呢？"谢娜感到愤愤不平，说："那几位同事根本没有尽全力工作，他们更热衷于足球、音乐、酒吧。还有，他们从未把我当作一名称职的工程师，仅仅把我看成一名闯入他们专业领域的女性。"林玉东说："工程师的考评与激励属于管理工作，你的职责是做好本职工作。关于性别，公司招聘你只是由于你的能力、知识符合条件，好好干，把管理问题留给我。"

（参考资料：电子科技大学．组织行为学精品课程．http://218.6.168.52）

二、思考·讨论·训练

1. 项目小组表现出哪些群体动力方面的特征？
2. 你认为林玉东会如何处理项目小组出现的问题？
3. 项目小组中应该采取什么沟通措施呢？

案例2 **索娅公司的生产管理部**

一、案例介绍

索娅公司生产管理部经理郑胜甫这几天心情想好却好不起来。郑经理所在的是一家日用消费品生产制造合资公司，这家公司近几年发展迅速，平均每年销售额增长在10％以上。虽然近两年竞争越来越激烈，但是由于公司管理在前几年打下了扎实的基础，公司仍能继续保持平稳发展的势头。

但最近郑胜甫越来越感到本部门的创新氛围大不如前。现在部门成员对本职工作都非常熟悉，工作任务完成情况较好，但却不思进取，得过且过。另外，部门成员对待其他部门的态度看法也与以前不同，平时言谈中总是流露出不满的情绪，诸如某某部门的人员如何"没有理念"啊，"没有思路"啊，自满懈怠的情绪在部门成员间平时的交谈中表露无遗。郑胜甫感到一种可怕的气氛笼罩并渐渐吞噬着自己的这个团队。他觉得现在到了该好好想想本部门问题的时候了。

郑经理于五年前进入此公司并担任生产管理部负责人，生产管理部共有四名员工，他们是当时入职刚满一年的王均、赵婕和三年的段拥炬、冯传敏。

在进入生产管理部两星期后，经过观察，郑经理发现王均做事有条理，交给他做的事总能有计划地完成，但缺点是在工作中主动性不够；赵婕天性活泼开朗，经常会在工作中提出一些新鲜点子，但是做事欠缺条理性，总是丢东落西的。段拥炬从公司刚成立就已在此部门工作，经验丰富，而且工作积极主动；冯传敏与段拥炬同为公司资深员工，工作经验丰富，且人脉活络、人缘很好，在公司各个部门都有朋友。

在四年前公司 ERP 系统成功上线后，经过业务流程重组，郑胜甫负责的生产管理部主要这些工作职责如下：①制订生产计划；②组织编制并落实公司年度和月度生产计划；③掌握生产进度；④制订采购计划；⑤制订分销资源计划。

郑胜甫利用业务流程重组的机会，将手下四位员工的工作职责进行了重新划分，经验丰富的段拥炬被安排负责制订生产计划与产能计划，同样经验丰富的冯传敏负责制订分销资源计划，王均负责日常生产排程，赵婕负责制订采购计划。

由于公司实现了目标管理，每个员工都要参与制定每个人各自的工作目标，所以大家都清楚地知道个人及上级的工作目标，郑胜甫为生产管理部制定的目标是生产计划达成率为90％以上；原辅料、半成品、成品的库存控制在 4 000 万元人民币以下；客户订单的交货期为 5 个工作日以下。

而此目标又分解到部门其他四位员工身上，如赵婕负责制订采购计划，目标是原料库存在2 500万元人民币以下，缺料率在 2％以下，主要原料缺料率为 0％。由于每个人都有落实到自身的具体数字指标，且 ERP 系统保证了可随时提供所有的数据，保证了绩效反馈的有效性，使公司的激励制度也得以有效实施。

公司各方都对这个部门的工作满意度较高。由于生产管理部工作完成情况要与其他部门配合，所有的工作都需要与人沟通才能完成，如要完成生产计划，不仅要与本部门充分沟通生产排程、采购计划、分销计划，还需要与市场部、财务部、研发部、技术部、工程部等部门进行有效的沟通。所以郑胜甫在部门内一直强调沟通的重要性，并积极提倡协同配合，使大家都明确了每个人的工作都需要部门内其他人员的帮助才能完成，部门内逐渐地形成了互相信任、互相帮助、开诚布公的氛围。

郑胜甫要求各成员将各自的具体工作细节写成流程，供部门内所有人员参考，相互学习，使部门内所有成员都具备单独完成各项工作的能力。

过去，在郑胜甫的倡导下，部门中一直活跃着创新发展理念，如"鼓励提出不同意见"

"不能提出改进意见，就不要反对别人的观点""不提出改进意见，就完全按别人意见做"等口号都是他们总结出来的。

经过这几年的成长，生产管理部已成为一个工作绩效高、学习能力强、工作满意度高、内部凝聚力强的团队，部门内的成员都以在这个团队中工作为荣。然而，当前在这个团队中出现了诸如篇头提及的一些不和谐的现象，郑胜甫下一步该怎么办？

（资料来源：http://www.emkt.com.cn）

二、思考·讨论·训练

1. 请分析郑先生是如何将生产管理部塑造成高绩效团队的。
2. 目前郑先生所领导的团队为什么会出现问题？
3. 如果你是郑先生，你会采取何种行动以克服目前团队中所遇到的不和谐的现象？
4. 郑先生下一步该怎样办呢？

案例3 诺基亚的工作团队

一、案例介绍

诺基亚公司，是世界上最大的移动电话生产商，其业务范围包括移动电话、游戏、图像、媒体及面向移动网络运营商和企业用户的电信服务等，它的产品销往全球 170 多个国家和地区。2006 年诺基亚手机终端销量约为 9.78 亿部，全年净销售额达 411 亿欧元，比前一年增长 20%。在 2006 年全球移动终端市场中，诺基亚约占 36% 的市场份额，无可争议地巩固了其在全球的"手机霸主"地位。

在各大手机品牌竞争逐步趋向白热化的今天，诺基亚能够持续地取得佳绩的背后，是其高效率、以人为本的工作团队。

在诺基亚，无论是前任 CEO 奥利拉还是现任的康培凯，他们都非常强调团队精神，以至于诺基亚的 CEO 在公共场合发表讲话时，很少用"我"，而更多地使用的是"我们"。带领诺基亚创造移动通信神话的前任 CEO 奥利拉对于每一个新的计划，通常会委派一组员工共同完成。他认为，依靠一个人的决策是非常危险的，只有人与人之间默契协作，部门与部门之间无边际地嵌合，公司才能丝丝入扣、环环有序、有效地运行。诺基亚鼓励员工积极进取，发挥团队精神，始终保持旺盛的工作热情，同时要求员工应清醒地意识到工作是为了实现团队共同的愿景和目标。

（一）"分享"式的团队管理

诺基亚强调在工作团队中进行"分享"式管理，企业与全体员工分享、工作团队与成员分享、个体之间的经验分享等在诺基亚随处可见。在诺基亚，一个经理就相当于一个教练，他的责任就是帮助团队中的员工做得更好，经理不是"叫"员工做事情，而是"教"团队成员去做事情。传统的"家长"式的领导作风在诺基亚是被杜绝的，团队分享的作风也使得诺基亚这样一个大型企业不依赖那些"官僚"的指挥或行政命令。

有人说诺基亚是世界上最不官僚的跨国大公司，诺基亚的每位员工对发生在诺基亚的事情都热衷于发表不同的意见或看法。甚至有好些员工在加入诺基亚好几个月后，还搞不清部门里谁是"老大"，因为他们总是看到一帮人都参与决策，遇到不懂的事情也总有好多老员工与新员工一同交流并帮助解决。同时，诺基亚的每个部门在团队精神和企业规章的保障下都享有一定的自主性，这种自主是在团队的分享中自发形成的。

诺基亚的一位高层管理者是这样评价团队中的"分享"式管理的："我们非常看重团队合作和沟通，'分享'是我们在进行企业管理中非常重要的方面。公司鼓励领导干部带动团队参与决策过程，在主要环节上取得一致，并将最终决策及其原因在公司不同的层面和部门之间充分沟通。我们的流程并不是黑白分明，工作是在一个共同的大方向的指引下进行的，从而为相关的人员积极沟通、共同探讨出最佳的可行性方案留出充足的空间。这种解决问题的方法打破了公司固有组织结构的限制，大家互相支持，在帮助他人成功的同时，实现自身的价值，更重要的是团队的目标也得以实现。"

（二）激励创新的团队氛围

首先，团队的成员彼此充分信任。诺基亚用人不疑，疑人不用，一旦授权下属负责某一个项目，定下大方向后，就放手让成员去做，不要求下属事无巨细地回报，而让他们自己思考判断，员工也不会畏首畏尾，什么都请示领导。如果发现了问题由大家共同来解决，而做出成绩是大家的。

其次，良好的上下级关系，正如前面介绍过的"分享"式管理，团队中成员同领导关系非常融洽、平等，团队中关注的是通过合作去完成目标，而不是生硬的指令和命令。领导者关心下属的成长，并将员工个人的发展和公司的发展有机结合起来。同时领导也给下属成长空间，让他们敢于去尝试，并允许他们犯错误，诺基亚的原则是"可以容忍你犯错误，但不容许你第二次犯同样的错误"。

再次，在诺基亚的团队中，鼓励创新的氛围非常明显。虽然诺基亚是一家大公司，很注重团队精神，但也非常强调企业家的奋斗精神，希望它的员工都能有一些企业家的思想，就是创新想法，不要墨守成规。这样可以更快地面对市场挑战，加强竞争力。"创新每一天"的口号已经深入人心，团队成员相互激励，互相协作。作为一家手机生产厂商，诺基亚注重汇集和提倡每个人独特的创新才能，前任CEO奥利拉曾说过："在诺基亚，没有幕后的秘密交易或内定的安排这些政客们的玩意，我们一直倡导团队中的创新思维。"

最后，团队成员相互激励，使团队的决策更为完善。在诺基亚公司，被命名为"诺基亚之路"的各种研讨会在不同层次的组织、团队中广泛开展。这是诺基亚每年都会进行的从下至上，再从上到下的头脑风暴会议，它是保证整个诺基亚工作团队高效率运转的特有方式。在这些头脑风暴会议上，员工们相互启发、各抒己见，通过这种团队内部的交流与整合，诺基亚的团队会迸发出新的思想火花，形成新的行动策略。

（三）尊重每个人的团队精神

诺基亚公司的企业文化包括四个要点，即客户第一、尊重个人、成就感、不断学习。公司的团队建设完全以企业文化为中心，不空喊口号，不流于形式，而是落实到具体的行动中。诺基亚强调要把人们的思想和行为变成公司与外界竞争的优势，要提升诺基亚的员工成为一个工作伙伴，不能仅停留在一个雇主与员工的劳动合约关系上。唯有这样，工作伙伴们才会看重自己，帮助公司积极发展业务。

公司的团队建设活动是持续进行的，各个部门都积极参与。公司会定期举行团队建设活动，并和每个部门具体的日常工作、业务紧密相连。在这方面，诺基亚学院在团队建设和个人能力培养上发挥了很大作用，为员工提供很多很好的机会，能够让员工认识到他们是团队的一分子，每个人都是整个团队有价值的贡献者。

诺基亚团队进步的动力是靠不断学习来不断注入的。诺基亚每年花在培训方面的费用超过 25.8 亿欧元——约为它全球净销售额的 5.8%。根据员工的特殊需要来进行教育培训，可以让员工看到自己有机会学习和成长，从而员工就会加强对组织、团队的责任感，在团队中工作的热情与动力也会持久地显现。

（四）平等交流的沟通方式

诺基亚消除了大型公司传统的层级管理模式，普通员工可以不必畏惧任何一位管理者，甚至可以不拘小节地与之平等交流、快速沟通。在诺基亚有许多具体制度来保证下情上达，来自下面的意见不会被过滤、埋没。在这方面，诺基亚的具体做法有三种：①每年请第三方公司作一次员工意见调查，听取员工对自己的工作和公司发展的看法，并和上一年的情况做比较；②在员工之间讨论以前的表现、今后的目标，除了评估员工的表现，也是彼此沟通的途径；③公司在全球设有一个网站，员工可以匿名发送任何意见，甚至可以直接发给总裁，下属的建议只要合理就会被接受。

除了这些正式的沟通渠道之外，公司的管理层也会利用适当的时机与员工沟通。如果一些紧要问题牵涉到某个经理人，除非是另有考虑，否则他都会马上把人找来，双方当面讲清楚，这样做会让下属看到，上级领导的门永远是敞开着的，沟通是透明的。在诺基亚，即使是普通的员工也不必通过烦琐的程序或者诸多的请示才能见到总裁，公司坦诚、公开、平等的沟通氛围使整个团队成员相互信任、相互支持、同心协力。

（五）岗位轮换与危机意识

诺基亚为了保持团队的工作激情，在管理人员中采取轮换工作的制度。这样不仅仅是为了加强各个部门及不同团队之间的了解、协作和横向配合，更为重要的是轮换制度能够为团队成员带来很强的危机意识。奥利拉认为：把经理从轻松舒适的位置上调走，是激发他们工作积极性的有效方式。由于让高层管理人员从事不熟悉的工作要冒一定的风险，所以危机意识成了诺基亚激发团队成员创造性和进取精神的一个手段。

在1998年，诺基亚刚刚打败各路竞争对手，取得了全球手机销量第一的业绩之后，首席执行官奥利拉紧急召集了诺基亚的四名最得力的年轻干将，宣布了一项令人吃惊的决定：在诺基亚高层管理团队中，除了奥利拉自己，其余所有的高层人员的职位全部互换，每个人必须告别熟悉的工作，到一个全新的岗位上去。奥利拉说："这样做是为了使人从熟悉舒服的环境中走出来，摆脱长久做一种工作的顽固心态。转换工作可以使成员相互学习，又能有一种危机感。"果然，在日后的工作中，这四个人和奥利拉一起组成了诺基亚公司无可匹敌的高层管理团队，这个团队常常五位一体，不可分割。诺基亚的员工几乎每天都可以看到他们坐在一起，互相沟通，共同讨论公司的工作和未来的发展计划。

（六）以团队合作为核心的招聘与考核

在员工招聘与绩效考核方面，诺基亚非常注重工作团队的因素。在招聘之初，除了对专业技能的要求外，诺基亚非常注重个人在团队中的表现，将团队精神作为考核指标中的主要项目之一。诺基亚通常会用一整天时间来测试一个人在团队活动中的参与程度与领导能力，并考虑候选人是否能在有序的团队中发挥协作精神、应有的潜能和资源配置。这样就可以最大限度地使诺基亚招聘来的人，在一开始就能领会公司要求的团队合作精神。

在对人员的考核上，诺基亚具有一套考核各部门工作团队的评价方式，以团队为单位对工作业绩进行考核。在对个人的评价上，诺基亚首先关注团队目标的实现，注重考核在工作中团队成员是否具备团队精神并积极与其他人进行有效的沟通与合作。同时，只有在团队取得了良好业绩的基础上，个人的突出表现才更会被给予肯定和奖励。

在诺基亚的内部管理上，还有一个与众不同的做法，那就是组建了"员工俱乐部"，通过员工俱乐部来组织和管理员工的一些诸如公益、休闲等活动。俱乐部让员工自己管理自己，自我做主，以人人容易接受的方式来进行沟通，把员工的兴趣融化在培养团队精神的活动当中。员工俱乐部还专门为诺基亚的员工设置了专属的网上论坛，为诺基亚的员工在日常工作之外，又建立了一个非正式的交流平台。

此外，诺基亚有一项名为"自在人生，健康生活"的系列项目，从学习、生活、理财、健康和休闲五个方面，鼓励员工参加有关职业生涯培训的课程，获取某项专业技能的证书；通过与专业机构合作，为员工提供家庭理财的咨询服务和心理咨询，以及为员工组织丰富多彩的健身、娱乐活动等。诺基亚不仅仅要求员工有良好的业绩，还希望员工可以精神饱满地工作、积极地生活。

（资料来源：周景民，闫引利. 世界顶级人力资源经典模式. 北京：经济科学出版社，2004. 赵文明. 中外企业文化经典案例. 北京：企业管理出版社，2005.）

二、思考·讨论·训练

1. 请分析诺基亚工作团队的构建有什么特点？
2. 结合诺基亚工作团队的案例，分析如何构建高绩效的工作团队。
3. 诺基亚采取了哪些种类的沟通方式？其对工作团队起到了怎样的作用？
4. 员工俱乐部属于哪种群体？它对于工作团队会起到什么作用？

案例4　**希丁克神话的秘密**

一、案例介绍

继在 2002 年世界杯上带领韩国奇迹般地杀入四强后，"神奇教练"希丁克在 2006 年世界杯上又带领澳大利亚队创造了历史，第一次杀入十六强。在希丁克手上，一个平庸的团队为什么总能化腐朽为神奇？人们注意到根本原因在于希丁克有着高超的带队技巧。他卓越的带队技巧主要体现在以下几个方面。

（一）培养团队的自信心

自卑是人的天性，一般人遇到挑战时就会不由得说："我不行！我不能。"不论是足球队管理还是企业管理，唤起团队成员的自信和斗志，是领导者的天职和义务。

希丁克上任后，给教练组声明的第一个原则就是"千万不要责备球员"，要求教练即使球员错了也要他们自己说出来；他还不断给球员灌输自信心，不断用事实告诉队员："你完全具有和世界强队进行竞争的实力"；他还经常采用"三明治语法"来激励队员，即第一句的"你的特长是……"，第二句"你还可以再……改进"，第三句"我相信你有能力做得到！"

（二）为团队设立一个目标

没有目标或者目标模糊，容易让人原谅自己，为失败找到退路，所以领导者建立团队的第一个任务就是要为团队设立具有挑战性和激励效果的目标。

离 2002 年世界杯开赛还剩 500 天的时候，希丁克临危受命，上任后马上旗帜鲜明地为韩国队设立了目标——"世界杯八强"。当时很多人都认为这个目标是根本不可能实现的，但希丁克认为"有目标就要大胆表现出来。设立目标不用太过谦虚，目标越明确、越鲜明越好。目标定得较高可以使大家更为努力，更接近目标"。结果韩国队不仅打进了八强，甚至奇迹般地打进了四强，为韩国队赢得了前所未有的成功。

（三）拥有坚定的信念

世界杯开幕时，希丁克在一场音乐会上点了法兰克·辛纳屈的歌 My Way。这是他最爱的歌曲，也是他坚定信念的表现——不管别人说什么，只走自己的路。

执教韩国队的第一年希丁克非常艰难，失败连着失败，挫败连着挫败，媒体的质疑、球迷的责骂，甚至足协官员也后悔请了希丁克。特别是韩国在 2001 年连续以 0∶5 的比分输给法国和捷克后，舆论对希丁克的指责如山洪暴发，许多专家、媒体纷纷站出来反对他大运动量的训练方式，认为这种训练方式根本不适合韩国球员的体质，甚至会危害球员的健康。但是希丁克没有让步，坚守他以提高球员体能为基础的先进足球理念，以坚定的信念坚持到最后。终于世界杯上韩国队的表现，让反对者统统地闭上了嘴。

（四）制定有效的规则

希丁克的领导风格是：不只用言语，还要用行动来让成员接受规则。在工作上，他会定出最低限度的规则，要求队员严格遵守，其余则全靠自律实现。

成为韩国队主教练后，他定下的第一套规则是：所有球员要同时进入食堂，同时结束进餐；不论在何处，球员必须穿着统一颜色的服装，足协官员也不例外；进餐或处理公务时，手机响了也不能接；大赛会议，除球员外任何人不能参加；等等。希丁克要求所有人把这些规则当成金科玉律，而且自己也严格按照要求去做，例如，有一次进餐时，荷兰老家来电话要找希丁克，他拒绝道："进餐时间，不接电话！"希丁克说，"我能走上这个位置，是因为我能严守规则。"

（五）鼓励跨越级别的横向沟通

希丁克是第一个打破韩国年轻队员不敢和长辈辩解，遇到问题也不敢越级沟通的教练。上任初期，他对韩国球员按年龄排出的序列感到很惊讶："有一天早上训练后，我看到他们按年龄顺序分 3 个桌子坐，年纪小的球员与年龄长的球员之间不说一句话；拿饭菜时，也按年龄顺序排队，一直到吃完饭，互相没有说过一句话！像这样没有一点沟通的队员，是不能在一个队参加比赛的。"

于是为了弥补这种沟通不足，希丁克提出了一系列的要求：不许球员间再使用"大哥"这样的称呼，也不许使用任何尊称；年轻球员不论在战术训练还是在比赛中都要经常开口和前辈说话；吃饭时，要前辈、后辈穿插坐在一起，随意地交谈；按摩时也不安排前辈先按，而是谁先到房间谁先按；安排宿舍时，他故意把前辈后辈球员安排在一个房间，让他们相互交流；在裁判时故意判错，并鼓励球员们提出异议；等等。顺畅的沟通模式成为习惯后，训练气氛马上欢快起来。

（六）保持高度的团队精神

希丁克在选择球员时，比起实力来，他更重视有"团队精神"的人。他认为："要使球员在比赛中拿到球的瞬间，首先想到那个球不是'我的球'而是'我们的球'。这时，不仅替补队员，就连拉拉队的学生也要成为球队的一部分。"

于是他采取了独特的方式进行称赞或者批评：在进球或者丢球时，他不像其他主教练只会责怪失误的球员，或者只是称赞进球的成员，他会称赞和批评整个球队。他会以这样的方式来解释丢球：因为最前面的前锋没有防守好，使中场失去平衡，最后后卫虽极力阻挡却还丢了球。也会以这样的方式解释进球：因为后卫的第一个传球传得很到位，使对手慌乱，之后又因中场的调度，前锋才得以射进球。

现在，希丁克带着他管理团队的高超技巧，接受了俄罗斯国家队的邀请成为其主教练，我们期待着在 2010 年的世界杯上再次看到他的团队给我们带来的奇迹。

（资料来源：希丁克密码. 商界，2006（8）.）

二、思考·讨论·训练

1. 请根据案例阐述有效团队的特征有哪些。
2. 如果有一天希丁克受邀主持中国国家队，请你对他提出改进团队绩效的建议。

拓展训练　　翻叶子

目的：增强团队合作精神。

道具：依人数多少给予大、中、小的塑胶帆布（叶子）。

时间：越快越好。

程序：参加游戏的人都必须站在塑胶帆布上，然后需要将塑胶帆布翻过来。

规则：

1. 所有人都必须站在叶子上（包括讨论）。
2. 只要有人身体的任何部分碰触到地面就要重来。

讨论：

1. 我们怎么办到的？在过程中听到什么？有何感受？
2. 各位觉得叶子像什么？而整个过程又是什么？
3. 在生活中有无类似感受？
4. 从过程中你学到什么？

变化：帆布面越小越难，可计算难度系数。

第十一章 控制

最有效并持续不断的控制不是强制，而是触发个人内在的自发控制。

——［日］横山宁夫

一、控制的特点

"控制"一词最初来源于希腊语"掌舵术"，意思是指领航者通过发指令将偏离航线的船只拉回到正常的航道上来。由此说明，维持朝向目的地的航向，或者说维持达到目标的正确行动路线，是控制概念的最核心含义。所谓控制，从其最传统的意义上来说，就是"纠偏"，也即按照计划标准衡量所取得的成果，并纠正所发生的偏差，以确保计划目标的实现。但从广义的角度来理解，控制工作实际上应包括纠正偏差和修改标准这两方面的内容。引致控制标准和目标发生调整的行动，简称之为"调适"，应该是现代意义上企业控制工作的有机组成部分。基于这种认识，管理中的控制职能可宽泛地定义为：由管理人员对组织实际运行是否符合预定的目标进行测定，并采取措施确保组织目标实现的过程。控制在管理中的作用主要表现在两个方面：一方面起检验作用，它检验各项工作是否按预订计划进行，同时也检验计划的正确性和合理性；另一方面起调整作用，它调整行动或计划，使二者相吻合。控制的特点如下。

（一）管理控制具有整体性

整体性包含两层含义：①管理控制是组织全体成员的职责，完成计划是组织全体成员的共同职责，参与管理控制是全体成员的共同任务；②控制对象是组织的各个方面。组织各个方面的协调平衡需要对组织的各个方面进行有效的控制。

（二）管理控制具有动态性

管理工作中的控制不同于机器设备系统中的自动控制，机器设备的自动控制是高度自动化的，具有固定或静态的特征。而管理控制是在有机的组织中进行的，其内外环境不断地发生变化，决定了控制标准和方法不可能固定不变。因而，管理控制应具有动态性的特征，这样可以提高控制的适应性和有效性。

（三）管理控制是对人的控制和由人执行的控制

管理控制是保证工作按计划进行并实现组织目标的管理活动，在这个过程中，人一直都是活动的主体，因此，管理控制首先是对人的控制，自然也是由人来执行的控制。

（四）管理控制是提高员工能力的重要手段

控制不仅仅是监督，更重要的是指导和帮助。管理者可以制订纠正偏差的计划，但是这个计划要靠员工去实施，只有当员工认识到纠正偏差的必要性并具备纠正偏差的能力时，偏差才会被纠正，控制的目的才会真正得以实现。所以，通过控制工作，管理者可以帮助员工分析产生偏差的原因，端正员工的工作态度，指导他们纠正偏差，由此提高员工的自我控制能力。

二、控制的基本过程

控制是根据计划的要求，设立衡量绩效的标准，再把实际工作结果与预定的标准相比较，以确定组织活动中出现的偏差及其严重程度，在此基础上，有针对性地采取必要的纠正措施，以确保组织资源的有效利用和组织目标的圆满实现。不论控制的对象是新技术的研究开发，还是新产品的加工制造、市场营销宣传、企业的人力条件、物质要素、财务资源等，控制的过程基本上都是相同的，都包括确立标准、衡量绩效和纠正偏差三个基本环节的工作。

（一）确立标准

标准是作为一种规范而建立起来的测量单位或者说尺度，它是从整个计划工作的方案中挑选出来对工作成效进行评判的关键指标。控制标准的制定是控制能否有效实行的关键，没有切实可行的控制标准，控制可能只是流于形式。

由于计划是进行控制的依据，因此，控制过程的第一步就是制订计划。由于计划的详细程度和复杂程度不一样，主管人员也不可能掌握每一件事情的进展情况，因此，需要制定一些具体的标准。没有一套完整的控制标准，衡量绩效和纠正偏差就会失去客观的依据。行之有效的控制标准需要满足简明性、适用性、可行性、可操作性和相对稳定性的要求。

标准有两种控制作用：①为计划的执行提供明确的规范和指标，使计划在执行者心目中具体明确，以便按标准行动；②为监测实际执行情况是否正常提供判别标准，以便及时发现问题。

常用控制标准有两类。①定量标准。是指可以用数字量化的标准。定量标准便于度量和比较，是控制标准的主要表现形式。定量标准主要分为实物量标准（如产品数量、服务提供量、速度或废品数量等）、价值标准（如销售额、成本、资本支出或利润等）和时间标准（如工时定额、交货期等）。一般来说，对于这类标准的确定通常使用统计分析法，根据组织拥有的资料来确定，所以又称统计性标准。此外，在拟定标准时还可以采用工程方法，它是以精确的技术参数和实测的数据为基础，通过动作、时间研究来制定生产定额，为基层管理人员更均衡地安排工作、更合理地评估工人的绩效，以及预估所需的人工和费用等，建立起客观的标准。②定性标准。是指难以定量化的标准，如有关产品和服务的质量、组织形象、人事制度、财务管理制度等方面的衡量一般都是定性的。虽然定性标准具有非定量性质，但实际工作中为了便于掌握这些方面的工作绩效，有时也都尽可能地采用一些可度量的方法，例如，产品等级、合格率、顾客满意度等就是对产品质量的一种间接衡量。制定定性标准，一般使用经验估计法。它是根据管理人员的经验判断而建立的估价性标准，通常带有管理人员的主观色彩。

（二）衡量绩效

将实际工作成绩和控制标准相比较，对工作做出客观的评价，从中发现二者之间的偏差，为进一步采取控制措施提供全面而准确的信息。并不是计划实施的所有步骤都要进行控制，而是选择一些关键点作为控制点，控制了关键点，就控制了全局。确定关键点的过程是一个分析决策的过程，需要丰富的经验和敏锐的洞察力，准确地确定关键点是有效控制的保证。关键点一般是计划实施过程中起决定作用的点，或者是容易出偏差的点，起转折作用的点，变化大不易掌握的点，有示范作用的点，等等，应该根据具体情况具体分析。

衡量用什么方法应根据具体情况具体分析。计划的执行情况和问题处理的信息一般都是通过听取口头汇报、书面汇报、进行直接观察等方式取得，管理者通过这些渠道了解所需要的信息，以此来衡量实际工作业绩。这些方法各有优缺点，人们往往结合起来使用。具体使用哪种方法，不同的管理者有不同的偏好。

（三）纠正偏差

衡量成效的结果可能会发现偏差，控制的中心任务就是采取措施纠正偏差。纠正偏差首先就要分析偏差产生的原因，然后做出纠偏决定，再根据决定重新调整计划，调配组织人、财、物，更换标准等。这时管理者要决定的是仅仅进行现场修改，还是分析偏差产生的深层次的原因，彻底纠正，也就是说，是治标还是治本的问题。一般来说，当情况紧急时，只能采取应急措施，仅治标就行，但事后还要寻找原因，根除隐患。一般来说，纠正偏差可以根据不同情况，分别采取以下措施。①坚持原来的目标，维持原来的标准。一般来说，当工作完成情况超过一点或者基本达到原来的目标时，就不应该对原定目标或衡量标准进行调整或者改变，应该维持原来的计划和标准。②纠正偏差。偏差包括两种：正偏差和负偏差。正偏差是指最后的工作成果经过检验之后远远好于所确立的标准要求，负偏差正好相反。如果在实际工作中出现了正偏差，这固然是一件令人高兴的事情，但是，也有必要对这种情况中标准的准确性和恰当性进行检查，然后确定这种正偏差是属于运气的结果，还是属于工作表现优秀的结果。如果出现了负偏差，就应该迅速做出调整和改正。③改变原来的计划或标准。如果绝大多数工人大大超过了某一原定的生产标准，那么这个标准可能是定得太低了；相反，如果只有一两个人达到某一原定标准，这个标准可能是定得太高了。管理者应该根据实际情况对原来的标准做出适当的修改和变动。在有些情况下，原定的标准是合理的，但是由于环境的变化，也要进行适当的改变。

案例1 巴林银行栽在"毛头小伙"手里

一、案例介绍

1763年，弗朗西斯·巴林爵士在伦敦创建了巴林银行，它是世界首家"商业银行"，既为客户提供资金和有关建议，自己也做买卖。当然它也得像其他商人一样承担买卖股票、土地或咖啡的风险。由于经营灵活变通、富于创新，巴林银行很快就在国际金融领域获得了巨大的成功。巴林银行的业务范围是十分广泛的，无论是到刚果开采铜矿，从澳大利亚贩卖羊毛，还是开掘巴拿马运河，巴林银行都可以为之提供贷款，但巴林银行有别于普通的商业银行，它不开发普通客户存款业务，故其资金来源比较有限，只能靠自身的力量来谋求生存和发展。

在1803年美国从法国手中购买南部的路易斯安那州时，所用资金就出自巴林银行。尽管当时巴林银行有一个强劲的竞争对手——一家犹太人开办的罗斯切尔特银行，但巴林银行仍是各国政府、各大公司和许多客户的首选银行。1886年，巴林银行发行"吉尼士"证券，购买者手持申请表如潮水一样涌进银行，后来不得不动用警力来维持，很多人排队几个小时后，买下少量股票，然后伺机抛出，等到第二天抛出时，股票价格已涨了一倍。20世纪初期，巴林银行十分荣幸地获得了一个特殊客户：英国皇室。由于巴林银行的卓越贡献，巴林家族先后获得了五个世袭的爵位。这可算得上一个世界纪录，这是奠定巴林银行显赫地位的基础。然而，1995年2月27日，英国中央银行突然宣布：巴林银行因遭受巨额损失，无力继续经营而破产。从此，这家有着二百多年经营史和良好业绩的老牌商业银行在全球金融界消失了。目前该银行已由荷兰国际银行保险集团接管。那么，这样一家业绩良好而又声名显赫的银行，为何在顷刻之间遭到灭顶之灾？

从制度上看，巴林银行最根本的问题在于交易与清算角色的混合。主管前台交易与负责后台统计由一人负责，这是导致巴林银行千里之堤溃于蚁穴的最为关键的原因，也就是说内部监控的空白直接导致了巴林银行的破产。尼克·里森就是导致巴林银行倒闭的罪魁祸首。

1992年，尼克·里森前往新加坡，任巴林银行新加坡期货交易部兼清算部经理，既主管前台交易又负责后台统计。作为一名交易员，里森本来应有的工作是代表巴林客户买卖衍生性商品，并代表巴林银行从事套利这两种工作，基本上没有太大的风险。不幸的是，里森却一人身兼交易与清算二职。如果里森只负责清算部门，那么他就没有必要，也没有机会为其他交易员的失误行为瞒天过海，也就不会一错再错而导致巴林银行倒闭的局面。

当巴林银行遭遇 5 000 万英镑的损失时，银行总部派人调查里森的账目。事实上，每天都有一张资产负债表，每天都有详细的记录，从其中可以看出里森的问题。即使是月底，里森为掩盖问题所制造的假账，也极易被查出问题——如果巴林银行真有严格的审查制度的话。

从人力资源管理角度来看，巴林银行对里森的英雄似的任命和绝对的信任，导致了巴林银行对里森行为绝对的放纵，这也就必然导致对里森行为的监控空白。这也是巴林银行一夜之间忽然倒闭的深层原因。

诚然，里森是为巴林银行的盈利和发展做出过卓越的贡献，他在 1993 年为公司赚了 1 400万美元。对于这样的能人，巴林银行理所当然要重用，这是没有任何异议的。但是，问题在于它违背了"人是靠不住的"这条管理学的戒律，"绝对的权力产生绝对的腐败"，不幸在巴林银行的身上又一次得到应验。当然，应验的代价就是这家有过光荣历史的银行的崩溃。

巴林银行太相信里森了，并期待他为巴林银行套利赚钱。在巴林银行破产的两个月前，即 1994 年 12 月，于纽约举行的一个巴林金融成果会议上，250 名在世界各地的巴林银行工作者，还将里森当成巴林银行的英雄，对其报以长时间热烈的掌声。但里森的能力也是一把双刃剑，里森是精通计算机系统的专家，曾经到东京分行处理过计算机系统不显示交易的问题，知道如何使自己的交易避开计算机监督。同时他还精通财务报表，知道如何来对付财务的审计和调查。再加上总行对他的绝对信任，使得里森有机会也有能力去冒巨大的风险，最终导致了巴林银行的彻底崩溃。

尼克·里森到巴林银行工作之前，是摩根士丹利银行清算部的一名职员，进入巴林银行后，由于他富有耐心和毅力，善于逻辑推理，能很快地解决以前未能解决的许多问题，使巴林银行的工作有了起色。因此，1992 年，巴林银行总部决定派他到新加坡分行成立期货与期权交易部门，并出任总经理。

当时，里森在新加坡任期货交易员时，巴林银行原本有一个账号为"99905"的"错误账号"，专门处理交易过程中因疏忽所造成的错误。这原是一个金融体系运作过程中正常的错误账户。1992 年，伦敦总部全面负责清算工作的哥顿·鲍塞给里森打了一个电话，要求里森另外再设立一个"错误账户"，记录较小的错误，并自行处理在新加坡的问题。于是里森马上找来了负责办公室清算的利塞尔，向她咨询是否可以另立一个账户。很快，利塞尔就在计算机里输入了一些命令，问他需要什么账号。在中国文化里"8"是一个非常吉利的数字，因此里森以此作为他的吉祥数字。由于账号必须是五位数，这样账号为"88888"的"错误账户"便诞生了。

几周之后，伦敦总部又打来电话，总部配置了新的计算机，要求新加坡分行还是按老规矩行事，所有的错误记录仍由"99905"账户直接向伦敦报告。"88888"错误账户刚刚建立就被搁置不用了，但它却成为一个真正的"错误账户"存于计算机之中。而且总部这时已经注意到新加坡分行出现的错误很多，但里森都巧妙地搪塞而过。"88888"这个被人忽略的账户，提供了里森日后制造假账的机会。如果当时取消这一账户，那么巴林银行也许就不会倒闭了。

1992 年 7 月 17 日，里森手下一名加入巴林银行仅一星期的交易员犯了一个错误：当客户（富士银行）要求买进日经指数期货合约时，此交易员误操作为卖出。这个错误在当天晚上进行清算工作时被里森发现，按当日的收盘价计算，其损失为 2 万英镑，本应报告伦敦总公司。但在种种考虑下，里森决定利用错误账户"88888"掩盖这个失误。然而，如此一来，里森所进行的交易便成了"业主交易"，使巴林银行这个账户暴露在风险部位。数天之后，由于日经指数上升，此空头部位的损失便由 2 万英镑增至 6 万英镑了（注：里森当时年薪还不到 5 万英镑）。此时里森更不敢将此失误向上呈报。

在 1993 年下半年，接连几天，每天市场价格破纪录地飞涨 1 000 多点，用于清算记录的计算机屏幕故障频繁，无数笔交易入账工作都积压起来。因为系统无法正常工作，交易记录都靠人力，等到发现各种错误时，里森在一天之内的损失便已高达 170 万美元。在十分危急的情况下，里森决定继续隐瞒这些失误。

1994 年，里森对损失的金额已经麻木了，88888 号账户的损失，由 2 000 万、3 000 万英镑，到 1994 年 7 月已达 5 000 万英镑。事实上，里森当时所做的许多交易，是在被市场走势牵着鼻子走，并非出于他对市场的预期。他当时能想到的，是哪一种方向的市场变动会使他反败为胜，能补足 88888 号账户的亏损，便试着影响市场往哪个方向变动。后来里森在自传中这样描述："我为自己变成这样一个骗子感到羞愧——开始是比较小的错误，但现已错误包围着我，像是癌症一样……我的母亲绝对不是要把我抚养成这个样子的。"

巴林银行倒闭的消息震动了国际金融市场，各地股市也受到不同程度的冲击，英镑对德国马克的汇率跌至历史最低水平。但由于巴林银行事件终究是个孤立的事件，对国际金融市场的冲击也只是局部的、短暂的，不会造成灾难性的后果。不过，就巴林银行破产事件本身来说教训则是深刻的。

（资料来源：汪中求. 细节决定成败. 北京：新华出版社，2004.）

二、思考·讨论·训练

1. 你认为里森的行为在多大程度上导致了巴林银行的倒闭？其倒闭是否另有其他根本性的原因？

2. 对于里森的行为，从动机方面，你会做何评价？从后果方面，你的评价又将如何？

3. 在里森事件中，除了里森本人是直接责任者外，你认为巴林银行还有谁应同时负有责任？其责任源自什么？性质怎样？

4. 试对里森行为的演进过程加以分析，并指出哪些环节应被作为关键控制点。依你之见，巴林银行应该采取什么措施预防或制止里森的行为？

案例2 **汉诺公司的成功之道**

一、案例介绍

汉诺公司是总部设在德国的大型包装品供应商，它按照客户要求制作各种包装袋、包装盒等，其业务遍及西欧各国。欧洲经济一体化的进程使汉诺公司可以自由地从事跨国业务。出于降低信息和运输成本、占领市场、适应各国不同税收政策等考虑，公司采用了在各国商业中心城市分别设厂，由一个执行部集中管理一国境内各工厂生产经营的组织管理和控制方法。由于各工厂联系的客户（即收益来源）的地区对应性良好，公司决定将每个工厂都作为一个利润中心，采用总部—执行部—工厂两层次、三级别的财务开支方式。汉诺公司的具体做法如下。

（1）各工厂作为利润中心，独立地进行生产、销售及相关活动。公司对它们的控制主要体现在预算审批、内部报告管理和协调会三个方面。

（2）预算审批是指各工厂的各项预算由执行部审批，执行部汇总后的地区预算交由总部审批。工厂提供的预算和执行部的审批意见依据历史数据及市场预测做出，在尊重工厂意见的基础上体现公司的战略意图。

（3）内部报告及其管理是公司实施财务控制最主要的手段。内部报告包括损益表、费用报告、现金流量报告和顾客利润分析报告。前三者每月呈报一次，顾客利润分析报告每季度呈报一次；公司通过内部报告能够全面了解各工厂的业务情况，并且对照预算做出相应的例外管理。

（4）在费用报告中，费用按制造费用、管理费用、销售费用等项目进行核算。偏离分析及相应措施视偏离额的大小而由不同层次决定，偏离额度较小的由工厂做出决定、执行部提出相应意见，较大的由执行部做出决定、总部提出相应意见。额度大小的标准依费用项目的不同而有所差别。

（5）顾客利润分析报告中列出了各工厂所拥有的 10 位最大的客户的情况。通过顾客利润分析报告，公司可以掌握各工厂的成本发生与利润取得情况，以便有针对性地加以控制；同时也掌握了其主要客户的结构和需求情况，以便适时调整生产以适应市场变化。

（6）根据以上的内部报告，公司执行部每月召开一次工厂经理协调会，处理部分预算偏差，交换市场信息和降低成本的经验，发现并解决本期执行部存在的主要问题。公司每季度召开一次执行部总经理会议，处理重大预算偏离或做出相应的预算修改，对近期市场进行预测，考察重大投资项目的执行情况，调剂内部资源。

汉诺公司的财务控制制度实现了集权与分权的巧妙结合，散而不乱，统而不死。各工厂直接面对客户，能够迅速地根据当地市场变化做出经营调整；作为利润中心，其决策权相对独立，避免了集权形势下信息在企业内部传递可能给企业带来的决策延误，分权经营具有反应的适时性和灵活性。公司通过预算审批、内部报告管理和协调会，使得各工厂的经营处于公司总部的控制之下，相互间可以共享资源、协调行动，以发挥企业整体的竞争优势。其中，执行部起到了承上启下的作用，它处理了一国境内各工厂的大部分相关事务，加快了问题的解决，减轻了公司总部的工作负担；同时，相对于公司总部来说，它对各工厂的情况更了解，又只需掌握一国的市场情况与政策法规，因而决策更有针对性，实施更快捷。另外，协调会对防止预算的僵化、提高公司的反应灵活性也起到了关键性作用。

实践证明，汉诺公司的财务控制制度是切实有效的。其下属工厂在各自所处的商业中心城市的包装品市场上均占有较大的份额，公司的销售收入和利润出现稳定增长的态势。公司总部也从烦琐的日常管理中解脱出来，主要从事战略决策、公共关系、内部资源协调、重大项目投资等工作，公司内部的资源通过科学调配发挥了最大的潜能。

（资料来源：http://jpkc.ecnu.edu.cn/0909/material）

二、思考·讨论·训练

1. 汉诺公司采用的控制方法主要是什么？体现在哪几个方面？

2. "公司执行部每月召开一次工厂经理协调会，处理部分预算偏差，交换市场信息和降低成本的经验，发现并解决本执行部存在的主要问题。公司每季度召开一次执行部总经理会议，处理重大预算偏离或做出相应的预算修改，对近期市场进行预测，考察重大投资项目的执行情况，调剂内部资源"，这属于什么控制方法，请进行简要分析。

3. 汉诺公司通过切实有效的财务控制，使公司的销售收入和利润呈现稳定增长的态势。公司总部也从烦琐的日常管理中解脱出来，主要从事战略决策、公共关系、内部资源协调、重大项目投资等工作，这从另一个角度来看，也反映了控制的（　　　）。对你的选择给予恰当的解释。

  A. 反映计划要求的原理   B. 控制关键点原理
  C. 控制趋势原理   D. 控制的例外原理

4. 通过对本案例的学习，你是如何理解控制与管理的关系的？

案例3 　甲级烟车间的"点检制"

一、案例介绍

TCF 是一家国营老企业，始建于 1919 年，在 20 世纪 80 年代以前，一直处于行业的领先地位。"六五计划"期间，国家投资 6 000 多万元对其进行了技术改造，包括新建了一个生产高档产品（卷烟）的甲级烟车间（以下简称甲车间）。

企业的高层领导对甲车间的期望值非常高,认为 TCF 从此可以大展宏图。然而,甲车间在 1986 年投产后的情况大出高层领导的预料,并且成了此后 5 年间困扰 TCF 的一个痼疾。

(一)造成甲车间开局不利的主要原因

(1)甲车间的人员是从各部门抽调的。按照厂领导的要求,调往甲车间的人员必须是各方面的尖子、骨干。但是,由于本位主义的影响,事实并非如此。除了由厂领导直接点名的有限几名人员以外,其他的多属于部门淘汰的人员和走后门的人员,他们被一股脑地塞进了甲车间。

(2)甲车间的设备是分别从日本和意大利引进的,与原有老设备相比,技术复杂程度提高的跨度较大,人员掌握起来有困难。

(3)设备的零部件供应跟不上,使许多设备带病运转。

(4)缺乏使用和管理新引进的先进设备的经验,造成管理滞后,乃至失控。

(5)由于甲车间生产的产品是市场上的紧俏商品,价值较高,一些员工将产品偷窃出厂后转手倒卖。因为有暴利可图,致使许多人员根本无心干本职工作。

此后的几年里,甲车间的生产效率始终非常低下,平均不足 30%。为了解决甲车间的问题,TCF 的高层领导采取了许多措施,其中最多的就是撤换车间的领导,从 1986 年至 1991 年的 5 年间,一共调换了 8 位车间主任,而每任车间主任都把提高产量作为第一位的任务,他们采用得最多的方法就是向厂里争取更多的奖金,用以刺激员工的积极性。最终的结果是,增长的并不是产量,而是员工的"胃口"。在频繁的走马换将中,甲车间的管理却每况愈下。

①生产过程中的消耗浪费惊人。车间处理废品的设备开足马力,仍然阻止不了堆积如山的废品一天天地增长,最终只能抽调运输车队和上百名科室干部加班搬运废品。

②部分员工为逃避工作故意毁坏设备,好端端的进口设备被破坏得面目全非。

③由于技术被少数人垄断,致使部分人员成了车间的"贵族",他们凌驾于制度之上,不服从管理,甚至左右企业的政策走向。而历任领导,为了保当前平安,大多采取忍让的态度,维修工不来上班,他们就派车到家中去接。

④车间内盗窃成风,甚至在车间更衣室内就有人转手倒卖赃物,许多家庭在短时间内暴富起来。市、区两级司法机关先后两次在甲车间开展反盗工作,并将标准由赃款 300 元逮捕、500 元判刑,提高到 3 000 元逮捕、50 000 元判刑。几年间,被处理、判刑的有数十人。

⑤有一个日本代表团在参观甲车间时,看到车间脏乱的环境、混乱的秩序、残缺不全的设备、低劣的产品质量、完全处于失控状态的管理状况,痛心疾首,愤然向 TCF 的行业总公司上书,反映甲车间的情况,其中有一句话是这样写的:"看到中国的其他地方,中国或许还有希望;看到 TCF 的甲车间,中国没有希望了!"

（二）管理制度改革

1. 综合治理

1991 年 5 月 6 日，第九任主任 L 先生到甲车间走马上任了，他决定从基础抓起。从 1991 年到 1992 年的一年间，主要抓了被称之为"综合治理"的工作：整顿纪律，建立正常的管理和生产秩序；堵塞盗窃漏洞、树正气、刹歪风，使员工的精力集中到生产工作上，对不愿悔改者，采取严厉的手段予以打击，直至开除；恢复设备，建立正常的后勤供应服务保障系统，为生产线提供保障；通过培训提高员工的水平和技能；改革考核分配体制。

2. "点检制"管理方法

通过一年的工作，甲车间的形势有了初步改变，但还是极不稳定，总是在低水平徘徊。L 主任通过分析，认为主要原因是管理上控制不力，管理人员的工作职责没有到位。国有企业强调齐抓共管，但由于责任不明确，人人有责任变成了人人不负责。经过研究，决定推行一种后来被称之为"点检制"的管理方法。其核心内容如下。

（1）对车间的人、机、料、环等方面进行综合分析，按照以下三个原则选择控制点：①容易出现问题的岗位（如计量、卫生、安全等方面的工作）；②对车间的生产管理影响较大的岗位（设备的维修、保养交接班等）；③对产品质量影响较大的岗位（如材料管理使用、工艺操作规程等）。

（2）对每个点都制定具体的控制标准。

（3）将控制点按专业分工兼顾工作量平衡的原则，划分给 4 个管理人员，由管理人员按标准检查自己分工负责的点。虽然控制点最多时有 196 个，但分配给每个管理人员的点并不多，他们完全可以在每个班检查两次以上。

（4）将点检制的管理思想转化为计算机管理程序，利用计算机对点的检查、统计、考核、奖惩进行管理，只要输入的数据满足计算机管理程序，点检制的管理思想、制度就基本能得到贯彻。

（5）对控制点的增减和标准的调整，是根据具体情况的变化而变化，实行动态管理的。控制点最多时达到 196 个，最少时有 16 个。这些"点"覆盖了车间管理的全方位，使车间各方面的工作都处于有效的控制之下。

整套管理制度制定完成以后，在如何进行贯彻的问题上产生了争论。大多数人认为，任何工作都必须循序渐进，点检制的标准要求与现实差距太大，恐怕难以执行。而 L 主任等人却认为，管理无定式，目前的甲车间需要一次产生震动的变革，以改变车间形象，振奋员工精神，树立自信心。

1992 年 9 月，甲车间用一个月的时间，将点检制的管理制度进行了全方位的宣传和培训，使每一个人都清楚地掌握了与本岗位相关的点检制度。

1992 年 10 月 3 日，甲车间全面推行了点检制管理制度，车间整体面貌发生了令所有人都意想不到的变化。消息传出后，许多人自发地到甲车间参观，对车间的变化感到惊讶。甲车间的全体员工也从中受到鼓舞，信心大增。由于整个车间的人、机、料、环都处于有效的受控状态，人流、物流、信息流畅通有序，由此而产生了一系列相关的变化：生产效率大幅度提高（70％以上），物耗水平大幅度降低，产品质量明显改善。自 1993 年起，甲车间连续三年获得国家质量管理小组奖。

1992 年年底，还是两年前的那个日本代表团再次来到甲车间时，看到整洁的生产环境、正常运转的生产线、整旧如新的机器、有序的管理状况，代表团的每个成员都对两年内发生的变化感到惊讶。

（资料来源：http://jpk. dqpi. edu. cn/glxyl/anliji—5. htm）

二、思考·讨论·训练

1. 借助频繁更换管理人员以求解决问题的办法，在很多企业都有所体现。请分析这种办法的优缺点。

2. L 主任在选择控制点上的具体做法有什么可借鉴之处？

3. 请分析 L 主任所采取的"综合治理"与所实施的"点检制"之间是否具有内在必然联系。仅仅采取"点检制"是否也会奏效？

案例4 麦当劳的标准化控制

麦当劳公司是闻名全球的快餐业巨无霸，这个名字也早已成为人们耳熟能详的字眼，尤其作为全球最大的快餐连锁集团，其商誉与奔驰、索尼、万宝路、可口可乐等世界顶尖级品牌比肩而立。

麦当劳的成功很大程度上取决于它对其连锁店的经营、管理、运作的控制。①麦当劳要求其各连锁店做到标准化的经营。它要求连锁店在店名、店貌、设备、装修、商品、服务等方面完全符合总部制定的规则，达到被其认可允许开业的水准。②要做到经营专业化，符合连锁规则，达到被其认可允许开业的水准。③要做大经营专业化。连锁店在经营运作过程中，将计划、决策、采购、配送、销售的环节统统细化，不同职能截然分开。④要求连锁店中的各个工序、岗位、环节在进行商业运作时，尽可能做到简单化、模式化，从而减少人为因素对日常经营的不利影响。⑤强调营业统一化。要求连锁店将经营方针、规章制度、工作计划、广告宣传、促销方案、员工培训等环节协调一致起来，做到整齐划一，以便于整体运作。

最能体现麦当劳对连锁店的控制的要数麦当劳制定的营运手册。麦当劳上至总经理，下至普通员工人手一册，该手册被称为麦当劳的"圣经"，人人必须严格遵守。其内容涉及采购进货、食品制作、饮料灌装、收费过程、仪容装扮、语言表达、店面管理等七个主要方面，各项规章制度多达上千条，书厚几百页。

麦当劳手册上印着的"Q、S、C、V"是麦当劳系统中人人皆知的四个英文单词的字母缩写，它们分别代表"quality，service，cleanliness，value"，意思是"质量、服务、清洁、价值"，它们是对麦当劳经营方针、管理观念、运作要求、企业精神的高度概括和浓缩，是麦当劳多年在世界快餐业长期位于不败之地的制胜法宝和成功秘籍，也是麦当劳连锁店必须严格遵守的基本要求。

（一）控制产品质量，规范操作流程

保证高质量是麦当劳店规中的首要原则和核心内容，麦当劳非常重视质量，它要求各连锁店必须全力以赴抓好质量，千方百计地追求高质量。

一方面，重视进货，严把进货关。对待进货，麦当劳通常都是主动出击，自觉疏通供应渠道，与负责供应的商家和厂家密切合作，从而确保其每家快餐连锁店都能够得到最高质量的产品供应。麦当劳对供应商的管理和约束也是十分严格的。很早就与麦当劳合作的坐落于美国中西部地区的玛丽安面包公司便深有体会。起初，该公司为麦当劳生产的用于制作汉堡包的面包均为链条形状，通常是四个或六个小圆面包结成一条，并用纸箱厂生产的一次性纸箱包装。后来麦当劳提出，条形面包会大大增加餐厅员工分拆过程中做无用功的时间，会影响为顾客提供食物的速度，致使快餐之"快"大打折扣；而一次性纸箱更会增加供应成本，从而也会提高麦当劳食品的价格，因此，麦当劳要求这家面包公司必须生产互不连接的单个面包，并用可多次重复使用且内层涂蜡防潮的包装纸箱。尽管麦当劳的要求苛刻，直接或间接地给上述供应商的生产工艺造成了不小的麻烦，但供货商还是接受了，因为这也关系到它们的切身利益。

另一方面，麦当劳对于供应商的严格约束还表现在对违约行为绝不姑息迁就，一旦相互之间难以合作，便会义无反顾地取消合作关系。在麦当劳创业的头12年，由于各种条件限制，所有的肉类都是新鲜的而非冷冻的，所以每家连锁店均就地取材，致使整个麦当劳的肉类供应商多达175家，在这期间，真可谓是鱼龙混杂，欺骗、以次充好的现象也是司空见惯的。有些肉类供应商自以为是麦当劳的"后院"主人，不把麦当劳制定的严格的标准放在心上。一次，麦当劳总部的官员到俄亥俄州一家连锁店巡查，发现煎板上一块肉饼有异味，怀疑肉馅变质，便马上化验并证实无误。之后麦当劳又在凌晨三点率人突击检查了肉商经营的加工厂，发现其严重违反操作规程和质量标准，竟然将昨天的剩肉全部绞进了肉馅里并制成肉饼提供给连锁店。麦当劳马上与这家供应商取消了合同，断绝了关系。

不光对供应商严格控制，麦当劳还为自己的生产制定了严格的规章制度和操作标准。要想保证质量稳定，就必须像机械制造业那样制定严格的技术标准和工艺流程，使公司的员工都能按照相同的高标准操作，从而达到产品质量的一致性，不会因为连锁店地理位置的不同或加盟者及员工个人素质的不同而影响产品质量的稳定性。

麦当劳通常对食品加工中的配料、烹饪、储蓄、保温等主要方面进行严格的品质控制，而且其所有规定和标准都是量化的、具体的，可操作性极强。仅以汉堡包、炸薯条等食品为例，即可略见一斑。在汉堡包的制作规格工艺上，麦当劳规定：肉饼中的所用牛肉应为100%的纯牛肉，不能有任何的添加料。牛肉用机器切碎制成肉饼后，每块肉饼要净重1.6盎司，其直径为3.875英寸，厚度为0.222英寸，肉饼成分应为83%的肩肉和17%的上等五花肉。麦当劳早期还规定汉堡包牛肉饼中的脂肪含量为19%，目前已将这项指标调整为17%～20.5%之间。小圆面包的标准直径为3.5英寸，烤制时添加的糖的含量比规定的标准稍高，这样才能使面包转变为棕色。而且操作员不得在面包上按下任何指坑。根据规定，所有汉堡包中的洋葱丝含量只能是2.25盎司，且厨师在做汉堡包时必须按规定动作翻个儿，绝对不可以随意往面包上抛撒，甚至巨无霸的芝麻粒也有数量上的要求。另外，任何一项牛肉食品都必须经过40多项质量控制检查后才能出售。

麦当劳在成品的存放保管上也有相应的规定：主要食品一旦出炉制成，炸薯条超过7分钟、汉堡包超过10分钟、咖啡超过30分钟、苹果派或菠萝派超过90分钟而未售出，就都必须毫不吝惜地扔掉，以保证麦当劳这些食品的味道鲜美和纯正，尽管它们没有腐烂变质。至于可口可乐、雪碧、芬达等饮料，温度一定要控制在4℃，热红茶则须控制在40℃以上时再进行销售，因为这种温度喝起来口感最好。这种严格的温度控制法也同样用于软包装鲜牛奶、咖啡等店售饮料。

为了长久稳定地保证食品质量，使其味道鲜美可口，麦当劳在推行标准化的操作流程的同时，还大量地应用了现代化的技术。麦当劳所追求的目标始终是：麦当劳的食品，无论在什么地方，经过任何人之手，制作出的味道都必须是相同的。

麦当劳有一种现代化的煎盘，上面装置着能自动控制闪烁的信号灯，用来适时提醒操作的员工按规定翻动汉堡包，以制作出完全达到销售标准的食物。另有一种被麦当劳称为"薯条电脑"的设备，它实际上是一种自动探测仪与烹调器的结合体，在炸薯条时，这种设备能及时准确地反映出油锅中热油温度与薯条本身理想温度的差值，并自动鸣声警告，帮助员工准确测定炸薯条的最佳时机。该设备的使用，完全消除了麦当劳对其成千上万的连锁店中炸薯条的品质不一致的担心，后来也被推广应用到麦香鱼、麦香鸡等汉堡包的制作工艺中，同样效果明显。麦当劳其他有代表性的自动化操作设备包括：测试生土豆硬度和奶昔松软程度的仪器；多次改进的番茄酱和芥末均匀分配机等。此外，麦当劳对于任何涉及质量方面的偏差，绝不容忍和迁就，一旦发现，必将迅速、彻底地纠正。

（二）强调服务，永远把顾客看作"上帝"

麦当劳在念念不忘质量的同时，也十分重视对各连锁店的服务的管理控制。在麦当劳看来，服务就是想方设法地接近顾客，尽量缩短与顾客的距离，准确充分地预测顾客的需要并切实地满足其需要。麦当劳极力推崇"顾客至上""顾客第一""顾客永远是上帝"的服务宗旨，认为优质的让人满意的服务高于一切，服务的质量与收入的多少有着密切的联系。如今，"快捷、友善、可靠的服务"已经成为全球麦当劳的基本标志，是麦当劳日常经营管理的最高目标之一，也是其追求使顾客100%满意的有力保证。

麦当劳的服务的最大特点就是速度快，这里的速度是一个整体概念，它通常主要表现在三个方面。①备餐快。麦当劳要求厨房供应一份包括汉堡包、奶昔和炸薯条在内的三合一套餐所用的时间不得超过 50 秒，否则就会影响服务质量，延长顾客排队等候时间。因此，麦当劳员工在煎制、灌装、烹调等操作程序上必须不断提高工效，加快速度。麦当劳曾创下 110 秒供应 36 个汉堡包的纪录，专项食品备餐时间仅为 3.05 秒。②交易快。麦当劳一直沿用麦氏兄弟当年立下的服务规矩，即柜台员工销售食品的时间始终控制在 30 秒至 3 分钟之内，越快越好，即使是在就餐高峰也不例外。谁耽误了时间，谁就无疑是耽误了生意。所以麦当劳的员工绝对无闲可偷，一天下来累得大家腰酸腿疼是常事。③点餐快。这本是顾客起很大制约作用的问题，但麦当劳却将它与备餐和交易速度快紧密联系在一起。如果顾客点餐动作慢，那么就必然会影响到备餐和交易的速度，所以麦当劳要提供整齐划一、品种简单、选择余地很小的食谱，从而使前来就餐的顾客一般不会拖延太长时间，保证了整体工作的速度。

早期的许多麦当劳快餐连锁店都被设计成加油站形式，但凡开车路过或专门开车来的顾客均可以坐在车上看着厨房里的食品品种目录，直接向窗口里的当值服务员购买自己所需的食物，交易结束后立即开车带走，既方便又快捷。有时，一些路边连锁店还启用现代化通信设备，更加高效率地为过往顾客服务。在这种条件下，驱车途中的司机可以预先通过"对讲机"等无线通信设备向餐厅点餐，开车到达时店方时他们已经将食品一一备好，这就大大地节省了双方的时间。

在强调服务速度的同时，麦当劳也很注重其对外形象。

早在 20 世纪 50 年代，麦当劳营运手册里就严格地规定：在麦当劳，员工必须注意个人仪表，每天须刮胡子、修指甲，随时保持牙齿清洁及口气清新，经常沐浴以防体臭。必须穿着黑色长裤和黑色皮鞋且皮鞋要保持光亮，发型要整齐，皮肤要干净等。当时麦当劳雇用男性员工，因此，该手册还有一些铭刻着时代痕迹的特殊规定，如"皮肤有严重斑痕或刺青的员工不可站在窗口服务"。

对于语言，麦当劳也颇有一番见解。它认为在快餐行业的服务中，能够有礼貌地、高效率地为顾客提供优质的服务是最应该突出的重点，柜台服务是销售的重点，而礼貌的语言则是柜台服务的核心部分。因此麦当劳经常对其在岗员工进行大规模的测试、训练和强化，要求他们一律使用标准的、礼貌的语言上岗服务。

麦当劳规定其服务人员在迎送顾客的五个阶段中应随时把所谓的"迷人的语言"挂在嘴上，要时刻注意自己的言语，从而力争达到最佳服务质量和取得最大的经济效益。例如，顾客进店，服务员通常会说"欢迎光临""谢谢光临""请到这边坐""请稍后""让您久等了""放这里好吗"等礼貌用语；顾客离开时，服务员通常会说"谢谢惠顾""欢迎再次光临""祝您愉快"之类的祝送之语，希望给顾客留下一段美好的回忆，使他们对麦当劳有一个良好的印象。

麦当劳对语言美的追求还表现在它要求员工在使用礼貌用语的过程中，要注意声音的大小、时机的掌握。如劝顾客购买之类的语言，麦当劳规定若遭到顾客拒绝一次，则不准再次推销。因为如果再次劝说，就有可能给客人留下不好的印象，严重时还会影响其再次光临，所以必须杜绝这些有弄巧成拙的危险的行为。

（三）注意保持就餐环境整齐清洁

整齐清洁是麦当劳四项基本要求中最具特色的项目。麦当劳认识到，快餐业用以满足顾客的商品，并非只限于盘中的美味佳肴，还包括进餐时的良好环境。比如餐厅温度如何？卫生状况怎样？噪声是否过大？等等。尽管每位顾客的口味喜好都有所不同，但不可否认，就餐环境对顾客的味觉的影响也非常大。因此，麦当劳除了注意在食品的味道上下工夫，还为广大的消费者提供绝佳的进餐环境，并随时加以维护和改善。

整齐清洁是麦当劳的一种无形商品。它要求餐厅不断地向顾客强调清洁感，并使顾客将这种清洁感当作视觉上的商品来接受。就整洁而言，麦当劳从公司初创起就在营运手册中规定了极其严格的标准。早在1958年，由特纳主持制定的第三版营运手册中几乎有一半的内容都是关于员工如何进行清洁作业的程序问题。如手册规定：餐厅玻璃必须每天擦，垃圾桶必须每天洗，停车场必须每天冲水；每隔一天必须擦洗一遍全店的不锈钢器材；每星期，天花板必须打扫一次。至于擦地板，那几乎是每日营业时间内不曾间断的工作，而消毒抹布则是店内各岗位每位服务员不可或缺的工具。它还要求，顾客一走必须立即清理东西，凡是丢落在顾客脚下的纸片等，必须马上拾起来。

麦当劳在十分讲究就餐环境的同时，更是特别注意食品的卫生，严格控制食品生产和制作环境的卫生。全体员工每天上岗操作前都必须全副武装，首先必须认真洗手消毒。手册规定，员工须用洗手槽的温水把手淋湿，然后再使用麦当劳的专用杀菌消毒液认真洗手，尤其要注意刷洗手指间缝与指甲，两手一起搓揉至少应达20秒，做到彻底冲洗后用烘干机烘干。每天结束营业后，餐厅所有的餐盘、设备、机器等也都必须进行彻底的清洗、消毒和风干。

麦当劳的整齐清洁不仅表现在店堂整洁，食品卫生可靠，而且还表现为麦当劳对厕所的卫生也绝不放过，甚至要达到餐厅的卫生标准。干净的白瓷砖厕所、畅通的水管都会给城乡中产阶级留下良好的印象，而他们正是麦当劳稳定和主要的客源。在麦当劳，刷洗厕所是普通员工必须接受的一项基本训练，也是麦当劳高级职员的上岗必修课。麦当劳植根于厕所也必须清洁的卫生观念，为美国乃至全世界的快餐业带来了最高的卫生标准。

麦当劳狠抓清洁卫生，在十分强调人的因素的同时，也特别注意餐厅设备的更新改造。它曾舍弃了一用再用的大铁罐，彻底改变了盛放奶浆的传统方法。新设备是一种既干净卫生又无毒副作用的小容量塑料袋，员工将奶浆灌入袋中，再用纸盒包装运送。这种一次性的塑料袋显然比刷了用、用了再刷的大铁罐清洁方便了许多。它不仅使成本降低、运输费用减少，而且也从根本上改变了奶制品在初级原料阶段包装运输的卫生情况。

（四）严格控制食品价格，体现物有所值的理念

物有所值是麦当劳四项基本店规中最有吸引力的一项。几十年来，麦当劳在狠抓优质服务的基础上，始终坚持以"物美价廉"的方针立店，尤其推崇以低价销售快餐的商业运作模式。因为麦当劳很早就认识到，价格合理、经济实惠，这是使广大消费者成为回头客最重要的综合效应因素之一。

首先，麦当劳提倡薄利多销。它主要是面向工薪阶层的消费者，以廉取胜。麦当劳在快餐厅价格上向大众倾斜的经营方针数十年不变。例如，1955—1967 年，15 美分一个汉堡包、10 美分一袋炸薯条、20 美分一杯奶昔的普通套餐模式长达 12 年丝毫未改。这不能不说是麦当劳心系大众之举，其目的正是以薄利多销取胜。即使到了 20 世纪 90 年代初期，麦当劳的快餐价格仍被美国大众所普遍接受。像上述普通套餐，在 90 年代的价格是 3.99 美元，尽管它已是 20 多年前的 8 倍左右，但比美国当时的法定每小时标准工资 4 美元还要少 1 美分。正是因为这样，麦当劳在美国大众的心目中始终是物美价廉的代名词。

麦当劳的经济实惠也让中国的老百姓感触颇深。如麦当劳刚进入北京时的"汉堡套餐"（汉堡包、薯条、饮料三合一），价格在几年内一直保持每份 10 元，其价格不变甚至使一些人感到难以理解。有资料显示，麦当劳自 1992 年在北京开业以来，在相当长一段时间内，虽然当地的物价已涨了几番，但它的汉堡包、炸薯条等商品价格却是分厘未涨。例如，1994 年，当地的牛肉已由每斤 4 元涨到了 12 元，土豆由每斤 0.16 元涨到 0.8 元，鲜牛奶的收购价由每斤 0.4 元涨到 0.9 元，而麦当劳的一份快餐却还是年初的价格。涨价因素都被其用薄利多销等合理、合法的经营方式消化掉了。

其次，麦当劳倡导"钱要一点一点地赚，价要一点一点地涨"，它的价格变化的幅度是根据通货膨胀率来定的。麦当劳有一套完整、独特、行之有效的价格战略。在这方面，麦当劳认识到快餐行业与其他行业不同，它每天要靠高标准的服务、过硬的质量与大流量的顾客打交道，同时又离不开相对稳定的价格，它们是有机的结合体，也是快餐企业占领市场的先决条件。

在麦当劳看来，快餐企业从总体性质上说，本身属于零售业，而零售业的最大特点就是通过"滚雪球"的方式，依靠一点一滴的积累来赚钱，这就决定了麦当劳不可能一举提高十倍、百倍的营业额，它同样也需要日积月累、经年历久的慢功夫。麦当劳对成本与盈利的关系有着十分清醒的认识，它从不随行就市地调整价格，认为那永远是小商贩的经营作风，而绝不是现代企业的商业风范。基于这种思想，麦当劳一贯坚持销售价格长期稳定、不到万不得已绝不轻易涨价的谨慎方针。麦当劳的这种根据社会经济状况起伏、通货膨胀率高低来相机调价的做法显然是对以往纯粹按市场供求关系制定价格的传统经商之道的一次重大挑战。

而且，麦当劳的价格公道还突出地表现在其价格在日常经营中具有很高的透明度。顾客一般都会注意到，任何一家麦当劳快餐连锁店门外不远处都矗立着一两个高约 1.5 米的 T 型或其他形状的价格牌，上面公开标列着各类食品的价格。此外，每当顾客走进麦当劳餐

厅，只要透过宽大的玻璃窗向内望去，一眼就能看到柜台后墙壁上镶着的灯厢式巨幅价格牌，上面印有各类食品的价格和各类套餐的标准零售价格。麦当劳这样做既可以防止顾客询价的窘况发生，又可以使价格处于顾客的监督之下。

（资料来源：李沙. 麦当劳：汉堡包如何筑起金元长城. 北京：中国经济出版社，1998.）

二、思考·讨论·训练

1. 麦当劳对其连锁店的管理控制的思想是什么？是怎样体现的？

2. 麦当劳的管理控制有哪些特点？你认为其中最主要的是什么？

3. 麦当劳对其连锁店的管理方法是否也同样适用于中国的快餐连锁店？请说明理由。

拓展训练　踏数字

目的：感受前馈控制和现场控制的重要性。

道具：彩色粉笔若干支、秒表。

时间：30 分钟。

程序：

1. 分组，6～8 人一组。

2. 小组商讨如何快速且按规则踏数字。

3. 去活动场地，画正方形、起始线及写数字。

4. 比赛：秒表计时，每组所用时间从起始线起跑开始到踏完 33 个数字又回到起始线为止。

规则：

1. 按 1～33 的顺序踏数字。

2. 在任意时点，正方形内只能出现一只脚。

3. 每位同学至少要踏四个数字。

4. 不违反规则且速度最快的小组获胜。

实施：

1. 活动之前，选择空地，确定谁负责画正方形、谁在地面写数字。

2. 在黑板上演示活动：画正方形，在正方形内任意散落数字 1，2，3，…，32，33。

3. 派三人画正方形和起始线、指定若干人写数字，尽量使每位同学都有任务。

4. 教师计时。

5. 发动其他组同学与教师一起控制整个活动过程。若有违反规则的行为，则被淘汰出局。

第十二章 组织文化

> 文化意味着公司的工作价值观，诸如进取、守成或者灵活——这些价值观构成公司职工活力、意见和行为的规范。管理人员身体力行，把这些规范灌输给职工并代代相传。
>
> ——[美] 威廉·大内

一、组织文化的概念和基本特征

关于组织文化的含义，有着多种不同的说法和意见。较为全面的一种解释是：组织文化是指组织成员的共有价值观、信念、行为准则及具有相应特色的行为方式、物质表现的总称。组织文化使组织独具特色，区别于其他组织。

（一）组织文化的特征

1. 实践性

每个组织的文化，都不是凭空产生或依靠空洞的说教就能够建立起来的，它只能在生产经营管理和生产经营的实践过程中有目的地培养而形成。同时，组织文化又反过来指导、影响生产实践。

2. 独特性

每个组织都有自己的历史、类型、性质、规模、心理背景、人员素质等因素。这些内在因素各不相同，因此在组织经营管理的发展过程中必然会形成具有本组织特色的价值观、经营准则、经营作风、道德规范、发展目标等。

3. 可塑性

组织文化的形成，虽然受到组织传统因素的影响，但也受到现实的管理环境和管理过程的影响。而且，只要充分发挥能动性、创造性，积极倡导新准则、精神、道德和作风，就能够对传统的精神因素择优汰劣，从而形成新的组织文化。

4. 综合性

组织文化包括价值观念、经营准则、道德规范、传统作风等精神因素。这些因素不是单纯地在组织内发挥作用，而是经过综合的系统的分析、加工，使其融合成为一个有机的整体，形成整体的文化意识。

（二）组织文化的功能

1. 组织文化的导向功能

组织文化的导向功能，是指组织文化能对组织整体和组织每个成员的价值取向及行为取向起引导作用，使之符合组织所确定的目标。

2. 组织文化的约束功能

组织文化的约束功能，是指组织文化对每个组织员工的思想、心理和行为具有约束和规范的作用。组织文化的约束不是制度式的硬约束，而是一种软约束，这种软约束等于组织中弥漫的组织文化氛围、群体行为准则和道德规范。

3. 组织文化的凝聚功能

组织文化的凝聚功能，是指当一种价值观被该组织员工共同认可之后，它就会成为一种黏合剂，从各个方面把其成员团结起来，从而产生一种巨大的向心力和凝聚力。

4. 组织文化的激励功能

组织文化的激励功能，是指组织文化具有使组织成员从内心产生一种高昂情绪和奋发进取精神的效应。组织文化强调以人为中心的管理方法。它对人的激励不是一种外在的推动而是一种内在引导，它不是被动消极地满足人们对实现自身价值的心理需求，而是通过组织文化的塑造，使每个组织员工从内心深处为组织拼搏的献身精神。

5. 组织文化的辐射功能

组织文化的辐射功能，是指组织文化一旦形成较为固定的模式，它不仅会在组织内发挥作用，对本组织员工产生影响，而且也会通过各种渠道对社会产生影响。组织文化向社会辐射的渠道是很多的，但主要可分为利用各种手段宣传和个人交往两大类。一方面，组织文化的传播对树立组织在公众中的形象有帮助；另一方面，组织文化对社会文化的发展有很大的影响。

（三）组织文化的结构

1. 精神层

精神层是组织文化的核心和灵魂。主要是指组织的领导和成员共同信守的基本信念、价值标准、职业道德和精神风貌。

2. 制度层

制度层是组织文化的中间层次，主要是指对组织和成员的行为产生规范性、约束性影响的部分，它集中体现了组织文化的物质层和精神层对成员和组织行为的要求。

3. 物质层

物质层是组织文化的表层部分，它是组织创造的物质文化，是形成组织文化精神层和制度层的条件。

组织文化的三个层次是紧密联系的，物质层是组织文化的外在表现和载体，是制度层和精神层的物质基础；制度层则约束和规范着物质层及精神层的建设，没有严格的规章制度，组织文化建设无从谈起；精神层是形成物质层和制度层的思想基础，也是组织文化的核心和灵魂。

二、组织文化的建设

（一）制约组织文化建设的因素

1. 经济体制

国家的经济体制既是影响组织经营管理制度的重要因素，又是影响组织文化发展完善的重要因素。

2. 政治体制

当具体地观察每一个组织的文化特征时，就会发现任何组织文化中都体现着一定的政治性，政治因素对组织文化有着普遍影响。

3. 社会文化

组织是在社会文化环境中生存和发展的，组织的文化建设必然接受并服从它所在的环境的影响和要求。

4. 科学技术与生产力发展水平

科学技术与生产力发展水平是影响组织文化的重要因素。这两种因素推动着社会文化的进步，改变着人们的生活方式、交往方式和生产经营方式。在一定意义上说，科学技术和生产力水平是组织文化建设的决定因素，原因就在于这两者都是组织发展壮大的基础。

5. 行业技术经济特点

行业不同，其生产、经营的业务必然不同，该行业中的组织文化也必然带有明显的行业特征。例如，铁路运输业和航空运输业，在任何国家几乎都纪律严明近似于军队一般；相对而言，森林工业中的林场营林作业就显得纪律松散得多。

6. 组织所在的地理位置

任何组织及其所属单位都占据一定的空间、位置。不同的空间位置承载着不同的社会环境、民族习俗、市场发达程度、生产力布局特征等有差别的组织存在条件，从而直接或间接地成为影响组织文化的重要因素。

7. 组织基本员工的特点

人是构成生产力的最活跃的因素，也是对组织文化具有决定性影响的因素。组织文化建设中要求考虑员工的特征，其实质是要因人员队伍的具体情况而制宜，通过适当的思想、文化、道德教育或宣传工作，去引导培养和提高组织全体员工的素质。

8. 组织的历史传统

任何一个组织，只要是经历了一定时期的成长、发展过程，都会使员工形成种种约定俗成的价值观念、工作习惯和生活习惯，从而表现为组织传统。组织的历史传统是建树或更新组织文化时必须认真调研并严肃对待的因素。

（二）组织文化建设的步骤

1. 研究树立阶段

这个阶段要调查研究组织的历史和现状，然后在此基础上，有针对性地提出组织文化建设目标的初步设想，经各有关部门审议之后，向组织全体职工发起组织文化建设的倡议，并动员广大群众积极参加组织的文化建设活动。

2. 培育与强化阶段

这个阶段是将组织文化建设的总任务分解成组织内部各部门、各业务环节明确分工的工作任务，使各部门根据自己的特点有意识地激励本部门职工形成特有的精神风貌和行为规范，把组织文化建设变成具体的行动。

3. 分析评价阶段

这个阶段是根据信息反馈将整个组织文化建设工作开展以来的工作成绩和存在的问题进行剖析，研讨深层次的原因，评价前阶段的成功与失误，具体内容应该看组织文化建设的目标和内容是否适合本组织实际需求，各基层机构的风气、精神面貌是否体现了组织文化建设的宗旨。

4. 确立与巩固阶段

这个阶段的工作包括处理问题与归纳成效两部分内容。前者是在评价基础上摒弃原来组织文化中违背时代精神的内容；后者是将符合时代精神的组织文化建设经验加以总结，并加工成通俗易懂的、有激励作用的文字形式，用以进一步推广。

5. 跟踪反馈阶段

随着组织经营环境的变化，组织文化的内容也要适应这种变化，这是意识形态上应变的需要。然而，现有已确立的组织文化是否能及时地迎合环境变化，不应该依靠组织管理者的主观判断，而应依靠来源于基层实际情况的反应，这就是反馈信息。但检验组织文化适应性的反馈信息必须是经常性和系统性的。

（三）建设组织文化的方法

1. 示范法

即通过总结宣传先进模范人物的事迹，发挥党员、干部的模范带头作用，表扬好人好事等。通过这种方法给广大员工提供直观性强的学习榜样。这些榜样的事迹和行为，就是组织文化中关于道德规范与行为准则的具体样板。做好这种工作，就是把组织所要建立的文化意识告诉给广大员工。

2. 激励法

即运用精神的与物质的鼓励，或者二者相结合的鼓励，包括开展竞赛活动、攻业务技术难关活动、提口号、提目标、提要求、评先进等一切使职工能感到自己的事业进取心将能满足的机会，从而主动努力工作，并把自己工作能否有成绩的基础，认定是自己的工作岗位、自己的组织。与此同时，还必须从生活方面关心员工，通过不断改革分配制度去满足员工物质利益上的合理要求。

3. 感染法

即运用一系列的文艺活动、体育活动和读书活动等，培养职工的自豪感和向心力，使之在潜移默化的过程中形成集体凝聚力。

4. 自我教育法

即运用谈心活动、演讲比赛、达标活动、征文活动等形式让职工对照组织的要求找差距，进行自我教育，转变价值观念和行为。

5. 灌输法

即通过讲课、报告会、研讨会等宣传手段进行宣教活动，把组织想要建立的文化目标与内容直接灌输给职工。

6. 引导法

即有目的地举行各种活动引导员工树立新的价值观念，并创造出新的价值观念氛围。

三、组织文化管理

（一）选择价值标准

由于组织价值观是组织文化的核心和灵魂，因此选择正确的组织价值观是塑造组织文化的首要战略问题。选择组织价值观有两个前提。

1. 要立足于本组织的具体特点

不同的组织有不同的目的、环境、习惯和组成方式，由此构成千差万别的组织类型，因此必须准确地把握本组织的特点，选择适合自身发展的组织价值观，否则就不会得到广大员工和社会公众的认同与理解。

2. 要实现系统整体优化

要把握住组织价值观与组织文化各要素之间的相互协调，因为各要素只有经过科学的组合与匹配才能实现系统整体优化。

在此基础上，选择正确的组织价值标准要抓住四点：①组织价值标准要正确、明晰、科学，具有鲜明特点；②组织价值观和组织文化要体现组织的宗旨、管理战略和发展方向；③切实调查本组织员工的认可程度和接纳程度，使之与本组织员工的基本素质相和谐，过高或过低的标准都很难奏效；④选择组织价值观要坚持群众路线，充分发挥群众的创造精神，认真听取群众的各种意见，并经过自上而下和自下而上的多次反复，认真地筛选出既符合本组织特点又反映员工心态的组织价值观和组织文化模式。

（二）强化员工认同

1. 营造环境氛围

充分利用一切宣传工具和手段，大张旗鼓地宣传组织文化的内容和要求，使人人皆知，以创造浓厚的环境氛围。

2. 树立榜样人物

典型榜样是组织精神和组织文化的人格化身与形象缩影，能够以其特有的感染力、影响力和号召力为组织成员提供可以仿效的具体榜样，而组织成员也正是从英雄人物和典型榜样的精神风貌、价值追求、工作态度和言行表现之中深刻理解到组织文化的实质和意义。尤其是组织发展的关键时刻，组织成员总是以榜样人物的言行为尺度来决定自己的行为导向。

3. 培训教育

有目的的培训与教育，能够使组织成员系统接受和强化、认同组织所倡导的组织精神和组织文化。但是，培训教育的形式可以多种多样，当前，在健康有益的娱乐活动中恰如其分地融入组织文化的基本内容和价值准则，往往不失为一种有效的方法。

（三）提炼定格

1. 精心分析

在经过群众性的初步认同实践之后，应当将反馈回来的意见加以剖析和评价，详细分析和仔细比较实践结果与规划方案的差距，必要时可吸收有关专家和员工的合理化意见。

2. 全面归纳

在系统分析的基础上，进行综合的整理、归纳、总结和反思，采取去粗取精、去伪存真、由此及彼、由表及里的方法，删除那些落后的、不为员工所认可的内容与形式，保留那些进步的、卓有成效的、为广大员工所接受的内容与形式。

3. 精练定格

把经过科学论证的和实践检验的组织精神、组织价值观、组织文化，予以条理化、完善化、格式化，加以必要的理论加工和文字处理，用精练的语言表述出来。

建构完善的组织文化需要经过一定的时间过程。如我国的东风汽车公司经过将近30年的时间才形成"拼搏、创新、竞争、主人翁"的企业精神。因此，充分的时间、广泛的发动、认真的提炼、严肃的定格是创建优秀的组织文化所不可缺少的。

（四）巩固落实

1. 建立必要的制度

在组织文化演变为全体员工的行为习惯之前，要使每一位成员都能自觉主动地按照组织文化和组织精神的标准去行事，几乎是不可能的。即使在组织文化业已成熟的组织中，个别成员背离组织宗旨的行为也会经常发生。因此，建立某种奖优罚劣的规章制度是十分必要的。

2. 领导率先垂范

组织领导者在塑造组织文化的过程中起着决定性的作用，他本人的模范行为就是一种无声的号召和导向，会对广大员工产生强大的示范效应。所以任何一个组织如果没有组织领导者的以身作则，要想培育和巩固优秀的组织文化是非常困难的。这就要求组织领导者观念更新、作风正派、率先垂范，真正肩负起带领组织成员共建优秀组织文化的历史重任。

任何一种组织文化都是特定历史的产物，所以当组织的内外条件发生变化时，需要不失时机地调整、更新、丰富和发展组织文化的内容和形式。这既是一个不断淘汰旧文化性质和不断生成新文化性质的过程，也是一个认识与实践不断深化的过程，组织文化由此经循环往复达到更高的层次。

案例1　迪士尼的成功

一、案例介绍

如果你要寻找美国企业中的佼佼者，佛罗里达州的迪士尼世界（也称迪士尼乐园）无疑是有史以来最出色的。在忙碌的夏季，一天中最少也有 10 万多人光临迪士尼乐园，乐园在 2002 年接待了大约 2 300 万来自世界各地的旅游者，总收入达 7.3 亿美元。到底是什么吸引了这么多游客，并达到如此高的收入呢？一句话，就是乐园的注册商标"米老鼠"具有不可抗拒的魔力。

如何能够维持这一处设计出来的人间幻境长盛不衰呢？人们见到的是一座巨大的舞台，但是要使这座舞台真正活跃起来却需要表演，迪士尼公司优于他人之处就是训练其工作人员在这座舞台上进行逼真的表演。

迪士尼公司中没有人事部门，招聘工作由演员中心负责，每位新受雇的人员都必须先在瓦尔特迪士尼大学中接受传统方式的培训。迪士尼公司精心安排训练的每一个细节，目的是要使其工作人员明了，迪士尼世界首先是一个表演企业。

每天的训练总是以赞扬式的回顾开始，当培训人员在班上讲述米老鼠、白雪公主等这些奇妙的形象时，他是在向新来的人敞开瓦尔特·迪士尼有关这座梦幻王国的想象，培训人员制造一种气氛，似乎瓦尔特本人就在房间里，正欢迎新的工作人员来到他的领地，其目的是使这些新的工作人员感到自己是这位乐园奠基人的合作者，和他共同来创造世界上最美妙的地方。一家大公司向其工作人员灌输本身的价值，恐怕没有再比迪士尼乐园更好的办法了。

员工们首先需要学习的是，要对游客友好、客气、彬彬有礼、有求必应，要让游客觉得来到迪士尼乐园所花费的金钱是值得的，然后才是学习怎样在生动活泼的表演中充当一名演员。培训本身也是一种演出，或者严格一点说是一种彩排，是由培训人员口传身授的。让每一位新员工明确他在表演中扮演的角色，在以传统方式培训之后，新的工作人员进入乐园实习三天。

在迪士尼乐园，每位员工们必须牢记，从来到大街的那一时刻起，你就登上了舞台，就得时时面带笑容。要记住你所扮演的人物要说的话；记住当人们在市政大厅门前时，你要给他们讲些什么；记住你要笑容满面；记住你是在帮他们消磨时间，这些都是头等重要的大事。对迪士尼的工作人员来说，列队通过大街是最长和最苦的差事，但他们的步法、姿势整齐一致，对游客来说实在是一种地道的款待。乐园强调，不在演员名单上的人，绝不允许偷看一个除掉面具的角色，那种头戴面具的印象必须永远保持，这些演员在任何情况下都不准破坏角色的形象。

迪士尼乐园的舞台实际是在地下，乐园地面之下一层是称作地下乐园的隧道网络，一个控制灯光的计算机中心，设置在这条地下隧道中，还有一家为工作人员设立的咖啡店和一处藏衣室。每天一早藏衣室把干干净净的戏装提供给演员，由于众多的节目需要大量的库存，这里是世界上最大的藏衣室。这地下隧道之中谢绝一切游人，工作人员可以在这里吸烟、进餐、喝水和化妆，一般地说，他们可以自如地活动，然而他们一旦被送出隧道，穿过僻静角落中不显眼的门洞进入地上的魔幻王国，他们就再次来到舞台之上，进行人们预期的表演。

收获是显而易见的，迪士尼乐园很快就成了一个童话世界。

时间流逝，但这里仍盛况空前，人们被这里的魔幻气氛所吸引，不断涌来，而一旦步入园内就会忘乎所以，仿佛真的回到了童年时代。

（资料来源：http://www.gze.cn）

二、思考·讨论·训练

1. 迪士尼文化在员工的工作细节上有哪些体现？

2. 维持并提升公司现有的企业文化是人力资源部的一个非常重要的任务，你同意这一说法吗？

3. 迪士尼公司实施文化管理的关键是什么？从案例中你得到什么启示？

案例2　华为的"狼性"与"做实"

一、案例介绍

到目前为止，在中国的企业史上，还未发现哪家企业像华为那样的神秘。华为像幽灵一样，游荡在世人的意识世界中，而华为的低调又使得世人对其好奇心有增无减。外人最能接触到的就是华为的营销人员，而在接触过程中，外人又被其所了解的事实所震惊。因为华为的营销人员数量之多、素质之高、分布之广、收入之高都是中国企业史上前所未有的。华为的销售队伍数量高达6 000余人，占华为全部员工的33％。他（她）们大部分是国内名牌大学的毕业生，都是经过华为的魔鬼训练之后投入到市场第一线去的，拿的薪水是诱人的，但这些人的一线市场寿命一般只有 3 年。

"华为的产品也许不是最好的，但那又怎么样？什么是核心竞争力？选择我而没有选择你就是核心竞争力。"华为的老板任正非如是说。在华为，市场就是核心竞争力，而市场是前线冲锋陷阵的"战士"争夺过来的，在本土，华为用三流的技术卖出了一流的市场，并且华为铁骑已跨越过亚洲、非洲和欧洲，把战火烧到太平洋彼岸的美国。技术不是华为公司的核心竞争力，营销才是华为公司的核心竞争力，而华为营销的核心的核心力量就是华为营销铁军。

华为的营销铁军是如何锻造出来的呢？答案是塑造"狼性"与"做实"的企业文化。

华为是一个巨大的集体，目前有员工 2.2 万余人，其中市场人员占 33%，而且素质非常之高，85% 以上都是名牌大学的本科以上毕业生。

十几年来，华为取得的业绩是骄人的，在中国企业史上可谓是一个独一无二的例子。华为需要依赖一种精神把这样的一个巨大而高素质的团队团结起来，使企业充满活力。这种团队精神就是狼性。

华为团队精神的核心就是互助。华为非常崇尚"狼"，而狼有三种特性：①有良好的嗅觉；②反应敏捷；③发现猎物集体攻击。华为认为狼是企业学习的榜样，要向狼学习"狼性"，狼性永远不会过时。

华为的"狼性"不是天生的。现代社会把员工的团队合作精神的培养问题留给了企业，企业只有解决好了团队合作问题才能获得生存、发展的机会。华为对狼性的执着是外人难以理解的。

"胜则举杯相庆，败则拼死相救"是华为狼性的体现。在华为，对这种狼性的训练无时无刻不存在，一向低调的华为时时刻刻让内部员工的神经紧绷。从《华为的冬天》到《华为的红旗还能打多久？》无不流露出华为的忧患意识，而对未来的担忧就要求员工团结，不能丢失狼性。华为人认为只有这样，华为才能找到冬天的棉袄。

华为的管理模式是矩阵式管理。矩阵式管理要求企业内部的各个职能部门相互配合，通过互助网络，对任何问题都能做出迅速的反应。不这样做就会暴露出矩阵式管理最大的弱点：多头管理、职责不清。而华为销售人员在相互配合方面效率之高让客户惊叹，让对手心寒，因为华为从签合同到实际供货只要四天的时间。

华为接待客户的能力更是让一家国际知名的日本电子企业领袖震惊，在参观华为后，他认为华为的接待水平是"世界一流"的。华为的客户关系在华为被总结为"一五一工程"——一支队伍、五个手段、一个资料库，其中五个手段是"参观公司、参观样板店、现场会、技术交流、管理和经营研究"。对客户的服务在华为是一个系统，华为几乎所有部门都会参与进来，假设没有团队精神，不可想象一个完整的客户服务流程能够顺利完成。

狼性是华为营销团队的团队精神，这种精神是很抽象的，而且也是很容易被扭曲的，这就需要有一种保障机制，使得狼性可以正本清源地保留，这种保障机制就是华为的企业文化。企业文化是华为之所以成为华为的不可缺少的东西。华为的企业文化可以用这样的几个词语来概括：团结、奉献、学习、创新、获益与公平。华为的企业文化还有一个特点就是：做实。企业文化在华为不单单是口号，而且是实际的行动。

（一）团结

任正非在《致新员工书》中写道："华为的企业文化是建立在国家优良传统文化基础上的企业文化，这个企业文化黏合全体员工团结合作，走群体奋斗的道路。有了这个平台，你的聪明才智方能很好发挥，并有所成就。没有责任心，不善于合作，不能群体奋斗的人，等于丧失了在华为进步的机会。"华为非常厌恶的是个人英雄主义，主张的是团队作战。

（二）奉献

华为将奉献分为若干个层次，第一层次是为华为人奉献自己的价值，使自己的团队更加卓越。华为为其员工提供了良好的发展前景，这在本土企业中无出其右。第二层次是为华为的客户奉献价值，一方面通过产品为客户创造价值，另一方面，华为的营销手段已经超越了大多数企业吃喝玩乐拿的模式，采用了"营销＋咨询"的模式，为客户提供电信运营解决方案。第三层次是要为整个社会、整个地区奉献华为的价值。华为主要通过以下两个方面来实现这个价值，一个是生产出优质的产品，另外一个是设立各种回报社会的基金，如寒门学子奖学金等。

（三）学习

在通信行业，技术更新速度之快，竞争之激烈是其他行业不能比拟的。如果华为学习能力不强，就一定会被淘汰。而对于学习，华为也有自己的观点："世上有许多'欲速则不达'的案例，希望你丢掉速成的幻想，学习日本人踏踏实实、德国人一丝不苟的敬业精神。现实生活中精通某一项技术是十分困难的。你想提高效益、待遇，就要把精力集中在一个有限的工作面上，不然就很难熟能生巧。你什么都想会、什么都想做，就会导致什么都不精通。做任何一件事时对你来说都是一个学习和提高的机会，都不是多余的。努力钻进去，兴趣自然在。业精于勤、行成于思，我们要造就一批真正有动手能力和管理能力的干部。机遇偏爱踏踏实实的工作者。"华为经过十几年的发展，基本成为一个学习型组织。作为一名合格的华为营销人，必须具备诸多方面的知识，比如产品知识、专业知识、营销理论知识、销售技能技巧、沟通知识等。而对于任何一个人来说，这些知识不可能是先天具备的。这就要求华为员工必须具备良好的学习能力，而且还要养成学习的习惯，不然，在通信市场日益变化且竞争日趋激烈的今天，华为注定会失败。

（四）创新

华为公司推崇创新。十几年来，华为对创新孜孜追求。华为对创新也形成了自己的观点。①不创新是华为最大的风险。这个观点是对创新的肯定。因为华为的研发能力与国外同行相比差距很大，华为必须创新。②华为创新的动力来自于客户的需求和竞争对手的优秀，同时也来自于华为内部员工的奋斗。这个观点解决了华为创新动力来源的问题，为华为找到了开启创新之门的钥匙。③创新的内容主要在技术上和管理上。目前后者是关键。这个观点回答了华为要在什么地方创新。④在创新的方式上，主张要有重点，集中力量，各个击破；主张团队作战，不赞成个人英雄主义。这个观点解决了华为创新的方式，集中了华为的有限力量，为确保华为创新的成功提供了方法保障。

（五）获益与公平

获益是华为文化的核心和基础。任正非说："华为企业文化的一个贡献是要建立了一个公平、合理的价值评价体系与分配体系。"获益的含义是对于为华为做出奉献的员工，华为会给予回报。拿任正非的话来讲就是"我们崇尚雷锋、焦裕禄精神，并在公司的价值评价及价值分配体系中体现，决不让雷锋们、焦裕禄们吃亏，奉献者定当得到合理的回报"。华为绝对相信重奖之下必有勇夫，华为的工资水平在深圳是最高的，在全国的同行中也是最高的，因为华为相信高工资是最大的激励。

"狼性"与"做实"的企业文化是华为之所以为华为的根本。

（资料来源：定雄武. 企业文化. 北京：北京理工大学出版社，2006. http://www. ce—c. com）

二、思考·讨论·训练

1. 华为"狼文化"的内涵是什么？
2. 华为是如何将"做实"的企业文化做实的？
3. 简述企业文化对企业发展的重要性。

案例3　**德胜：中国当代工商文明的践道者**

一、案例介绍

德胜（苏州）洋楼有限公司成立于1997年，是美国联邦德胜公司在中国苏州工业园区设立的全资子公司，它的前身是美国联邦德胜公司在中国上海设立的代表处。德胜公司从事美制现代木（钢）结构住宅的研究、开发设计及建造。

在德胜已经走过的企业历程中，经历了下列几个重要事项。

1998年2月，德胜公司被美国住宅协会吸纳为海外会员，成为中国境内唯一一家进入此协会的企业。

2003年9月，江苏省科技厅批准德胜公司为江苏省高新技术企业。

2003年10月，德胜公司一次性顺利地通过了ISO 9001：2000质量管理体系和ISO 14001：1996环境管理体系的认证。

2003年10月，经教育部门批准，由德胜公司捐资创办的德胜－鲁班（休宁）木工学校正式开学，首批学生于2005年6月毕业，并获得中国首批"匠士"学位。中国政府相关领导及美国、加拿大和芬兰等国驻华使领馆官员参加了隆重的毕业典礼。

2004年4月，同济大学德胜住宅研究院成立，成为同济大学在住宅领域的研发基地。

2005年8月，由德胜公司捐资成立的、专门招收家境困难的农村学生的休宁德胜平民学校正式开学。凡进入该校的学生，衣、食、住、行、学杂费等费用一律全免。

2005年11月，德胜公司被苏州市科技局、苏州市知识产权局确定为苏州市培育自主知识产权重点企业。

2006年1月，"TECSUN德胜洋楼"被江苏省工商行政管理局认定为江苏省著名商标。

经过数年的发展，德胜公司现已拥有固定资产超过2亿元，在定制别墅类行业中具备强大竞争力，多年来一直稳居行业首位，目前约占80％以上的市场份额。目前，公司年生产加工能力可以满足1 000栋以上的木结构别墅工程所需全部材料（以每栋300平方米计）。

（一）德胜员工守则

在《德胜员工守则》中，记载着德胜董事长聂胜哲讲过的一段话："我就是为了使我们这个民族能够符合现代人的准则而追求民主、自由，追求法制，追求秩序，我绝对不能容忍我熟悉的人、我曾帮助过的人蔑视制度，绝对不可以，百分之百不可以。"这段话可以清楚地看出德胜的追求不仅在于做企业赚钱，更在于一种以企业为载体，改变中国人人格和社会的决心与勇气。

1. 英雄

在中国，一般人都崇拜英雄，家庭的教育也是让小孩子学习英雄。然而德胜人不这样，他们只推崇踏实的工作作风，只鼓励员工做一个合格的现代人。德胜董事长聂胜哲这样告诫员工："今天无论你是杨振宁也好、李政道也好，无论你是陈逸飞也好、张艺谋也好，只要你在德胜工作，你每天早上一定要默诵这句话：'我实在没有什么大的本事，我只有认真做事的精神'。"

2. 商业腐败

德胜从来不搞政府关系，更不搞商业贿赂，"做事就靠实力和诚实，能做就做，不能做就不做"，也不偷税漏税。作为买方的德胜，奉行严格的自律，自觉拒绝腐败和暗箱操作，公司规定"采购过程中，坚决禁止向供货商索要钱财，不准吃请""不得接受客户的礼品及招待""不得接受20支以上的香烟或100克以上的酒，禁止20元以上的工作餐"，并向供应商发送"反腐公函"，要求"不得向我公司人员回扣现金、赠送礼物、宴请等"。

3. 智慧

德胜人坚决反对阴谋（权谋、谋略），"千万不要把成绩归于自己，把责任推给别人。也不要把阴谋当作智慧。"这话在每一次德胜的会议上都会被反复强调。

4. 公正

中国人一般根据关系的亲疏来裁定事情的是非，德胜人却崇尚公正。《德胜员工守则》明确写道："血浓于水"是封建社会留下来的宗族观念。在今天的文明社会里，只有落后的一些原始部落依然依靠"血浓于水"来区分关系的疏密及等级的划分。德胜不认同"血浓于水"的观念。在德胜，竞争必须是公平状态下的竞争。

5. 员工

中国人一般喜欢将集体置于至高无上的地位，对个体却极端漠视，德胜正好相反，它尊重每一个员工个体，视"员工的生命为公司最宝贵的财富"。

德胜对员工的塑造着重于人格和修养两个方面。诚实、善良和责任感，德胜人既要求自己不断追求，也在努力向身边其他的人渗透这种高尚的人格。媚俗、说假话、职业腐败，在德胜毫无立足之地。

由于长期注重人格的修养，德胜人身上自然地表现出正义感、责任感、荣誉感直至心底的幸福感。在德胜，除了漂亮、干净的洋楼和精心布局的小区外，就是公司充满自信和自尊的工人，"他们长着农民的脸庞，却有白领的气质"。

在中国，人际关系是最让人费心思，也最让人头疼的。德胜公司提倡的却是员工关系简单化。例如，他们规定，"员工之间不得谈论其他员工的表现，不得发表对其他员工的看法，更不得探听其他员工的报酬及隐私"。

6. 君子文化

德胜的制度和眼光对于君子具有无限的情怀，而对于小人则毫无半点的怜惜。在选才上，德胜一方面以君子的胸怀接纳君子，看人做事，为君子者行，非君子者止。另一方面也努力塑造君子风范，让员工沉浸于君子文化中，精神借此升华。德胜公司首先以君子示人：

不实行打卡制；

可以随时调休；

可以请长假去另外的公司闯荡，保留工职和工龄，最长时间可达 3 年；

对于试用期的员工提出特别提示——你正在从一个农民工转变为一名产业工人，但转变的过程是痛苦的；

费用报销不必经过领导审批，签上自己的名字即可，涉及证人的须加上证人的签字；

公司不能接受因办公事而自己垫付（支付）的事情发生；

工人发现劳保用品、劳保设备欠缺或质量太差无法使用时，可以拒绝工作，此间仍享受正常的上班待遇；

带病工作不仅不受表扬，而且受到相应处罚；

公司不认同职工冒着生命危险去抢救国家、集体和他人财产的价值观，奉行"生命第一"的原则；

公司对包括执行长在内的施工现场工作人员实行强制休息法，强制休息期间享受休息补助，但不允许去逛街或娱乐。

7. 程序

德胜成立了程序运作中心，这在中国企业中是第一家，管理者别的什么活都不干，只负责管所有员工是不是按程序做事。不管你是什么职务，资历多老，不按程序做事就一定受处罚。德胜认为，一件事即使做成了，如果不按程序做，也等于没有成功，即使按程序做有时会有一些浪费，也必须按程序做。开车系安全带是程序，一生系几千次安全带，可能没有一次派上用场，但一旦产生作用了，就是性命攸关的事。执行程序必须认真。德胜根据程序的要求，提出许许多多细节规范：

拧空调的塑料螺丝，用拧铁螺丝的方法拧是不行的；

2593 这栋房子，工地上计划用 3 个 3 英寸的 L 型弯头，结果用了 5 个，需要写出理由来；

每 6 英寸钉一个钉子，绝不可以在 6.5 英寸或 7 英寸处钉钉子；

洋楼里的一个死角，按程序要花 20 元的油漆，绝不可以偷工减料；

钉石膏板要把施工者的名字写在板头上；

接待室规定天晴开哪几盏灯、下雨开哪几盏灯，必须严格执行，接待参观的样板房，规定范围内的灯、音乐唱机和电视机必须打开；

小区的绿植有虫害，必须弄清楚害虫是食叶类和食汁类的不同类别，清理害虫前者用"敌杀死"，后者用"绿叶通"。

8. 仪式

在德胜有三种类似宣誓、申明之类的做法，这使人进一步理解了制度与文化的关系。①所有的员工都能够并且必须领取一本《德胜公司员工解读》，此手册的封二有一段话："我将认真阅读这本手册内容，努力使自己成为德胜公司的合格员工，靠近君子，远离小人。"下方要慎重签上自己的姓名。②公司开工前所有施工人员必须参加时长不短于一小时的会议。会议重申职工守则、施工责任书、施工安全及劳动保护措施和奖惩条例。③员工财务报销时必须认真聆听财务人员宣读一份《严肃提示——报销前的声明》，任何时候任何人的每一份报销都有这个程序。《声明》内容如下："您现在所报销的凭证必须真实及符合财务报销规定，否则将成为您欺诈、违规甚至违法的证据，必将受到严厉的惩罚并付出相应的代价，这个污点将伴随您一生。"

9. 价值观

德胜人并不认为道德胜于一切，相反，他们相信"没有哪一个人的道德是永恒的"。为此，他们确定了权力制约的规则，公司的管理者包括最高管理者都受到权力的制约。

但德胜无疑是中国企业中实践商业伦理的急先锋，他们在制度、技术与道德之间寻求平衡，并努力通过贯彻良好的商业伦理来推动并保障企业发展。无论是在工厂，还是在平民学校、木工学校，德胜最重要的一件事就是贯彻"诚实、勤劳、有爱心、不走捷径"的德胜价值观。这样的价值观的取向正是让每一位员工成为一个合格的现代公民，让企业成为一个合格的企业公民，因此德胜价值观在很大程度上昭示了中国人心灵转变与人格进步的方向。

（二）商业伦理实践

德胜 90％的员工来自农村。刚来工作时，这些员工并没有很广的学识、高超的技能，但他们都拥有一颗谦逊、朴实的心。公司认为，这些员工唯一需要的便是爱的提升。通过公司文化的熏陶，让员工散发出人性中原来的光辉。员工的成长也让公司在产品价值生产过程中，有效地坚守了自己的商业伦理底线。

在德胜，从建筑工人到公司的行政管理人员直至公司总裁，许多是从工地上由农民转变而成的，但每一个人都受到同等尊重。在这里没有明确的等级制度。德胜的干部每月换岗一次，你要把手头的管理工作交出来，把手机存放到办公室，实实在在地去做一名普通员工，拿起工具做诸如打扫并保持公共卫生之类的小事。公司总裁聂圣哲自己做事也常常到现场给下属做示范，交代清楚工作细节，直到下属满意才离开。这种工作态度已经成为德胜干部的工作作风。

这里的员工有很强的归属感。很多员工喜欢用很浅显的话来表达对公司的感受：公司既是大家的儿子，又是大家的老子。说它是儿子，因为要在公司辛勤地劳动，随着公司的发展壮大，公司会为所有的员工养老送终。说它是老子，是指要求所有的员工都能有一颗爱心，尽职尽责地为公司服务。大家已经把公司当作自己的家了。一个很明显的例子就是，德胜公司办公场所无论你什么时候去看都非常干净卫生。除了经过德胜管家中心的员工打扫外，所有的德胜员工都非常注意保持并主动地处理自己所看到的不洁之处。

住宅这种高档消费品，客户在购买时非常慎重。因而交易之前需要以热情的服务、优质的产品消除客户的顾虑。德胜人认为，他们的客户都是一些有修养、重诚信的精英。所有要小聪明的经营手段对于这些聪明的客户来说都没有意义。客户需要的是诚实、朴素的厂商供应给他们高质量的产品。而德胜正致力于做诚实、朴素、不要小聪明的高质量住宅供应商。

德胜坚持凡事不走捷径。德胜相信，只要你认真做了，你就有可能成为这个行业第一名。关于认真，有一个小例子。德胜制造的美制住宅质量广受赞誉。如果仔细观察这些住宅里的接口螺丝钉，便会发现所有的螺丝凹槽都是横平竖直的——绝对无一例外！这是他们严格控制安装工艺的结果。事实上，他们甚至规定了每一个螺丝应该拧多少圈。正是这种精确的标准控制，使得房屋的质量得到最大保证。但这样的标准能够保证被贯彻，则得益于德胜的"不走捷径"的商业伦理。

德胜标准化管理除了使得房屋的质量工艺更加可控之外，更让人对他们一丝不苟的工作态度心生敬意。

作为现代美制木式住宅制造的佼佼者，德胜一直恪守稳健发展的商业信条。为了保证每一个环节的产品质量，德胜采用了以产定销的策略，严格控制接单数量。

在选择客户时，德胜也有自己的筛选原则。比如，德胜提出"反腐条款"，即不向客户提供任何的回扣及其他贿赂性回报。他们能保证的就是在明确的价格下提供优质的产品。这样，那些热衷于做内幕交易的合作伙伴便不愿问津，而德胜正好借此完成了对能够长期合作的合作伙伴的筛选。在这种情况下，能成为其合作伙伴的公司必然都是一些守信、不会拖欠工程款的高尚公司。从长远看，这是对德胜有利的。

德胜的市场开拓选择的是稳步的标杆式策略。他们建立起反映公司实力并具有公司特色的样板房，供所有的潜在客户参观体验。由于品质及服务的卓越，越来越多的客户认同了德胜的产品，德胜的君子条款也慢慢深入客户的心里。于是，市场之门便向德胜敞开了。

为了开拓员工的视野，增强专业技能，从 2001 年开始，德胜公司每年派送一批普通员工和技术骨干赴美国、加拿大、芬兰等国家学习和培训，以便更好地服务于德胜的客户。

德胜的社会责任感也让德胜精神得到升华。德胜公司一贯重视环保事业，2004 年 3 月 17 日，德胜公司被苏州工业园区评选为"2003 年度环保先进企业"。2005 年 11 月，德胜公司获得"中国生态建筑奖"，是全国唯一获得该荣誉的施工企业。

德胜公司自创建以来，一直积极参与社会公益事业，尽最大努力回报社会。据不完全统计，截至 2005 年年底，德胜向西部大开发、贫困人群、各种学术团体、学校及其他文化事业等单位捐款超过千万元。

（三）德胜的核心竞争力

良好的商业伦理及在此基础上形成的产品和服务质量已成为德胜的核心竞争力所在。

德胜所在行业并不是一个高科技行业，而是一个要使用大量农民工的行业，其工作性质决定了只有认真的工作态度才能确保产品与服务的质量。而德胜"诚实、勤劳、有爱心、不走捷径"及其他做人的价值观与此完全一致，因而很好地支持了德胜的市场竞争力。

到底是什么因素使得德胜能够在美制住宅建设方面独树一帜呢？①优质的产品质量。早在 1998 年，德胜公司便被美国住宅协会吸纳为海外会员，成为中国境内唯一一家进入此协会的企业。2003 年 10 月，德胜公司一次性顺利地通过了 ISO 9001：2000 质量管理体系和 ISO 14001：1996 环境管理体系的认证。②严格的管理制度。德胜管理严谨、细致入微，对于客户来说，这大大降低了产品质量上的风险。③独特的企业文化。德胜所倡导的企业文化要求自己的员工做君子，并要求公司做君子企业。这种高标准的交易规范，给了合作伙伴以很强的信心，使合作伙伴觉得和德胜合作非常放心。

事实表明，很多客户也非常认同德胜对阳光交易的推崇和倡导，这些发展商希望引入德胜成功经验，为他们自己的企业注入新的活力，以提升产品的品牌，并通过展现这种交易品质和优质产品吸引更多精英阶层的消费者。

德胜自己做到诚实守信严格自律，同时对于合作伙伴也提出了守约的要求。对于违反合约的合作者，他们会给予最严厉的惩罚，如停工直至强行拆楼。这种惩罚既维护了公司自己的利益，同时也在践行诚实守信的原则，使得这些不守信者无所遁形。

（资料来源：汪中求. 细节决定成败：II. 北京：新华出版社，2007）

二、思考·讨论·训练

1. 德胜（苏州）洋楼有限公司的企业文化有哪些特点？
2. 德胜（苏州）洋楼有限公司的商业伦理建设有哪些具体做法？
3. 《德胜员工守则》在德胜（苏州）洋楼有限公司的企业文化建设中发挥了哪些作用？

案例4 东京电力的工作场所作业行为规范

一、案例介绍

东京电力株式会社创立于1951年5月，是一家集发电、输电、配电于一体的巨型电力企业。资产总额达14万亿日元，员工人数4万余人。日本东京电力株式会社是日本九大电力公司之一，也是世界上最有名的电力公司之一。东京电力企业规模占日本全国电力行业的三分之一，电网主要覆盖东京及周边8县。目前共拥有发电站188所，总装机容量5 884万千瓦。其中火力发电站24所，装机容量3 303万千瓦；原子能发电站3所，装机容量1 731万千瓦；水力发电站160所，装机容量851万千瓦；风力发电站1所，装机容量500千瓦。此外，还拥有1 542座变电站，总装机容量25 095万千伏安。2000年该公司销售电量总计2 807亿千瓦时。作为一家大型集团企业，东京电力还拥有若干子公司，业务范围涉及设备维护、燃料供应、设备材料供应、环保、不动产、运输、信息通信等行业。

东京电力的企业目标是：无论何时，东京电力都愿为客户和社会服务，使客户和社会满意，并取得客户和社会的信赖。切实做到：①成为随时为客户服务的能源企业；②成为能激起人们创造性的企业；③成为敢于挑战未来的、充满活力的集体。

东京电力的企业宗旨是：开创具有光明未来的能源社会。"开创未来的能源"，东京电力用这句话对外明确表明了其基本方针，那就是希望成为实现未来梦想的支柱能源和力量。

东京电力公司的标志如图12-1所示，上面的三个圆分别代表客户满意、信赖及对未来的期待，下面的两个小圆分别代表服务和技术。两个小圆置于一个大圆之中，表示要努力实现服务于技术的协调。大圆表示公司不断地壮大，公司职员互相协助的精神。企业的标志采用红颜色，红色象征着"活力""亲切感"和"愉快"。从总体来看象征着社会、客户和东京电力一起为创造丰富、美好的生活而共同努力、协调发展。

图 12-1　日本东京电力公司标志

（一）工作场所规则

1. 从上班到下班

（1）上班的时候。遵守上班时间；因故迟到和请假的时候，必须事先通知，来不及书面通知时，必须用电话联络；做好工作准备；铃一响就开始工作。

（2）工作中。工作要做到有计划、有步骤、迅速踏实地进行；工作中少说废话；工作中不要随便离开自己的岗位；离开自己的座位时要整理桌子；长时间离开岗位时，可能会有电话或客人，事先应拜托给上司或同事；因工出差时，事先应把出差的地点、工作内容、时间向上报告，私自外出必须得到上司许可；出差回来后必须向上司汇报，并且要确认出差不在时有没有事情发生；迅速传阅文件；不打私人电话，在办公室内保持安静。

（3）办公用品和文件的保管。必须好好保管办公用品和文件，使用后马上归还到指定场所；办公用品和文件不得带回家，不得不带走时必须得到许可；文件不能自己随便处理，或者遗忘在桌上、书柜中；重要的记录、证据等文件必须保存到规定的期限；处理完的文件，根据公司指定的文件号马上归档。

（4）财务管理。公司的钱，没有正式的凭证不能出纳；私人的钱和公司的钱必须公私分明；不能随便动用公司的钱或随意放置；收入和支出时必须记账，账簿和现金必须相吻合；公司的钱必须放入指定的金库、规定的场所。

（5）下班时。下班时，文件、文具、用纸等要整理清楚，要收拾好桌子；考虑好第二天的任务，并记录在本子上；关好门窗，检查、处理火和电等安全事宜；需要加班时，事先要得到通知；下班时，与大家打完招呼后再回家。

2. 工作的方法

大家必须以客户的立场和想法为基础，采用相应的工作方式；以工作不出差错为原则；对待工作要有主人翁的自觉性，工作目的要清楚，要有责任心。这些都是很重要的。

（1）接受指示时。接受上司和前辈的指导时，被指示者要深刻领会领导意图，这对工作来说是很重要的。

①虚心听别人说话。当喊你名字时，清晰地回答"是"，对工作应持积极态度，要虚心

听取上司和前辈的指导。

②听取指导时，做好记录。指示有短有长，接受指示的时候；途中不要提问，直到听完后再提问。指示的内容有简单的、复杂的，接受指示之前准备好笔记本，记下指示内容的要领，记笔记时用 5W1H 方法，具体如下：目的、意义、原因——why；内容——what；协作者——who；场所——where；日期、期限——when；处理方法——how。

③疑点必须提问。即使是上司和前辈给予指示，指示的内容也可能有理解不了或者有疑问的地方。如果不解决疑点，不但工作的效率不高，还会出大的错误。当指示完后，应马上提出疑点，以便充分理解指导内容。

④重复被指示的内容。为了弄清疑难点，必须重复指示内容的要领。通过重复指示要领，可以确认自己是不是已经理解和明白上司和前辈的指示内容。

⑤指示重复的时候。有时会有多位上司和前辈给予指示，应首先从最高上司的指示开始实行，不知道哪一个优先执行时应和上司进行商量。

（2）实行时。如果接受工作指示，实行时按照下面的顺序进行。

①充分理解工作的内容。工作时，首先确定工作的正确目标是非常重要的。因此，必须正确和充分地理解工作的内容。包括工作的重要性，工作的目的，工作的时间、期限，工作的标准要求。

②为了达到目的，要决定方法和顺序。遵守上司指示的方法和顺序；新参加工作的人，开始工作前时应交代工作的程序，但不必事事如此。工作方法、顺序等视工作目的而定，拿不准时可与上司商谈；实施决定的方案时，需要其他部门的人协助时，要事先进行联络。

③备齐必要的器具和材料。为了方便使用，事先应调查清楚"器具和材料在哪里，使用方法是什么"等问题。

④根据方法和顺序来实行。必须向上司报告经过；特别是到了期限不能完工时，要马上向上司报告，请求提示。要避免到工期极限时做不完造成损失。执行任务时，遇到疑问要与上司商量。

⑤检查结果和被指示的内容是否一致。工作按计划进行，一个一个地检查结果和被指示的内容是否一致是非常重要的。当然，最终是由上司检查，在这之前自己应先检查。前辈和同事有相同工作任务时，可以和他们进行比较、互相检查。

以上这些是完成工作的基础，工作并不是被指示后就开始的，首先要制订工作计划。工作的结果是否符合目标的要求？为什么没达到目标？怎样做才好呢？应对这些问题进行考虑。从工作计划的制订到实施检查，以及后序工作都围绕"PDCA 循环"进行。PDCA 特征如下。

做计划（plan）：决定目的、目标，决定达到目标的方法。

实施（do）：熟悉计划的内容，实施计划。

检查结果（check）：确认实施结果，与计划进行对照。

评审（action）：评判计划实施结果，应继续保持其好的工作状态；未按计划进行的，要检查原因，在下一个计划中改善策略及实施。

PDCA 四个步骤，一步一步实施，对提高工作的质量很重要，你也可用 PDCA 循环提高自己的工作质量。

（3）报告时。接受指示后的工作，必须向上级正确报告。报告的关键内容是上司的期望、工作的目的是否最终实现。例如，"把这份文件给 A 科长送去"这样简单的工作，你能够不搞错，送到 A 科长手上吗？

①工作完成后，马上报告。工作完成后，马上向上司报告，不要等到被催促时才报告。

②先从结论开始报告。报告时的顺序，先从结论开始，后说明经过。

③总结要点。报告的内容要做总结，要报告要领，事先做好笔记。

④写成报告文书。报告内容复杂，有必要保存记录时，要将报告做成报告文本。做成文本时，要总结好要点，让人容易阅读。

⑤根据事实发表自己的意见。报告征求个人意见时，要根据事实发表自己的意见。

（4）失败的时候。这包括以下内容。

①报告。不管是谁受到挫折，从外界看来就是公司的失败，作为上司看来，部下的失败就是上司的失败。接受批评时，你沉默就会失去信用。失败和不胜任工作时要及时报告，以求接受上司的指示。

②虚心接受意见和批评。

③相同的失败不能有第二次。失败是为成功交学费。但是，相同的失败如果重复两次、三次就是问题了。必须找出原因，商量对策。

④不能失去信心。一次失败，不能丧失信心，失败是成功之母，为了减少给周围人带来麻烦，自己要更加努力。

⑤不要逃避责任。把失败的原因和责任推到别人身上是非常失礼的。用"同事不予协助"来责怪他人时，自己应该自问为什么得不到别人的帮助。

3. 为了工作场所工作愉快

职工人生三分之一的时间要在公司度过，因此必须要有愉快的工作场所，大家应考虑怎么办、怎么做。

（1）打招呼。人与人相遇的时候应打招呼。在商业场合，打招呼是基本的规范之一。打招呼有"打开心扉"这样的含义，对于缓解人与人关系的紧张，对于谈话的顺利进行也是有好处的。早上上班要很有精神地说"早上好"。心情很好地打招呼，那么这一天就有一个很好的开始；在公司内外，和客人、上司、前辈打招呼，同样他们也会和你打招呼；开朗而有精神地同别人打招呼，会让整个公司气氛很活跃、有生气。

（2）努力愉快地工作。为了能够工作愉快，如何做好呢？工作中自己思想要活跃；通过工作让自己得到锻炼成长；为他人愉快而工作。

（3）互相交谈的重要性。

①每个人都会有引起个人烦恼、个人解决不了或者决定不了的事情，为了找到好的解决

方法，大家应经常在一起互相讨论交谈意见。

②"三人行必有我师"，有问题时一个人搞不明白，很多人在一起商谈就弄明白了。互相讨论时，自己可以从不知到知，明白自己不足，从而确定出好的意见和想法。

③从互相讨论变为互相帮助。根据讨论大家互相理解，人与人之间将产生新的关系。在集体中，要有勇气敢于发表意见。

（4）关于健康管理。为了能够精神饱满地工作，身体状况是很重要的。不考虑身体状况，工作就不能做好。

公司的成员必须注意自己的健康管理。为了保持身体健康，一是要注意保证睡眠；二是为了消除体力疲劳，缓解工作压力，应适量参加体育活动。

（二）服务规范

1. 服务规范的基础

在竞争时代，公司是被客户选择的，应力求给客户提供高水平的服务，做到热心服务。

窗口接话员的态度、接待人员的态度不能不好。应给予客户好的印象、形象。

热心为客户服务，包括工作人员的服务和态度。服务、态度对于客户来说是服务人员的基本要求。

（1）服装和外表。有"服装可以展现人的魅力"这一说法。服装不整洁、不正规会让人的心情不好，会给客户带来不愉快的感受。相反，服装干净整洁，服装正规，服务态度恭敬，会给客人留下好的印象。

为了保证自己服装符合要求，有空时应注意在镜子前检查自己的外表。

（2）态度和行为。

①工作中的态度。正确、敏捷地工作，需要正确的态度和姿势，在座椅上应坐姿端正，注意力集中；不要用手肘托着腮帮子；不严谨的态度和姿势容易让人松弛，引起事故发生；在公司中，同事之间怄气会给别人带来不快，也对自己身体不好。

②正确的姿势。站的时候挺胸、下巴轻抬；减少肩受力；手腕自然下垂；手指并拢；脚尖微开、脚跟并拢。坐的时候，在椅子上，椅背和人背要有一点空隙；在沙发上要轻轻地坐（背要挺直）；上身要完全伸直；双脚并拢；男性膝盖不能分开；女性膝盖、脚尖、脚跟并拢，椅子很低的时候，双脚向左或向右稍微倾斜。

（3）敬礼的方式。点头敬礼、鞠躬因场所不同而要有所区别，应与对方视线一致时进行。

①点头：上半身向前倾斜轻轻地敬礼（15度）；注意不要让脊背呈圆形；在走廊、楼梯、电梯中要向上司和前辈、客户行点头礼。

②敬礼：首先注意姿势，应让对方看得见自己的脸，深深敬礼（30度）；感谢时或访问结束时要敬礼。

③深鞠躬：深鞠躬敬礼（45度）；表达强烈的感激之情或道歉时要敬礼。例如，下电梯

时，遇见客户同行时，要深鞠躬敬礼。

（4）回应别人的寒暄。工作场所的规则是首先要保持好的人际关系，互相问候，在任何场所互致问候要体现出自己有诚意，对别人以诚相待。

当别人喊你的名字时，要大声地说"是"。对别人回答"是"会使人感到有干劲；回答"是"会使气氛严肃。

2. 会话的方式

与客户的谈话态度，对提高公司服务质量很重要。在理解客户谈话含义时，要持有"我是公司的代表"的心境。另外，为了工作顺利进行，自己所传达的内容让对方明白很重要。无论何时何地，谁的讲话都要正确传达，应以身作则，说话不能失礼。

（1）会话的基本要求。

①发音清晰。谈话时，发音清晰是很重要的。不论是多么正规的谈话，如果声音不清晰，对方就不能够理解。发音清晰，使对方有一种友好的感觉。

②边观察对方反应边说话。即使是相同的语言，意思也会有所不同。通过表情来确定对方的反应，以便继续谈话。

③注意倾听谈话。对方的话。如果只顾自己讲话，会给对方不好的印象。以礼相待，说话时让对方先讲，先听别人说话。

④不要中途打断别人的话。中途打断别人的话是非常失礼的，即使有话想说，也应等对方说话告一段落之后再说。例如，来电话的客户，会先讲他的住所、姓名，如果接电话的人挡住对方说话而问"有什么事"则会使客户不高兴，有时会引致谈话中断。

⑤用谦虚态度倾听。通常谈话时，对待客人的不满和批评，应站在对方的立场去听取。

⑥"搭腔"和"听"的使用效果。"搭腔"和"听"对流畅、有节奏的交谈很重要，用"等等""如此"之类的词汇来表示领会对方说话含义，互相确认谈话内容。

⑦公司内外的语言不能混用。公司内的语言，为了联络方便可以简化，但是公司外的人不一定能够理解。必须注意公司内外语言的使用。

⑧重要事情要具体确定。特别重要的、不明确的、很麻烦的事情或需要澄清的事情要具体确认，关于财物、时间的具体数字要确认。

（2）自我介绍。对初次见面的人作自我介绍，要给人诚实、深刻、鲜明的印象，自我介绍很重要。

自我介绍的顺序是：公司名、工作任务和自己的名字；公司外的人可递送名片；根据情况介绍自己的简历。

（3）敬语的规范。

①种类。

•尊敬语：对于对方的人和事，为了表示尊敬而使用敬语。比如，对客人说"这很好"；知道后就说"承蒙告之"。

•谦让语：和自己有关的事件、事物，使用表示谦让的语言，总之和尊敬语气形成对比。比如，"我一定遵守邀请"；"明天给您送来"；"我会前去拜访"。

• 礼貌语：为了向对方表示礼貌而使用的语言。接待客人时常用。

②形式。敬语的形式分为敬语和特定语两种。敬语分为尊敬语、谦让语，特定语分为尊敬语、谦让语、礼貌语、美化语。

（资料来源：国家电力公司思想政治工作办公室. 国外电力企业文化见闻. 2001；李玉海. 企业文化建设实务与案例. 北京：清华大学出版社，2007.）

二、思考·讨论·训练

1. 日本东京电力公司的工作场所作业行为规范包括了哪些层次？各层次体现了哪些内容？

2. 日本东京电力公司的工作场所行为规范设计体现了怎样的企业文化？

3. 日本东京电力公司的工作场所行为规范对企业文化建设有什么意义？

案例5　日本人管好了美国工厂

一、案例介绍

1983 年 11 月 3 日，美国《纽约时报》在商业版上刊出一篇题为《日本人管理好了一家美国的工厂》的长篇报道，在美国企业界引起轰动。

由美国沃里科公司管理了 15 年的弗里斯特市电视机厂，是著名的希尔斯公司的协作厂家。该厂生产的电视机多由希尔斯公司经销。这家电视机厂一度曾有员工 2 000 人，无论从产值、规模，还是职工数量上来说，都是阿肯色州弗里斯特市的重要企业，在当地的企业界中举足轻重。

但是沃里科公司由于管理不善，屡屡出现质量问题，致使弗里斯特市电视机厂陷入重重困境。厂里生产的电视机居然有 10% 过不了本厂的质检关，必须返修才能出厂。销出的电视机由于质量不佳，用户怨声载道，造成产品大量积压。

工厂的财政状况难以为继。不得已厂方只能大量裁员，职工人数减少了 3/4，只剩下 500 人。此举一出，人心大乱，工人们更是无心工作，工厂几乎到了倒闭的地步。

作为销售商，希尔斯公司对弗里斯特市电视机厂的产品质量大为恼火，大量返修的电视机不仅增加了他们的工作量，更是败坏了希尔斯公司的声誉。看到电视机厂一片混乱的景象，希尔斯公司又为它的前途而担忧。

为了扭转厂方的不利局面，由希尔斯公司出面派人前往日本的电器制造业中心大阪，邀请久负盛名的日本三洋电器股份有限公司，购买弗里斯特市电视机厂的股权，并进一步利用日本的管理人员和技术人员，来领导这家工厂。

　　三洋电器公司对希尔斯的建议迅速做出反应。1976年12月，三洋电器公司开始大规模购入弗里斯特市电视机厂的股份，并取得了对该厂的控股权。1977年1月，三洋电器公司派出了大批管理人员和技术人员，接管了弗里斯特市电视机厂。

　　日本人到达目的地后，马上发现他们面临双重困难。一方面，同日本工人比起来，美国工人的劳动纪律性差，生产效率低，因此生产出来的产品质量差；另一方面，工厂中的工人乃至整个城市的居民，并不十分欢迎日本人的到来，第二次大战形成的对日本人的不满情绪，仍在起作用。

　　显然，日本管理人员无法采用在日本惯于使用的管理方法。除了文化和习惯方面的因素外，还有民族感情方面的问题。然而，生产效率必须提高，产品质量必须改善。

　　三洋电器股份有限公司总经理井植聪对派去的日本人员约法在先：要融入当地的大众生活中去，参加当地的社会事务，不要把自己圈在一个"小东京"里，重要的是要打破民族间的隔膜。

　　日本管理人员到达弗里斯特市后，先后办了三件事，令美国人大开眼界。

　　日本管理人员没有先采取什么严厉的措施，相反，他们首先邀请电视机厂的所有员工聚会一次，大家坐在一起喝咖啡，吃炸面包圈。然后，又赠送给每个工人一台半导体收音机。这时，日本经理对大家说，厂里灰尘满地、脏乱不堪，大家怎么能在这样的环境中工作呢？于是，由日本管理人员带头，大家一起动手清扫厂房，又把整个工厂粉刷得焕然一新。

　　几个月后，工厂的生产状况逐步改善，厂方对工人的需求又开始增加了。日本管理人员一反大多数企业招聘员工的惯例，不去社会上公开招聘年轻力壮的青年工人，而是去聘用那些以前曾在本厂工作过，而眼下仍失业的工人。

　　只要工作态度好，技术上没问题，而且顺应潮流的人，厂方都欢迎他们回来应聘。日本人解释说，以前干过本行的工人素质好，有经验，容易成为生产好手，所以才雇用他们。

　　最令美国人吃惊的是，从三洋电器股份有限公司来的经理宣布，为了在弗斯特市电视机厂建立和谐的工作关系，他们希望同该厂的工会携手合作。三洋电器股份有限公司的总裁亲自从日本来到弗里斯特市，同工会代表会面。

　　他的开场白，是谈第二次世界大战后他在美国谋生的经历。他曾在好莱坞为著名电影评论家赫达·霍柏做服务员，每次当他替霍柏打开门厅时，总是看到伊丽莎白·泰勒等大明星正站立门前。他的一席话，马上受到了工会代表们的欢迎，双方很快达成协议，共同努力为工厂的发展而奋斗，日本总裁说："我们公司信奉联合工人的原则，希望工会协助公司搞好企业。"

　　请全体员工吃东西，然后大家一起动手搞卫生，对美国人来讲已是件新奇事；专门雇请以前被辞退的工人，就更是少见的事；而公司的总裁亲自会见工会代表，恳请双方合作并建立起良好的关系，这在劳资关系一向紧张的美国，实属令人吃惊的举动。

　　刚来时，日本人很看不惯美国工人在生产线上边干活边吸烟，把烟灰弹得到处都是的样子。在同工会商议后，日本管理人员提出车间内禁烟。由于取得了工会的支持，工人们一声不响地接受了此项命令。

在日本人管理该厂期间，工人们只举行过一次罢工，而且问题很快得到解决，厂方和工会都表示这次罢工事件没有伤害双方的感情。

弗里斯特市工业委员会主席瓦卡罗说："这些日本人真行，每天早上七八点钟就上班干活了，一天要工作9～11小时，星期六都有很多人自愿加班，从前的那些管理人员可差远了，他们9点钟才进厂，翻翻当天的报纸邮件，口述一封回信，11点钟准时去俱乐部打高尔夫球，玩到下午3点钟才回厂，东晃一会儿西荡一会儿，就到下班回家的时间了。"

在这个工厂工作了12年的欧文弗说："这些管理人员照顾工人们的情绪，生产上强调质量，强调工作场所清洁卫生，并且劝导工人们要爱护机器设备。管理部门还征求工人们的意见，大家一起商量提高生产效率，改善产品质量和工作条件的措施。"

到了1983年，弗里斯特市电视机厂日产希尔斯牌微波炉2 000台，彩色电视机5 000台（其中有30％用三洋的商标），98％的产品质量合格，可直接投放市场，厂里的经营状况大大改善。

1983年的一个周末，电视机厂2 000多名工人和管理人员与弗里斯特市的市民们一起来到市广场的草坪上举行酒会，庆祝该厂的迅速发展。工业委员会的瓦卡罗说："电视机厂是我们市的命脉，而三洋电器股份有限公司则是我们的支柱。"

（资料来源：李剑锋．劳动关系管理．北京：对外经济贸易大学出版社，2003．）

二、思考·讨论·训练

1. 日本三洋电器股份有限公司管理人员怎样管好了美国工厂？

2. 三洋电器股份有限公司管理人员的做法对做好跨文化管理有何启示？

拓展训练　破冰游戏

目的：体会组织成员基于行为规范和人际尊重行事做人的行为方式。

时间：15分钟。

道具：无。

场地：一块空地。

体验：此游戏以临时更换名字的方式考验人们的文化习性，使之体会组织成员行事做人的行为方式。因为文化作为一种基本假设和信念制约着员工的行为方式，并通过组织成员的行为规范表现出来。

程序：

1. 参加者围成一个圆圈坐着。

2. 围圆圈的时候，将自己的名字随即更换成右邻者的名字。

3. 以猜拳的方式来决定顺序，然后按顺序来提问。

4. 当主持人问及"张三先生，今天早上几点起床？"时，真正的张三不可以回答，而必须由更换成张三名字的人来回答："哦，今天早上我七点起床！"

5. 当自己该回答时却不回答的人就要被淘汰。

6. 最后剩下的一个人就是胜利者。

分享：

1. 能否在自己心目中形成关注他人的文化，并使这一价值观得到强烈的认可和广泛的认同至关重要。接受这种核心价值观的组织成员越多，他们对这种价值观的信仰就越坚定，组织文化就越强，并会对组织成员的行为产生越大的影响。

2. 基于威廉·大内的 Z 理论，现代组织管理在处理人际关系上应该采用信任和微妙的方式。在一个组织中，组织成员应该建立起亲密感、尊重感，彼此信任和体谅。这种亲密感就像一根无形的线把组织成员联为一个整体，共同关心组织活动的绩效。

第十三章 管理创新

创新应当是企业家的主要特征，企业家不是投机商，也不是只知道赚钱、存钱的守财奴，而应该是一个大胆创新、敢于冒险、善于开拓的创造型人才。

——［奥地利］约瑟夫·熊彼特

创新，是指形成创造性思想并将其转化为有用的产品、服务或作业的方法的过程，即富有创新能力的组织能够不断地将创造性思想转变为某种有用的结果。创新首先是一种思想及在这种思想指导下的实践，是一种原则及在这种原则指导下的具体活动。创新职能是管理的一种基本职能。一项创新可以看成是一项发明的应用，技术创新相当于科技成果的商业化和产业化过程。

一、管理创新的内容

企业系统在运行中的创新涉及许多方面的内容，具体包括以下几个方面。

（一）目标创新

企业是在一定的经济环境中从事经营活动的，特定的环境要求企业按照特定的方式提供特定的产品。当环境发生变化时，企业的生产方向、经营目标及企业在生产过程中与其他社会经济组织的关系就需要进行相应的调整。企业必须通过自身的活动来谋求生存和发展，在新的经济背景中，企业的目标必须调整为"通过满足社会需要来获取利润，企业在各个时期具体的经营目标，需要适时地根据市场环境和消费需求的特点及变化趋势加以整合，每一次调整都是一种创新。"

（二）技术创新

技术创新是企业创新的主要内容，企业中出现的大量创新活动是有关技术方面的，有人甚至把技术创新视为企业创新的同义语。

现代企业的一个显著特征是在生产过程中广泛运用先进的科学技术。技术水平是反映企业经济实力的一个重要标志，企业要在激烈的市场竞争中处于主动地位，就必须顺应社会技术进步的方向，不断地进行技术创新。由于一定的技术是通过一定的物质载体和利用这些载体的方法来体现的，因此，企业的技术创新主要表现在要素创新、要素组合方法的创新及产品创新三个方面。

1. 要素创新

企业的生产过程是一定的劳动者利用一定的劳动手段作用于劳动对象，使之改变物理、化学形式或性质的过程。参与这个过程的要素包括材料、设备及企业员工。材料创新的内容包括：开辟新的材料来源，以保证企业扩大再生产的需要；开发和利用量大价廉的普通材料，替代量少价昂的稀缺材料，以降低产品的生产成本；改进材料的质量和性能，以保证和促进产品质量的提高。设备创新主要表现在：通过利用新设备，减少手工劳动的比重，以提高企业生产过程的机械化和自动化程度；通过将先进的科学技术成果用于改造和革新原有设备，延长其技术寿命，提高效能；有计划地进行设备更新，以更先进、更经济的设备来取代陈旧的、过时的老设备，使企业建立在先进的物质技术基础之上。人事创新不仅包括根据企业发展和技术进步的要求不断地从外部取得合格的、新的人力资源，而且注重对企业内部现有人员的继续教育，用新技术、新知识去培训、改造他们，使之适应技术进步的要求。

2. 要素组合方法的创新

利用一定的方式将不同的生产要素加以组合，是形成产品的先决条件。要素的组合的创新包括生产工艺和生产过程的时空组织两个方面。工艺创新既要根据新设备的要求改变原材料、半成品的加工方法，也要在不改变现有设备的前提下，不断研究和改进操作技术和生产方法，以求使现有设备得到更充分的利用，使现有材料得到更合理的加工。工艺创新与设备创新是相互促进的，设备的更新要求工艺方法做出相应的调整，而工艺方法的不断完善又必然促进设备的改造和更新。

3. 产品创新

生产过程中各种要素组合的结果是形成企业向社会贡献的产品。企业是通过生产和提供产品来求得社会承认、证明其存在的价值，也是通过销售产品来补偿生产消耗、取得盈余，实现其社会存在价值的。产品创新主要是物质产品本身的创新，物质产品创新主要包括品种和结构的创新。品种创新要求企业根据市场需要的变化，根据消费者偏好的转移，及时地调整企业的生产方向和生产结构，不断开发出用户欢迎的适销对路的产品。产品结构的创新在于不改变原有品种的基本性能，对现在生产的各种产品进行改进和改造，找出更加合理的产品结构，使其生产成本更低、性能更完善、使用更安全、更具市场竞争力。产品创新是企业技术创新的核心内容。它既受制于技术创新，又影响技术创新效果的发挥，而新设备、新工艺的运用又为产品创新提供了更优越的物质条件。

（三）制度创新

制度是组织运行方式的原则规定。制度创新是从社会经济角度来分析企业系统中各成员间的正式关系的调整和变革。企业制度主要包括产权制度、经营制度和管理制度三个方面的内容。产权制度是决定企业其他制度的根本性制度，它规定了企业最重要的生产要素的所有者对企业的权力、利益和责任。产权制度主要指企业生产资料的所有制，企业产权制度的创新应朝着寻求生产资料的社会成员"个人所有"与"共同所有"的最适度组合的方向发展。经营制度是有关经营权的归属及其行使条件、范围、限制等方面的原则规定。经营制度的创新方向应是不断寻求企业生产资料最有效利用的方式。管理制度是行使经营权、组织企业日常经营的各种具体规则的总称，包括对材料、设备、人员及资金等各种要素的取得和使用的规定。在管理制度的众多内容中，分配制度是极重要的内容之一，提供合理的报酬以激发劳动者的工作热情，对企业的经营有着非常重要的意义。分配制度的创新在于不断地追求和实现报酬与贡献的更高层次上的平衡。产权制度、经营制度和管理制度三者之间的关系是错综复杂的，企业制度创新的方向是不断调整和优化企业所有者、经营者、劳动者三者之间的关系，使各个方面的权力和利益得到充分的体现，使组织各成员的作用得到充分的发挥。

（四）组织结构的创新

企业系统的正常运行，既要求具有符合企业及其环境特点的运行制度，又要求具有与之相适应的组织形式。因此，企业制度创新必然要求组织形式的变革和发展。组织机构是企业在构建组织时，根据一定的标准，将那些类似的或与实现同一目标有密切关系的职务或岗位归并到一起，形成不同的管理部门。组织结构与各管理部门之间、不同层次的管理部门之间的关系有关，不同的机构设置，要求不同的结构形式，因此，不同的企业有不同的组织形式。同一企业在不同的时期，随着经营活动的变化，也要求组织的机构和结构不断调整，组织结构创新的目的在于更合理地组织管理人员，提高管理劳动的效率。

（五）环境创新

环境创新是指通过企业积极的创新活动去改造环境，引导环境朝着有利于企业经营的方向变化。例如，通过企业的公关活动，影响社区、政府政策的制定；通过企业的技术创新，影响社会技术进步的方向等。它不是指企业为适应外界变化而调整内部结构或活动，就企业来说，环境创新的主要内容是市场创新。市场创新主要指通过企业的活动去引导消费，创造需求。市场创新的内容是通过企业的营销活动来进行的，即在产品的材料、结构、性能不变的前提下，通过市场的地理转移，或通过揭示产品新的物理使用价值，来寻找新用户，或通过广告宣传等促销工作来赋予产品以一定的新的使用价值，影响人们对某种消费行为的社会评价从而诱发和强化消费者的购买动机，增加产品的销售量。

二、管理创新的过程

要有效地组织系统的创新活动就必须研究和揭示创新的规律，一般来说，创新必然依循一定的步骤、程序和规律，创新是对旧事物的否定，对新事物的探索。创新在最终的成果取得之前，可能要经历无数次反复，无数次失败。创新必定要突破原先的制度，破坏原先的秩序，在不断的尝试中寻找新的程序、新的方法。成功的创新要经历寻找机会、提出构思、迅速行动、坚持不懈这样几个阶段。

（一）寻找机会

创新是对原有秩序的破坏。因为原有秩序内部存在着或出现了某种不协调的现象，这些不协调对系统的发展提供了有利的机会或造成了某种不利的威胁，创新活动正是从发现和利用旧秩序内部的这些不协调现象开始的，不协调为创新提供了契机。旧秩序中的不协调既可存在于系统的内部，也可产生于对系统有影响的外部。可能成为系统外部创新契机变化的因素主要有技术的变化、人口的变化、宏观经济环境的变化、文化与价值观念的转变等。就系统内部来说，引发创新的不协调现象主要有：生产经营中的瓶颈影响了劳动生产率的提高；企业意外的成功和失败等。企业的创新，往往是从密切地注视、系统地分析社会经济组织在运行过程中出现的不协调现象开始的。

（二）提出构想

在观察到不协调现象产生以后，还要透过现象究其原因，并根据上述分析来预测不协调的未来变化趋势，估计它们可能给组织带来的积极或消极后果，并在此基础上，努力利用机会或将威胁转变为机会，提出多种解决问题、消除不协调、使系统在更高层次实现平衡的创新构想。

（三）迅速行动

创新成功的秘密主要在于迅速行动。提出的构想可能还不完善，但这种并非十全十美的构想必须立即付诸行动才有意义。一味追求完美，可能会坐失良机，把创新的机会白白地送给竞争对手。创新的构想只有在不断地尝试中才能逐渐完善，企业只有迅速地行动才能有效地利用"不协调"提供的机会。

（四）坚持不懈

构想经过尝试才能成熟，而尝试是有风险的。创新的过程是不断尝试、不断失败、不断提高的过程。因此，创新者在开始行动以后，为取得最终的成功，必须坚定不移地继续下去，绝不能半途而废，否则便会前功尽弃，要在创新中坚持下去，创新者必须有足够的自信心、较强的忍耐力，能正确对待尝试过程中出现的失败。伟大的发明家爱迪生曾经说过：我的成功乃是从一路失败中取得的。这句话对创新者应该有所启示。

案例1　谁动了我的奶酪

一、案例介绍

从前，在一个遥远的地方，住着4个小家伙。为了填饱肚子和享受乐趣，他们每天在不远处的一座奇妙的迷宫里跑来跑去，在那里寻找一种叫作"奶酪"的黄澄澄、香喷喷的食物。

有两个小家伙是老鼠，一个叫"嗅嗅"，另一个叫"匆匆"。另外两个小家伙则是小矮人，和老鼠一般大小，但和人一个模样，而且他们的行为也和我们今天的人类差不多。他俩的名字，一个叫"哼哼"，另一个叫"唧唧"。

两个老鼠和两个小矮人每天都在迷宫中度过，在其中寻找他们各自喜欢的奶酪。嗅嗅、匆匆的大脑和其他啮齿类动物的差不多一样简单，但他们有很好的直觉。和别的老鼠一样，他们喜欢的是那种适合啃咬的、硬一点的奶酪。

而那两个小矮人，哼哼和唧唧，则靠脑袋行事，他们的脑袋里装满了各种信念和情感。他们要找的是一种带字母"C"的奶酪。他们相信，这样的奶酪会给他们带来幸福，使他们成功。

最后，终于有一天，在某个走廊的尽头，在奶酪C站，他们都找到了自己想要的奶酪。不久，他们都建立了熟悉的路线，并形成了各自的生活习惯，每天分享着品尝奶酪的快乐！

这样的境况维持了相当长的一段时间。

突然有一天早上，当嗅嗅和匆匆到达奶酪C站时，发现这里已经没有奶酪了。

对此，他们并不感到吃惊。因为他们早已察觉到，最近好像有一些奇异的事情正在奶酪C站里发生，因为这里的奶酪已经越来越小，并且一天比一天少了。

他们同时望向迷宫深处。嗅嗅扬起他的鼻子闻了闻，朝匆匆点点头，匆匆立刻拔腿跑向迷宫的深处，嗅嗅则紧跟其后。他们开始迅速行动，去别的地方寻找新的奶酪，甚至连头都没有回一下。

同一天的晚些时候，哼哼和唧唧也像往常一样地来到奶酪C站，一路上哼着小曲。他们过去一直没有察觉到这里每天都在发生的细小变化，而想当然地以为他们的奶酪还在那里。

面对新的情况，他们毫无准备。

"怎么！竟然没有奶酪？"哼哼大叫道，然后他开始不停地大喊大叫，"没有奶酪？怎么可能没有奶酪？"好像他叫喊的声音足够大的话，就会有谁把奶酪送回来似的。

"谁动了我的奶酪？"他声嘶力竭地呐喊着。

最后，他把手放在屁股上，脸憋得通红，用他最大的嗓门叫道："这不公平！"

唧唧则站在那里，一个劲地摇头，不相信这里已经发生的变化。对此，他同样没有任何心理准备，他满以为在这里照旧可以找到奶酪。他长时间地站在那里，久久不能动弹，完全被这个意外惊呆了。

哼哼还在疯狂地叫嚷着什么，但唧唧不想听，他不想面对眼前的现实，他拼命地告诉自己，这只是一场噩梦，他只想回避这一切。

当哼哼和唧唧还在争执着试图决定该怎么办的时候，嗅嗅和匆匆已经在很顺利地做他们的事情了。他们进到迷宫的更深处，走过一条又一条走廊，在每一个他们遇到的奶酪站里仔细寻找着奶酪。

除了倾尽全力地寻找新的奶酪，他们并不考虑任何别的事情。又过了一段时间，他们找得很辛苦却一无所获。直到他们走进迷宫中一个他们从未来到过的地方：奶酪 N 站。

他们高兴得尖叫起来，他们终于发现了他们一直在寻找的东西：大量新鲜的奶酪。他们简直不敢相信自己的眼睛，这是他们所见过的最大的奶酪仓库。

而与此同时，哼哼和唧唧仍然待在奶酪 C 站，对他们目前的处境进行揣摩。他们正在忍受着失去了奶酪的痛苦，挫折感、饥饿感和由此而来的愤怒紧紧围绕着他们，折磨着他们，他们甚至为陷入眼前的困境而相互指责。

终于，有一天，唧唧开始自己嘲笑起自己："唧唧呀唧唧，看看你自己吧！你居然在每天重复同样的错误，还总是奇怪、怀疑为什么情况还没有得到改善，还有什么比你这种做法更可笑的呢？这如果不是荒谬，就是滑稽。"

唧唧并不想再到迷宫中去奔波。他知道他可能会迷路，而且他也不知道究竟应该到哪儿去寻找新的奶酪。但当他明白正是他的恐惧感使他如此裹足不前、坐以待毙的时候，他嘲笑起自己的愚笨。

于是唧唧转身来对哼哼说："哼哼，有时候，事情发生了改变，就再也变不回原来的样子了。我们现在遇到的情况就是这样。这就是生活！生活在变化，日子在往前走，我们也应随之改变，而不是在原地停滞不前。"

唧唧看着他那因饥饿和沮丧而显得有些憔悴的朋友，试图给他分析一些道理。但是哼哼的畏惧早已变成了气恼，他什么也听不进去。

唧唧并不想冒犯他的朋友，但是，他还是忍不住要嘲笑他们自己，因为现在看起来他们俩真的是又狼狈又愚蠢。

当唧唧准备要出发的时候，他觉得自己整个人都在变得充满了活力，他挺起了胸膛，他的精神开始振作起来："让我们出发吧。"

唧唧大笑着宣称："这是一个迷宫！"

哼哼笑不起来，他几乎没有任何反应。

当唧唧终于走出奶酪 C 站踏入黑暗的迷宫时，他忍不住回头看了看整个曾经伴随他和哼哼很长一段时间的地方。那一瞬间他几乎无法控制自己，又想走回那个熟悉的地方，又想躲进那个虽已没有奶酪但很安全的地方。

这时，他深吸了一口气，朝迷宫的右侧缓步跑去，跑向那片未知的领地。

接下来的几天里，唧唧在周边偶尔能够找到一点奶酪，但都吃不了多久。他曾经希望能够找到足够多的奶酪，带回去给哼哼，鼓励他离开原地，走进迷宫。

但是，唧唧还是感到有些信心不足。他不得不承认，身在迷宫中，他感到十分困惑。里面很多地方跟以前完全不一样了。

随着时间的流逝，他开始有些怀疑，找到新奶酪的希望是否能变成现实。有种幻觉，有时他怀疑自己嘴里的奶酪是否太多而嚼不过来，这时，想到自己根本没有东西可嚼，他不禁哑然失笑。

每当他开始感到泄气的时候，他就提醒自己正在做什么。尽管现在很难受，但这样总比待在没有奶酪的地方更实际。他在掌握控制权，而不是听天由命、束手无策。

他还提醒自己，如果嗅嗅和匆匆能不断前行，那么自己也能做到！

他打定主意，从现在起，他要时刻保持警觉。他要期待着发生变化，而且还要去追寻变化。他应该相信自己的直觉，能够意识到何时发生变化，并且能够做好准备去适应这些变化。

唧唧正沿着一条走廊前进，这是一条他从未到过的走廊，拐过一个弯，在他的面前出现了奶酪 N 站，这里堆满了新鲜的奶酪！

当他走进奶酪 N 站的时候，他被眼前的景象惊呆了。到处都是堆积如山的奶酪，他从未见过如此巨大的丰盛的储藏。他并不完全认识这些奶酪，有些品种是全新的。

眼前的景象太壮观了，他犹豫了一会儿，不能肯定这是否是真的，或许这只是他的幻觉。直到他看见了他的老朋友——嗅嗅和匆匆，他才相信这一切是真的。

嗅嗅对唧唧点了点头，表示欢迎，匆匆则朝他挥了挥爪子。他们胖胖的小肚子表明，他们在这里已经有一段时间了。

唧唧很快向他们打了招呼，然后赶紧把他喜欢的各种奶酪都咬了一口。他脱掉鞋子，把两只鞋子系在一起，然后挂在脖子上，以便需要的时候能够迅速找到它们。嗅嗅和匆匆会心地笑了，并且赞许地点了点头。而唧唧已经一头扎进了奶酪堆中。一顿饱餐之后，唧唧高兴地举起一块新鲜的奶酪欢呼："乌拉，变化万岁！"

唧唧享受新奶酪的同时，也在反思自己学到了什么。

唧唧相信他从他的老鼠朋友嗅嗅和匆匆那里，学到了一些有用的东西——不畏惧改变，勇往直前。老鼠朋友们简单地对待生活，他们不会反复分析，也不会把事情搞得很复杂。当形势发生改变、奶酪被移走了的时候，他们会迅速随之改变，循着奶酪移动的方向而移动。唧唧告诉自己，要牢记这些体会。

改变随时有可能降临，但积极地面对改变却会让你发现更好的奶酪，真的是塞翁失马，焉知非福！唧唧已经看到了变化更好的一面。

（资料来源：约翰逊. 谁动了我的奶酪. 吴立俊，译. 北京：中信出版社，2001.）

二、思考·讨论·训练

1. 案例中的奶酪代表什么？
2. 阻止哼哼不能适应变化的最大的制约因素是什么？
3. 唧唧最终能摆脱安逸，超越恐惧，勇敢地去寻找新的奶酪的主要原因是什么？
4. 你认为你像谁？通过此案例，你有什么心得体会？

案例2 **上海施贵宝公司的管理创新**

一、案例介绍

上海施贵宝公司是中美两国在我国境内成立的第一家西药制剂合资企业，又是完全按照世界卫生组织"优良生产质量规范（GMP）"进行设计、生产和经营、管理的现代化制药企业。该公司先后通过美国、新西兰食品药品管理局（FDA）和加拿大卫生保健局（HPB）批准，成为我国第一家制剂产品可以出口北美和新西兰市场的制药企业。十几年来，该公司始终坚持企业管理创新，进行着卓有成效的经营管理，取得了令人瞩目的成就。

（一）管理思想上创新

管理创新，首先要在管理思想上创新。这是其他一切创新的前提，没有这个前提，就谈不上创新。企业管理创新也有个机制，这个机制产生于企业内部环境与企业创新的氛围中。具有创新机制的企业，对管理创新具有推动和激发的作用，反之则不能有效推出管理创新。上海施贵宝公司已成立十多年，在合资企业中成立较早。由于当时许多经营法规并不完善，因此，在操作上有一定的难度，既不能照搬美国投资方——美国施贵宝公司的做法，又不能按国内国有企业的一套做法，而是坚持走学习型、创新型路子。该公司真正在认识上、观念上、措施上到位，以管理创新对变革作反应，并把变革作为机会加以利用。把创新作为对付竞争环境变化的需要，是企业本身发展的需要。该公司在管理思想上，主要在四个转变上下功夫。①从传统企业和管理目标多元化向管理目标单一化转变。每年企业都有明确的目标，公司的领导、公司的各项管理工作都围绕这一目标而展开，追求管理的卓越和创新，从而带来最佳的经济效益。②从企业被动型管理向企业自主化管理转变，让企业成为管理的主体。公司内部建立了 CMP 和质量、财务、安全等内部审计制度，形成了自我检查、自我整改、自我完善、自我发展的机制，调动了管理人员的积极性和主动性，发挥管理人员的智能和潜能，创造性地开展创新活动。③从企业内部管理的计划经济模式向市场经济模式转变。上海施贵宝公司将市场占有率作为衡量企业经营好坏的重要标准。只有提高市场占有率，才能保证企业的生存和发展。他们坚持各项经营管理工作都以市场为导向，一切为市场需要服务，在营销工作中，坚持加强市场研究，讲究市场策略，重视市场投资，完善营销机制。针对药品的特性及其特定的用户，确定了"自销与通过商业渠道销售并举"的原则，以形成销售、服务、消费、制造的良性循环。④从封闭型的企业管理向国际通行的现代管理转变，并密切注意吸取国外现代管理的信息，不断进行管理创新。如他们将处方药与非处方药分类管理，为我国实施非处方药提供了一些经验、建议和措施。该公司是国内第一家成立单独非处方药销售队伍的公司，大力开发非处方药（OTC）市场，扩大公司市场份额，积极开发医院和药房的销售，积极传播和促进药房的零售工作，努力塑造品牌，制订一个雄心勃勃的新产品上市计划，建立第一流的非处方药（OTC）销售队伍。

（二）以人为本是现代企业管理的重要创新

人的全面发展是在一个个具体的环境中实现的，由于分工的不同，每个人都有自己的工作岗位，在特定的工作岗位上创造性地工作，以达到企业目标，同时，把自己塑造成一个全面发展的人，这应是企业管理中对人管理的最高目标，它也是以人为本管理的真正要旨。上海施贵宝公司的主要做法如下。①公开择优招聘，促进人才合理流动。招聘工作严格贯彻"公开招聘、平等竞争、严格考核、择优录用"的原则。②实行绩效评估，发挥激励导向作用。③引进竞争机制，改革分配制度。每年都要在同行业内或委托咨询机构调查劳动力的市场价格，以此确定公司合理的工资价位。④重视培训，强调学习。该公司为加强员工学习，通过各种方式加强岗位培训。例如，新员工必须进行上岗前培训，以学习了解公司概况、企业文化、劳动合同、员工纪律、行为规范、安全生产、质量意识等；营销人员每季度进行有关营销策略、销售技巧和产品知识的专业培训；生产人员进行 GMP 的管理专项培训；管理人员每年集中培训两三次，请国际专业培训公司讲授管理知识和技巧，指导员工学习掌握有关洽谈及领导沟通技巧、部门冲突处理技巧及时间管理、团队精神、企业形象、学习型组织等知识；技术和管理骨干，则要出国参加专业培训或在国内参加专业培训班等。⑤为员工创造发挥才干的条件，或创造使公司"人和"的融洽气氛。该公司通过培训，使员工提高技能和才干，并通过绩效评估肯定和发扬员工的工作成就，还通过各种方式和活动增进员工之间的感情。建立员工生日档案，公司为员工祝贺生日。在公司工作满五年的员工，公司领导要请这些员工家属到公司来做客，参观企业并共进午餐。

（三）管理方法上创新

企业管理方法的创新，主要是实现管理科学化和管理现代化。上海施贵宝公司把现代科学技术的一些最新成就引用到管理领域中来，如全面质量管理、统计分析、计算机网络计划技术、库存管理、决策技术、市场预测技术、生产资源计划（MRPⅡ）、预算管理、办公自动化等。如 MRPⅡ系统，分司采用了 BPCS 软件，使计算机网络管理完整地覆盖全公司各生产、经营部门，使市场预测、原料采购、生产作业、产品成本、库存状况、财务控制和质量控制等数据全都纳入一体化管理，从而有可能以最少投入、合理库存量和最高生产效率来编制生产计划，以更好地适应市场需求，在企业内部做到信息共享、决策科学和进行有效监督。另外，该公司还全面开展提高效率活动，制订节省成本、紧缩人员、提高效率的具体计划。这一活动的特点是涉及面广，包括生产、销售、财务、技术各个方面。公司在生产上开展了缩短生产周期的活动，对主要产品成立缩短生产周期项目组，定期活动，设立专职效率经理，开展大幅度提高效率活动。车间人均效率提高50%，达到减人增产的效果。全面开展效率活动，包括销售效率、采购效率、新药上市周期缩短的工作效率和财务简化工作程序的活动。该公司在年度预算中把提高效率、减少成本作为成绩考核的一项指标。

（四）经营思路的创新

日本通产省曾对两个最大的优秀企业进行调查，得出四个结论：①企业把主要精力放在提高劳动生产率、降低成本方面，经济效益一般；②企业把主要精力放在开拓市场，经济效益较好；③企业把主要精力放在提高产品质量和开发新产品，经济效益很好；④企业一手抓新产品，一手抓市场的开拓，经济效益最好。由此得出了管理、技术、产品、市场、服务五大创新的关键是产品创新和市场创新。这一结论公布后在国际企业界和理论界引起了强烈的反响。上海施贵宝公司牢牢抓住了产品创新和市场创新，他们在新产品开发上有五年滚动计划，每年都要上市两三种新产品；新产品上市又有详细的上市促销和扩大市场占有率的策略，具有强烈的超前意识和市场占有意识。为了更好地占有市场，上海施贵宝公司成立了仓储分发部，把仓库、分发、车队归并为一个部门，加强合作，强化管理，保证GMP。在全国设立了14个分发库，售后服务质量明显提高，如98%以上的产品在接订单后2天内送到客户手里（除超出客户使用的额度外），设立这一部门后，效率提高，费用下降，效果非常好。在国外设有专门的分发公司，而国内企业一般是通过商业部门销售，不设立全国的分发部门。面对国内应收账款较多和三角债严重的情况，上海施贵宝公司对客户实行了资信管理。其办法是通过建立客户资信控制与管理系统，对客户企业的创建情况、销售历史、还款率等资信情况都有完整记录，并根据客户资信状况的变化而调整销售政策。该公司还设立了专职的资信与收款小组，强化了收款工作，使公司应收账款处于良好的状态。

（资料来源：http://www.scutde.net/t5courses/0508－mhdjclehij/anli25.html）

二、思考·讨论·训练

1. 上海施贵宝公司的管理创新涉及哪些方面？
2. 上海施贵宝公司为什么能在管理上有创新？
3. 什么是具有中国特色的管理创新？

创新先锋 3M 公司

一、案例介绍

美国明尼苏达矿业制造公司，因英文名称头三个单词以 M 开头，所以简称为 3M 公司。3M 公司以其为员工提供创新的环境而著称，视革新为其成长的方式，视新产品为生命。公司的目标是：每年销售量的 30％从前 4 年研制的产品中取得。每年，3M 公司都要开发 200 多种新产品。它那传奇般的注重创新的精神已使 3M 公司连续多年成为美国最受人羡慕的企业之一。在过去 15 年中，著名的《财富》杂志每年都出版一份美国企业排行榜，其中有 10 年 3M 公司均名列前 10 名。面对知识经济的挑战，3M 公司的创新实践，为企业提供了不可多得的范例。

3M 公司文化突出表现为鼓励创新的企业精神。3M 公司的核心价值观是：坚持不懈，从失败中学习，好奇心，耐心，事必躬亲的管理风格，个人主观能动性，合作小组，发挥好主意的威力。

（一）创新的机制

通过正确的人员安置、定位和发展提高员工的个人能力。公司发展既是员工的责任，也是各级主管的责任。提供个人发展的公平机会，对表现优秀的员工给予公平合理的奖励。个人表现按照客观标准进行衡量，并给予适当的承认与补偿。3M 公司鼓励每一个人开发新产品，公司有名的"15％规则"允许每个技术人员至多可用 15％的时间来"干私活"，即搞个人感兴趣的工作方案，不管这些方案是否直接有利于公司。当某人产生一个有希望的构思时，3M 公司会组织一个由该构思的开发者及来自生产、销售、营销和法律部门的志愿者组成的风险小组。该小组培育产品，并保护它免受公司苛刻的调查。小组成员始终围绕产品活动直到它成功或失败，然后回到各自原先的岗位上。有些风险小组在使一个构思成功之前尝试了 3 次或 4 次。每年，3M 公司都会把"进步奖"授予那些新产品开发后 3 年内在美国销售额达 200 多万美元，或者在全世界销售达 400 万美元的风险小组。

组织结构上采取不断分化出新分部的分散经营形式，而不沿用一般的矩阵型组织结构。组织新事业开拓组或项目工作组，人员来自各个专业，且全是自愿组合。提供经营保证和按酬创新，只要谁有新主意，他可以在公司任何一个分部求助资金。新产品搞出来了，不仅加薪，还包括晋升职位。比如开始创新时是一位基础工程师，当他创造的产品进入市场取得收益后，他就晋升为一位产品工程师，当产品销售额达到 100 万美元，他的职称、薪金都会相应调整。当销售额达到 2 000 万美元时，他就成了"产品系列工程经理"。在达到 5 000 万美元时，就会为他成立一个独立产品部门，他也成了部门的开发经理。

提倡员工勇于革新。只要是发明新产品，不会受到上级任何干预。同时，允许有失败，鼓励员工坚持到底。公司宗旨中明确提出：绝不可扼杀任何有关新产品的设想。在公司上下努力养成以自主、革新、个人主动性和创造性为核心的价值观。这是因为，3M 公司知道为了获得最大的成功，它必须尝试成千上万种新产品构思。把错误和失败当作创造和革新的正常组成部分。事实上，它的哲学似乎成了"如果你不想犯错，你可能不再做任何事情"。但正如后来的事实所表明的，许多"大错误"造就了 3M 公司最成功的一些产品。3M 公司的老职员很爱讲一个化学家的故事——她偶尔把一种新化学混合物溅到网球鞋上，几天之后，她注意到溅有化学混合物的鞋面部分不会变脏，该化学混合物后来成为斯可佳牌织物保护剂。

（二）创新的管理

在 3M 公司，人们时刻都可以听到谈论创新问题的正式宣言，就是要成为"世界上最具有创新力的公司"，3M 公司对创新的基本解释既醒目又简单。创新就是：新思想能够带来改进或利润的行动。在他们看来，创新不仅仅是一种新的思想，而是一种得到实行并产生实际效果的思想。创新不是刻意得来的，3M 公司证明了一件事，那就是当公司愈是刻意要创新时反而愈是不如其他公司。利贴便条是在一连串意外中诞生的，并不是依循精密的计划而来，每次意外的发生都源自某个人可以完全独立从事非公司指定的工作，但同时也履行了对公司的正式义务。发明者往往比管理者有更多的空间，可以表达自我。

3M 公司极有威望的研究带头人科因称，公司的管理哲学是一种"逆向战略计划法"。3M 公司并没有先将重点放在一个特定的工业部门、市场或产品应用上，然后再开发已经成熟的相关技术，而是先从一个核心技术的分支开始，然后再为这种技术寻找可以应用的市场，从而开创出一种新的产业。是一种"先有解决问题的办法后有问题"的创新模式。研究人员通常都是先解决技术问题，然后再考虑这种技术可以用在什么地方。3M 公司的首席执行官德西蒙说：创新给我们指示方向，而不是我们给创新指示方向。3M 公司试图通过一种类似温室一样的、允许分支技术自己发展的公司文化来支持研究活动。3M 公司有时在自然创新方面非常有耐心，明白一种新技术要想结出果实，可能会需要许多年的时间，因为过去公司研制最成功的技术也曾经走进过死胡同。

（资料来源：http://www.jakj.com.cn/anli/16210.html）

二、思考·讨论·训练

1. 3M 公司充满生机和活力，取得巨大成功主要是因为（　、　）。

  A. 3M 公司独占了稀缺性资源

  B. 3M 公司能够以人为本，发挥员工的潜力

  C. 3M 公司鼓励创新，建立了创新的文化、机制

  D. 3M 公司进行专业化经营，培育了独特的核心竞争力

2. 3M 公司的经营战略主要是（　　）。

    A. 多元化经营战略　　　　　　B. 专业化经营战略

    C. 本土化战略　　　　　　　　D. 无法确定

3. 利贴便条和斯可佳牌织物保护剂等产品的发明说明创新可以来源于（　　）。

    A. 企业内外的不协调　　　　　B. 行业和市场的变化

    C. 过程改进的需要　　　　　　D. 意外的成功或失败

4. 结合本案例，谈谈如何发挥员工的技术创新精神。

案例4　威尔森制胜之道

一、案例介绍

总部设在美国西雅图的波音飞机公司创建于 1916 年，是世界航空航天业中一颗灿烂的明珠。它于 20 世纪 20 年代开创了世界上最早的航空邮政业务；30 年代建立了自己的全金属运输机系列，第二次世界大战期间为战胜德意日法西斯立下了汗马功劳，第二次世界大战后率先把喷气式客机送上了蓝天。波音公司取得了一个接一个惊人的成绩。到 1991 年，波音公司的销售额达 293.14 亿美元，利润额为 15.67 亿美元，雇员 16 余万人，在世界 500 家最大的工业公司中排名第三十二位。

然而，在令世人瞩目的业绩背后却是披荆斩棘的历程，波音公司的事业并非总是一帆风顺的。最让波音人刻骨铭心的是 20 世纪 60 年代末期，蒸蒸日上的波音事业开始由于日趋庞大的机构运转不灵了。当时仅总部机构就达 2 000 多人，官僚习气滋生，遇事互相扯皮，更糟糕的是公司领导人陶醉于已取得的赫赫成就，无视瞬息万变的市场和日益强劲的同行，躺在一两项大宗的官方合同上过舒服日子。很快惩罚来了，公司装配厂里摆满了卖不出去的喷气式客机，曾有 18 个月公司竟无一张订货单，此时公司的老板们才惊恐地发现曾一度拥有的高效率已不存在。

与此同时，世界飞机制造业强手迅速崛起，特别是欧洲"空中客车"工业公司和老对手麦克唐纳·道格拉斯飞机公司实力雄厚，相继推出先进的新型飞机，其势直逼波音，波音公司面临强劲的挑战。

威尔森受命于危难之际，出任波音公司的董事长。30 多年的实际工作经验使他深知企业面临危机的症结和回天之术。他一到任便使出了被人称为"威尔森五招"的措施，使波音公司迅速摆脱了困境，再次走向辉煌。

（一）精兵简政

"新官上任三把火"，威尔森到任后的第一把火就是力排众议，精兵简政。他从庞大的公司办事机构中调出 1 800 名技术人员和管理人员充实到生产第一线，并把决策权逐级下放，将责权与各级主管负责人的经济利益挂钩。紧接着公司又大量裁减雇员，仅西雅图地区的 10.5 万雇员就裁掉 3.8 万人，这是一段至今仍使波音人回想起来心有余悸的历史。但这一做法立竿见影，公司的办事效率和劳动生产率迅速得到提高。

（二）研究与开发

为了振兴波音，公司在 20 世纪 60 年代末共投入了 69 亿美元的研究和开发经费，70 年代后期面临石油危机，威尔森不惜投入 30 亿美元研制出被认为是现代民航史上最经济、最省油、最安全的"波音 757""波音 767"两种新型客机。波音公司的 R&D 经费逐年提高，1988 年为 7.51 亿美元，1989 年为 7.54 亿美元，1990 年为了开发产品和新技术投入了 1.6 亿美元的新仪器和设备费用及 8.27 亿美元的科研开发费。1991 年 R&D 经费增到 14.17 亿美元。在愈来愈激烈的竞争面前，波音公司把加强研究和开发放在了首位，力争走在同行的前面。

（三）质量就是生命

对于飞机制造业来说，产品质量不仅关系到企业的"生命"和前途，而且涉及亿万乘客本身的生命和安全。因此，波音公司对产品质量格外重视。他们认为从长远看，无论在哪个市场上，唯一经久不衰的价值标准是质量本身。公司要求每一个职员都要牢固树立质量第一的观念，每一个工厂、每一部门都建立了严格的质量管理制度，切实保证每一个部件、零件甚至每颗螺丝钉都以第一流的质量出厂。威尔森逢会必讲：质量是飞机的生命，质量不合格就意味着杀死人的生命。

此外，飞机飞行是否安全还取决于航空公司是否对飞机进行严格的定期检测和维修，机组人员是否严格按规定操作及天气恶劣的程度等。波音公司对可能的飞机事故高度重视，他们重新设计了生产程序，以杜绝隐患。在车间里，工程师们对每个工人的每项工作进行严格检查，公司对生产过程的各阶段进行监控，联邦航空局任命的检察员对每架飞机的检查多达 800 次。波音 747－400 型大型客机研制后接受了 1 500 小时的飞行检验，1 900 小时的地面检验。这些检验涉及 17 000 项不同功能，700 多万个数据，如此严格的检测真是近乎"天衣无缝"。公司副总裁菲力普·康迪特先生说："完全杜绝人为的错误事实上是难以办到的，但我们需要制定清楚的操作管理程序，发现错误马上改正，这是波音的传统。"

（四）重视推销

美国航空公司高级副总经理唐纳德·劳埃德曾说过："从技术上说，波音公司是非常能干的，但洛克希德公司、麦克唐纳·道格拉斯公司也非常能干，主要的区别是波音公司有独特的推销方法。杰出的推销艺术使买主感到波音公司能充分理解自己的需要，从而形成了强烈的信心，认为波音公司说话一定能够兑现并对顾客一视同仁。"

多年来，为了保持世界上最大民航飞机制造商的地位，为了同日益强劲的对手争夺有限的新订单，波音公司在推销上竭尽全力，采取了灵活应变的制胜谋略。例如，为了将波音757飞机推销给伊比利亚航空公司，波音公司签订了允许西班牙CASA公司为波音飞机生产零件的合同，作为对英航订购21架波音747—400S客机的回报，波音公司将一个零件仓库设在伦敦附近……

波音公司就是这样竭尽全力地向全世界推销自己的产品，绝对不放弃任何一个市场机会。如今波音公司已成为美国最大的单独出口商，在美国的对外贸易中起着至关重要的作用。

（五）售后服务

为全世界7 000多架波音飞机提供维修服务，是波音公司的另一项重要业务。公司拥有一支效率高、技术硬的维修队伍，只要顾客需要，波音的维修人员将会以最快的速度从西雅图赶到全世界任何地方。不少买主赞叹，我们在星期一下午向波音公司说需要一个零件，星期二上午我们就能得到这个零件。在波音没有"一锤子买卖"，公司在买主之中赢得了比合同和买卖更重要的东西，那就是信誉和信任。

由于成功地运用了上述策略，波音公司在激烈的竞争中取得了累累硕果，波音的事业持续繁荣。

（资料来源：http://jpkc. ywu. cn/glxjc/manage/news _ view. asp? newsid＝129）

二、思考·讨论·训练

1. 威尔森因何取得了成功？
2. 本案例对你有哪些启示？

拓展训练　**拇指印**

目的：提供学生使用他们右脑思考问题的机会；让学生通过游戏在课间积极休息，放松片刻；让学生讨论分析为什么有时某些规则会阻碍我们从不同寻常的角度思考问题。

道具：印台，音乐磁带（疯狂的、戏剧性的或有趣的音乐磁带）。

时间：10～20分钟。

程序：

1. 在每一张桌子上放一个印台或者每3～4个人用一个印台。请每一位学生把他们的拇指按在印台上，然后把他们的拇指印印在教材的空白处或空白纸头上。

2. 要求他们用他们的拇指印画出一些具体的东西（比如，臭虫、轿车、宇宙飞船等），让他们玩上一会儿。

3. 让他们彼此交换一下作品，分享一下各自的创意所在。

讨论：

1. 当你们被告知要做这个活动时，你们的第一反应是什么？

2. 在活动进行的过程中，你们感觉如何？

3. 你们以前有没有用拇指印画过图画？是在什么场合？

4. 为什么有些人不愿意玩拇指印画？

5. 你自己或其他人的哪些陈规旧俗会妨碍你尽情地沉浸在游戏的欢乐之中吗？

6. 这一游戏的意义在哪里？

分享：许多人可能会囿于陈规，妨碍了他们去尽兴游戏和欢娱，就好似这个游戏一样。这个游戏的意义在于它迫使你的右脑思维开动起来。除此以外，它对于我们走出禁锢的思维定式是很有帮助的。